Dados Internacionais de Catalogação na Publicação (CIP) de acordo com ISBD

G563

Glossário MinasMundo / organizado por André Botelho, Mariana Chaguri, Maurício Hoelz, Pedro Meira Monteiro, Wander Melo Miranda. – Belo Horizonte: Relicário, 2024.
528 p. ; 17 x 24 cm. : il.

ISBN 978-65-89889-88-5

Minas Gerais – Vocabulários, glossários, etc. 2. Minas Gerais – Artes e sociedade. 3. Artistas – Minas Gerais – Biografia. 4. Cultura – Minas Gerais. 5. Projeto MinasMundo. I. Botelho, André. II Chaguri, Mariana. III. Hoelz, Maurício. IV. Monteiro, Pedro Meira. V. Miranda, Wander Melo. VI. Título.

CDD: 306(03)
CDU: 304(03)

Elaborado pelo bibliotecário Tiago Carneiro – CRB-6/3279

Índice para catálogo sistemático:
1. Questões sociais. Prática social. Prática cultural 304

COORDENAÇÃO EDITORIAL Maíra Nassif Passos
EDITOR-ASSISTENTE Thiago Landi
PROJETO GRÁFICO, DIAGRAMAÇÃO & CAPA Estúdio Drama
PREPARAÇÃO Maria Fernanda Moreira
REVISÃO DE PROVAS Thiago Landi

/re.li.cá.rio/

Rua Machado, 155, casa 1, Colégio Batista | Belo Horizonte, MG, 31110-080
contato@relicarioedicoes.com | www.relicarioedicoes.com
relicarioedicoes / relicario.edicoes

GLOSSÁRIO MINASMUNDO

ORGANIZAÇÃO

ANDRÉ BOTELHO
MARIANA CHAGURI
MAURÍCIO HOELZ
PEDRO MEIRA MONTEIRO
WANDER MELO MIRANDA

ESTABELECIMENTO DE TEXTO

MAURÍCIO HOELZ

/re.li.cá.rio/

ABERTURA

INICIADO EM 2020, O PROJETO MINASMUNDO tem desenvolvido uma agenda intensa e diversificada de atividades regulares, como seminários, curadoria de festivais de conhecimento e literários, mesas-redondas e simpósios em eventos nacionais e internacionais, publicação em periódicos acadêmicos dentro e fora do Brasil, matérias em jornais de circulação nacional e em suplementos culturais, além de realização de oficinas para o público em geral, incluindo alunos do ensino médio. São atividades nas quais temos buscado articular a produção de conhecimento universitário relevante e a divulgação científica e a comunicação pública mais ampla. Assim, queremos colaborar para a inovação, ampliação e democratização do conhecimento produzido em rede. Para ver a lista completa dos acontecimentos e ações já realizados pelo projeto, incluindo os registros e gravações das nossas atividades remotas, acesse projetominasmundo.com.br.

Apresentamos agora ao leitor o *Glossário MinasMundo*, que reúne contribuições de pesquisadoras e pesquisadores integrantes da rede e convidados especiais. Ele representa também uma oportunidade de fazer um balanço do projeto que nos ocupou nos últimos três anos. Embora em sua maioria de autoria individual, os verbetes que o compõem são fruto do trabalho coletivo do MinasMundo, marcados pela questão da cultura mineira e o papel do cosmopolitismo.

Para a comemoração do centenário do modernismo no Brasil, escolhemos não a Semana de Arte Moderna de 1922, mas a viagem de modernistas a Minas Gerais em 1924, um momento de encontro com criações artísticas, culturas e temporalidades diversas que abriram e redefiniram a própria agenda dita "modernista". Nossa aposta está na substituição de uma hermenêutica das origens, por meio da qual o modernismo foi sendo domesticado como "identidade nacional", por uma incitação cosmopolita à criação, à desestabilização de "identidades" como um todo em prol da abertura às alteridades. Cosmopolitizar o modernismo significa tanto desrecalcar sua presença perene na história quanto apostar no aperfeiçoamento do seu sentido crítico e democratizante. Significa também afirmar que não há um único modernismo, e que subsumi-lo ao marco nacionalista ou a retóricas regionalistas triunfantes é empobrecê-lo.

Desde o lançamento do MinasMundo, temos trabalhado e pensado sob o signo de um cosmopolitismo que quer contornar qualquer tipo de excepcionalismo, que não quer ser "único" e, menos ainda, quer deixar-se encantar pelo canto de sereia dos "universalismos". As tradições arraigadas e plantadas nas histórias locais são muitas vezes abrigo e forma de resistência, como se pode sentir em vários dos verbetes deste glossário. Mas, ao mesmo tempo, essas tradições conversam de forma criativa e tensa com tábuas de valores e formas de "modernização" que querem muitas vezes esmagá-las, ou alterá-las brutalmente, com significativo apagamento do que encontra pelo caminho.

O cosmopolitismo pulsa também nesse intervalo conflitivo e agônico de temporalidades, entre o que se conserva e o que se transforma, sem que seja necessário atribuir automaticamente valor positivo ao que "avança" ou àquilo que "permanece". O *moderno*, cujo sentido pode variar imensamente neste glossário, vive da batalha entre o que se mantém e o que se descarta, sendo que muita coisa se mistura, ou seja, é reaproveitada de forma inesperada. Afinal, o cosmopolitismo nada tem a ver com a última moda. Ao contrário, ativa-se a "máquina" cosmopolita, como se verá aqui, exatamente quando aquilo que está mais longe na tradição cultural passa a existir em nova órbita, mais ou menos próximo do que vem "de fora", mas que agora será também parte do que está "dentro", como se diversos tempos e experiências pretéritas fossem trazidas de novo à vida, numa luta diária e renovada.

O próprio mapa mental que supõe a existência de um centro e de uma periferia se revela insuficiente quando atentamos para a experiência daquilo que a imaginação segue teimosamente chamando de "bordas" ou "margens", e que, no entanto, pode ser o centro da produção do novo. Para jogar com as palavras do crítico mineiro Silviano Santiago, que, como se há de notar, esteve bem perto na concepção e na imaginação do nosso projeto, a questão diz menos de uma "dependência", que pressupõe o desejo de renovar-se a partir do exemplo distante, e mais de uma "inserção", que convida à junção criativa do que se têm à mão com aquilo que se sente ou vê ao longe, das mais variadas formas. No mínimo, o "cosmopolitismo" sai mais democrático de um modelo assim dinâmico, porque recusa a noção de que o cosmos pode ser mapeado e esgotado numa espécie de viagem iniciática, como aquelas viagens pela Europa que faziam os filhos da elite colonial e imperial no Brasil, para finalmente poderem dizer que conheceram o "mundo".

"Sou do mundo, sou Minas Gerais", como se verá aqui, é o verso de onde sai o projeto MinasMundo e que, de certa forma, orienta também este glossário, cujos verbetes contemplam temas, personagens e cruzamentos importantes na história de um cosmopolitismo mineiro, ou melhor, de um cosmopolitismo pensado a partir e muitas vezes *contra* Minas Gerais, como se vê no nosso "Manifesto" e na "Máquina do MinasMundo", também parte deste livro.

Ressalte-se ainda que o cosmopolitismo não é uma varinha de condão que, aplicada corretamente, transforma o seu objeto em "universal". O cosmopolitismo é antes uma tensão que atravessa a experiência de cidadãos de carne e osso que, de forma mais ou menos consciente, usam uma régua e um compasso de insuspeitado tamanho, capazes de abranger não menos que o mundo, que de repente brota de um pensamento, de uma fala, ou mesmo num gesto artístico. Mas se o "mundo" ou o "cosmos" saem mais ricos dessa experiência, é porque o próprio gesto cosmopolita foi capaz de relativizá-los, mostrando que o tal mundo pode estar em qualquer espaço de plena significação cultural e simbólica.

Seria um grande contrassenso querer que, a partir dessas premissas, este glossário fosse completo, conclusivo, e que não houvesse nele qualquer falta. Para além das razões práticas, isto é, das referências que estão no horizonte da pesquisa de cada um e uma de nós, e das encomendas de verbete feitas aqui e ali, existe a certeza de que um glossário como este é a fotografia do estado da questão, espécie de mapa de um caminho que se abriu e nos levou a uma clareira — imperfeita, mas potencialmente acolhedora como qualquer clareira. Alguns nomes serão mais óbvios, outros não, e alguns temas e questões parecerão estar apenas referidos, seja em um ou em mais verbetes. De toda maneira, esperamos que o inacabado seja, também neste caso, sinal de força, não de fraqueza. Afinal, não há jamais como voltar ao mesmo ponto depois de dar a volta ao mundo.

Agradecemos às pesquisadoras e aos pesquisadores do MinasMundo, bem como às autoras e aos autores do glossário. Não podemos, porém, deixar de mencionar algumas pessoas que foram fundamentais na concepção e realização do projeto: Ângelo Oswaldo de Araújo Santos, Arcadio Díaz-Quiñones, Elide Rugai Bastos, Eneida Maria de Souza (*in memoriam*), Helena Bomeny, José Miguel Wisnik, Lilia Moritz Schwarcz, Maíra Nassif, Paulo Pereira Botelho, Schneider Carpeggiani e muito especialmente Silviano Santiago. •

MANIFESTO MINASMUNDO

ANDRÉ BOTELHO, ENEIDA MARIA DE SOUZA, MARIANA CHAGURI, MAURÍCIO HOELZ E PEDRO MEIRA MONTEIRO

MINASMUNDO: O COSMOPOLITISMO NA CULTURA BRASILEIRA é uma rede em expansão de cooperação de cerca de cinquenta pesquisadoras e pesquisadores de diferentes instituições, áreas de formação e atuação acadêmica nucleada em cinco universidades: a UFRJ, a UFMG, a Universidade Princeton, a Unicamp e a UFRRJ. Constituída tendo em vista as comemorações do centenário da Semana de Arte Moderna em 2022, a rede propõe uma revisão dos sentidos do modernismo e dos seus legados na cultura brasileira.

Dialogando com críticas contemporâneas sobre o processo de nacionalização da cultura brasileira operado no século XX e as violências simbólicas e sociais aí implicadas, refletimos sobre o papel controverso do modernismo como repertório simbólico hegemônico na definição de condutas, sentimentos, imaginações e linguagens que seguem nos atravessando hoje.

Pretendemos, ainda, rever a questão do localismo/cosmopolitismo da cultura brasileira que vem informando modos específicos de ler a diferença cultural, e por meio dos quais artistas, intelectuais e agentes públicos organizaram práticas discursivas, institucionais, culturais e políticas que ajudaram a modular algumas das mais persistentes linhas de interpretação sobre o Brasil e seus dilemas.

Trata-se, assim, de provocar e chegar a uma nova compreensão do sentido do cosmopolitismo na cultura brasileira. Provisoriamente, estamos entendendo cosmopolitismo como o tipo de relação descentrada de convivência com o universal a partir da diferença local, que implica movimentos e aberturas em várias direções.

E por que Minas Gerais? Há vários indícios empíricos de que o cosmopolitismo não apenas se faz presente, como é crucial na definição de sentido nas culturas mineiras. Desde o gesto de Cláudio Manuel da Costa de fazer as musas árcades banharem-se no ribeirão do Carmo, que não precisa ser lido como protótipo de uma "comédia ideológica", mas de uma experiência cosmopolita da "repetição com diferença"; passando pela poesia de Carlos Drummond, a prosa de Guimarães Rosa, a poesia e as traduções de Henriqueta Lisboa, ou mesmo a prosa adolescente de Helena Morley; até a música popular de Milton Nascimento, que cantou "sou do mundo, sou Minas Gerais" (de onde, afinal, retiramos o título do projeto). E sem esquecer a importante experiência migratória dos mineiros pelo Brasil e pelo mundo, de suas ciências sociais tão marcadas pela linguagem universalista matemática; de sua impressionante inovação museológica, de que Inhotim é apenas um dos melhores exemplos mais recentes; da racionalidade política de *state-makers* como Francisco Campos; do cosmopolitismo de suas rebeliões, como a Inconfidência mineira e a linguagem republicana que nela ganha corpo; da problemática inserção negra no quadro da cultura visual nas fotos de Chichico Alkmim; do planejamento urbano de sua atual capital e do próprio Barroco com seus ícones notáveis, como Aleijadinho etc.

Mas por que destacar um caso mineiro de um brasileiro? Por certo, a questão é parte dos problemas a que somente as pesquisas da rede poderão responder. Ao distinguir um caso mineiro, porém, não temos em vista produzir um essencialismo, e sim, antes, questionar o paradigma da identidade nacional que domesticou, homogeneizando-a, a própria compreensão da formação da sociedade brasileira. Um questionamento tanto por "dentro", uma vez que promoverá reconhecimento das diferenças "internas" no Brasil, quanto por "fora", explorando suas articulações "externas". Minas, mundo; Minas-mundo. Trazer à tona a questão do cosmopolitismo na cultura permite problematizar a própria ideia de "origem" por meio da afirmação da diferença como reescritura, suplemento, repetição deslocada no espaço e no tempo.

Trabalhar a categoria cosmopolitismo é urgente tanto do ponto de vista teórico quanto político. Afinal, vivemos um momento de recrudescimento dos nacionalismos e das fronteiras nacionais na geopolítica acompanhado da constatação de que a chamada mundialização da cultura não parece estar, de fato, gerando relações exatamente multicêntricas ou mais equitativas, apesar da intensificação de trocas de todos os tipos garantidas pelos desenvolvimentos tecnológicos. Também na cultura persiste uma geopolítica com relações e trocas assimétricas que recria hierarquias de vários tipos.

O cosmopolitismo é, em suma, antes uma perspectiva a partir da qual se fala, e não apenas um tema sobre o qual se pode dizer algo. É essa ideia mestra que define as (maquin)ações coletivas da rede MinasMundo que consistirão, principalmente, na realização de pesquisa acadêmica e comunicação pública da ciência, como seminários, exposições e publicações, bem como em ações artísticas, de memória e documentação. Até 2024, o ano-chave do modernismo visto desde as Minas Gerais, esperamos colocar o cosmopolitismo *nas, a partir das, com as* e até mesmo *contra as* Minas em debate acadêmico e público. ●

MÁQUINA DO MINASMUNDO

JOANA LAVÔR, JOÃO MELLO, LUCAS VAN HOMBEECK E RENNAN PIMENTEL

NUM ENSAIO DE SILVIANO SANTIAGO, com o título parecido ao deste verbete, o autor mineiro faz uma leitura comparada da imagem da máquina do mundo em Luís de Camões e Carlos Drummond de Andrade. Essa máquina é um objeto físico que materializa uma soma de conhecimentos sobre o cosmos, e que é oferecida ao herói do poema épico e seu bando como recompensa pelos seus feitos. Os presenteados desconfiam, mas aceitam. Já no poema de Drummond, a máquina aparece no meio de uma caminhada numa estrada pedregosa de Minas, como se fosse uma história de disco voador. E o personagem olha a Coisa com as retinas fatigadas que a terra vai comer, mas ainda não, e no fim recusa a máquina e sua posse, essa Fama. Sai do poema como quem lava as mãos e segue caminho, homem humano. Travessia.

O projeto MinasMundo apareceu em público durante a pandemia da covid-19. O dia D do seu lançamento foi 31 de outubro de 2020, aniversário de Carlos Drummond de Andrade. Naquele dia, as manchetes quantificavam o mundo, sabendo que o perdiam, e a inflação mais a falta de reajuste das bolsas de pós-graduação fariam com que elas chegassem ao seu menor valor real no Brasil desde 1995. Por esses e outros motivos, algumas peças da máquina lançada naquele dia D não são seminários e encontros presenciais, como normalmente acontecia na universidade até ali, mas sites, portais, páginas, perfis. Os autores deste verbete são as pessoas que criaram e operaram essas peças do projeto. E que, depois de conversar muito entre si em grupos de WhatsApp e outros aplicativos, decidiram estender essa conversa à sua leitura.

Esta também é uma entrada de glossário sobre o trabalho acadêmico de bastidor, normalmente oculto, que foi um chão de fábrica da produção de conhecimento em tempos de crise. Escrevemos ela juntos para que o MinasMundo sirva "não de exemplo, mas de lição" a outras iniciativas que tenham propósitos semelhantes de comunicação pública da ciência. Atravessamos, todas as pessoas que cooperaram, um período de retração da esfera pública, usando plataformas públicas e privadas para tentar intervir em dinâmicas de acesso e engajamento de discursos críticos-universitários. Talvez os resultados tenham sido apenas modestos. Mas parece que aprendemos algumas coisas no caminho, e é sobre elas que gostaríamos de conversar.

Pensamos a composição do texto na primeira pessoa do plural, mas uma voz se destacou em sua singularidade. Foi a da artista-residente do projeto, Joana Lavôr, com uma recomposição do processo criativo das cores e formas da identidade do MinasMundo. Como a singularidade só pode existir na pluralidade, optamos por essa forma impura para a entrada, em que a primeira pessoa emerge. Demos a essa seção o nome "continuar a nascer", verso de Ricardo Aleixo reescrito como título de um dos livros da poeta mineira Mônica de Aquino, por motivos que se deixam ler.

No momento em que terminamos esse verbete, a ofensiva militar e as violações israelenses ao direito internacional na Faixa de Gaza têm como um de seus efeitos o fortalecimento do apoio à ação terrorista do Hamas pela juventude da Cisjordânia. Crianças e adolescentes com fuzis de brinquedo, às vezes decorados com as fotografias dos amigos mortos, declaram a correspondentes internacionais o sonho de se tornarem combatentes. A qualificação da situação dessa juventude como trágica tem efeitos muito diferentes, dependendo do que se entende por essa palavra: num sentido mais corrente, ela pode significar a submissão a um destino predeterminado contra o qual não é possível se insurgir. Uma qualificação, nesse caso, incorreta. Não só porque a política é a tarefa do (que parece) impossível, mas porque a história demonstra que nem sempre foi assim, e não é necessário que seja assim.

Essa palavra, no entanto, também tem outro significado. Um que não se funda numa relação entre o negativo e a vida; mas entre o positivo e o múltiplo, a afirmação e o múltiplo, a alegria e o múltiplo. A diferença é possível, a experiência indestrutível. Diante da injustiça, a organização do pessimismo: ao longo dos últimos anos, no Brasil, como em outras partes do mundo, foi difícil ser jovem e não experimentar algo de trágico. Mas, como no poema drummondiano, caminhamos pelo solo pedregoso, e não queríamos viver sem lutar. Esta foi uma pequena parte da nossa luta.

Chamamos as atividades públicas do projeto de [maquin]ação. A primeira delas foi a conversa musical transmitida pelo YouTube com José Miguel Wisnik, mediada por Pedro Meira Monteiro e com participação de Marina Wisnik. Pedro estava em Princeton, os Wisniks em São Paulo, e nós estávamos conectados e atentos de diferentes partes do Brasil e do mundo. Desde esse lançamento até o final de 2023 produzimos mais de cinquenta vídeos, a maioria transmissões ao vivo, com interação do público em tempo real. Se você quiser assistir, eles estão disponíveis em: youtube.com/minasmundo.

Nesse percurso, talvez não seja exagero dizer que nos tornamos craques das lives, coisa de camisa dez. Mas o ambiente virtual obrigou a repensar completamente a estrutura e organização dos eventos: nos primeiros dois anos, as reuniões aconteceram apenas em salas e plataformas digitais. Enviávamos os links para os convidados se conectarem aos estúdios do StreamYard; nos bastidores, ajeitávamos o som, a imagem, testávamos vídeos e apresentações de PowerPoint, e combinávamos as dinâmicas e o tempo de cada pessoa. Tudo a apenas vinte minutos do início da transmissão ao vivo. As *lives* já começavam antes do *play*; às vezes, tínhamos que lidar com desafios inesperados, como problemas de som e imagem, ou algum arquivo que não conseguíamos apresentar na tela. Se vira nos trinta.

No universo das redes sociais, nosso perfil no Instagram (@minas.mundo) divulgou eventos, publicações, seminários, congressos, atividades e apresentou os pesquisadores do projeto. Nesse ambiente, construímos um público de cerca de 1.240 seguidores, realizamos mais de quatrocentas postagens e alcançamos mais de vinte e cinco mil contas, envolvendo públicos do Brasil, Estados Unidos, Itália e Portugal. No YouTube (youtube.com/minasmundo), além dos mais de cinquenta vídeos, alcançamos 760 inscritos, acumulamos 13,5 mil visualizações, 42,1 mil impressões e somamos 159,2 horas de vídeo assistidas. Nessa plataforma, nossa audiência é diversa em termos etários, com 56,7% do público entre 18 e 34 anos e 43,3% entre 35 e 60 anos.

Entre *lives*, *posts*, manifestos e tantas outras [maquin]ações no mundo virtual, vimos o projeto lançar alguns curtas-metragens. O primeiro deles, *Vídeo-manifesto Minas Mundo*, apresentava as múltiplas Minas Gerais sobre as quais nossos pesquisadores se debruçaram ao longo desses anos. Pelas imagens sobrepostas evocava-se as diferenças locais nessa convivência Minas-Mundo. Diferenças e desigualdades como no caso do extrativismo de *commodities* que levou ao desastre de Brumadinho, tragédia que escancara os riscos ambientais do capitalismo global encenado no Sul Global. Essa e outras imagens apresentavam os descentramentos que nossa rede procurava explorar ao falar *nas, a partir das, com* e até mesmo *contra* as Minas Gerais.

Construindo um espaço de discussão acerca do cosmopolitismo da cultura brasileira, o diálogo com outro tempo aparece num segundo vídeo, *MMM – Modernismo por Minas Mundo.* Ao longo do curta, somos convidados a pensar, junto à matéria audiovisual, as novas e antigas mediações entre local e universal na cultura brasileira: a arte colonial, a cantiga popular, a bossa nova, a tropicália, o rap, o funk e tantos outros temas que atravessam nossos debates. Em meio a esses cortes, conversas *on-line* de nossos pesquisadores discutem o fracasso de um projeto de democratização da cultura no modernismo frente a uma sociedade conservadora que enfrentou, e que ainda enfrentamos. Atando passado e presente, um retorno ao movimento modernista desrecalca seu legado cosmopolita com seu leque de problemas que ainda não se esgotou. Como trazer reconhecimento a uma multiplicidade de culturas que reivindicam suas diferenças nesse Mundo, sem deixar de lado as relações desiguais de que são feitas? Se no meio do caminho ditaduras e autoritarismos bloquearam um aprendizado pelo modernismo, como reconstruir uma nova máquina pelo legado que se oferece a nós?

Brumadinho e o Modernismo são imagens em nossos curtas. Mas são também experiências coletivas que recuperamos não só pelo que foi deixado para trás, como pelo que se afirma em desigualdade e diferença, numa rebeldia contra o encerramento da história. Insubmissas aos seus destinos, imagens como essas são daquelas com que aprendemos para nossas lutas. Sobrevivências improváveis, do tipo que gestam outros nascimentos. Com a palavra, a artista-residente do projeto, Joana Lavôr.

CONTINUAR A NASCER

Quando desenho, preciso de uma figura-mancha na cabeça antes de colocar o lápis no papel, ou seja, uma ideia sobre a presença do desenho. Talvez essa seja uma mania de míope. Quando gosto muito de uma cena, tiro os óculos e cerro os olhos para ficar com as manchas de cor.

Em 2020, fui convidada a pintar imagens para o MinasMundo. Quando comecei a fazer a identidade visual do projeto, eu estava grávida e confinada, mas apesar de estarmos todos angustiados com a pandemia, inventamos uma convivência bonita via Zoom indo e vindo às muitas Minas Gerais.

Comecei a pensar nas cores da identidade visual do projeto e chegaram muitos ocres, marrons, amarelos e azuis. O primeiro marrom que pensei foi certamente o das estradas de terra. Como meu avô Sebastião nasceu em Ubá e tinha sete irmãos, tenho uma penca de primos em algumas cidades e passei muitas temporadas em Minas nos quintais das tias avós. Para desenhar, lembrei imediatamente do chão vermelho de quando andava descalça com meus primos na beira da estrada em Matipó e ficávamos vendo os desenhos riscados pela terra craquelada no chão. O marrom do filtro de barro das minhas (e de tantas) tias avós, "de onde sai a água mais saborosa". Os pratinhos de vidro marrom que recebem compotas pastosas.

Mas, em 2020, ao pensar em MG, vinha à memória o marrom do lamaçal que cobriu a cidade de Mariana em 2015 com o rompimento de uma barragem da mineradora Samarco. Havia muito pouco tempo, em 2018, que eu tinha escrito um poema sobre essa cor, esse lodo. Essa tinha que entrar.

Para chegar aos azuis, novamente: muitos convites. As ideias passearam imediatamente pelos azuis de Portinari na Igreja de São Francisco de Assis na Pampulha, e pelas travessas, moringas e xícaras azuis e brancas da porcelana de Monte Sião, sempre presentes nas mesas postas de famílias mineiras 24/7. Nas longas conversas sobre azuis com um dos coordenadores do projeto, André Botelho, falamos algumas vezes sobre as porcelanas cantonesas que também são azuis e brancas – e que, aliás, encontramos no Museu do Ouro em Sabará depois do seminário "Minas-Mundos: cosmopolíticas" em Belo Horizonte, em dezembro de 2022.

Mas o azul mais forte que chegou para o projeto foi o mar e sua imensidão e multiplicidade, o azul marítimo para figurar o cosmopolitismo e os diversos caminhos que cruzam nossas ideias de brasilidade. Simplificando: o ocre como localismo e o azul como cosmopolitismo.

A curadoria dos elementos foi diferente. Enquanto na escolha das cores eu fiquei às voltas com memórias e representações muito afetivas e físicas, o caminho para escolher as imagens que desenharia foi bem mais exógeno, e desorganizado também. Desde o momento do convite, comecei uma prática de visitar e estudar alguns mapas de coleções que faço há anos, algumas físicas, outras em pastas on-line. Vi mapas e montanhas mineiros e de lugares por toda a América Latina... e logo estava em mapas bem mais distantes, como relevos e bacias hidrográficas na Índia ou em Myanmar. Fui guardando esboços de mapa feitos a lápis, cruzando grafias e vendo quais movimentos apareciam.

André e eu também conversamos um pouco sobre as volutas barrocas, e comentamos que seria interessante que elas entrassem, embora nenhum dos dois quisesse uma representação "fotográfica" para o projeto sobre Minas. Queríamos que o logotipo levasse uma voluta, mas não sabíamos muito bem como.

Para além das tradicionais volutas esculpidas, fiquei buscando um símbolo de fluxo aquático e encontrei uma imagem indiana do século XVIII em que Vishnu respirava dentro de um ninho de serpente e sua respiração era uma malha de pequenas serpentes: uma enorme onda. Pronto, comecei a rascunhar diversas citações àquela imagem, e desenhei algumas volutas de entalhes de madeira que encontrei em livros de arte sacra do meu outro avô, João Conrado, que era pintor e viajava muito a MG. E cheguei ao nosso logotipo. Uma voluta talhada em madeira: um enorme sopro de peixes: uma malha de pequenas serpentes: uma onda.

•

O fim da pandemia nos permitiu uma retomada das atividades presenciais e com isso realizamos encontros em diferentes lugares. Residentes no Rio de Janeiro, os autores desta publicação rumaram para Belo Horizonte para o primeiro seminário presencial do projeto, "MinasMundo: Cosmopolíticas", com apresentação de trabalhos, palestras com artistas e oficinas de poesia. Tomando a UFMG como lugar de reencontro e troca, o que antes eram *bits* de nossas telas se materializava graças ao esforço de uma improvável comunicação acadêmica realizada naquele período de distanciamento social.

Após anos gestando o projeto na pandemia, nos espraiávamos em outras frentes de ação. Dali em diante, os encontros presenciais somaram-se ao nosso repertório de [maquin]ações. Entre duas séries de *lives* que realizamos em 2023 no YouTube, "Qual Minas colonial?" e "Acervo de escritores mineiros no Minas Mundo: Arquivos e Cosmopolitismo", o projeto MinasMundo deslocou-se para beira-mar, comemorando os 120 anos de Pedro Nava presencialmente na UFRJ. Mais um evento se aproxima enquanto escrevemos este texto, nos levando a alternar entre a revisão textual e a arrumação das malas para subir o Atlântico em direção a Princeton, nos Estados Unidos.

Traçando novos caminhos do MinasMundo, ainda organizamos em nossa rotina os preparativos para o evento-chave do projeto em Ouro Preto no ano de 2024. Voltando às terras mineiras em uma de suas cidades históricas, esse será o ponto de chegada para nossa discussão sobre o cosmopolitismo da cultura brasileira, tendo como marco as viagens que os modernistas fizeram em 1924. O glossário no qual este verbete se insere pretende ser peça-chave para todo nosso projeto de desrecalque cosmopolita da cultura brasileira, apresentando diferentes trabalhos em uma linguagem aberta para um público mais amplo de modo a divulgar aos leitores os resultados dessa nossa trajetória.

Sabendo que, em breve, chegaremos em Ouro Preto, deixamos aqui algumas pegadas de nosso percurso. Olhando em retrospectiva nossas [maquin]ações, vasculhando anotações, esboços, *lives*, curtas, *posts* e *blogs*, pudemos perceber a memória coletiva de todo o movimento que fizemos. Este glossário é apenas um produto final do projeto. Uma parte do legado do MinasMundo, que também pode ser acessado pelas redes digitais e que esperamos que possa servir não só para pensar o cosmopolitismo na cultura brasileira, como também os modos de ação coletiva possíveis para uma comunicação acadêmica. Deixamos assim o futuro em aberto para falar *no, a partir do, com o* e até mesmo *contra* o MinasMundo. •

SUGESTÃO DE LEITURA

SANTIAGO, Silviano. Camões e Drummond: a Máquina do mundo. In: *Uma literatura nos trópicos*. Recife: Cepe, 2019.

VÍDEO-MANIFESTO MINASMUNDO

MARCO ANTONIO GONÇALVES

REALIZO UM PERCURSO PELA IMAGÉTICA do vídeo-manifesto do projeto MinasMundo, assinado por Fábio Seixo, pontuando relações e agenciamentos capazes de evocar e reverberar algumas das proposições que o engendram e embasam. Tomando as imagens em sua radicalidade, adentramos no conceito primordial do projeto que é a concepção de cosmopolitismo, espécie de armadura político-conceitual do significado de MinasMundo, nos aportando em suas derivações que abrem um campo de reflexão sobre e no espaço *minas* como mundo e *mundo* enquanto minas.

O vídeo inicia com Tiradentes e termina com Tiradentes. O monumento a Tiradentes em Ouro Preto é um marco da República, uma radical ressignificação da história do Brasil, e representa a re-figuração de Minas nessa história. Logo em seguida, vemos uma intercalação entre personagens discursando, a política e o poder, Juscelino Kubitschek e Getúlio Vargas, e cenas do filme *Macunaíma* (1969), de Joaquim Pedro de Andrade – exatamente o plano do discurso do poeta que também do alto de uma estátua, monumento, profere uma narrativa sobre a origem do Cruzeiro do Sul e ali é desmentido por Macunaíma, momento de inversão importante que faz com que este imponha sua visão e saia vitorioso, afirmando seu discurso sobre o Cruzeiro do Sul, que é verdadeiramente o pai do mutum. As imagens do vídeo parecem querer acentuar essa rotação, essa mudança de cânone, permitindo emergir outras formas de entendimento sobre as mesmas coisas. Os planos do vídeo continuam a enfatizar essa alternância entre políticos brasileiros e imagens do filme *Macunaíma*, especialmente a de Venceslau Pietro Pietra, que é o gigante Piaimã que dá entrevista para repórteres. Com esse movimento bascular entre Macunaíma e os políticos, encerra-se essa abertura que é operada pelo contraste de formas discursivas distintas e que culmina com a irrupção de Macunaíma assumindo o papel de herói de nossa gente, encarnando um contradiscurso desestabilizador das narrativas "oficiais" sobre o Brasil.

O último plano da abertura nos dá a ver um político, um general e, ao fundo, uma igreja barroca, e aí passamos para a topografia de Minas, mapa ondulado com suas montanhas, no qual vemos muitas igrejas que se confundem com a cartografia. Esse plano do mapa se funde às igrejas reais de Ouro Preto, dominando definitivamente a paisagem. Mais uma fusão e vemos as mesmas igrejas e a cartografia emergirem como representação no croqui realizado por Tarsila do Amaral e, desse modo, aportamo-nos no centro do MinasMundo, no ano de 1924. Esse croqui, essa passagem por Minas, abre espaço para uma outra percepção do modernismo, e assim passamos a ver o ícone Abaporu através de um fundo de galhos retorcidos e secos que o emolduram, se confundindo e se fundindo com o sertão de Guimarães Rosa. Nesse momento, somos embalados pela montagem poética de Lucas van Hombeeck, que evoca os gerais que correm em volta, sem tamanho, os campos a fora, adentro. Imagens verbais de Guimarães Rosa em *Grande Sertão: veredas*, que se fundem em harmonia com as outras imagens evocadas por Carlos Drummond de Andrade em "Confidência do Itabirano": oitenta por cento de ferro na alma, porosidade e comunicação. Aportamos no poroso, na sequência da ferocidade que nos dá a ver a escultura *Queda de viga* [*Beam Drop*], de Chris Burden, realizada em Inhotim, Brumadinho, em 2008: lanças de ferro que golpeiam uma piscina de concreto. Escultura-profecia, antecipação do destino de Mariana e de Brumadinho. Essas imagens se fundem com as sucessivas imagens da queda de Macunaíma do ventre materno; seu grito, sua dor que se confunde com o som das lanças de ferro caindo na piscina de concreto.

Corte para a imagem de Guimarães Rosa, na célebre entrevista para uma televisão alemã, em que nos fala sobre seu sertão, um fundo telúrico, das profundezas da terra e dos seus significados que ecoam por todas as Minas. Mas Rosa acrescenta a ideia do Fausto sertanejo: evoca um pacto com o diabo, a decadência do espírito humano que se deixa seduzir pelo mal. Corte para a imagem de Antonio Candido falando da obra de Rosa, do regionalismo que supera o próprio regionalismo; modo de conceituar o que se entende por cosmopolitismo e que aqui se funde com o próprio neologismo da imagem-palavra *minasmundo*. E neste exato momento somos arrastados pelas imagens do rompimento/explosão/catástrofe de Brumadinho. A lama em torno, dentro e fora das Minas. Silviano Santiago sublinha, nesse momento, essa "ferocidade" ao dizer que "*Grande Sertão* é o livro mais radical contra um desenvolvimentismo que é feito sem a preocupação social e humana", e através de fusões e efeitos vemos os Krenak, seus rituais. A partir daí, as imagens vêm em avalanche, rastro da destruição, do mal, da fera, imagens de rebeliões, revoltas, prisões, ônibus queimando, um homem que empunha um facão, homens com máscaras e mais imagens que encaminham para as telas de Tarsila do Amaral: *A lua, Morro da Favela, São Paulo 135831, Os operários*. Telas que insistem em adensar esse "desenvolvimentismo" e sua ferocidade. *Grande Sertão* conceituado por Silviano Santiago adquire aqui o pleno sentido das imagens evocadas no vídeo. *Grande Sertão*, nas letras de Silviano, seria esse "rompimento de um percurso linear e cronológico das obras literárias, que descendem da Carta de Pero Vaz de Caminha, como um rochedo que despenca do alto da montanha em virtude da erosão causada no terreno pelas chuvas torrenciais, e arrasa de vez com a bitola estreita dos trilhos por onde vinha sacolejando tranquilamente o trenzinho caipira da literatura brasileira". Esse abalo, rompimento, explosão, cria um paralelismo entre os gerais, o geral, o humano, as minas que nos faz aportar em mais uma narração que enfatiza o ser do mundo e o ser Minas Gerais. A partir de agora o vídeo nos situa nas imagens do espetáculo *Parabelo*, do Grupo Corpo, de 1997, que expande os sertões de Minas para além das minas, indo ao encontro do sertão nordestino de Tom Zé, replicando a narração "sou do mundo, sou Minas Gerais". A tela se divide e o Grupo Corpo dá espaço para as meninas negras do Slam das Minas, poesia de resistência e de afirmação. Uma delas diz "somos as filhas das pretas que vocês não conseguiram matar", e o corte nos leva à imagem doce e tenra de Conceição Evaristo, que nos diz que escrever é uma forma de sangrar. Em choque de imagens, vemos as imagens do rio Doce, lama/sangue e Conceição Evaristo concluindo, docemente, como um fluxo de rio, que a vida é uma sangria desatada.

Aportamos, aqui, no epicentro de um dos significados mais potentes de MinasMundo, que é sua proposta de acolher e poder realizar uma "sociologia reversa", produtora de outros olhares, que no vídeo se incarnam na imagética barroca que imagetifica o mundo projetando novos corpos, os anjos negros, a Nossa Senhora negra. "Sociologia reversa" que tem seu manifesto na pintura do teto da Igreja da Ordem Terceira de São Francisco de Assis em Ouro Preto, pintada pelo mestre Manoel da Costa Athaíde, que projeta as Minas, sua gente, suas feições outras, no céu, na ordem cósmica, na metrópole, no mundo. A assumpção de Nossa Senhora sintetiza olhares potentes sobre si e sobre o outro: é história, é religião, é escravidão. Naturalmente, somos encaminhados para as imagens das bonecas da mestra dona Isabel do Vale do Jequitinhonha, que produz suas noivas à sua imagem e semelhança: negras, miscigenadas, marcas das histórias, dos afetos e das alianças nas minas. As muitas faces de Cristo, também concebido por uma estética e ética que opera essa "sociologia reversa", nos força a reverter imagens estabelecidas, e a uma abertura para imagens outras. Chegamos, finalmente, estruturalmente, às imagens de Milton Nascimento e sua conceituação "sou do mundo, sou Minas Gerais" que é o eixo conceitual do cosmopolitismo proposto pelo projeto MinasMundo. Assim, esse mundominas, o externo e o interno, essa dobra vai surgir esculpida a ferro e a fogo nas esculturas de Amilcar de Castro quando seu mundo de Paraisópolis é atravessado por muitos mundos, como suas chapas de ferro são atravessadas pelo espaço externo. Encarnação conceitual potente, metáfora elucidativa da proposição do projeto que se atualiza também em outra imagem, nesse mesmo contexto, que é a proposição de outra mineira de Belo Horizonte, Lygia Clark, com seus dentros e foras acentuando as ligações, numa operação topológica que desafia o cânone de uma geometria euclidiana de simples oposições binárias. É nesse espaço topológico, de englobamentos, que emerge a complexidade das Minas e dos mundos. E agora vemos essa topologia no mundo, no viaduto Santa Tereza em 2020, em uma instalação de cobras gigantes realizada pelo artista macuxi/brasileiro/universal Jaider Esbell, neto de Macunaíma. Aqui, retornamos ao princípio, à onipresença de Macunaíma que desafia os cânones e as possíveis reversões e reviravoltas imagéticas. O fechamento do vídeo, seu *grand finale*, opera por um efeito dominante, que Lévi-Strauss percebeu em muitas expressões artísticas de muitos povos, e foi descrito como o efeito do desdobramento da representação. Percebido, sobretudo, nas pinturas faciais e nas máscaras, em que a imagem continua em seu desdobramento replicando um lado no outro, nos dando, assim, uma ilusão de simetria. Vemos no vídeo os 12 profetas de Aleijadinho no adro dianteiro do Santuário do Senhor Bom Jesus de Matosinhos em Congonhas, que se desdobram, se replicam – igrejas replicadas. Esse processo de desdobramento como técnica, segundo Lévi-Strauss, operado por uma falsa simetria, quer justamente construir uma ideia de assimetria, de hierarquia, de estratos, mundos formados por partes profundamente desiguais, mas que se encontram, se comunicam. Somos, então, levados através dos desdobramentos e seus efeitos às hierarquias, às desigualdades, aos muitos mundos e às muitas minas. ●

VERBETES

A VIAGEM MODERNISTA DE 1924

ANGELO OSWALDO DE ARAÚJO SANTOS

ENTRE OS DIAS 11 E 17 DE FEVEREIRO DE 1922, eclode a Semana de Arte Moderna, realizada no Theatro Municipal de São Paulo. Com repercussão em todo o Brasil, a Semana vem revelar a produção inovadora de músicos, poetas, atores e pintores. O poeta Oswald de Andrade e a pintora Tarsila do Amaral estavam em Paris nesse momento. Na Place de Clichy, em Montmartre, eles anteveem um novo Brasil nascendo de suas raízes originais. No estúdio da rua Hégésippe Moreau, Tarsila reúne a vanguarda artística de Paris e compartilha "feijoada, compota de bacuri, pinga e cigarros de palha" com Blaise Cendrars, Fernand Léger, Jules Supervielle, Brancusi, Robert Delaunay, Vollard, Rolf de Maré, Darius Milhaud e o príncipe negro Kojo Tovalou. E um outro grupo, em que aparecem Jean Cocteau, Erik Satie, Albert Gleizes e André Lhote, além de, eventualmente, Picasso, Jules Romains e Valéry Larbaud.

Aproximando-se do poeta suíço-francês Cendrars, Tarsila e Oswald nele despertam a vontade de visitar o Brasil, o que veio a acontecer no início do ano de 1924. Blaise Cendrars (1887-1961) era um *bourlinguer*, atraído pelas viagens aventurosas. Em 1915, em Châlons-sur-Marne, ferido gravemente no decorrer da 1ª Guerra Mundial, ele tem amputado o antebraço direito: Blaise *sans bras*, como no sonho premonitório da pintora Sonia Delaunay, em que o poeta aparece sem um braço. Condecorado, torna-se cidadão francês em 16 de fevereiro de 1916. Mas logo Blaise Cendrars vai virar

"Braise, Brésil: Brésil cendré", na saudação entusiástica dos modernistas de São Paulo.

Em fins de 1923, Oswald e Tarsila levam Cendrars ao encontro de Paulo Prado, no hotel Claridge, nos Champs-Élysées. O mecenas paulista convida o poeta a visitar o Brasil. Iria concretizar-se a proposta que os modernistas lhe haviam feito. Em breve escala no Rio de Janeiro, é recebido por Paulo da Silveira, Américo Facó, Ronald de Carvalho, Sérgio Buarque de Hollanda, Graça Aranha, Prudente de Morais, Neto e Guilherme de Almeida, conforme registrado em fotografia. Desembarcado do navio Le Formose em Santos, em 5 de fevereiro de 1924, um incidente marca a esperada chegada. Os fiscais alfandegários querem impedir sua entrada no Brasil, alegando ser ele um mutilado. Mário de Andrade, indignado, publica um artigo contundente, afirmando ser a mão perdida de Cendrars aquela de que mais necessita o Brasil na construção da sua nova cultura. Sérgio Milliet, Couto de Barros, Luiz Aranha e Rubens Borba de Moraes o conduzem a São Paulo, onde é homenageado com um jantar por dona Olívia Guedes Penteado, no seu célebre salão modernista, e faz palestra sobre a moderna poesia francesa.

A curiosidade de Cendrars provoca nos modernistas o desejo de mostrar-lhe o país, o que resulta no redescobrimento deles próprios como brasileiros. Entre os dias 1° e 4 de março, o poeta passa o Carnaval no Rio de Janeiro, com Olívia Penteado, Tarsila e Oswald. Em 18 de março, o *Correio da Manhã*, do Rio, estampa o "Manifesto Pau-Brasil", de Oswald de Andrade, no qual ele cita Cendrars.

Em abril, a ideia era ampliar e aprofundar a "redescoberta do Brasil", sugerida pelo mergulho no Carnaval carioca. A Semana Santa lembra os altares barrocos de Minas e incentiva o roteiro. Em companhia de Oswald e seu filho Nonê, Tarsila, Olívia, René Thiollier, Gofredo Silva Telles e Mário de Andrade, Cendrars viaja por Minas Gerais, assistindo às cerimônias da Semana Santa nas velhas cidades do ouro. O contato com as cidades históricas e a obra do Aleijadinho causa forte impacto no grupo excursionista. Mário de Andrade, quando foi a Mariana, em 1919, para estar com o simbolista Alphonsus de

Guimaraens, já havia sido tocado pela genialidade do Aleijadinho, segundo ele o primeiro artista genuinamente brasileiro. Ao retornar a São Paulo, Mário não mais focaliza Alphonsus, mas escreve e faz palestra sobre a singularidade do Aleijadinho na história da arte. Para ele, a fealdade de algumas esculturas de Congonhas do Campo, tão criticada pelo poeta e cronista João do Rio, nada mais é que o corte expressionista do mestre dos Passos da Paixão.

Tarsila descobre, com encantamento, as cores brasileiras que ficaram esquecidas na paleta de sua infância. Oswald replanta o pau-brasil. O Aleijadinho foi o grande deglutidor da arte europeia. Como os indígenas Caetés que devoraram o primeiro bispo, dom Pero Fernandes Sardinha, em 1556, o poeta antropofágico devora todas as influências estrangeiras para fazer a digestão com que Antônio Francisco Lisboa, filho de um europeu e de uma africana, logrou energia para criar a primeira arte a ser chamada de brasileira.

Para todos eles, o contato com a obra do Aleijadinho, em Congonhas, Ouro Preto e Sabará, trouxe consequência intensa e profunda. Cendrars identificou-se com o artista estropiado, quis fazer um filme sobre ele, apaixonou-se pelas histórias que correm a respeito do grande escultor e arquiteto do Brasil colonial. Imaginou uma personagem chamada "Manolo Seca", na qual iria misturar traços de um prisioneiro com quem conversa nas grades da cadeia da cidade de Tiradentes e de um outro detento, Febrônio Índio do Brasil, a quem visitaria no Rio de Janeiro. Na crônica de 1938, Tarsila lembra que, para Cendrars, "a realidade só o interessa como ponto de partida para as suas narrativas. As suas impressões locais são transplantadas para o quadro que a imaginação requer" – arremata, recordando-se do episódio em Tiradentes e da visita à penitenciária do Rio de Janeiro.

Em Belo Horizonte, o grupo paulista e Cendrars encontram-se no Grande Hotel, na rua da Bahia, com o punhado de jovens mineiros que se iniciavam nas trincheiras do modernismo. Carlos Drummond de Andrade, Pedro Nava, Emílio Moura, Martins de Almeida e João Alphonsus são alguns dos moços que, entre a timidez e o fascínio, se aproximam dos protagonistas da revolução deflagrada dois anos antes, na Semana de Arte Moderna. É o chamado Grupo da Rua da Bahia, frequentador do Café Estrela e da Livraria Francisco Alves, em preparativos para lançar, em 1925, os três números de *A Revista*, casamata do modernismo de Belo Horizonte, sob a liderança do poeta itabirano.

Pedro Nava conta que "uma das coisas mais importantes para a vida do nosso grupo foi a visita, logo depois da Semana Santa de 1924, da caravana paulista que andava descobrindo o Brasil depois do Carnaval passado no Rio de Janeiro". "Tive notícias do grupo na Rua da Bahia, por Carlos Drummond que estava convocando visitantes para irem ver os paulistas no Grande Hotel".

A respeito de Cendrars, "figura admirável de homem livre, aventureiro e poeta", Nava afirma que, sem dizer o seu nome, não se pode escrever a história dos vanguardistas franceses e dos modernistas brasileiros. E desenha um retrato: "Tinha trinta e quatro anos, uma guerra e uma mutilação quando o conheci em 1924. Fisicamente era magro, seco, musculoso, ágil, cara triangular, pele do rosto lustrosa como se tivesse sido envernizada, muito vermelho, e de expressão sempre sorridente. Cabelos dum castanho avermelhado e olhos gateados. Conversando, o que dizia era sempre de originalidade saborosa. Seu julgamento era profundamente rápido e arguto. Não se enganava de jeito nenhum em questões de arte, poesia e literatura".

"Esse 1924 seria como um píncaro galgado e um ano simbólico para nós" – reconhece Pedro Nava. "Simbólico já na morte de Anatole France. Depois seria o ano de *Kodak* e *Feuilles de Route* (*I. Le Formose*), de Blaise Cendrars; dos *Poemetos de Ternura e Melancolia* de Ribeiro Couto; dos *Estudos Brasileiros* de Ronald de Carvalho que tínhamos no altar desde os *Epigramas*, de 1922".

Em carta datada de 28 de outubro de 1924, Carlos Drummond se dirige a Mário de Andrade, na expectativa de ser lembrado pelo criador de Macunaíma para entabular o diálogo: "Procure-me nas suas memórias de Belo Horizonte: um rapaz magro, que esteve consigo no Grande Hotel, e que muito o estima. Ora, eu desejo prolongar aquela fugitiva hora de convívio com o seu claro espírito". Desenvolve-se, desde então, a intensa correspondência entre os dois poetas. Na mesma ocasião, Cendrars continuaria a incentivar os modernistas brasileiros. Datado de "Rio – 9-11-927", o poema de Blaise Cendrars especialmente dedicado aos jovens poetas da revista *Verde*, da cidade mineira de Cataguases, evidencia a consideração que tinha pelo movimento modernista em expansão no Brasil. O poema aparece no número 3 da *Verde*, lançado exatamente em novembro de 1927, e enche de orgulho os "ases de Cataguases". Ainda em 1927, em Itanhandu, no sul de Minas, aparece a revista *Electrica*, cujo nome expressa a busca das coisas novas. E *Montanha* é publicada em Ubá, na Zona da Mata.

Verde implodiu fatalmente em 1929, com a morte do jovem Ascânio Lopes Quatorzevoltas (1906-1929), uma das grandes promessas do grupo, "o mais forte desse pessoal", segundo Mário de Andrade. Levado pela "dama branca" dos românticos, o surpreendente poeta não teve a sorte dos modernistas Manuel Bandeira, Afonso Arinos de Melo Franco e Murilo Mendes, que venceram a tuberculose.

A Revista, editada por Carlos Drummond de Andrade, Martins de Almeida, Emílio Moura e Gregoriano Canedo, lança apenas três números, em julho e agosto de 1925 e janeiro de 1926. Apoiada por autores do Rio de Janeiro e de São Paulo, merece crítica reveladora da estreiteza do ambiente cultural de Belo Horizonte. O ensaísta Eduardo Frieiro, sob o pseudônimo de João Cotó, desmancha o prazer dos modernistas: "Há nesta cidade quatro ou cinco jovens estudantes que cultivam certo subproduto literário a que o Sr. Mário de Andrade dá o nome de 'literatura pau-brasil'. Ditos rapazolas formaram aqui uma pequena tertúlia de iniciados no objetivo dinâmico do espírito moderno. Precisavam de um órgão. Veio o órgão, isto é, a Revista. A dizer a verdade, a insignificância do órgão não correspondeu à largueza da tarefa".

Se há um esforço de poetas e escritores no avanço das experiências modernistas, em sucessivas publicações de curta duração e livros de tiragem reduzida, permanece o vazio com relação às artes plásticas. Em 13 de maio de 1929, aparece o tabloide *leite criôlo*, a seguir publicado como suplemento do jornal *Estado de Minas*, totalizando 19 edições. À frente do "criolismo" estão João Dornas Filho, Guilhermino César (originário do grupo Verde) e Achiles Vivacqua (em cuja casa situada na rua Bernardo Guimarães, esquina de Sergipe, os modernistas vivenciaram o "Salão Vivacqua" de poesia moderna). Segundo Dornas Filho, "a finalidade do criolismo é mais ou menos a mesma da antropofagia. É a mesma de todos os movimentos nacionalizadores". Do que se faz, naquele trecho, em matéria de arte, ressaltam-se desenhos e aquarelas de Pedro Nava, que se torna médico e passa a ser considerado bissexto em poesia e em artes plásticas até à explosão de sua obra memorialística, em 1972, com o lançamento de *Baú de ossos*.

A exposição pioneira de Zina Aita (1900-1967), em 1920, no salão do Conselho Deliberativo de Belo Horizonte (em estilo manuelino satirizado por Mário de Andrade no poema de 1924), embora bem acolhida por Aníbal Mattos, não logra atrair o olhar da cidade dos ecletismos arquitetônicos. O diário oficial *Minas Gerais*, em 1º de fevereiro, dois anos antes da Semana paulista, comenta que "as cores 'bizarras' de suas telas ferem, não raro, a vista do visitante". O poeta Austen Amaro (1901-1991), que publica o livro de poesia *Juiz de Fora*, em 1926, com desenho de Pedro Nava na capa, comparece à exposição e revela: "Foi a primeira vez que vimos obras em que as cores eram muito diferentes da realidade. (...) Umas pessoas riam, debochavam, outras procuravam entender as obras que estavam ali, bem perto de nós". Natural de Belo Horizonte e tendo estudado na Itália, Zina Aita participa da Semana de 1922, que registra a presença do também mineiro Agenor Barbosa (1896-1976), poeta e jornalista nascido em Montes Claros, cujo poema "Os Pássaros de Aço", lido no segundo dia (15 de fevereiro) do programa, foi o único aplaudido, certamente pelo ritmo ainda passadista dos versos.

O modernismo nas artes somente emerge em Belo Horizonte cerca de vinte anos mais tarde, com a chegada do pintor Alberto da Veiga Guignard (1896-1962), em meio a iniciativas inovadoras do prefeito Juscelino Kubitschek. Em 1940, o prefeito convida Oscar Niemeyer, Cândido Portinari, Roberto Burle Marx e Alfredo Ceschiatti para a criação do conjunto da Pampulha, e patrocina, em 1944, a polêmica exposição de arte moderna na galeria do Edifício Mariana e a abertura da escola dirigida por Guignard no Parque Municipal. Oswald e Mário estiveram em Belo Horizonte nessa época e fizeram conferências sobre as duas décadas do movimento modernista de São Paulo, sempre exaltando a vertente mineira e, naquele instante preciso, o advento do modernismo visual em Belo Horizonte, com a Pampulha e Guignard.

A contribuição dos escritores mineiros à produção modernista cresce após a excursão de 1924, sendo decisiva e marcada pela comunhão com os autores de São Paulo e do Rio. O número três da *Revista de Antropofagia* (julho de 1928), dirigida por Antônio de Alcântara Machado, traz na primeira página o poema "No meio do caminho", a pedra fundamental da poesia de Carlos Drummond de Andrade, tanto uma ara de louvação como um alvo de apedrejamento. A redescoberta do país e da condição de ser brasileiro, a busca das raízes e da originalidade, a apuração de um caráter nacional diferenciador, a linha evolutiva da arte que começa com o Aleijadinho, tudo isso faz com que os mineiros apreendam essas ideias e as pratiquem com a contundência que vai da poesia de Drummond ao memorialismo de Pedro Nava, princípio e desfecho da trajetória modernista.

Em particular quanto a Minas Gerais, o modernismo ajudou tanto os poetas e escritores a reencontrar suas origens quanto os intelectuais a pensar a formação cultural de sua região para além de limites asfixiantes que deterioraram outras vertentes do nacionalismo saídas do movimento de 1922. "Tenho duas mãos e o sentimento do mundo", diz Carlos Drummond de Andrade. Ao lado de Pedro Nava, Drummond forma com o poeta Murilo Mendes (1901-1975) a trindade que Minas Gerais ofereceu ao modernismo brasileiro. Nascido em Juiz de Fora, Murilo Mendes viveu no Rio e no exterior, radicado em Roma, no final da vida, mas há todo um processo de leitura que conduz sua reinserção no conhecimento do público do Brasil como uma das maiores expressões advindas do primeiro modernismo.

A poesia e a ensaística de Affonso Ávila (1928-2012) sintetizam a força criativa do legado modernista na obra das sucessivas gerações de Minas. A revalorização do Barroco Mineiro na condição de patrimônio cultural e fonte de criatividade começa na viagem modernista de 1924, uma jornada que não tem fim. Ouro Preto, Congonhas, Diamantina e Pampulha foram inscritos no patrimônio mundial, e esse acervo é fonte de novas rupturas e invenções tanto quanto a herança do modernismo, no centenário de sua explosão. •

VER VERBETES ALEIJADINHO; BARROCO E PEDRO NAVA.

SUGESTÕES DE LEITURA

ANDRADE, Mário; ANDRADE, Carlos Drummond de. *Carlos & Mário* – Correspondência completa entre Carlos Drummond de Andrade (inédita) e Mário de Andrade. Prefácio e notas de Silviano Santiago; organização e pesquisa iconográfica de Lélia Coelho Frota. Rio de Janeiro: Bem-Te-Vi, 1992.

CENDRARS, Miriam. *Blaise Cendrars*. Paris: Balland, 1984.

EULÁLIO, Alexandre. *A aventura brasileira de Blaise Cendrars*. 2 ed. revista e ampliada por Carlos Augusto Calil. São Paulo: Edusp, 2001.

NAVA, Pedro. *Beira-mar* – Memórias 4. Rio de Janeiro: José Olympio, 1978.

SANTOS, Angelo Oswaldo de Araújo. Belo Horizonte: uma Semana de Artistas Modernos. *Suplemento Literário do "Minas Gerais"*, 19 de fevereiro de 1972.

AFFONSO ARINOS

MARIA LAURA VIVEIROS DE CASTRO CAVALCANTI

ADVOGADO, CONTISTA, ROMANCISTA, etnógrafo amador, Affonso Arinos nasceu em 1º de maio de 1868, em Paracatu, Minas Gerais, cidade à qual retornaria diversas vezes em sua vida intensa e errante. Membro da família Melo Franco, ainda jovem abandonou o sobrenome tradicional, adotando o segundo prenome de inspiração nativista. Estudou em diferentes cidades: Goiás, Barbacena, São João del-Rei e Rio de Janeiro (no Ateneu fluminense), acompanhando o pai, Virgílio, juiz de Direito. Ingressou na Faculdade de Direito em São Paulo em 1885. Já formado, reencontrou a família então sediada em Ouro Preto, capital da província, onde, em 1892, participou da fundação da Faculdade Livre de Direito, depois transferida para Belo Horizonte.

Em Ouro Preto, tornou-se grande amigo de Olavo Bilac, que, entre outros intelectuais, lá buscara abrigo fugindo do estado de sítio decretado no Rio de Janeiro entre 1893-94. Apaixonaram-se ambos pela pesquisa de fontes históricas documentais e Arinos contribuiria para a criação do Arquivo Público Mineiro. Ao voltar da primeira de diversas viagens à Europa, em 1896, assumiu, em São Paulo, a direção do jornal monarquista *O Comércio de São Paulo*, a convite de Eduardo Prado, tio de sua futura esposa, Antonieta. Em 1898 destacou-se no cenário literário com o início da publicação em livro de seus escritos. Seu romance *Os jagunços* é o primeiro trabalho publicado sobre a Guerra de Canudos, quatro anos antes da obra magna de Euclides da Cunha, como atesta Walnice Nogueira Galvão. Data do mesmo ano o livro de contos *Pelo sertão*, de fama duradoura. Em 1901, já residente no Rio de Janeiro, foi eleito para a Academia Brasileira de Letras, sucedendo a Eduardo Prado e sendo recebido por Bilac. Em 1904, mudou-se para Paris, onde estabeleceu um escritório de importação e exportação. A deflagração da Primeira Guerra Mundial, em 1914, entretanto, o reteve no Rio de Janeiro, de onde empreendeu novas jornadas aos sertões mineiros, e onde fez amizades com a boemia intelectual reunida em hospedarias e casas da Lapa carioca. Para o Rio de Janeiro, então capital do país, convergiam artistas e intelectuais eruditos e populares de distintas regiões. Arinos ali conviveu com Donga, Pixinguinha, Catulo da Paixão Cearense e João Pernambuco, geniais poetas e músicos, criadores do que hoje conhecemos como música popular brasileira.

O foco de nosso interesse situa-se nesse último período de sua vida, quando escreveu o livro *Lendas e tradições brasileiras*, publicado postumamente em 1917. Este livro reúne o notável ciclo de conferências promovido em São Paulo pela Sociedade de Cultura Artística e proferido por Arinos ao longo de 1915, encerrado naquele 28 de dezembro com o 39° Sarau da Sociedade, singular concerto musical por ele dirigido. Arinos viria a falecer menos de dois meses depois, a 19 de fevereiro de 1916 em passagem por Barcelona, Espanha.

A Sociedade de Cultura promotora do ciclo iniciara suas atividades em 1912 e acolheu as três primeiras conferências de Arinos em sua sede: "Lendas e tradições brasileiras" e "As Amazonas, o seu rio, as Yaras", realizadas em fevereiro; e "O São Francisco e suas lendas, a Serra das Esmeraldas, as Minas de Prata, o Caboclo d'Água", em abril. Além do Sarau de encerramento, o Theatro Municipal, criado em 1911, abrigou as três últimas conferências: "A Capela da Montanha, algumas igrejas do Brasil e suas tradições" (em abril); "O culto de Maria nos costumes, na tradição e na história do Brasil" (em julho); "Santos populares, superstições, festas e danças" (em 28 de dezembro). Naquelas primeiras décadas do novo século, modernizava-se e animava-se a vida cultural das elites e camadas médias paulistanas. Alunos do Conservatório Dramático e Musical, criado em 1906, compunham a plateia junto com músicos, artistas e escritores, profissionais liberais, empresários e famílias amantes das artes. Entre eles, o então jovem adulto de 22 anos, Mário de Andrade, como bem indicou Ricardo Souza de Carvalho, e como testemunhou o próprio Andrade em seu estudo sobre as Cheganças, publicado postumamente no primeiro tomo do volume *Danças dramáticas do Brasil*, organizado por Oneyda Alvarenga.

Para além do valor literário do conjunto mais abrangente da obra de Arinos, o livro *Lendas e tradições brasileiras* destaca-se como ponto de convergência de distintas dimensões de seu pensamento e de sua atuação. As seis conferências articulam-se a outra célebre palestra, "A unidade da pátria", proferida em Belo Horizonte, também em 1915, e publicada postumamente, em 1917. *Lendas e tradições brasileiras* vem explicitar o conteúdo propriamente cultural da campanha nacionalista apregoada por Arinos: "Eu sou o sineiro que subo à torre para chamar-vos ao culto da pátria (...), formando assim o elo da cadeia chamada a tradição de um país. É ela que faz dos habitadores de uma região um povo, dá a este povo uma alma, uma individualidade própria entre os outros povos da terra". O conteúdo cultural da cadeia chamada tradição era o "folklore", "um opulento tesouro esquecido", a abrigar temas que, em geral rechaçados como pueris, revelavam-se "das coisas mais sérias e profundas do homem", documentos únicos de nossa identidade entre "companheiros de planeta".

A apresentação inovadora de aspectos da cultura popular tradicional desdobrados na série de conferências, às quais logo voltaremos, culmina na inaudita iniciativa concretizada na programação do sarau dirigido por Arinos. Jovens ouvintes do ciclo encenaram, cantaram e dançaram então Loas de Natal e Reis; Marujada; Reisado das Borboletas; Pinicapau; e ao final o "antiquíssimo Bumba-meu-boi, conhecido em todo o Brasil". Convocado, o amigo Mello de Morais Filho indicou como ensaiador dos bailados o "Capitão tenente da Armada Nacional, Domingos Goulart da Silveira, também conhecedor dos belos festejos populares do Norte" (era comum na época, no Sudeste do país, a referência ao atual Nordeste como Norte).

Se as manifestações populares escolhidas para o concerto obedeciam à fé católica de Arinos como parte das "grandes festas cristãs" (Natal, Ano Bom e Reis), seu conteúdo expressivo, ainda que estilizado, foi adaptado de modo fidedigno ao palco, terminando por transbordar esse enquadramento. Tratava-se de apresentar em especial a complexidade artística da música "não regularmente escrita ou publicada em partituras", a qual requeria o "som de instrumentos também populares", como atesta o programa do evento. Subiu então ao palco do Theatro Municipal de São Paulo um autêntico conjunto musical popular – com todos os instrumentistas devidamente nomeados – regido pelo "Sr. João Guimarães": o exímio violeiro, violonista e compositor conhecido de Arinos, o João Pernambuco, cujo talento faria dele um ator central na criação e expansão do choro como gênero musical.

À sabida capacidade de empatia e versatilidade cultural de Arinos, o sarau vem somar sua qualidade de mediador, exercida a partir de seu sensível conhecimento do ambiente poético-musical carioca da segunda década do século XX. Seu sertanismo literário – que inovava com causos, personagens, vocabulário e prosa tão próxima da oralidade, postos ao lado de referências clássicas – tinha horizonte abrangente. Alimentava-se de estudos folclóricos e de experiências vividas junto a criativos sujeitos portadores de saberes próprios. As conferências de *Lendas e tradições* transformaram essa vivência em registro de valiosos conhecimentos a serem transmitidos às novas gerações.

A animada oralidade de Arinos traz seu gosto pelas narrações, sua mansa erudição e largueza de espírito para expressar um pouco do vocabulário da época. O estudo das lendas e mitos populares, tema da primeira conferência, equipara-se ao estudo das religiões e crenças humanas, conferindo ao ciclo uma amplitude de perspectiva que faz com que o viés católico confesso do autor caminhe junto à abordagem de diferentes aspectos da diversidade cultural brasileira. Lendas e mitos requerem o conhecimento do cancioneiro popular e das danças, pois integram ambientes festivos, sendo assim dramatizados, cantados e dançados. Animam-se por "correntes profundas de tradição". Arinos declama belo trecho da Nau Catarineta – o navio fantasma que erra pelos mares "faz vinte anos e um dia", lenda cantada, dançada e dramatizada no Norte do país, também presenciada por ele numa Chegança de Marujos em Paracatu e Belo Horizonte. Em meio à menção às coletas vindas do século XIX, emerge seu encontro com os admiráveis trovadores de Paracatu – Martiniano do Riachão e Antonio Farinha-seca, "os quais se não têm os implumados gorros, os talabartes e os espadins de seus colegas da Idade Média, não têm de certo menos sentimento e expressão". Eram os violeiros de quem ouvira, encantado, o lundu da inhuma – "uma ave sábia e santa, que benze a água antes de bebê-la e tem, ao crepúsculo, um canto de infinita saudade e doçura para o sertanejo". O congado, por sua vez, tal como já descrito por Mello Moraes Filho, emerge para Arinos como "uma verdadeira ópera popular de fundo africano". O gosto pelas narrativas invade todo tempo a cena e recontam-se lendas, como a lenda bandeirante dos Tatus Brancos e o mito indígena Tapera da Lua. A plateia é instada por Arinos a realizar novas pesquisas, a voltar a atenção para dentro do país, conhecendo-o melhor, naquele momento em que a guerra se alastrava na Europa, modelo da cultura então imperante.

História e mito se misturam no exame das primeiras narrativas de viagens na região do Amazonas, "nosso Rio-mar". Arinos fala das Yaras, e saúda Alberto Nepomuceno por sua eleição das canções populares e lendas brasileiras como temas de suas criações musicais. Detém-se nas Icamiabas, as mulheres guerreiras, mulheres sem marido como são chamadas pelos indígenas na foz do Nhamundá, à margem esquerda do Amazonas, onde se conta "a lenda da pedra verde" de lago sagrado. Recorda-se do dicionário da língua tupi de Gonçalves Dias. Tudo isso fala, diz ele, de tradições antiquíssimas, que relacionam os povos nativos "aos mais gloriosos povos da Terra". O interesse pelas igrejas e capelas do interior abrange as romarias e, muito especialmente, o exímio talento dos santeiros: "Quando começar a haver na nossa terra um pouco de gosto e um pouco mais de dignidade; quando deixarmos de ser em arte e literatura copistas servis ou imitadores sem escrúpulo, os artistas do futuro hão de procurar nos santeiros e encarnadores anônimos (...); nos arquitetos de nossos altares – as primeiras e tocantes manifestações do pensamento artístico brasileiro, como se buscou nos mosteiros e igrejas italianas dos séculos XIV e XV o traço suavíssimo dos primitivos".

Lendas e tradições brasileiras vem iluminar a abrangência da visão de mundo de Affonso Arinos, posicionando-o como uma voz potente na formação da visão modernista das tradições populares. Revela a vivacidade e a abertura do ambiente intelectual, literário e musical em meio ao qual Mário de Andrade formou-se e emergiria alguns anos mais tarde como catalisador de vertentes diversas do modernismo brasileiro. O livro de Arinos fazia parte da bibliografia estudiosa de Andrade, e muitos dos temas abordados nas conferências de 1915 ecoam em seus estudos dos anos 1930-1940. O romance tradicional

A Nau Catarineta, situado por Andrade entre as "Cheganças de Marujos", por exemplo, mereceu estudo específico, publicado já em 1941. O mito indígena Tapera da Lua, tal como narrado por Arinos, é retomado e discutido por Andrade em suas "Nótulas Folclóricas". As Icamiabas e a "lenda da pedra verde" comparecem na bricolagem do romance *Macunaíma*. Os apelos de Arinos por novas pesquisas parecem também encontrar ressonância nos textos de Andrade sobre a arte religiosa, em sua admiração pelos côcos, repentes e cantorias, bem como em seu afã de aprofundamento de conhecimento direto do folclore brasileiro por meio das viagens a campo do "turista aprendiz".

Com Arinos, ganha forma um pensamento acerca das tradições populares que traça os contornos de uma visão holística de cultura brasileira. Essa visão se expandiria ao longo do século XX, quando o interesse pelos costumes e tradições folclóricas, rearticulados às noções de nação e de brasilidade, se redesenharia face a novas exigências. A força criativa das tradições populares ecoa na voz mansa de Arinos, rompe limites temporais e nos convida a ouvi-lo. •

SUGESTÕES DE LEITURA

ARINOS, Affonso. *Lendas e tradições brasileiras*. 2. ed. Rio de Janeiro: F. Briguiet; Cia. Editores, 1937.

ARINOS, Afonso. *Obras completas*. Ed. de Afrânio Coutinho. Rio de Janeiro: INL; Aguilar, 1969.

GALVÃO, Walnice Nogueira. Introdução. In: ARINOS, Afonso. *Contos*. São Paulo: Martins Fontes, 2006.

SOUZA DE CARVALHO, Ricardo. Através do Brasil com Afonso Arinos. *Revista do IEB*, n. 46, p. 201-216, 2008.

AFONSO ARINOS DE MELO FRANCO, MEMORIALISTA

CARMEN FELGUEIRAS

GÊNERO COMPLEXO, MISTO DE AUTOBIOGRAFIA, história e literatura, composto de narrativas de fatos públicos e privados, a memorialística, como se sabe, tem um longo itinerário na cultura do ocidente. Nesse sentido, é possível afirmar, sem sombra de dúvidas, que *A alma do tempo*, as memórias de Afonso Arinos de Melo Franco em cinco volumes, constitui um caso exemplar dessa tradição, pois nela, por décadas, seu autor se dispõe a tratar de si e dos outros, assim como da vasta rede de sociabilidade que ajudou a tecer tanto na vida prática quanto por meio de sua escrita.

Também é inegável que Afonso Arinos foi possuidor de uma biografia intelectual, profissional e política considerável e, mesmo para os padrões da época em que viveu, de 1905 a 1990, excepcional. Sua obra se destaca seja por sua extensão – afora os livros, são quase inumeráveis seus artigos, conferências, discursos e intervenções na cena pública nacional e internacional –, seja pelo fato de o autor ter transitado por temáticas, áreas do conhecimento e formas discursivas diversas. Trabalhou ao lado de Carlos Drummond de Andrade no *Diário de Minas*, em 1927; foi promotor de Justiça na comarca de Belo Horizonte; professor universitário, deputado federal e senador, em décadas de vida política militante e representativa; membro da Academia Brasileira de Letras; ministro das Relações Exteriores do governo Jânio Quadros e, em 1962, no governo parlamentar; secretário do governo Magalhães Pinto, em 1964, encerrando sua participação na vida pública na Constituinte de 1988.

Grande parte dessa trajetória é a matéria de *A alma do tempo*, sendo possível acompanhá-la a partir das fases cronológicas pelas quais o autor passa e que se sucedem na narrativa: infância, mocidade, maturidade e velhice. Está em questão o modo como cada uma delas apresenta temas que podem ser considerados centrais – a família, os amigos, as viagens, a doença, a vida acadêmica e profissional, a política – para a constituição e percepção do autor sobre si, por meio dessa escrita de si, tanto em sua singularidade subjetiva como em seus vínculos com os ambientes sociais e culturais dos quais participa.

Os dois primeiros parágrafos de *A alma do tempo* são exemplares: o narrador se encontra em seu escritório, às 10 horas da manhã do dia 16 de outubro de 1959, diante da página em branco do caderno em que iniciaria suas memórias, quando sua mulher, Anah, da sala ao lado, o chama para saber do nascimento do terceiro neto, Afrânio. Entre o espaço da intimidade – da casa, do escritório, da sala – e a Europa, Viena, não há solução de continuidade, unidos que estão pelos laços de parentesco. Modernidade – o telégrafo, o telefone – e tradição – o neto que acabara de nascer e recebia o nome do bisavô ilustre – se combinam perfeitamente, posto que são aqueles laços que constituem *A alma do tempo*, capazes de conferir duração, perenidade à linhagem. Interpretação sugerida inclusive pela sua atividade como biógrafo da família, pois suas memórias se sucedem à biografia do seu pai e antecedem àquela do avô de Anah, respectivamente, *Um estadista da República: Afrânio de Melo Franco e seu tempo*, de 1955, e o dois volumes de *Rodrigues Alves: apogeu e declínio do presidencialismo*, de 1973.

Essa preocupação de Afonso Arinos permite demonstrar o papel ativo do texto na afirmação do parentesco como dado fundamental de organização social (no sentido da importância que Howard Bloch, crítico literário norte-americano, atribui às etimologias e genealogias). Assim, é possível especular que essa individualidade/subjetividade do nosso autor deva ser compreendida como um processo de autoafirmação na tradição e contra a tradição. Ou seja, a estratégia discursiva tanto serve para situar-se a si próprio em um contexto como, pelo próprio fato de ser o narrador de si, afirmar-se como capaz de compreender essa tradição e superá-la, processo característico da automodelagem.

A memorialística de Afonso Arinos permite afirmar, portanto, um entendimento das memórias como forma e como "prática social"; ou seja, tanto como forma ou gênero discursivo que determina e constitui os seus "sentidos verossímeis" quanto como seus efeitos persuasivos ou retóricos. Isso significa que elas não são apenas uma forma a ser preenchida com conteúdos biográficos específicos, mas algo que produz ou visa produzir efeitos práticos, inventivos, criativos, pois, em seu aspecto ativo, como nos diz Alcir Pécora em *Máquina de gêneros*: "os objetos literários constituem-se como argumentos a favor de uma concepção em que 'o real' de que se pode falar é, também, em larga medida, a ilusão compartilhada dos seus efeitos persuasivos".

Seguindo essa linha de raciocínio, também deveremos considerar a possibilidade de que as exigências do gênero memorialístico atuem na escrita das memórias de Afonso Arinos e que, embora de eleição do autor e adequados aos seus propósitos, produzam determinações ou efeitos de sentido de certo modo independentes daqueles subjetivos e de posição social. Quero com isso dizer que as memórias foram recepcionadas pelos seus contemporâneos e algumas dessas recepções fazem, inclusive, parte da publicação, cada qual oferecendo uma interpretação sobre o seu conteúdo especificamente e sobre o gênero literário em geral. Contudo, os modelos memorialísticos utilizados por Afonso Arinos, enunciados logo de início em *A alma do tempo*, junto com o memorialismo de seus contemporâneos, devem ter aqui apenas o reconhecimento de sua relevância.

Outro pressuposto adotado aqui é que os gêneros não são formas puras, não se empregam como modelos rígidos, mas são flexíveis e abertos a combinações. No caso de *A alma do tempo*, é possível verificar a coexistência das memórias em sentido específico com a autobiografia e os diários e relatos de viagem, além da crônica e do ensaio, formas que estavam à disposição do autor, mas cujos empregos variados também foram objeto de sua escolha. Essas variações formais, assim como as descontinuidades temporais, são notadas ao longo de toda a investigação e de certo modo comandam a caracterização de cada volume da obra, como veremos mais adiante.

É preciso distinguir ainda essas formas de escrita de si – memórias e diários – e suas implicações para as tarefas de automodelagem ou de autoformação. No primeiro volume, *A alma do tempo*, a memorialística constitui um meio privilegiado para que os processos pelos quais a personalidade do autor foi formada possam ser conhecidos; ou seja, as memórias são o meio pelo qual esses processos são narrados, algo que é óbvio, mas são processos ocorridos anteriormente à escrita de si. Trata-se, portanto, de uma automodelagem a partir dos relatos dessas lembranças de fatos anteriores ao momento da escrita, e, nesse sentido, *A alma do tempo* opera como uma espécie de estetização de si na medida em que totaliza todo o processo de formação anterior à escrita, circunscrevendo a capacidade performática das memórias ao tempo presente. Um outro sentido manifesto para as memórias corre em apoio a essa hipótese da estetização de si, pois, conforme declara, sentindo-se incapaz de produzir ficção, ajusta-se ao gênero memórias, "propenso à imaginação, à interpretação e ao sentimento poético".

É possível observar, então, que à medida que as diferentes temporalidades, passado e presente, se aproximam na narrativa, sua escrita de si manifesta de maneira mais explícita seu papel em uma automodelagem tardia do eu, pois, talvez com exceção de alguma poesia, nenhum dos 14 livros publicados antes das memórias tratava de questões propriamente subjetivas. Essa escrita e essa "função", para além dos motivos declarados nas primeiras páginas de *A alma do tempo*, devem ser correlacionadas com o momento da carreira de Afonso Arinos na época da atividade de escrita, na hipótese da existência de possibilidades diversas de implicação do presente na interpretação do passado.

Se, como diz Michel Foucault, a escrita, por um lado, unifica os "fragmentos heterogêneos pela sua subjetivação no exercício da escrita pessoal" e, por outro, "o copista cria sua própria identidade através dessa nova coleta de coisas ditas", no caso de Afonso Arinos, ele recriaria, como "copista" de suas lembranças, sua própria identidade através dessa "nova coleta de coisas ditas", ou experimentadas.

Quando decide redigir suas memórias, em outubro de 1959, às vésperas de completar 54 anos, Afonso Arinos tinha sido eleito, em fevereiro, senador pelo distrito federal e acabara de tomar posse, em 19 de julho do ano anterior, na Academia Brasileira de Letras. O primeiro volume, *A alma do tempo*, escrito de 16 de outubro de 1959 a 25 de dezembro de 1960, é dedicado à sua infância, mocidade e ao seu ingresso na carreira. Contém em grande parte anotações sobre a vida privada do autor. O segundo volume das memórias, *A escalada*, escrito do Natal de 1961 a maio de 1964, é praticamente todo voltado ao período de seu mandato como deputado federal, de fevereiro de 1947 a fevereiro de 1959. Juntamente com parte do terceiro volume, ambos fornecerão o "contexto" do que estaria sendo vivenciado no momento da escrita do primeiro volume. O terceiro volume, *Planalto*, escrito de final de 1965 a fevereiro de 1968, e o quarto volume, *Alto-mar maralto*, escrito de 1º de agosto de 1969 a maio de 1976, contêm basicamente registros das viagens que realiza e podem ser considerados um diário, da mesma forma como o quinto volume, *Diário de bolso*, no qual retoma a crônica do cotidiano, ao lado de reminiscências e reflexões próximas do ensaio.

Em várias passagens, ao longo dos três primeiros volumes, Afonso Arinos oferece uma explicação para a execução das memórias em que parece desvinculá-las da ideia de uma escrita de si como automodelagem, pois, para ele, o gênero impõe um certo acúmulo biográfico para que possa ser apresentado publicamente, o que acaba dando um tom mais autobiográfico ao projeto. Contudo, encontramos ao final de *A escalada* uma afirmação, feita em 16 de abril de 1965, que pode indicar um outro propósito para as memórias, desta vez não totalmente intencional ou consciente: "Foi nas lutas de bastidores de 1955 que comecei a afagar a ideia de não mais me candidatar a deputado, em 1958. De então data, também, minha repugnância pela intriga política". Essa afirmação é significativa o bastante para sugerir, como disse, um outro sentido para as memórias, não contraditório com o que ele próprio já apresentara, ou seja, um sentido prospectivo, baseado na ideia de que "o futuro dos netos, na medida em que se ligue à imagem que de nós lhes transmitimos, confunde-se um pouco com o que fomos, isto é, com o nosso próprio passado", e, por conseguinte, de lhes fornecer o material para a sua própria automodelagem. A passagem em que revela a repugnância pela intriga política nos remete, assim, ao sentido retrospectivo da escrita das memórias, que o leva de volta à infância e à juventude e aos seus parentes e relacionamentos mais próximos, como se o retorno às origens fosse necessário para o fortalecimento do eu e para correções de rota.

"Por isto é que, com um verdadeiro sentimento de libertação, debruço-me sobre estas páginas". Essa anotação é de 29 de novembro de 1959 e, ao que parece, culmina com a decisão amadurecida ao longo dos anos de 1955 a 1958. Aqui, a escrita das reminiscências é posta em contraste com a crônica do cotidiano, ou seja, o prazer proporcionado pela primeira em contraste com o desprazer imposto pela segunda. Dá suporte à hipótese o fato de que, ao longo de todos os volumes, há várias indicações de que a intriga e a politicagem eram comportamentos abominados pelos seus ascendentes diretos e pelo seu círculo de relações. Rememorá-los, nesse sentido, fortaleceria suas convicções e seus sentimentos do momento.

E assim foi feito, até que em 16 de outubro de 1978, na cidade do Porto, *A alma do tempo* se interrompe bruscamente, com um final aberto, como obra inacabada, neste parágrafo, cujo tom prosaico e banal chega a surpreender: "Dormimos na quinta dos proprietários, onde tivemos a surpresa de encontrar uma bonita e jovem senhora, bisneta de Eça de Queiroz. Nosso anfitrião foi um dos diretores da tradicional empresa, tão ligada ao Brasil. É António Ramos Pinto Calem (de quem já falei neste *Diário*), bem portuense, ou seja, uma mescla de *gentleman* inglês e de intelectual francês".

Fica a impressão de que um limiar foi atingido e o que se segue é a vida como um processo ou nexo contínuo, cujos elos se engatam e se sucedem. Se a analogia for possível, a "aventura" ou a "forma" memorialística de Afonso Arinos havia se encerrado, enfim. •

VER VERBETES MEMORIALISMO MODERNISTA E PEDRO NAVA.

SUGESTÕES DE LEITURA

BLOCH, R. Howard. *Etymologies and genealogies.* A literary Anthropology of the French middle ages. Chicago; Londres: The University of Chicago Press, 1983.

FOUCAULT, Michel. *História da sexualidade*: o cuidado de si. Rio de Janeiro: Graal, 2009.

FELGUEIRAS, Carmen. Lua e estrela: experiência e universalidade nas viagens de Afonso Arinos de Melo Franco. *Sociologia & Antropologia*, v. 3, n. 6, 2013.

FRANCO, Afonso Arinos de Melo. *A alma do tempo. Memórias.* Rio de Janeiro: Topbooks, 2018.

PÉCORA, Alcir. *Máquina de gêneros.* São Paulo: Edusp; Editora Unicamp, 2018.

ALEIJADINHO

FLÁVIO DOS SANTOS GOMES
E LILIA MORITZ SCHWARCZ

ANTÔNIO FRANCISCO LISBOA, MAIS CONHECIDO como Aleijadinho,[1] nasceu em Cachoeira do Campo, distrito de Vila Rica, hoje Ouro Preto, Minas Gerais, no dia 29 de agosto de 1730. A vida do artista não é de todo conhecida. Ao que se sabe, ele era "filho natural", bastardo, de um mestre de obras português, Manuel Francisco Lisboa (?-1767), que foi um dos primeiros arquitetos atuantes em Minas. Sua mãe era uma escravizada – não se sabe ao certo se africana ou crioula (como eram chamados os já nascidos no Brasil) – e se chamava Isabel. Conta-se que Aleijadinho teve as primeiras aulas com o pintor João Gomes Batista (*c.* 1708-88). No entanto, as fontes convergem em dizer que sua formação profissional e artística esteve ligada às atividades do pai e à oficina de um tio, Antônio Francisco Pombal, conhecido entalhador de Vila Rica. Há quem destaque ainda sua relação com o abridor de cunhos João Gomes Batista (?-1788) e com o escultor e entalhador José Coelho de Noronha (1705-65), criador de várias igrejas da região. Aleijadinho sabia ler e escrever, mas cursou apenas a escola primária.

---

1. Este verbete foi originalmente publicado na *Enciclopédia negra* (Companhia das Letras, 2021) e sua republicação foi autorizada pelos autores e pela editora.

Testemunhas de época o definiram como pardo, de pele escura, com uma voz forte e baixa estatura. Tinha cabelos pretos e crespos, orelhas grandes e pescoço curto, colado ao tronco atarracado. Quando estava com cerca de quarenta anos, o artista começou a desenvolver uma doença degenerativa nas articulações. O apelido que o celebrizou veio dessa enfermidade, que o deformou aos poucos e cuja exata natureza continua sendo objeto de controvérsia. Alguns dizem que ele teria contraído sífilis; outros, que foi lepra; outros, ainda, que uma tromboangeíte obliterante ou ulceração gangrenosa das mãos e dos pés o vitimaram. Há quem explique, também, que ele sofria do que na época se chamava de "lepra nervosa", uma infecção crônica que atinge justamente os tecidos mais superficiais, sobretudo a pele e o sistema nervoso periférico. De concreto, sabe-se apenas que, quando perdeu os dedos dos pés, Aleijadinho passou a andar de joelhos, protegendo-os com dispositivos de couro, ou a ser carregado. Ao perder os dedos das mãos, começou a esculpir com o cinzel e o martelo amarrados aos punhos.

Mesmo com tantas limitações físicas, prosseguiu trabalhando na construção de igrejas e altares nas cidades mineiras. São desse período a igreja de São Francisco de Assis e a de Nossa Senhora das Mercês e Perdões (ambas localizadas em Ouro Preto). Segundo vários críticos, o ponto mais alto da sua arquitetura seria atingido com o projeto desta última igreja, que começou a ser erguida em 1740 e só foi terminada em 1772. O edifício conta com pinturas no teto de autoria de outro importante artista, Manuel da Costa Ataíde (1762-1830).

Em 1767, seu pai viria a falecer, deixando nosso personagem acompanhado por alguns irmãos. Entre estes, estava o padre Félix Antônio Lisboa (1755-1838), com quem Aleijadinho provavelmente apurou o latim. Em 1772, o artista ingressou na Irmandade de São José e, em 1775, teve um filho, nascido no Rio de Janeiro e batizado com o nome de Manuel Francisco Lisboa, em homenagem ao avô. A mãe da criança chamava-se Narcisa Rodrigues da Conceição e, ao que consta, Manuel seguiu a vocação do pai.

Em Sabará, no ano de 1779, executou encomendas relativas à ornamentação interna e externa da igreja da Ordem Terceira do Carmo.

A obra e o nome de Aleijadinho alcançaram grande fama após 1790. Durante mais de vinte anos, Aleijadinho foi requisitado, sucessivamente, por diversas vilas coloniais das Gerais, sendo, por vezes, obrigado a se ocupar com obras de duas ou mais cidades no mesmo período.

Data da época em que já se encontrava doente o conjunto de esculturas realizado entre 1800 e 1805: os *Passos da Paixão e os Doze Profetas*, da igreja de Bom Jesus de Matosinhos, na cidade de Congonhas do Campo, em Minas Gerais. Esse trabalho, formado por 66 imagens religiosas esculpidas em madeira e doze feitas de pedra-sabão, é um dos mais representativos do barroco tardio brasileiro. O santuário é constituído por uma igreja em cujo adro estão as esculturas dos profetas Isaías, Jeremias, Baruque, Ezequiel, Daniel, Oseias, Jonas, Joel, Abdias, Habacuque, Amós e Naum. Na ladeira que dá de frente para a igreja, compondo o conjunto arquitetônico do santuário, foram construídas seis capelas chamadas de *Passos da Paixão de Cristo*.

Alguns documentos, inclusive recibos de época, atestam a existência de um ateliê de Aleijadinho. Pelo que se sabe, a chefia e a condução dos trabalhos ficavam sob os cuidados dele mesmo, enquanto o acabamento e a finalização de peças especiais, como as que estão dispostas nos Passos de Congonhas, eram responsabilidade de assistentes.

Se era muito admirado em seus dias, visto que as encomendas nunca lhe faltaram, com o tempo a produção do Aleijadinho caiu no esquecimento, só voltando a despertar interesse após a publicação da biografia escrita por Rodrigo Bretas em 1858. Jurista e deputado mineiro, Bretas (*c.* 1815-66) escreveu a obra sem utilizar fontes primárias, pautando-se por uma entrevista que fez com Joana, nora de Aleijadinho, a qual recebeu o pesquisador já bastante adoentada, em seus dois últimos anos de vida. O pesquisador talvez tenha se inspirado em personagens literários populares do século XIX, como Quasímodo, do livro de autoria de Victor Hugo (1802-85), *O corcunda de Notre-Dame* (1831). Foi apenas nas décadas de 1920 e 1930 que os modernistas paulistanos viram em Aleijadinho a expressão maior da "cultura mestiça brasileira", nos termos de Mário de Andrade (1893-1945).

A despeito do sucesso alcançado ainda em vida, o artista morreu pobre, doente e abandonado, provavelmente em 1814. Dizem que estava deitado sobre um estrado, na casa de seu filho, na mesma Vila Rica onde nascera. O corpo de

Aleijadinho está na matriz de Nossa Senhora da Conceição, em Antônio Dias, numa sepultura contígua ao altar da Senhora da Boa Morte, de cuja irmandade foi juiz. Negro, ele se impôs por sua arte, que misturava elementos provenientes das mais variadas origens. Aleijadinho é hoje nome incontestável na história da arte brasileira. ●

VER VERBETE BARROCO.

SUGESTÕES DE LEITURA

GRAMMONT, Guiomar de. *Aleijadinho e o aeroplano*: o paraíso barroco e a construção do herói colonial. Rio de Janeiro: Civilização Brasileira, 2008.

LEMOS, Maria Alzira Brum. *Aleijadinho*: homem barroco, artista brasileiro. Rio de Janeiro: Garamond; Fundação Biblioteca Nacional, 2008.

OLIVEIRA, Myriam Andrade Ribeiro de. *Aleijadinho*: Passos e Profetas. São Paulo; Belo. Horizonte: Edusp; Itatiaia, 1984.

ANÍBAL MACHADO

RAUL ANTELO

UM MUNDO, MINAS-MUNDO, É O AVESSO DE UM COSMOS, mas é também o cuidado, enquanto luto ou espera, de uma totalidade de sentido. "Foi nas águas de um rio histórico, o Rio das Velhas em Sabará, que as lavadeiras nos últimos anos do século passado atiraram o meu umbigo (para que dizer a data?)". Nós, impertinentes, porém, a conhecemos: 1894. Evocando sua infância mineira, Aníbal Monteiro Machado, em sua "Autobiografia", admitia que "esse rio de águas turvas até hoje ainda passa por mim".

A primeira viagem de Aníbal, menino de cinco anos, foi a Congonhas do Campo, onde moravam os avós maternos. O pretexto era assistir à festa do Divino, em que a avó preta seria coroada rainha. Aníbal não fazia a menor ideia, ainda, do Aleijadinho, mas guardou uma lembrança assustada, ao passar debaixo dos profetas, no adro da matriz. A educação foi conturbada; como a mãe, Marieta Monteiro, enfraquecida pelo último parto, nada conseguia dele, foi mandada vir uma alemã, da estirpe que Mário de Andrade descreve em *Amar, verbo intransitivo*, educadora reputada, mulher enérgica e ilustrada, que obrigou as crianças a seguirem horários, a aprenderem alemão e a terem disciplina escolar. "A casa perdeu subitamente o encanto, a vida ficou triste". Não restou saída ao pai, Virgílio Machado, que não interná-lo, em 1908, no Colégio D. Viçoso em Belo Horizonte, que era então "uma cidade mausoléu, de tão silenciosa". Passou depois Aníbal ao Externato do Ginásio Mineiro, onde cursou até o quinto ano e veio concluir o curso secundário, no Colégio Abílio, em Botafogo. A seguir, novamente em Belo Horizonte, como ouvinte do primeiro ano da Faculdade de Direito, constata não ser essa sua vocação e se transfere para a Faculdade Livre, da Praça da República. O objetivo inequívoco era voltar ao Rio, que era como viver um sonho, frequentando as rodas boêmias de Jayme Ovalle, Dante Milano, Álvaro Ribeiro da Costa, Caio e Cesáreo Mello Franco. Levando na capital uma vida dissipada, embora morasse com a tia Evangelina, no Parque Fluminense, contraiu a gripe espanhola e retornou a Belo Horizonte, para frequentar os dois últimos anos do curso. Em 1916, coube-lhe recepcionar Olavo Bilac, em *tournée* pelo Brasil com sua Liga de Defesa Nacional, como consta na edição do Minas Gerais, de 21 de agosto:

> Eu queria que estivéssemos na primavera, sob uma sugestão de luz e de beleza, para acolhermos o que dizeis e vosso Outono. Glorioso Outono! Estranha Tarde, que se veste de púrpuras radiosas da manhã e traz no ventre o sol de novas auroras e o germe de novas fecundações. Sim, Sr. Bilac; eu queria que a primavera tecesse, pelo milagre de suas mãos nupciais, uma guirlanda de rosas votivas e uma túnica de luz, para coroar a fronte do Poeta e vestir os ombros do apóstolo, sobre os quais pesam confiantes as aspirações de uma raça e os sonhos mais belos de uma nação e, em meio dessa alegoria deslumbradora em que a natureza comungasse conosco num pacto glorificador, vos sentiríeis, ao atirar as folhas secas do vosso outono ilusório na cálida fronte dos moços, o ímpeto que os possui, o entusiasmo que lhes arde no sangue e a comovida exaltação que lhes freme na alma. Hoje, as flores mais vivas e puras do nosso idealismo se desfazem em pétalas sobre o vosso sonho, assim como vosso sonho de poeta soube "desfazer-se em versos sobre a terra". A esta cidade moça, viúva do margrave e risonha, engastada à maneira de Esparta no aprumado cimo das montanhas a cujas rochas nenhum Prometeu se algemou, porque a cen-

> telha que nela ides acender não provocará a cólera ultriz dos deuses, mas a benção do futuro e a prêmio de imortalidade, a esta cidade moça, não chegaram os ecos do oceano esquivo, não ecoaram os acentos de vossas palavras.

Esta alegoria do crescimento, quase uma "ressureição", é uma forma de praticar a legibilidade da história, captando uma tensão que não é só vida póstuma, quanto energia do passado. Vejamos passagem extraída de "Colação de grau", publicada no Minas Gerais em 1° de janeiro de 1918:

> Como, pois, paralisar uma corrente, e, paradoxalmente, fixar um perturbante e contínuo vir a ser? Ela é imaginativa; é irreverente; é derrubadora de ídolos; instintiva; espontânea, às vezes quixotesca, quase sempre incoerente, confiante sempre. Não lhe sobra tempo para ser piedosa; não se entusiasma pelo passado, porque sempre acha maior o futuro que há de preencher para formar o futuro passado a florescer dos flancos deste. A alegria que tem em ascender uma nova flama de entusiasmo é a mesma com que sopra as cinzas da antiga. Ama o exagero, o paroxismo, a magia inútil do adjetivo, como estareis verificando emboscados em fina ironia... Reza em mil santuários; debate-se entre Apolo e Cristo. É ridícula, bárbara e sublime; levanta-se sorrindo de uma decepção amarga para espraiar-se depois no gozo desenvolvido de uma alegria redentora.

Essa nietzscheana gaia ciência reivindicada pelo jovem bacharel volta-se então contra Bilac como mestre do passado. Menos ironia e mais piedade. Ternura. É essa a reivindicação incipientemente anti-anatoliana, modernista, enfim. Continua:

> A ironia é fruto maduro de raça cansada, é fadiga da inteligência especulativa, isolado esplendor da decomposição, a secreção amarga e biliosa das desilusões... É a última fase e a primeira morte; artritismo do pensamento, luxúria do espírito, vaidoso despeito da vida. Não se nasce com ela à maneira das ditosas crianças imperiais que já vêm ao

> mundo imbecis e príncipes. Vem no fim, quase de envolta com a morte, e estéril e fria como ela. Ainda bem não sentimos a vida e as coisas na beleza plástica de sua forma ou no prestígio anímico de seus sentidos, e já ironizamos pelo diletantismo triste de fazer ironia. Volvei ao passado e figurai o demônio de anjo irônico, de par com a dúvida, a sacudir o seu chocalho na alma indomável de um bandeirante: talvez ainda fosse virgem esta terra imprópria para a ironia... Dela ao ceticismo e deste ao tédio, são três instantes de uma só miséria, a formar o tríptico funesto, sob cuja ação nos condenaríamos à morte.
>
> Já vistes porventura a ironia mais comovedora, irritante e cândida do que a daquele infeliz mr. de Bergeret, desfazendo-se em si mesmo com o cérebro hidrópico de sistemas metafísicos e trufado de fórmulas abstratas? Não é esta ainda a pior, a mais dissolvente. Ainda há uma, a pior dentre as piores, a mais artificial, a mais insincera, a mais pretensiosa – a ironia sem dor e sem simpatia do esnobismo. É contra ela que nos devemos levantar, de sangue, corpo e alma. É a ela que devemos opor todas as torrentes ingênuas do nosso entusiasmo, toda a veemência combativa do nosso ardor.

Nessa época, ou mesmo antes, Aníbal colaborou numa revista de estudantes, *Vita*. No quarto número dela (Belo Horizonte, 30 de outubro de 1913), teria traduzido, com o pseudônimo de Antonio Verde, que delata sua admiração por Antonio Nobre e Cesário Verde, um texto do francês Alfred Capus, "A vindicta de um chapéu". Mais adiante, publicou um dos seus primeiros escritos, "O sentido das estátuas", geminado, quiçá, com o colóquio das estátuas de Drummond, em colaborações esparsas na *Vida de Minas*. Com uma senhora francesa da rua Alice aprimora a língua para ler Rimbaud, Verlaine e Laforgue. Escrevia poemas em prosa à maneira dos mestres simbolistas, mas também de Milton Prates e Cesalpino Souza e Silva. Aos poucos, Aníbal Machado elabora sua teoria do moderno a partir da deambulação pelas cidades mineiras. Em uma visita, em 1933, com Portinari e Santa Rosa, os três modernistas admiram o colorido das fachadas, ingênuo e vivo: ocre, amarelo, siena, vermelho, roxo. As sacadas. A ponte. O chafariz. As igrejas. A moça na sacada. E, especificamente, quanto a Ouro Preto, Aníbal considera-a eterna, à maneira de Mallarmé, segundo escreve em *O Jornal*, em 5 de dezembro de 1937:

> O ouro a fez, a pobreza a conservou. O bloco seria dividido, melhorado, alterado, se a cidade progredisse, se a riqueza não passasse. Já Manuel Bandeira observou isso. Diamantina é mais ou menos assim: quase não foi tocada pelos tempos modernos. A maioria das nossas cidades antigas teve ou criou elementos de vida e riqueza que lhes vieram modificar a fisionomia e enxertar-lhes elementos novos na estrutura urbana primitiva. Assim, Sabará, dada como morta. Lá, os apitos da Siderúrgica travam no espaço um diálogo incompreensível com os sinos coloniais da Matriz e do Carmo. Ouro Preto, não: morrendo completamente, tornou-se igual a si mesma, e, em certo sentido, passou a viver mais do que todas as outras, ficando eterna a seu modo, una e harmoniosa como um esqueleto completo. Não quer dizer que não haja novas atividades produtoras na velha cidade; estas, porém, não conseguiram superar-lhe o espírito e deformar-lhe o caráter. Assim, pôde ela ficar a salvo de dois perigos: a deformação e o desaparecimento completo. Porque, se os seus moradores, na quase totalidade, não tinham recursos para reconstruir as casas, tinham-nos para impedir que elas caíssem. A construção moderna, que acaso conseguiu intrometer-se na fila das antigas, ficou desajeitada e despercebida, tão grande aqui a força do passado que sobra para esconder esses remendos, e até mesmo na vida dos estudantes influencia como um sedativo, dando uma cor romântica à sua turbulência.

Recém-formado, em 1917, montou escritório com Francisco Campos; estreitou amizade com Rodrigo Melo Franco de Andrade, João Alphonsus, Carlos Drummond de Andrade e Pedro Nava; casou-se com Aracy Jacob para, em março de 1919, partir como promotor público para Ayuruoca, velha cidade do sul de Minas, erguida num contraforte da serra da Mantiqueira. "Mas minha mala estava cheia de poetas ingleses", como atesta sua posterior conferência sobre o teatro elisabetano, todo ele desenvolvido "no período febril das pilhagens; no mar, pelos piratas; na cultura, pelos escritores. É principalmente a cultura mediterrânea que abastece a Inglaterra. Chapman, colaborador de Shakespeare, traduz Homero, Plutarco, Ovídio, Boccaccio, Ariosto, Bandello, os 'novellieri' italianos, os poetas franceses da Pléiade, especialmente Ronsard; Montaigne e Rabelais, são lidos e traduzidos". Assim como o *Trauerspielbuch* de Benjamin desvenda a escrita fragmentária e combativa das vanguardas do século XX, a leitura do teatro elisabetano de Aníbal lança mão da alegoria, não como um procedimento retórico, mas como um conceito que coincide com as imagens que o atravessam: "o que se importava era um fermento que vinha ajudar o crescimento do país; ajudá-lo a afirmar-se", anota em *Dom Casmurro* (revista) em 19 abril de 1941. Mesma coisa no Brasil.

Não obstante, em Belo Horizonte, já no começo de 1922, acharam Aníbal um pouco novato para lecionar História Geral, no Ginásio Oficial do Estado. Foi trabalhar no jornalismo, no *Estado de Minas*, de Mário Brant. Retornou ao Rio de Janeiro em 1924, feito promotor público e, a seguir, catedrático interino de literatura, no Colégio Pedro II. A trepidante metamorfose desperta-lhe aguda consciência do devir vital.

> O nosso *eu* histórico, o que nos fixa a nós mesmos, constituído de tudo o que fizemos e nos aconteceu, é varrido tantas vezes, de seu leito por uma rajada de paixão e de poesia. Sabemos serem muito prosaicas, mas também muito poderosas, as forças que o compelem a voltar ao primitivo lugar, que é o do hábito e o do conformismo quotidianos. O principal da vida de um homem, de um escritor principalmente, não está nos fatos aparentes; o principal é o constante esforço do espírito e da vontade no sentido de organizar o destino sob o fogo dos acontecimentos, no jogo arbitrário dos acasos; o principal é essa integração do indivíduo, apanhado em sua solidão inicial, às forças sociais e ao sentido geral do universo. A biografia de um homem não é mais que a projeção exterior dos episódios desta luta pela adaptação entre dois mundos que a princípio parecem estanques.

Em 1926, Aníbal Machado deu início à escrita de seu único romance, póstumo, *João Ternura*, e em 1929 colaborou na *Revista de Antropofagia*, com "Noite no cabaré". No dizer de Alexandre Eulálio, pautada por lirismo sincopado,

> a ironia vigilante e alerta do *João Ternura* constrói-se em cabriolas, nas quais a fantasia do autor descobre mil pretextos para desabrochar em invenções e devaneios de surpreendente riqueza. Peculiar ao humorismo de Aníbal é a sentimentalidade intensa que, reprimida, transforma-se em propensão para o satírico e o zombeteiro. Anexando diferentes espécies de realidade, ela se compraz no grotesco tanto quanto este permite confrontar a realidade pobre com a aparência pomposa e falsa. Sem tentarmos uma simplificação arbitrária, uma das constantes definidoras do *João Ternura* é a revolta, repúdio e luta com a prepotência, em todas as suas áreas. A vocação chapliniana do protagonista, "elfo urbano e benigno", afirma-se desde a primeira infância. Nele é irresistível a tendência desmistificadora; sua indignação contra a impostura é visceral e irreprimível. Tudo nesse livro é uma busca do prístino, de uma humanidade não contaminada; a injustiça vista assim, sob a espécie do grotesco e das pretensões vazias, à luz de uma sátira estilizada, de alta significação estética, toma um ar sinistro e lamentável. Neste mundo, permeando o ridículo, o sofrimento é mesclado de esperança e tem grandeza maior, despojada.

Aníbal Machado foi um leitor voraz de revistas francesas, *Critique*, *Les Temps Modernes*, mas notadamente as surrealistas, como *Minotaure*. Conhecia a literatura russa, cujos contos apresentou em 1944. Vicente Ferreira da Silva apontou, em 1960, a congenialidade de suas narrativas com a obra de Bachelard, Mircea Eliade ou Károly Kerényi. Não deve nos surpreender, portanto, que nos anos 1950-1960 seja leitor de Brecht e Valéry, Barthes ou Blanchot, nem que sua ficção revele fragmentos dessas pervivências, como constatamos num fragmento inédito de 1953:

> Estou num canto de livraria, onde a penumbra é quase escuridão, em busca de um livro que venho procurando toda a vida e que me parece estar quase a ser encontrado, estar "quente", como no "chicotinho queimado" da infância... Digo quase, porque remexo agora num recanto de prateleira onde descubro brochuras raras de poesia e religi-

ões secretas. Meus olhos ardem na leitura dos títulos impressos em caracteres bizarros. Retiro com dificuldade, tão comprimido se achava ele entre as outras brochuras, um pequeno volume de capa azul claro. Leio fragmentos do texto publicado em linhas manuscritas e assimétricas, e numa tinta esmaecida, parecendo escrito a lápis. O sentido é simbólico e obscuro, talvez porque eu esteja a soletrar fragmentos ao acaso. Mas esse acaso me traz ao espírito uma perturbação brusca, uma espécie de embriaguez. Não resisto, quero levá-lo, mas o preço é inacessível no momento. Imploro ao livreiro que o guarde para mim, que dentro de poucas horas voltarei para o pagamento. Que ele, pelo amor de Deus, me fizesse esse favor.

Saio e me vejo no pátio da chácara de Sabará, onde encontro um senhor sem paletó, em tempo de montar a cavalo. Ele me pergunta se eu acho caro o livro por quatrocentos cruzeiros; eu respondi que sim.

– Então, disse ele, eu vou providenciar dois por esse preço.
– Mas o senhor não sabe ainda o nome do livro de que se trata – objetei-lhe. É o *Locus Solus*, de R. Roussel.
– Eu sou Raymond Roussel!...
Olhei para ele com surpresa e disse:
– Curioso. O senhor se parece bem com a ideia que eu tinha de *Roussel*. E depois acrescentei, enquanto ele pegava as rédeas do animal:
– Mas há uma coisa: por mais amigos que sejamos, nunca o senhor será para mim o R. Roussel, o autor de *Locus Solus*... o outro... o grande é irreal... perdido na distância... Montou, deu um giro no cavalo e partiu dizendo:
– Nem para mim também... nem para mim também...

Exímio contista, sua melhor prosa encontra-se, porém, na escrita fragmentária de "ABC das catástrofes" e "Topografia da insônia", mais tarde reunidas em *Cadernos de João* (1957), obedecendo à premissa de que "no estado de ruína, os velhos prédios se convertem à religião". Uma forma de re-ler. Aníbal Machado morreu no Rio em 1964.

SUGESTÕES DE LEITURA

ANTELO, Raul. *Parque de diversões Aníbal Machado*. Belo Horizonte; Florianópolis: Editora UFMG; Editora UFSC, 1994.

MACHADO, Aníbal. Autobiografia. *Diretrizes*, Rio de Janeiro, v. 7, n. 184, 6 jan. 1944.

ANTÔNIO FERREIRA VIÇOSO

HELGA GAHYVA

ANTÔNIO FERREIRA VIÇOSO NASCEU em 13 de maio de 1787, na península portuguesa de Peniche, no seio de uma família devotamente católica. Seus pais, Maria Gertrudes e Jacinto Ferreira Viçoso, o "Manso", convidaram Frei Frutuoso, prior do Convento dos Religiosos Carmelitas, para batizar o menino. Ele encarregou-se da educação do afilhado e, naquela instituição religiosa, coordenou seus primeiros estudos.

Ciente da necessidade de aperfeiçoar os conhecimentos do jovem Antônio, o padrinho entregou-o aos cuidados de Frei Bernardino, prior do Mosteiro de Santarém, de onde ele saiu para ingressar no Seminário Diocesano. No decorrer de seus estudos eclesiásticos, amadureceu a convicção segundo a qual sua vocação religiosa seria mais bem desenvolvida se ao abrigo de alguma ordem religiosa dedicada ao trabalho missionário. Escolheu, então, a Congregação da Missão, fundada em 1625 por São Vicente de Paulo. A decisão levou-o à Casa Central da Missão, sediada em Rilhaflores, onde, em 1811, iniciou seu noviciado.

Ao fim desse percurso, em 1818, tornou-se sacerdote e, logo, professor no Seminário de Évora. Foi por essa época que recebeu de Padre Leandro Rebello de Castro o convite que lhe fixaria no Novo Mundo. Respondendo à demanda de D. João VI, os dois prelados transferiram-se ao Brasil com a incumbência de missionar entre indígenas do Mato Grosso. Quando cá chegaram, porém, foram informados que tal tarefa fora já atribuída aos capuchinhos. A eles s. Majestade reservara novo desafio: concretizar as intenções do recém-falecido Irmão Lourenço de Nossa Senhora, membro da Ordem Terceira de São Francisco, que, em meados dos anos 1770, erguera, na serra mineira do Caraça, um eremitério em estilo conventual, a Irmandade de Nossa Senhora Mãe dos Homens. Em suas disposições testamentárias, o ermitão tornara o rei herdeiro de sua obra, sob a condição de que lá fosse erguido um hospício de missionários.

Atendendo à determinação real, em abril de 1820 chegavam os dois lazaristas à Mariana, onde, por um lado, deram início às atividades missionárias e, por outro, empenharam-se em construir uma instituição de ensino, o Colégio Nossa Senhora Mãe dos Homens da Serra do Caraça, inaugurado em 1821.

Não durou muito tempo a primeira estadia de pe. Viçoso em terras mineiras, pois fora ele convocado para assumir a direção do Seminário de Jacuecanga, localizado em Angra dos Reis (RJ). Segundo seus biógrafos, a despeito da dedicação do padre à nova tarefa, ele jamais abandonou o projeto de retornar a Minas Gerais, desejo atestado pelo seu constante empenho, junto aos seus superiores, para encontrar um sacerdote capaz de substituí-lo. Seus esforços deram resultado e, em meados de 1837, estava pe. Viçoso de volta ao Caraça.

No ano seguinte, ele foi eleito superior-maior da Congregação da Missão no país. A essa altura, a obra educacional vicentina desdobrara-se, pois, desde o final dos anos 1820, os lazaristas assumiram a administração de uma casa em Campo Belo da Farinha Podre, no Triângulo Mineiro, e do Santuário do Senhor Bom Jesus de Matosinhos, em Congonhas do Campo.

A parceria com pe. Leandro Rabello não impediu pe. Viçoso de, em 1840, rebater seus argumentos em defesa da legitimidade do regime servil de trabalho, expostos em um manuscrito denominado *Escravidão*. Sua resposta originou *A escravatura ofendida e defendida*, texto em defesa da legislação contrária ao tráfico de africanos que, como o de seu colega de congregação, permanece inédito.

Durante a primeira metade da década de 1840, a trajetória de pe. Viçoso, no novo posto, foi da privação à consagração. As agitações decorrentes da Revolução Liberal de 1842, que haviam transformado o prédio do Seminário de Mariana em quartel, levaram o prelado a fechar o Caraça e a transferir suas atividades para Campo Belo, onde funcionou até 1856. Sua reprovação às forças sediciosas não passou despercebida por D. Pedro II, que, dedicado a estancar o dinamismo político de parte expressiva dos membros da Igreja, empenhava-se na reforma do clero. Em substituição ao perfil regalista, celeiro de "padres políticos", o governo imperial investiu na promoção de prelados ligados à ala ultramontana da Igreja, dentre os quais se destacavam os lazaristas. Foi nesse contexto que, após nove anos de vacância do trono episcopal, pe. Viçoso, em 1844, tornou-se bispo de Mariana, posto que ocupou até sua morte, em 1875.

Assim, aquela década, que se iniciara mergulhada em conflitos, chegou a sua metade conferindo a D. Viçoso as condições que lhe permitiram transformar o colégio do Caraça no principal reduto do projeto de reforma da igreja. Iniciava-se, em Mariana, a revolução disciplinar que, durante a segunda metade do século XIX, alteraria significativamente o perfil do clero nacional.

Para dar cabo da agenda reformadora, o bispo reatou as ligações entre a Província Brasileira da Congregação da Missão e a Casa Mãe de Paris. Essa iniciativa possibilitou a vinda de vicentinos para a diocese mineira, onde ficaram encarregados da administração de um conjunto de instituições educacionais, como, por exemplo, o Seminário de Nossa Senhora da Boa Morte (Seminário de Mariana) e os estabelecimentos femininos dirigidos pelas Filhas de Caridade – além, é claro, daqueles colégios já sob cuidado dos lazaristas.

Organizou-se, então, a partir dos anos 1850, uma sólida rede de clérigos vicentinos cuja atuação, desde Minas Gerais, espraiou-se, nas décadas seguintes, para outras dioceses nacionais, originando seminários inspirados nas determinações tridentinas dedicados à formação de religiosos orientados pelas tradições católicas ultramontanas.

Paralelamente à dedicação às tarefas educacionais, D. Viçoso estimulou a vocação missionária estabelecida pelas *Regras ou Constituições Comuns da Congregação da Missão*, não obstante as dificuldades impostas por sua diocese: longas distâncias, carência frequente de sacerdotes, barreiras linguísticas – especialmente após a vinda dos lazaristas franceses –, para citar as mais significativas. Ainda assim, as visitas pastorais foram adquirindo crescente regularidade durante a gestão de D. Viçoso, e ele próprio dedicou-lhes parte expressiva de seu episcopado. Afinal, a educação do clero em moldes tridentinos era apenas um dos braços do projeto de reforma da Igreja; era necessário também, por um lado, incentivar a piedade popular, fosse reavivando tradicionais devoções ou investindo na promoção de novas formas de piedade mais afeitas às exigências ultramontanas. Por outro lado, as atividades missionárias permitiam a D. Viçoso fiscalizar – e reprimir, quando preciso – as atividades dos párocos sob sua administração, o que significava, sobretudo, combater a mancebia e o envolvimento direto com funções políticas.

Se, conforme dito anteriormente, fazia parte dos planos imperiais alterar a fisionomia do clero nacional, a empreitada, iniciada com a consagração de D. Viçoso, promoveu a contínua nomeação de bispos afinados com as diretrizes romanas. Desejosos de submeterem-se exclusivamente ao chefe da Igreja naquilo que entendiam sob a alçada do poder espiritual, eles apontavam para os inconvenientes derivados do Artigo 5° da Constituição de 1924, que, ao garantir a união entre o altar e o trono sob o regime de padroado, os reduzia à condição de corpo de funcionários públicos submetido ao poder público. Ou seja, o projeto imperial, voltado à formação de uma elite eclesiástica moralmente rígida e defensora do princípio da autoridade, conduziu, paradoxalmente, à formação de um episcopado que, em defesa de sua liberdade religiosa, desgastou progressivamente as relações entre os poderes espiritual e temporal durante o Segundo Reinado. O ápice da tensão entre ambos ocorreu durante a Questão Religiosa (1872-1875).

Poucos anos antes da eclosão da polêmica, iniciava-se, em dezembro de 1869, o Concílio Vaticano I. Dentre as suas atribuições, a mais controversa foi, sem dúvida, a batalha – vencida pelo grupo de Pio IX – pela promulgação do dogma da infalibilidade papal. A causa foi apoiada pelos dez bispos brasileiros presentes ao conclave e, se não se encontrava D. Viçoso entre eles, sua ausência justificou-se, tão somente, por razões de saúde, dado que ele contava, à época, 81 anos.

A afirmação da autoridade absoluta do sumo pontífice sobre questões de foro religioso fermentou a insatisfação do episcopado brasileiro contra a ingerência imperial em seus negócios internos, tornada explícita quando, em março de 1873, D. Pedro Maria de Lacerda, bispo do Rio de Janeiro (1868-1890), ex-aluno do Caraça e discípulo de D. Viçoso, ameaçou aplicar, em sua diocese, bula papal não placitada pelo imperador. Seu recuo, em reação a vozes dissonantes, não impediu que, pouco tempo depois, D. Maria Vital de Oliveira, bispo de Olinda (1871-1878), e D. Antônio de Macedo Costa, bispo do Pará (1860-1890), repetissem seu gesto – desta feita, porém, sem transigência –, iniciando, efetivamente, a Questão Religiosa.

Apesar de a controvérsia ter ficado associada ao nome desses dois sacerdotes, ela não deixou de mobilizar o então vetusto bispo de Mariana. D. Viçoso compartilhava com eles o combate à Maçonaria, um dos principais alvos daquela bula não chancelada por Pedro II, e não poupou esforços para defendê-los da ação do poder civil, lançando mão, para isso, de missivas ao Imperador e cartas pastorais. Dentre as primeiras, destaca-se a de 10 de janeiro de 1974, não apenas por suas palavras firmes em defesa daqueles prelados, mas, também, por revelar a formação de robusto espírito de corpo entre os bispos brasileiros, processo do qual foi ele, simultaneamente, construtor e protagonista: "Somos 12 bispos Católicos no Brasil, intimamente unidos, e sujeitos ao Sumo Pontífice, como os 12 apóstolos estavam a São Pedro. O nosso crime (ou a nossa glória) é esta sujeição, união e obediência".

A despeito de seu empenho, não foi possível a D. Viçoso acompanhar a conclusão da Questão Religiosa. Ele faleceu em julho de 1875, pouco mais de dois meses antes de Duque de Caxias, presidente do Conselho de Ministros, conceder anistia a D. Vital e D. Macedo, presos desde o ano anterior.

Em 1916, D. Silvério Gomes Pimenta, seu afilhado e principal biógrafo, bispo (1890-1906) e primeiro arcebispo de Mariana (1906-1922), instituiu um tribunal eclesiástico para iniciar o processo de beatificação de seu mestre, trabalho interrompido com sua morte, em 1922. Em 1960, o processo foi reaberto por D. Oscar de Oliveira (1854-1988) e, em 2007, D. Geraldo Lyrio Rocha (2007-2018) reinstituiu aquele tribunal. As virtudes heroicas de D. Viçoso foram reconhecidas pelo Papa Francisco em 2014 e, desde então, ele ostenta o título de Venerável. Atualmente, é avaliada, no Vaticano, a veracidade de suposto milagre que poderá, enfim, levar à sua beatificação. ●

SUGESTÕES DE LEITURA

CAMELO, Maurílio. *Caraça*: centro mineiro de educação e missão (1820-1830). Belo Horizonte: Imprensa Oficial do Estado de Minas Gerais, 1973.

NETO, Belchior da Silva. *Dom Viçoso*: Apóstolo de Minas. Belo Horizonte: Imprensa Oficial do Estado de Minas Gerais, 1965.

PIMENTA, Silvério Gomes. *Vida do Excelentíssimo e Reverendíssimo Senhor D. Antônio Ferreira Viçoso, Bispo e Mariana e Conde da Conceição.* Mariana: Bom Ladrão, 1876.

SERBIN, Kenneth. *Padres, celibato e conflito social*: uma trajetória da Igreja católica no Brasil. São Paulo: Companhia das Letras, 2008.

ARCADISMO

SÉRGIO ALCIDES

NÃO SE TRATA DE UMA QUESTÃO ESTILÍSTICA, muito menos de um "estilo de época" (é discutível que uma "época", seja o que for, possa determinar estilos artísticos). Trata-se da colonização do Novo Mundo pelas letras, por um lado, e, por outro, das dificuldades, tensões e contradições entre essa e a colonização dominante, imperial, voltada para o controle das almas e a exploração do território, a qual implicava necessariamente a devastação da natureza e um cotidiano de violência social.

A realidade da América portuguesa a situava nos antípodas da ficção helênica da Arcádia, onde o trato entre os "pastores" não é menos suave do que o idílio da paisagem. Devastação e violência são aspectos do *locus horribilis*, não do *locus amoenus*, que era o cenário da poesia bucólica tão apreciada no século XVIII. O ideal arcádico, transposto de sua origem mediterrânica para o hemisfério Sul, levantava aqui uma interrogação nova e inquietante: se a força civilizatória de seus padrões de racionalidade e equilíbrio bastaria para dobrar a resistência dos sertões e o ímpeto da cobiça material.

Mais que uma representação da natureza rústica, a paisagem amena da poesia pastoril setecentista apresenta uma alegoria da sociabilidade pautada pela tríade clássica de bom senso, bom gosto e boas maneiras. Foi para a defesa e a propagação desses parâmetros que se fundou, em finais do século XVII, a Arcádia de Roma, que nas décadas seguintes se tornou uma das mais prestigiosas academias literárias da Europa. A fama de seus debates e publicações se difundiu muito além da Cidade Eterna, e atraiu a participação de letrados e simpatizantes de vários países. Na matrícula, os membros recebiam os pitorescos nomes pastoris com que passavam a assinar seus escritos em prosa e verso. Entre os consócios se achava até um rei de Portugal, D. João V (o pastor Arete Meleu), admitido em troca da doação de um terreno no monte Janículo, onde foi construída a sede da academia.

Pelos meados do século XVIII, dezenas de "arcádias" já tinham surgido em outras partes da Itália – como "colônias" da principal, romana. A de Verona foi uma das primeiras, fundada em 1705. A de Mântua era chamada de Colônia Virgiliana, por alusão ao grande poeta da *Eneida*, nascido nessa cidade. O pensador Giambattista Vico pertenceu à de Nápoles. Os "colonos" eram os letrados locais, ou "pastores", incumbidos de representar à distância os valores literários e a etiqueta civil da matriz metropolitana.

Alguns letrados luso-brasileiros também chegaram a ser inscritos nos livros da Arcádia de Roma. Eram, em geral, filhos da elite colonial que iam estudar em universidades europeias ou se radicaram no Velho Continente. Um dos mais conhecidos foi José Basílio da Gama (1741-1795), mineiro de São José do Rio das Mortes (hoje Tiradentes), que no Rio de Janeiro estudou no Colégio dos Jesuítas. Com a perseguição movida pela Coroa portuguesa à Companhia de Jesus, a partir de 1759, fugiu com os padres para Roma, antes de partir para o Reino, ser preso como seguidor dos inacianos e, numa reviravolta da fortuna, ver-se redimido e admitido ao círculo de funcionários protegidos pelo todo-poderoso Sebastião José de Carvalho e Melo (o futuro Marquês de Pombal).

No seu exílio em Roma, o jovem Basílio da Gama foi recebido entre os árcades com o nome de Termindo Sipílio. Certamente foi ele um dos principais articuladores de uma ideia singular: se a academia romana tinha tantas "colônias" ao redor da península itálica, o que a impediria de fundar mais uma do outro lado do mundo, em Minas Gerais? Um documento oficial comprova o projeto, com o selo da Arcádia de Roma; é o diploma impresso (que foi datado de 1764) conferido a um estudante fluminense, com a inscrição manuscrita de que o papel serviria *per la fondazione della Colonia Oltremarina*. O diplomado era Joaquim Inácio de Seixas Brandão (†1795), que cursava Medicina na Universidade de Montpellier, na França, e passaria a ser o pastor Driásio Erimanteu.

Outros letrados luso-brasileiros estavam diretamente envolvidos, sendo o mais célebre Cláudio Manuel da Costa (1729-1789), advogado em Vila Rica, natural de Mariana. O pequeno volume de suas *Obras*, publicado em Coimbra, em 1768, trazia no frontispício a informação de que o autor era "Árcade Ultramarino, chamado Glauceste Satúrnio". Nesse mesmo ano, o poeta fez o possível para instalar a academia, para a qual tentou conquistar a proteção do recém-empossado governador D. José Luís de Meneses, Conde de Valadares. Chegou a realizar um ato acadêmico para esse fim; no discurso de encerramento, dirigido ao pretendido protetor, revelou toda a natureza de suas expectativas de letrado "despaisado", que vivia em sua terra natal como um desterrado da República das Letras: "Se agora por V. Exa. se veem amparadas as Musas, converter-se-ão com maravilhosa metamorfose a barbaridade em polícia, a incultura em asseio, e o desalinho em gala".

Entretanto, o conde não deu nenhuma mostra de aquiescência. Por certo calculou que tal "metamorfose" dificilmente serviria aos interesses da Coroa. Não lhe pareceria cabível que se instalasse no Ultramar lusitano a filial ultramarina de uma instituição estrangeira – ou, em termos mais claros, uma "colônia" romana em plena colônia portuguesa. Isso bastou para que a pretendida Colônia Ultramarina da Arcádia de Roma nunca viesse a existir concretamente. O que não impediu que a fantasia arcádica continuasse a inspirar letrados coloniais ainda por mais de uma década. Manuel Inácio da Silva Alvarenga (1749-1814), nascido em Vila Rica, formado em Cânones na Universidade de Coimbra, ostentava na capa de suas publicações os dizeres: "Na Arcádia Ultramarina Alcindo Palmireno".

O malogro do "colonialismo" arcádico mostra bem a precariedade da esfera pública nas Minas coloniais, que letrados como Cláudio Manuel e outros se esforçaram para ampliar e arejar. A cultura letrada sofria ali uma dupla restrição: por um lado, estava sob a dependência direta da administração metropolitana; por outro, distinguia-se com dificuldade da elite social local, não necessariamente cultivada, com a qual se interseccionava. O poeta de Mariana encarnava bem o problema, seja por ter ocupado cargos como o de secretário de Governo, seja por ser proprietário de terras e lavras auríferas. O pastor Glauceste Satúrnio era apenas uma de suas facetas, que, no entanto, estava em contradição com as outras – coisa que ele só pôde compreender aos poucos, a força de sucessivas frustrações.

Não que os letrados fossem dispensáveis no ambiente colonial ou ali vivessem "fora do lugar": uma série de funções do aparato colonizador só poderiam ser desempenhadas pelos conhecedores do Direito, por exemplo; também era constante a demanda por profissionais liberais, tais como advogados ou médicos. Não faltaria trabalho nem sustento para quem detivesse um diploma universitário na colônia; o que faltava ou escasseava era o cosmopolitismo da República das Letras, com sua ética específica e suas instituições características – como academias, salões, bibliotecas, teatros e, acima de tudo, a imprensa, no Brasil inexistente (se não mesmo proibida) até a vinda da Família Real em 1808.

A condição dos letrados modernos era dual em qualquer parte: ao vínculo "de natureza" a um organismo político terreno, a formação lhes acrescentava também uma filiação imaginária, aérea e sem fronteiras, à tradição literária e sua dinâmica social própria, como seus intérpretes e continuadores. Quanto mais afastados dos centros europeus de propagação de sua cultura, maior era a sensação de desterro. Novamente, é Cláudio Manuel o exemplo mais cabal entre os árcades luso-brasileiros. Não são poucas as alusões que faz à poesia exílica de Ovídio, que no ano 8 d. C. foi condenado pelo imperador Augusto a viver em meio aos povos do mar Negro, que considerava bárbaros. Entre os personagens dos versos bucólicos de Virgílio, da mesma época, empatiza menos com Títiro (que toca sua flauta "à sombra de uma faia reclinado") do que com Melibeu (expulso de suas terras e obrigado a deixar a Arcádia). Em sua própria poesia lírica, identifica-se como um pastor que "chora na própria terra peregrino".

O tema – a percepção da pátria como exílio – é recorrente, constituindo uma espécie de lugar-comum não previsto pela tradição europeia: um "lugar não-comum". De jeito nenhum era uma exclusividade arcádica: nada tem de pontual, sendo antes transversal à tradição brasileira. No século XVII, aparece nas queixas de Gregório de Matos contra a "pátria ingrata". No XX, consta do primeiro parágrafo de *Raízes do Brasil*, de Sérgio Buarque de Holanda, que diz: "somos ainda uns desterrados em nossa terra".

"Arcadismo" é termo anacrônico, um rótulo inventado *a posteriori* para designar um conjunto de traços estilísticos, supostamente contrapostos à ornamentação exuberante e aos intricamentos conceituais da época anterior, dita "barroca". É constrangedor que os livros didáticos até hoje organizem assim a tradição literária, exatamente como se fazia há mais de um século, e mais de seis décadas depois da publicação em 1959 da *Formação da literatura brasileira*, de Antonio Candido. Foi justamente recusando-se a reduzir o arcadismo a um mero estilo de época que o grande crítico pôde associá-lo, de modo então surpreendente, ao romantismo, em princípio antagônico, para serem os dois "momentos decisivos" de sua narrativa.

O interesse luso-brasileiro pelo ideal arcádico teve em comum com o movimento romântico – e, mais tarde, com o modernista – a tentativa de superação do persistente lugar não comum da terra natal como local de exílio. A fundação de uma Colônia Ultramarina arcádica seria um passo para a integração da Capitania das Minas Gerais ao plano cosmopolita da cultura letrada, um passo de transgressão, por saltar por cima da metrópole portuguesa. Mais de um século e meio depois, Mário de Andrade também estava preocupado em afirmar a participação do Brasil no "concerto das nações", embora recorresse a outros termos, e sobretudo com outras tonalidades, livre do universalismo etnocêntrico do classicismo europeu.

Os árcades luso-brasileiros com frequência tocaram no próprio nervo da condição colonial, ainda que nem sempre estivessem disso conscientes. Não foi o caso de Cláudio Manuel, que muito deliberadamente escolheu esse problema como cerne de sua vasta obra, a começar pelos versos de sua "Fábula do Ribeirão do Carmo", publicada em 1768, cujo assunto – a construção de uma origem mítica para o povoamento das Minas Gerais – se liga sem rodeios aos horrores da mineração aurífera. Dele também se destaca o poema heroico *Vila Rica*, de 1773, acerca da fundação das vilas mineiras e o devassamento dos sertões no contexto da Guerra dos Emboabas. Menos conhecida é sua atuação como animador da vida teatral em Vila Rica.

Foi Cláudio Manuel o decano dos árcades luso-brasileiros, formado em Cânones na Universidade de Coimbra e retornado à Capitania das Minas em 1753. Basílio da Gama parecia encaminhado para a mesma formação, mas os percalços políticos o retiveram no Reino, onde escreveu e publicou, em 1769, *O Uraguai*, poema épico sobre a Guerra Guaranítica que entre 1753 e 1756 opôs os reinos de Portugal e Espanha aos índios guaranis aldeados pelos jesuítas nos Sete Povos das Missões. Menos profícuo, Inácio José de Alvarenga Peixoto (1742-1792) deixou muitos poemas inéditos em livro, entre os quais o notável "Canto genetlíaco" – sobre o nascimento em solo mineiro, em 1782, de um fidalgo da nobreza lusitana, filho legítimo do governador D. Rodrigo José de Meneses. É um dos muitos exemplos de poesia encomiástica desse grupo que, para além da alta qualidade artística, demonstra uma considerável intuição dos limites impostos pela condição colonial à cultura letrada. Natural do Rio de Janeiro, Alvarenga Peixoto formou-se em Leis na Universidade de Coimbra, regressando à América em 1776 para desempenhar o cargo de ouvidor da Comarca do Rio das Mortes, em Minas Gerais.

Tomás Antônio Gonzaga (1744-1810) também viria formado em Leis para assumir uma ouvidoria, mais importante, a de Vila Rica, a partir de 1782. Nascera no Porto, mas vinha de uma linhagem de magistrados naturais do Rio de Janeiro, e tinha sido criado em Pernambuco e na Bahia. Ficou mais conhecido pelas "liras" amorosas de *Marília de Dirceu*, obra-prima da poesia bucólica setecentista, que a partir de 1792 recebeu dezenas de reedições, algumas delas clandestinas, incluindo um volume apócrifo. Mas onde se mostra atento observador da sociedade mineira e da administração colonial é na sátira das *Cartas chilenas*, inacabadas e só atribuídas a ele no século XX, em que ataca impiedosamente o governo liderado por D. Luís da Cunha Meneses, retratado como o mandatário "chileno" Fanfarrão Minésio.

A tensão entre a colonização pelas Letras e a pela Coroa certamente contribuiu para o destino dramático – trágico até, em alguns casos – de vários dos letrados luso-brasileiros que se enlevaram pelo ideal arcádico. Cláudio Manuel, Gonzaga e Alvarenga Peixoto se envolveram na chamada Inconfidência Mineira e foram presos no fatídico ano de 1789. O primeiro terá se suicidado (ao que parece) logo após os primeiros interrogatórios, consumido pela humilhação. Os outros dois amargaram encarcerados no Rio até 1792, quando foram condenados à pena capital, logo "comutada" em degredo na África. Alvarenga já estava doente e morreu logo ao chegar em Angola. Gonzaga refez a vida em Moçambique, para onde seguiu ao mesmo tempo que suas liras saíam do prelo, em Lisboa, assinadas apenas com as iniciais T. A. G.

Poucos anos depois, em 1794, foi a vez de Silva Alvarenga cair em desgraça, no Rio de Janeiro, onde era advogado e professor de Retórica. Tinha fundado poucos anos antes uma Sociedade Literária, cujos debates depois da Revolução Francesa acabaram despertando a desconfiança de um vice-rei especialmente reacionário, D. José Luís de Castro, Conde de Resende. Passou dois anos na prisão, com outros companheiros acusados de republicanismo, até ser libertado, sem julgamento, para retornar – alquebrado – a seus afazeres de precário cidadão da República das Letras em terras coloniais. •

VER VERBETE CONJURAÇÃO MINEIRA.

SUGESTÕES DE LEITURA

ALCIDES, Sérgio. *Estes penhascos*: Cláudio Manuel da Costa e a paisagem das Minas (1753-1773). São Paulo: Hucitec, 2003. (Coleção Estudos Históricos)

CANDIDO, Antonio. Os ultramarinos. In: CANDIDO, Antonio. *Vários escritos*. 2. ed. revista e ampliada. São Paulo: Duas Cidades, 1995. p. 215-31.

HOLANDA, Sérgio Buarque de. O ideal arcádico. In: *Capítulos de literatura colonial*. Organização de Antonio Candido. São Paulo: Brasiliense, 1991, p. 177-226.

MELLO E SOUZA, Laura de. *Cláudio Manuel da Costa*: o letrado dividido. São Paulo: Companhia das Letras, 2011.

STARLING, Heloisa Murgel. *Ser republicano no Brasil Colônia*: a história de uma tradição esquecida. São Paulo: Companhia das Letras, 2018.

ASSOCIATIVISMO NEGRO

MÁRIO AUGUSTO MEDEIROS DA SILVA

FORMAS DE SOLIDARIEDADE SOCIAL NEGRAS em prol de um fim coletivo fazem parte da história política, religiosa e cultural brasileira, nos períodos colonial, imperial e republicano: as irmandades leigas católicas (desde o século XVIII, como as de Boa Morte, do Rosário dos Homens Pretos, de São Benedito etc.), a imprensa negra (desde o século XIX); clubes e sociedades beneficentes, recreativas, protetivas negras (em todo o território nacional), bem como espaços de religiosidade de origem africana como os encontrados no candomblé. Organizam redes de apoio mútuo e troca de ideias, acompanhando a luta por direitos, antirracista e antidiscriminatória em seus tempos e contextos.

A ideia de associativismo negro trata dos sentidos do querer e fazer coletivo de homens e mulheres negras e negros em permanente construção política e histórica, organizados a partir de atividades comuns ou entidades no espaço público (muitas vezes familiares, com sedes próprias), voltadas para seus interesses como negros; com finalidades recreativas, de sociabilidade, assistencialistas, classistas, em grande medida reivindicativas de direitos e de respeito da diferença social de existência, reativas às diferentes formas de discriminação, aos preconceitos e racismos dos quais pessoas negras foram e são alvo historicamente. A ação coletiva organizada negra sempre esteve presente na paisagem geográfica, política e cultural no Brasil; o associativismo negro é componente da história cívica brasileira de luta por direitos.

A ideia de um associativismo negro ocupou parte do debate das ciências sociais brasileiras entre as décadas de 1930 e 1980, através de artigos, teses e livros. Tais ideias têm sido revisitadas criticamente por estudos históricos mais recentes. O texto do antropólogo Arthur Ramos pode ser considerado um ponto de partida para a discussão. Em 1938, em razão do cinquentenário da Abolição, Ramos escreveu sobre o que denominou "o espírito associativo do negro brasileiro". Com proposições importantes, o autor tratou o assunto como um produto da escravidão, em vista de que os africanos trazidos para cá, como sujeitos de culturas variadas, carregaram consigo matrizes que se misturaram solidariamente face ao jugo comum, iniciado no trânsito atlântico, dentro dos navios negreiros, o que explica, para ele, a formação dos diferentes quilombos, a partir do século XVI, e das irmandades e confrarias religiosas, no século XVII; os processos de alforria como fruto de solidariedade escrava e mesmo os grupos de cordões e blocos carnavalescos a partir do século XIX; e as associações negras ou mesmo a Frente Negra Brasileira, no século XX, herdeiras dos processos anteriores e das formas solidárias distintivas, que permitiam entender as recusas de oportunidades e reivindicar direitos de cidadania.

Em 1945, a socióloga Virgínia Leone Bicudo apresentou sua tese *Estudo de atitudes raciais de pretos e mulatos em São Paulo*, que constituiria o primeiro trabalho de pós-graduação em ciências sociais sobre a questão racial no Brasil. Preocupa-se em entender o preconceito e a discriminação racial sofridos pelo negro na capital paulista, por meio das diferentes formas de interação social (no ambiente escolar, no passeio público, na sociabilidade em clubes, nas relações afetivas e matrimoniais, no ambiente de trabalho etc.). Também se ocupou das reações coletivas, entrevistando membros de uma "Associação de Negros Brasileiros" e analisando seu jornal, *Os Descendentes de Palmares*. Ambos os nomes eram fictícios: a associação era a Frente Negra Brasileira (FNB, 1931-1937), e o periódico analisado por Bicudo, *A Voz da Raça*, o que a faz a primeira cientista social a pesquisar a FNB. Dessa forma, para Bicudo, uma das *atitudes coletivas* de reação ao preconceito e à discriminação do cidadão negro, em São Paulo, teria sido a criação de *uma associação negra*, de sociabilidade cultural, política e recreativa.

Em 1951, Roger Bastide publicou um estudo sobre "A imprensa negra do estado de São Paulo" entre os anos de 1915 e 1950. Os jornais são entendidos como uma forma organizativa do grupo negro, vocalizada e autossustentada por meio de seus intelectuais e associações que teriam múltiplas funções: noticiar fatos diversos, promover diversão, normatizar o comportamento e reagir coletivamente ao preconceito e à discriminação vividos no cotidiano. Posteriormente esse marco temporal seria expandido pelas pesquisas de Miriam Nicolau Ferrara e Clóvis Moura, de um lado, e de outro ampliado para o século XIX e para diferentes regiões do país pelo trabalho da historiadora Ana Flávia Magalhães Pinto.

O associativismo político negro, mesmo perseguido durante o Estado Novo, manteve-se atuante e seria estudado pela Pesquisa Unesco de Relações Raciais (1951-1955) no Brasil. A parte que coube a São Paulo contou com os trabalhos de pesquisa de Roger Bastide, Florestan Fernandes, Virgínia Bicudo, Aniela Ginsburg e Oracy Nogueira, publicados em relatório. No Rio de Janeiro, Luiz de Aguiar Costa Pinto escreveu sobre as irmandades religiosas negras (como as do Rosário e de São Benedito dos Homens Pretos), as escolas de samba, os terreiros de candomblé da cidade, a União dos Homens de Cor (UHC) e o Teatro Experimental do Negro (TEN), no livro *O negro no Rio de Janeiro*. Thales de Azevedo, na Bahia, tratou d'*As elites de cor* e das diferentes experiências negras em Salvador em processo de mudança social, bem como René Ribeiro escreveu sobre *Religião e relações raciais*, em Pernambuco. Aspectos dessas análises dos cientistas sociais foram debatidos e criticados por intelectuais negros como Abdias Nascimento, líder do Teatro Experimental do Negro, do Rio de Janeiro, nas duas edições de *O negro revoltado*.

Com base nessas experiências das associações e seus intelectuais negros, Florestan Fernandes aprofundou o debate da denúncia do *mito da democracia racial* como um limite objetivo para a realização democrática brasileira. Enquanto não houvesse uma democracia racial verdadeira, não haveria democracia – ideia final de sua tese apresentada no ano do golpe político, *A integração do negro na sociedade de classes*. O golpe de estado civil-militar de 1964 atingiu a pesquisa sobre o associativismo negro e o ativismo antirracista. Os movimentos sociais negros se mantiveram, entre 1964 e 1978, por meio de velhos e novos militantes que fundaram organizações locais, unidas em um projeto nacional, como o Movimento [Negro] Unificado contra a Discriminação Racial (MUCDR, posterior MNU, 1978-), com agenda contra a violência policial e o genocídio negro; ou os *Cadernos Negros* (1978-), voltados para um projeto estético da literatura negra. Ambos completam 45 anos de atuação ininterrupta em 2023, articulados com outras agendas coletivas da experiência associativa negra contemporânea: luta pela terra (quilombolas), feminismo negro, direito à educação (ações afirmativas), racismo ambiental etc., questões que têm expressão em nossos dias numa Coalizão Negra por Direitos, criada em 2019.

São essas algumas das novas experiências coletivas e reivindicativas criadas por jovens negros nascidos nos anos 1950 em aliança com intelectuais negros mais velhos, que podem compartilhar suas experiências e construir novos projetos. Além disso, nos anos 1980, um novo conjunto de estudos nas ciências sociais retomou temas e questões relativos ao associativismo negro. Destacam-se os trabalhos de Míriam Ferrara (sobre imprensa negra), Clóvis Moura (sobre associações negras), Ieda Britto (sobre samba e discriminação), Olga von Simson (sobre carnaval), Regina Pahim Pinto (sobre a Frente Negra), sincrônicos ao contexto de redemocratização, da Constituição de 1988 e da crítica ao centenário da abolição de 1888.

Entre o final dos anos 1990 e a década de 2000, há uma contribuição significativa de estudos da história sobre o tema, aliados aos das ciências sociais. De modo geral, essas pesquisas demarcaram algumas mudanças nos estudos recentes sobre o associativismo negro, voltando a atenção para diferentes práticas no cenário do associativismo, particularmente em relação aos clubes negros. Trata-se de sociedades de fruição e de festividades, em que ocorrem encontros de diferentes grupos geracionais negros e que persistem na paisagem das cidades, alguns mantendo-se em atividade nos dias correntes, inspirando em torno de si uma importante militância. Os historiadores procuraram entender as experiências das sociedades negras num sentido amplificado: os estudos sobre os significados da liberdade no pós-abolição. Novas pesquisas sugerem que trabalhadores negros criaram essas organizações para se protegerem enquanto trabalhadores e da discriminação racial. Os estudos sobre as experiências associativas permitem compreender a luta por direitos de cidadania dos negros em diferentes localidades, em clubes sociais, sociedades beneficentes, grêmios recreativos etc.

A tese da historiadora Beatriz Ana Loner é uma das pioneiras em incluir a análise das organizações negras nos estudos sobre associações mutualistas operárias. Seu trabalho consistiu em estudar a formação da classe operária nas cidades de Rio Grande e Pelotas, ambas no Rio Grande do Sul, a partir da experiência da vida associativa na Primeira República, e foi inspirador para a bibliografia crescente naquele estado e em outras localidades. A organização de uma política pública para clubes negros, nos anos 2000, pode ser observada no trabalho de Giane Vargas, historiadora que, junto com o poeta negro Oliveira Silveira (1941-2009), impulsionou o inventário nacional dos clubes negros como patrimônio cultural imaterial pelo Instituto do Patrimônio Histórico e Artístico Nacional (IPHAN).

Vargas menciona a variedade de profissões exercidas pelos fundadores de clubes sociais negros do Brasil: operários da Companhia Siderúrgica Nacional (CSN) fundaram o Clube Palmares em Volta Redonda, RJ; membros da marinha mercante, portuários e professores da rede pública fundaram o Clube Estrela do Oriente de Rio Grande, RS; jornalistas negros do Clube Fica Ahi Pra Ir Dizendo e alfaiates negros fundaram, brincando, o Clube Chove Não Molha, em Pelotas, RS; ferroviários negros criaram o Clube 13 de Maio de Santa Maria, RS; policiais militares e ferroviários fundaram a Sociedade Floresta Montenegrina de Montenegro, RS; médicos, advogados, engenheiros, intelectuais e artistas negros fundaram o Renascença Clube, RJ; trabalhadores do ramo da construção civil, o Centro Cívico Cruz e Souza, de Lages, SC; operários da Siderúrgica Belgo-Mineira passaram a ser os principais frequentadores do Clube Mundo Velho de Sabará, MG; operários da Companhia Paulista de Estrada de Ferro de São Paulo fundaram o Clube 28 de Setembro de Jundiaí, SP, dentre vários outros citados em sua pesquisa. São homens, mulheres e suas famílias negras que compreenderam a associação como uma forma de existência e luta antirracista. •

SUGESTÕES DE LEITURA

DOMINGUES, Petrônio. Associativismo Negro. In: SCHWARCZ, Lilia; GOMES, Flávio (orgs.). *Dicionário da escravidão e da liberdade*. São Paulo: Companhia das Letras, 2018.

LONER, Beatriz Ana. *Classe Operária*: mobilização e organização em Pelotas: 1888-1937. Tese de doutorado – Universidade Federal do Rio Grande do Sul, Porto Alegre, 1999.

MOURA, Clóvis. Organizações Negras. In: SINGER, Paul; BRANT, Vinicius C. (orgs). *São Paulo*: o povo em movimento. Petrópolis; São Paulo: Vozes; Cebrap, 1983, p. 143-175.

RAMOS, Arthur. O espírito associativo do negro brasileiro. *Revista do Arquivo Municipal*, São Paulo, 1938.

VARGAS, Giane E. *Clubes Sociais Negros:* lugares de memória, resistência negra, patrimônio e potencial. Dissertação de mestrado – Universidade Federal de Santa Maria, Santa Maria, 2010.

AUTRAN DOURADO

REINALDO MARQUES

AUTRAN DOURADO É UM DOS ESCRITORES que levou mais a sério a senha de Mário de Andrade, provocando poetas e ficcionistas mineiros a contarem as histórias das Minas Gerais para o Brasil, como mostram os versos "Eu queria contar as histórias de Minas/ Pros brasileiros do Brasil...", na abertura do romance *Lucas Procópio* (1984). Versos extraídos do poema "Noturno de Belo Horizonte", escrito por Mário em 1924 e reunido no livro *Clã do Jabuti* (1927). Com efeito, há na obra literária autraniana uma evidente obsessão com as histórias de Minas, seu passado e suas memórias, seus esquecimentos e suas lembranças. Obra empenhada em entender a loucura humana a partir de uma loucura particular, a das Minas Gerais, visível especialmente em personagens femininas, como em Rosalina – "nosso espinho, nossa dor" – de *Ópera dos mortos* (1967).

Em seus romances, por exemplo, Autran tematiza, de um lado, uma Minas da decadência, como a que aparece tanto em *Os sinos da agonia* (1974), relacionada ao declínio do ouro em Vila Rica, quanto na trilogia constituída por *Ópera dos mortos*, *Lucas Procópio* e *Um cavalheiro de antigamente* (1992), que recriam o sul de Minas dedicado à lavoura do café e assombrado pela crise de 1929. De outro lado, uma Minas feita de histórias inventadas, de mitos ouvidos na infância e adolescência mineiras, de modo a montar dela uma biografia imaginária, composta por outra trilogia romanesca: *O risco do bordado* (1970), *A serviço del-Rei* (1984) e *Um artista aprendiz* (1989). O personagem central das três narrativas é João da Fonseca Nogueira, um *alter ego*, uma máscara do próprio Autran Dourado. Trata-se, pois, de uma (auto)biografia imaginária do escritor, em que dados biográficos se mesclam com elementos inventados, seguindo o modelo do romance de formação, caso de *Um artista aprendiz*.

Algumas motivações desse compromisso com a tarefa inelutável de contar as histórias de Minas podem ser apreendidas ao se deter em depoimentos do escritor sobre suas origens, formação e trajetória profissional e intelectual. Nascido em Patos de Minas em 18 de janeiro de 1926, Waldomiro Freitas Autran Dourado é filho de Telêmaco Autran Dourado e Alice Freitas Autran Dourado. Juiz de direito, o pai é transferido para Monte Santo de Minas um mês depois do nascimento do filho. Cidade situada na região sul do estado onde passa sua infância e vive até os treze anos de idade, sendo muito importante na formação emocional do escritor. É a partir dela que inventa a cidade mítica de Duas Pontes, cenário e espaço simbólico de muitas das narrativas autranianas. Do lado paterno, pesa a sombra do avô Ângelo Dourado, médico natural do Rio Grande do Sul, que participou da Revolução Federalista de 1893, contra a ditadura de Floriano Peixoto, exilando-se no Uruguai. Em seu exílio nasceu o filho Telêmaco, que se considerava um gaúcho para os familiares mineiros. Do lado materno, é seu avô o coronel Osório de Freitas, dono de fazenda e armazém beneficiador de café. Figura que serve de modelo para o personagem do avô Euclides presente no conto "A glória do ofício", publicado em *Solidão solitude* (1972).

No mundo moderno, sem formação letrada não pode haver escritor. A de Autran Dourado assemelha-se à de vários escritores mineiros nascidos na primeira metade do século XX e oriundos da aristocracia rural decadente, a exemplo de Carlos Drummond de Andrade e Cyro dos Anjos. Sua formação primária é ministrada por uma professora particular, dona Avelina Martins Cunha, que o experimenta com a leitura de *Eurico, o presbítero*, de Alexandre Herculano, experiência que o introduz na leitura dos clássicos portugueses e brasileiros, recorrendo a uma boa prateleira com obras literárias na biblioteca do pai. O curso ginasial é iniciado em 1940, no internato do Colégio Paraisense, em São Sebastião do Paraíso, constituindo-se numa vivência dolorosa de separação do ambiente familiar, narrada em "Três histórias do Internato", também incluídas em *Solidão solitude*. Em 1942, com a transferência do pai para Belo Horizonte, matriculou-se no Ginásio Afonso Arinos, onde concluiu seus estudos ginasiais.

Já no ano seguinte frequentou o curso clássico no Colégio Marconi, onde teve como professor de filosofia Arthur Versiani Vellôso, figura marcante na formação intelectual e humana de Autran Dourado. É ele quem o aproxima da leitura tanto de filósofos quanto de escritores consagrados, passando-lhe livros para ler e dando-lhe dicas para aproveitar a vida cultural da cidade à época, como a de assistir a várias conferências na Biblioteca Municipal de Belo Horizonte, entre elas as de Sérgio Milliet e Oswald de Andrade, por ocasião da 1ª Exposição de Arte Moderna, em 1944. Mas, além de Vellôso, outra figura decisiva para a formação de Autran como escritor foi Godofredo Rangel, autor de reconhecida obra literária e correspondente de Monteiro Lobato, já residindo em Belo Horizonte. Foi ele quem leu os contos que Autran, a essa altura com dezessete anos, já havia escrito para um livro. Após a leitura, Rangel recebeu o jovem escritor em sua casa e, num diálogo marcante, o aconselhou a não publicar o livro, a continuar se atualizando com leituras de Flaubert, Stendhal, Tchekov e Machado de Assis. Tanto Arthur Versiani Vellôso quanto Godofredo Rangel se transformariam em personagens de *Um artista aprendiz*; a partir de Godofredo, Autran cria também o personagem Erasmo Rangel de *Meu mestre imaginário* (1982).

A entrada na Faculdade de Direito, em 1945, foi o passo seguinte de Autran para a formação como escritor. Na faculdade conheceu Sábato Magaldi, crítico teatral mineiro, que o aproximou de uma turma de jovens intelectuais: Wilson Figueiredo, Jacques do Prado Brandão, Otto Lara Resende, Fernando Sabino, Paulo Mendes Campos, Murilo Rubião, Hélio Pellegrino, Francisco Iglésias e Emílio Moura. Com eles vivenciou um momento rico de trocas e discussão de leituras, de paixão pela literatura e a política em meio à ditadura do Estado Novo. Na época, Autran chegou a se filiar ao Partido Comunista, desligando-se dois anos depois por discordar de suas orientações, especialmente para o campo das artes. Representativo de seu grupo foi o periódico literário

Edifício, lançado em 1946 e com duração efêmera de apenas 4 números, do qual Autran seria o redator-chefe. Pela Edições Edifício publicou sua primeira novela, *Teia* (1947), que o habilitou a participar do 2º Congresso Brasileiro de Escritores realizado em Belo Horizonte. Nesse ambiente também conviveu com artistas plásticos ligados ao pintor Alberto da Veiga Guignard.

Após se formar em Direito em 1949, Autran Dourado começou a trabalhar como jornalista no *Estado de Minas* e casou-se com Maria Lúcia Campos Christo. Formada em Letras, conhecedora do francês, Maria Lúcia seria leitora privilegiada de seus livros e estimuladora de sua aventura literária, compartilhando com ele a tradução de *La Légende de Saint Julien l'Hospitalier*, de Gustave Flaubert. É ela ainda quem cuidará da organização do arquivo pessoal do escritor, que se encontra hoje sob a guarda do Acervo de Escritores Mineiros da UFMG. Mas Autran iniciou sua vida profissional em 1948, como taquígrafo na Câmara Municipal de Belo Horizonte e depois na Assembleia Legislativa do Estado. Por conta desse saber taquigráfico, trabalhou como oficial de gabinete do governador Juscelino Kubitschek (1950-1955), sem abrir mão, porém, de seu desejo de ser escritor, como mostram as publicações de mais uma novela, *Sombra e exílio* (1950), e do romance *Tempo de amar* (1952). Posteriormente, mudou-se para o Rio de Janeiro e passou a trabalhar como secretário de imprensa da Presidência da República no governo de JK (1955-1960).

Essa estreita proximidade entre o intelectual e o Estado costuma ser fonte de tensões e conflitos para nossos escritores, forçando-os a optar entre dedicar-se completamente à literatura ou sujeitar-se à vida burocrática própria de funcionário público. No caso de Autran, quando a capital federal se transferiu para Brasília em 1960, ele optou por permanecer no Rio, desligando-se de suas funções no governo Kubitscheck para cumprir o seu destino de escritor, num gesto de profunda fidelidade a si mesmo. Desse tempo, porém, restaram-lhe muitos aprendizados a respeito do poder e da política, que seriam objeto de críticas contundentes no romance *A serviço del-Rei* e no livro de memórias *Gaiola aberta: tempos de JK e Schmidt* (2000). Neles denuncia as relações pervertidas entre o poder e o intelectual, com seu perigoso sonho de forjar da pedra ou do barro um perfeito chefe de Estado, vivificado pelos deuses como no mito de Pigmalião.

Dedicado integralmente ao ofício de escritor, Autran entrou num período extremamente criativo, conforme demonstra a publicação de vários livros, começando com *A barca dos homens* (1961). Sua obra literária concentra-se no gênero narrativo, performando-se em novelas, contos e, sobretudo, romances. Muitos de seus livros foram traduzidos para vários idiomas, alcançando reconhecimento internacional, a exemplo de *Ópera dos mortos*, incluído na Coleção Unesco de Obras Representativas da Literatura Universal. Livro de contos publicado em 1981, *Imaginações pecaminosas* lhe valeu à época o Prêmio Goethe de Literatura, na cena internacional, e o Prêmio Jabuti, em âmbito local. Por sua vez, *Os sinos da agonia* foi escolhido para os exames de *agrègation* das universidades francesas em 1992, levando o autor a fazer conferência na Sorbonne. Pelo conjunto da obra, Autran Dourado recebeu o Prêmio Camões em 2000, a mais importante honraria da literatura de língua portuguesa. Da relevância da obra literária de Autran Dourado dão testemunho também inúmeras teses e dissertações universitárias, fazendo dele um autor celebrado junto a um público leitor mais especializado.

Várias razões podem ser apontadas para explicar o reconhecimento obtido pela literatura de Autran Dourado. Uma delas reside na forma como articula as dimensões ética e política ao trabalho altamente elaborado com a linguagem, a forma narrativa – a dimensão estética. Ao recortar elementos da realidade empírica, social e cultural, para a constituição de mundos ficcionais, os gestos de seleção e de combinação autranianos são movidos por forte consciência das alteridades e diferenças, acarretando preocupações éticas, como no caso das relações étnicas, e de gênero numa sociedade patriarcal, colonial e escravista, tematizadas na composição de diversas personagens: Malvina, Inácia, Quiquina, Izaltina, Januário, Isidoro, Jerônimo. Entretanto, essa percepção do outro está fortemente associada a uma aguda compreensão de que, nas sociedades históricas, os sujeitos e suas realidades são constituídos por múltiplas e contraditórias relações de força, de poder – biológicas, econômicas, sociais, culturais –, configurando a dimensão política. Aspectos que situam sua ficção entre a crônica histórica e a fabulação ficcional.

A par disso, cabe considerar a inscrição de Autran Dourado na linhagem dos escritores-críticos modernos. Não por acaso, ele defendeu uma formação literária e cultural muito sólida para se tornar um bom escritor, exigindo apurada consciência do passado pela leitura contínua dos clássicos e o convívio reflexivo com a tradição. Passado a ser apropriado criticamente, visível no modo como o escritor constitui seus predecessores. Assim, Autran buscava dialogar com aqueles escritores que evidenciam um grande domínio dos aspectos técnico e compositivos de sua arte – dos elementos da economia narrativa: fabulação, enredo, personagem, narração, focalização narrativa etc. Seu modelo é o escritor-artesão, cuja representação mais acabada ele encontra em Gustave Flaubert, visto como um clássico perfeito, bem de acordo com a formulação de Paul Valéry: "Clássico é o escritor que tem em si um crítico e o incorpora à sua obra".

Tal compreensão explica a resistência de Autran às ideias de inspiração e acaso na criação de uma obra literária, preferindo antes a noção de uma escrita programada, dirigida mais pela atenção e o intelecto. Escrita que demanda intervenção mais ativa do escritor enquanto crítico, manifesta no caráter autorreflexivo de muitas narrativas, como se pode ver no conto "Os mínimos carapinas do nada", de *Violetas e caracóis* (1987). Esse lado crítico de Autran se traduz também em inúmeros artigos, ensaios e entrevistas publicados na imprensa, em jornais e revistas, que estão por merecer publicação em livro. Mas há dois livros seus que demonstram ser Autran também um leitor contumaz de obras críticas e teóricas da literatura: *Uma poética do romance: matéria de carpintaria* (1976), resultado de curso ministrado na PUC-Rio sobre seu processo criativo, e *Breve manual de estilo e romance* (2003), livro em que se mesclam memórias e reflexões críticas.

Por fim, o valor conferido à obra literária de Autran Dourado assenta-se num forte caráter cosmopolita, assimilado a partir das diferenças locais, o que faz dela uma literatura do mundo e ao mesmo tempo de Minas e do Brasil. Em linhas gerais, isso pode ser observado no modo como Autran se apropria de uma forma universal – o romance, ligado ao indivíduo burguês e à cultura europeia, na verdade um construto local globalizado pelo processo colonialista – e nela dissemina diferenças próprias de seu espaço enunciativo ao estrategicamente se situar num entrelugar, de modo a rasurar as fronteiras entre o eu e o outro, o nacional e o estrangeiro, o particular e o universal. Dessa maneira, o escritor enxerta nessa forma narrativa universalizada uma matéria local: uma Minas plural, mutante, com suas histórias, com suas gentes, obsessões e loucuras. Nesse processo, ocorrem deslocamentos, tensões e confluências, visto que essa matéria local é filtrada por mitos e símbolos extraídos da cultura europeia, mas atravessados por relatos nativos e o lendário afroindígenas, compondo um híbrido cultural, a exemplo dos mitos do Édipo e de Teseu, Fedra e Hipólito tomados à tragédia clássica e que estruturam a narrativa de Os sinos da agonia, revelando uma visão trágica da existência humana.

Dessa maneira, conforme observa o crítico Silviano Santiago, em vez de se prender ao método narrativo legado pelo romance europeu, Autran Dourado se vale do método mítico de composição do romance, em que tudo principia pelo mito, em eterno retorno. Um método em que articula o contemporâneo e o clássico, o individual e o social, o biológico e o cultural, revelando o personagem como enredado antes de tudo na cultura ocidental. Marcado, de um lado, por um trabalho rigoroso com a forma e os recursos narrativos – em que se destacam a polifonia de vozes e a multiplicidade de focalizações da realidade, armando o relato especialmente pelo recurso ao fluxo de consciência – e, de outro, pela forma como se apropria da língua do colonizador, recriando a língua portuguesa a partir de aproximação das manifestações da fala viva dos seus falantes, até mesmo de outros tempos, como evidenciam o léxico e as construções sintáticas presentes em *Os sinos da agonia*, de modo a realçar o caráter plástico e múltiplo da língua.

Longe de ser um imitador de modelos europeus, Autran Dourado revela-se um escritor criativo e transgressor, explorando as possibilidades de se situar entre o já dito e o por se dizer. Na sua obra literária já se insinua uma espécie de cosmopolitismo crítico, em que a realidade e o mundo são apreendidos e pensados a partir das experiências e perspectivas de sujeitos periféricos, subalternos, de modo que seus romances nos proporcionam o encontro com uma Minas tanto real quanto imaginária, inscrita na trama de uma Minas mundo. •

VER VERBETE ENEIDA MARIA DE SOUZA.

SUGESTÕES DE LEITURA

DOURADO, Autran. *Ópera dos mortos*. Rio de Janeiro: Rocco, 2010.

DOURADO, Autran. *Um artista aprendiz*. Rio de Janeiro: Rocco, 2013.

DOURADO, Autran. *Os sinos da agonia*. Rio de Janeiro: HarperCollins, 2022.

SANTIAGO, Silviano. Questão de perspectiva. In: *Nas malhas da letra*. Rio de Janeiro: Companhia das Letras, 1989, p. 159-164.

SOUZA, Eneida Maria de (org.). *Autran Dourado*. Belo Horizonte: Centro de Estudos Literários da Faculdade de Letras da UFMG, 1996. (Encontro com Escritores Mineiros, n. 2).

BARROCO

ANGELO OSWALDO DE ARAÚJO SANTOS

BARROCO É PALAVRA DE ORIGEM DESCONHECIDA, mas atribuída à denominação de uma pérola torsa. Designa o estilo que vigorou no Ocidente, entre meados do século XVI e o século XVIII, a partir da construção da igreja do *Gesù*, pelos jesuítas, em Roma, cristalizando tendências e formas já encontradas em Michelangelo. Seu desembarque em Portugal é reconhecido na igreja de São Roque, em Lisboa. O fenômeno eclode na Europa quinhentista, transtornada pelo impacto das navegações e descobertas, conquistas tecnológicas e científicas então alcançadas, o primado do humanismo na Renascença, a explosão da profunda reforma religiosa e a emergência da monarquia absolutista. A arte barroca traduz o drama do homem que se instala no centro do mundo, no eixo principal dos acontecimentos, mas que ainda estremece ante a ideia avassaladora do divino. Atormentado pela fé numa outra existência após a morte, no limiar da qual será submetido a implacável julgamento, depois de inapelável revisão dos atos praticados durante o trânsito terreno, esse homem ora vislumbra a luz solar que inunda os prazeres de cada dia, ora mergulha nas trevas onde almeja decifrar o segredo da eternidade. Apolo renascentista entrega o cetro ao barroco Dionísio.

Na península ibérica, a Espanha surge no bojo das novas realidades da vida europeia, e Portugal, um dos primeiros Estados consubstanciados na trama medieval que retalhara o mapa do continente numa infinidade de principados, já é uma poderosa nação voltada para o Atlântico. Na última década do século XV, a Espanha desembarca na América, e Portugal, com notável tecnologia em navegação e astronomia, singra pioneiramente a rota marítima para as Índias Orientais. O continente americano, ao concentrar os interesses de portugueses e espanhóis, enseja a ocorrência de um outro fenômeno de extraordinária repercussão histórica, que é todo o processo de conquista e colonização das Índias Ocidentais. O traslado para a América da civilização ibérica, afeiçoada à miscigenação, mas senhora de seus princípios e escrúpulos, postos entre a gana da fortuna, a compulsão da fé e o devaneio como escape, faz com que as luzes do barroco brilhem logo, em tons alternados entre claro e escuro, nos diversos rincões da terra nova.

As cintilações barrocas se farão mais ofuscantes nas zonas de mineração, tanto no lado espanhol quanto na América lusitana, onde o ouro tarda, mas não falta, tal como o aguardavam, desde a primeira hora, os novos ocupantes do território brasileiro. No México, no Peru, no Equador e na Bolívia (Alto Peru), o conquistador espanhol derrota verdadeiros impérios e o processo colonial vence todo tipo de obstáculo para apoderar-se do ouro ou da prata de que dispõem astecas e incas, impondo aos nativos, ao mesmo tempo, a submissão ao catolicismo, com seus mártires trágicos e angustiados, no labirinto da pompa tridentina. O barroco é também arma de conquista.

A catedral da cidade do México, no Zócalo, erguida sobre ruínas de um templo asteca, é a apoteose na qual o barroco celebra a dominação política e a imposição da nova fé, tal como na era constantiniana, quando o cristianismo se impõe sobre os deuses do Olimpo. Em Cuzco, capital do fausto andino e antiga Roma incaica, por ocasião da celebração da festa do Corpus Christi, no final do século XVII, governando a diocese o célebre bispo Manuel de Mollinedo y Angulo, protetor das artes, registram-se festas monumentais, de que são testemunho ímpar os painéis pintados de Sant'Ana, hoje no Museu de Arte Sacra de Cuzco. A era Mollinedo (1673-1699) se destaca pela opulência barroca dos rituais, no mundo pomposo e cerimonial do Seiscentos: para ele, a glória de uma diocese não é outra que a de seu firme condutor. Em Potosi, com suas fabulosas montanhas e minas de prata, o barroco gera ícones peculiares, como a figura dos anjos e arcanjos infinitamente pintados sobre telas, modelos de nobres senhores arcabuzeiros de um paraíso que se antecipa no éden terreal das jazidas inesgotáveis. "Longe de evocar modelos europeus", os anjos andinos, entre o cavaleiro e o soldado, "deixam ver sua origem local", escreve um historiador boliviano. No Equador, a escultura barroca assume dimensão exuberante no século XVIII, tocada pela suavidade e leveza que cingem a obra da escola de Quito. Mestiços como Bernardo Legarda e indígenas como Manuel Chilli, o Caspicara, deixam expressivo acervo escultórico. Particulariza-se nos mestres de Quito um fenômeno que percorre todo o continente americano, através do sincretismo artístico e da mestiçagem étnica. Gravuras e estampas europeias servem de base para o artista indígena, cafuzo ou afroamericano, e a produção estética é uma grande síntese dessa integração de povos e culturas. A influência procedente da Europa alimenta o processo que instaura uma criação própria e original. No Prata e no Paraguai, consagra-se o estilo por intermédio da requintada talha joanina do português José de Sousa Cavadas, já no século XVIII. Ele trabalha em Buenos Aires e Luján, bem como nas magníficas igrejas paraguaias de São Boaventura, em Yaguarán, e Nossa Senhora da Candelária de Capiatá. A grande arte se particulariza em instigante interpretação nas missões próximas ao rio Uruguai, em que os jesuítas reuniram os índios Guarani e experimentaram uma audaciosa organização de "república". Ali, o barroco é arquitetura, artes plásticas, música e programa de uma vida voltada para a conquista da cidade de Deus. Em São Miguel, no Rio Grande do Sul, conservam-se obras do barroco missioneiro.

Mais que um estilo de arte ou rito religioso, o barroco é um estilo de vida, impregnado no mundo iberoamericano. Primeira expressão artística a manifestar a unidade do mundo decorrente das grandes navegações, é o veículo da conquista e da colonização, ao colocar sua maleabilidade a serviço da formação dos novos mundos. De tal forma, está onipresente e bem aclimatado nas Américas no decorrer dos séculos XVI e XVII. Espalha-se, ao longo da costa do Brasil, no bojo de esplêndidas capelas conventuais, e tenta embrenhar-se nas vastidões da colônia, por meio da arquitetura e ornamentação vernaculares de ermidas que surgem para além da Serra do Mar ou dos engenhos da Zona da Mata nordestina. Na Amazônia, as igrejas de Belém do Grão-Pará registram o encontro do fluxo barroco com a monumentalidade da floresta. É a arte barroca que dá forma aos sentimentos da casa-grande e da senzala. Com açúcar e latim, Bahia, Sergipe, Pernambuco, Paraíba e Maranhão celebram a majestade dos altares, palmilham os volteios da rocalha, trocam a pedra de Lioz, trazida de Lisboa como lastro dos navios, pela sensualidade da madeira trabalhada pelo entalhador nativo. O Nordeste brasileiro redimensiona, nos conventos e nas capelas das ordens terceiras, o destino do barroco americano. No ambiente barroquista das igrejas e dos salões da Bahia, os sermões do padre Antônio Vieira (1608-1697) e os poemas satíricos de Gregório de Matos (1633-1696) verbalizam o dinamismo, o fulgor, a cor e o corte do barroco, esculpindo na palavra a riqueza morfológica do estilo.

Ao atingir cerca de um século e meio de efervescência no Brasil, o barroco acha-se pronto para assumir fôlego ainda mais intenso. Vai explodir delirantemente, na aurora do Setecentos, na saga da civilização e da cultura das Minas Gerais. A metrópole portuguesa sonha, desde as primeiras viagens de reconhecimento do território que lhe reservara o Tratado de Tordesilhas (1496), com minas tão pródigas e copiosas quanto as que os espanhóis encontraram no outro lado do continente. A procura terá duração de dois longos séculos, durante os quais Portugal passa ao domínio espanhol (1580) e restaura sua independência (1640), e o Brasil cultiva a cana-de-açúcar e livra-se da ocupação de franceses e holandeses. É de São Paulo, um dos raros núcleos interiorizados, originário de um colégio dos jesuítas fundado em 1554, que finalmente partem, por volta de 1670, os pioneiros que irão devassar os sertões auríferos – os bandeirantes descobridores das Minas Gerais do Sabarabuçu.

O barroco está na bagagem dos sertanistas. Vai escalar a Mantiqueira (*lugar onde a chuva dorme*) para chegar ao topo dos serros dos ventos frígidos (*iviturui*). Consegue avistar a pedra que brilha (*itaverava*) e a pedra grande resplandecente (*itaverava-açu*), o Sabarabuçu onde surge a Vila Real de Nossa Senhora da Conceição do Sabará. E entroniza em sua igreja matriz a arte luso-paulista dos retábulos em arquivoltas, com talha profusa, douramento e *chinoiseries*. No primeiro decênio do século XVIII, multiplicam-se e consolidam-se incontáveis núcleos urbanos, de modo que se configura, na região das minas de ouro, a primeira sociedade urbana do Brasil, após o ciclo rural da cana-de-açúcar e do gado, no Nordeste, e da caça ao índio, no Sul. A condição urbana incentiva a arquitetura, estimula as artes, sofistica a vida de todas as categorias sociais, já que mesmo os escravizados erguem templos de singular suntuosidade e promovem comemorações aparatosas. O ciclo do ouro permite ao barroco um recrudescimento espetacular, tanto na colônia quanto na metrópole, sob a entusiástica adesão de Dom João V, cujo longo reinado coincide com o apogeu do ouro e dos diamantes no Brasil (1706-1750). Influenciada por esse impacto econômico, a cidade do Rio de Janeiro passa a ser a capital do vice-reinado (1763), em substituição a Salvador da Bahia, e vai experimentar um período de expansão urbana e embelezamento de seus templos, notabilizando artistas como o Mestre Valentim da Fonseca e Silva (c.1740/50-1813).

Aos africanos, trazidos como escravos pela imensa demanda de mão de obra nas minas de ouro e diamantes, o barroco serve como instrumento de adaptação cultural e expressão artística. Se os africanos contribuem, de forma determinante, para a consolidação do idioma português, pois até a sua chegada em massa os colonos praticam as línguas indígenas (o tupi-guarani estabelecido como língua geral pelo empenho inflexível dos jesuítas), a arte barroca preside seu processo de aculturação e neles aguça e estimula a criatividade. Os africanos e seus descendentes têm um papel preponderante na grande produção artística – sobretudo nos campos plástico e musical – que se assinala no ciclo do ouro e dos diamantes. E a linguagem barroca é a sua primeira vitória no rumo da reconquista da liberdade.

Em Minas Gerais, as primitivas capelas de palha, de que fala o historiador Diogo de Vasconcellos, rapidamente cedem lugar a construções de taipa de pilão, bem à moda dos paulistas, em seguida transformadas em capela-mor do templo novo, que se agiganta através da nave (ainda de taipa e pouco depois de quartzito) repleta de altares laterais, tribunas, púlpitos, balaustradas. Essas igrejas são o espaço cênico em que o barroco tem o seu melhor desempenho. Convergência e irradiação da vida urbana, situam-se estrategicamente, como balizas, no topo de colinas ou no fundo de vales. Procissões as interligam, através das filas extensas de irmandades, com suas cruzes, opas, bandeiras e andores, compartimentando o tecido social da capitania. Nelas irrompem os arquitetos, mestres construtores, entalhadores, escultores, pintores, ourives, douradores, prateiros, alfaiates, compositores, cantores e músicos, poetas, dramaturgos e oradores sacros que fazem o esplendor do chamado Barroco Mineiro.

Assim como nas colônias espanholas, o território minerador dos portugueses cultua o barroco nos altares e nas ruas. A cidade é o palco ideal para a encenação permanente da fé e dos sentidos. Torna-se o grande teatro do mundo, de que fala Calderón de la Barca. A opulência da mineração sustenta, aqui como lá, o mesmo sentido de espetáculo que anima o espírito dos indivíduos e a cena social. Vereadores do Senado da Câmara de Mariana referem-se, em documentos da época, à "competente formosura" do espaço urbano, atentos a esse lugar teatral em que os cidadãos vivem seus variados papéis. A festa do *Corpus* realizada em Cuzco, em meio à magnificência que arrebata os europeus que dela têm notícia, encontra eco nas festividades do Triunfo Eucarístico, em 1733, na Vila Rica de Ouro Preto, capital de Minas Gerais.

Tal como o *Desempenho Festivo do Divino Corpo de Jesus Sacramentado* descreve, em 1725, uma inenarrável celebração eucarística em Braga, Norte de Portugal, região de onde procedem os mais numerosos fluxos que passam ao eldorado brasileiro no século do ouro, o relato do Triunfo Eucarístico apresenta a versão do espetáculo criada pelos mineiros do Brasil com uma singularidade impactante. Em sua publicação de 1734, o cronista Simão Ferreira Machado reconstitui o Triunfo e dá conta do *ensueño* em que se enreda o habitante das Minas. Ele frui o momento supremo da riqueza e do prazer de se achar em plena Vila Rica, "esfera da opulência" e "teatro da religião", no dizer enfático do narrador. Em 1748, grandes festividades de caráter barroco se realizam em Mariana, por ocasião da entrada solene na cidade de Dom Frei Manuel da Cruz, primeiro bispo de Minas, conforme memória contida no livro *Áureo Trono Episcopal*. A morte, o nascimento ou o matrimônio de reis e príncipes são igualmente motivo determinante para a montagem de arquiteturas efêmeras e a realização de ofícios nos templos, com a ornamentação de ruas e luminárias, por entre encenações, corridas, cortejos e festas.

Esse sentido de festa, o pacto lúdico a que alude o ensaísta Affonso Ávila, está evidente nos temas alegres e descontraídos das pinturas e talhas ornamentais, na vivacidade profana da policromia e dos detalhes anatômicos das figuras, conferindo às manifestações barrocas, em Minas Gerais, uma luminosidade diferente. É o barroco da alegria, assim chamado pelo ensaísta Benedito Nunes. Os tons trágicos e as formas dramáticas, que estão na base conceitual e dogmática do estilo da Contrarreforma e do absolutismo, a ideia de esmagamento que se precipita do alto do poder divino ou monárquico, as imposições da Metrópole, do Fisco, da Igreja, da Inquisição, do sistema escravocrata, dos preconceitos raciais e sociais – nada sufoca a leveza, a graça, a coloquialidade, a fruição prazerosa do estilo em suas mais diferenciadas faces na vida dos mineiros setecentistas.

As formas eruditas e as expressões populares que brotam simultaneamente da criatividade exacerbada pelo ouro referem igual ânimo festivo. Ouro e barroco andam juntos na América. E fazem essa festa que aparece no forro da nave da Igreja de São Francisco de Assis, em Ouro Preto, através do pintor Manuel da Costa Ataíde: uma grande celebração, envolta em música sublime, entre cores radiosas, traduz o júbilo de uma terra nova, feliz com suas faíscas reluzentes retiradas do leito dos rios. A evolução no rumo do rococó expressa mais que o modismo de época, a adesão aos jogos da policromia e à musicalidade da forma. A madona mulata e a revoada dos anjos mestiços abençoam o país nascente. E é a luz tropical do barroco que acende as grandes luzes do final do século, as luzes que, no apagar dos aluviões, iluminam as ideias da Inconfidência Mineira (a conjuração de 1789, visando ao fim do regime colonial) e anunciam a independência do Brasil.

O final do século XVIII assiste também à culminância da obra de Antônio Francisco Lisboa, o Aleijadinho (1738-1814). Filho de um arquiteto e construtor português e de uma africana escravizada (como a maioria dos grandes artistas plásticos e músicos do período), ele sintetiza, étnica e culturalmente, o processo de nascimento de uma expressão genuína de arte brasileira. Escreve Germain Bazin: "É sem dúvida por essa razão que no Brasil, e não em Portugal, apareceu um escultor de gênio que, na época em que Napoleão exibia seus estandartes vitoriosos pela Europa, deu ao mundo cristão as últimas grandes imagens do drama da Paixão". Antônio Francisco Lisboa é o gênio de um barroco reinventado, que se plasma no espaço rococó enquanto estuário de todas as contribuições, conforme o interpreta, de maneira tão significativa, o historiador da arte francês Germain Bazin.

A arte do Aleijadinho é o ponto máximo de um processo que não se encerra na obra desse homem sofrido e atormentado. No decorrer do século XIX, Joaquim da Veiga Vale (1806-1874), na cidade de Goiás, evoca os mestres setecentistas ao povoar as lonjuras do Brasil com suas madonas e meninos-jesus de feições e gestos barrocos. Há uma permanência dessa arte, que ainda expõe suas influências nas mais variadas vertentes da criação plástico-visual, cênica e literária. O veio barroco, base erudita da arte popular e da vanguarda contemporânea, permanece aberto à mineração e oferece riquezas insuspeitadas. Sempre pronto a manifestar-se, o barroco é fundador de unidade no universo múltiplo e diverso da cultura do Brasil. •

VER VERBETES

A VIAGEM MODERNISTA DE 1924; ALEIJADINHO E TRIUNFO EUCARÍSTICO.

SUGESTÕES DE LEITURA

ÁVILA, Affonso. *Resíduos Seiscentistas em Minas*: Triunfo Eucarístico e Áureo Trono. Belo Horizonte: Editora UFMG, 1967.

BAZIN, Germain. *L'art baroque au Brésil*. Editado por ocasião da exposição de fotografia sobre a obra do Aleijadinho. Paris: Galerie Debret (s.d.).

UNIÃO LATINA. *La procesión del Corpus en el Cuzco*. Catálogo da exposição. Sevilha, 1996.

PARSONS, Anna Maria; MARTINS, Anna Maria; ALLEN, Fernando. *El Espejo Salvaje, Imagineria Franciscana en la Mirada Indigena*. Asunción: Fotosintesis, 1992.

PASSOS, Elder Camargo de. *Veiga Valle, seu ciclo criativo*. Goiânia: Edições Líder, 1997.

CACHAÇA MINEIRA

MAURÍCIO AYER

COMO O QUEIJO, A CACHAÇA é um produto bastante associado a Minas Gerais. Mas se o estado tem a tradição do gado e do leite, a plantação de cana-de-açúcar nunca ocorreu em volume e centralidade comparáveis a regiões como a Zona da Mata de Pernambuco ou, no último século, o interior de São Paulo. Em contraste, segundo o Censo Agropecuário (IBGE, 2017), metade das unidades produtoras de aguardente situam-se em terras mineiras. São 5.512 destilarias (de um total de 11.028), uma média de 5,8 por município. Esses números incluem centenas de produtores famosos e, também, um sem-número de alambiques de roça, à margem dos registros legais.

É disso que nos lembramos quando lemos, em *Boitempo – Menino Antigo*, de Carlos Drummond de Andrade (2017 [1968], p. 27), o poema "Fazendeiros de cana": "Minha terra tem palmeiras?/ Não. Minha terra tem engenhocas de rapadura e cachaça/ e açúcar marrom, tiquinho, para o gasto". Nesta peculiar "canção do exílio", as "engenhocas" dedicam-se a produzir não "o aristocrático açúcar", como diz Câmara Cascudo, mas a plebeia aguardente e seus confrades rapadura e açúcar marrom, para consumo local ("o gasto"). Drummond pincela as plantações pelos morros, à medida que os nomeia: "Canavial se alastra pela serra do Onça,/ vai ao Mutum, ao Sarcundo,/ clareia Morro Escuro, Queixadas, Sete Cachoeiras./ Capitão-do-Mato enverdece de cana madura,/ tem cheiro de parati no Bananal e no Lava,/ no Piçarrão, nas Cobras, no Toco,/ no Alegre, na Mumbaça".

Essa paisagem nada tem do canavial-mar que cantou João Cabral, e os engenhos não são as destilarias dos banguês de José Lins do Rego, cuja aguardente era contrabandeada rumo ao sertão, na direção oposta à da costa exportadora. Em Minas Gerais, em seus sucessivos processos de ocupação, a cachaça se territorializa num horizonte geográfico mais curto. A pulsação do alambique mineiro está em ser a voragem que engole e mói a cana das terras do entorno e, maré vazante, as abastece de volta com aguardente.

As estradas do ouro – caminhos Novo, Velho e dos Currais (ou da Bahia), e suas ramificações e atalhos – foram vetores importantes na territorialização da aguardente pelas regiões mineiras nos séculos XVIII e XIX. Algumas das mais tradicionais cidades produtoras estão situadas nessas rotas, como Aiuruoca, Coronel Xavier Chaves, Nova União, Itabira, Alvinópolis, Januária e mesmo Salinas (como extensão da rota dos diamantes), apenas para citar um punhado, algumas dando residência a destilarias que funcionam há décadas ou séculos.

No século XVIII, a aguardente foi um importante complemento calórico para os escravizados, sobretudo os que eram submetidos às jornadas na bateia, mergulhados horas a fio nas águas geladas dos rios. Essa demanda impulsionou a proliferação de alambiques, ao ponto de a Coroa questionar se a produção aguardenteira não estaria arrebanhando um contingente excessivo de escravos, que poderia ser empregado na mineração. E o consumo nas vendas e tavernas – espaços de conversas, convívio e conspirações – é, também, cada vez mais demandante de cachaça. E desse comércio Portugal arrecadava um volume de tributos importante, inclusive com o objetivo de reerguer Lisboa após o terremoto de 1755 (Silva, 2019).

O uso como medicamento também era muito relevante. Porém, por muito tempo, pelo menos para as farmácias oficiais, as virtudes medicinais foram consideradas atributos exclusivos da aguardente "do reino", a bagaceira portuguesa, restando à "da terra" somente a má fama. Apenas no final do século XVIII a cachaça assumiu oficialmente esse lugar, embora, na farmacopeia popular, é certo que o produto empregado sempre tenha sido o da terra.

No século XIX, os alambiques de Minas Gerais passaram a fornecer cachaça, juntamente com outros produtos alimentícios, para a capital, Rio de Janeiro. Os herdeiros desses estabelecimentos são as engenhocas de Drummond, que atravessaram o século XX e chegaram até hoje, bem mais qualificadas – e ubíquas. A cachaça vive hoje, e desde algumas décadas, uma profunda transformação, e Minas Gerais, por meio da pesquisa e formação em universidades (como a de Lavras), da manufatura de alambiques, dos cursos para produtores e das feiras do setor, exerce um inegável protagonismo.

Assim como o "destilado nacional" se territorializa de um modo peculiar em Minas Gerais, também se des- e re-territorializa em um imaginário rico, nuançado, ambíguo, contraditório. A cachaça mineira existe nesse interstício, nesse baile perfumado entre sua materialidade ardente e o espírito de que ela é o cavalo.

Uma prova assaz sutil pode ser tomada de João Guimarães Rosa, em um de seus contos mais célebres, "A hora e vez de Augusto Matraga". Vejamos como isso se dá. Adélia Bezerra de Meneses mostrou que essa narrativa tem como referência o processo alquímico da individuação, cuja etapa definitiva é a *destilação*. "Matraz", nos lembra ela, é um recipiente usado para essa separação de substâncias. A produção da cachaça segue esse processo e funciona como modelo para entender os momentos da narrativa. Na cena inicial do conto, em uma barraca de praça, os personagens estão todos "encachaçados", misturados, situação em que ocorre a turbulenta aparição do herói, cujo caráter é invasivo, violador dos limites sociais. Augusto é indiferenciado, como a cana que arranca, bruto e ferroso, o açúcar da terra, e prolifera indistinta. No momento crucial em que será quebrada a tirania de Augusto, ele será ceifado e moído como cana no engenho e, depois de marcado a ferro quente – com um emblema oriundo da alquimia, sublinha Meneses, o triângulo do fogo dentro do círculo da água –, despejado morro abaixo qual garapa no coxo, seu corpo reduzido ao bagaço. Ali entram em cena seus pais adotivos que, como leveduras, vão, silentes e dedicados, acalmá-lo, mutá-lo, radicalmente: a para-doxa de um recomeço transformado. São eles que, no demorado dos microprocessos, dão nascimento, em Augusto, a uma essência desconhecida, que o modifica, como milagre, da água para o vinho. Esgotado o processo interno de fermentação, Augusto vive uma epifania, uma paz expansiva de quem de repente enxerga a viva natureza e sente-se, dela, uma parte inserta, desmisturada, capaz de contemplá-la sem com ela con-fundir-se. Mas ainda falta revelar, no fogo direto de sua hora e vez (*kairós*), sua *essência*, aquela para a qual ele se retira do reino dos perecíveis e se converte em símbolo. Na cena em que isso acontece, serve-se cachaça ao bando de Joãozinho Bem Bem, mas o próprio Augusto não bebe, próximo que está do chefe, seu amigo. Será, então, diante de uma injustiça iminente que o herói, num rompante, confronta o seu igual, e para isso retoma a violência que o caracterizava no início da história, só que agora como que seu inverso, plena de razão e sentido. Lembramos, assim, da abertura do conto: "Matraga não é Matraga, não é nada". Desde esse princípio não individuado, ele ao final tornou-se distinto, denso, puro.

É sabido que Guimarães Rosa frequentemente buscava, no sertão mineiro, um imaginário ancestral, medieval. E a aguardente é um desses elementos. Pensando-a como persistência alquímica, a encontramos nas frasqueiras de sertanistas que cruzaram as gerais desde antes das minas, e que depois prosseguiram nas tropas de caipiras que ajudaram a dar corpo às cidades do ouro. Sérgio Buarque de Holanda, em *Monções*, nota que a gente de Piratininga esqueceu quase todas as técnicas europeias na produção de sua vida material, sendo a destilação da aguardente a "exceção mais notável". O uso era precipuamente medicinal, inclusive antiofídico, mas também era um modo de levar nas viagens algo da vida familiar, como se fosse possível carregar em frasqueiras a própria terra-mãe. Há aí um sentido *transicional*, pois que, para sustentar a individuação, a separação do lugar de gesta (o seio materno), o homem carrega algo investido com o afeto dessa origem. Assim, o medicamento, nos momentos de trégua e descanso, podia tornar-se um apaziguador da alma, no qual o expedicionário reencontra, no gole que aquece a boca e o peito, um retorno à terra de partida. A cachaça como pequena casa, a (terra-)mãe engarrafada.

Em outras prosas de Guimarães Rosa, é comum que a cachaça apareça associada aos momentos de paz, de reencontro consigo, de retorno a si. Vaqueiros vão tomar cachaça ao final da jornada, quando encerram sua luta diária, como em "O burrinho pedrês": "E pois, logo depois, encharcados, enlameados, cansadíssimos e famintos, os vaqueiros saíram para comer, e beber, principalmente, porque *força há na cachaça que custa dinheiro da gente*. E, com isso, deixaram todos de caber no dia, que rodou e se foi, redondo e repleto, com a tarde a cair rente, uma tarde triste de tempo frio".

Lembremos o sentido que Bakhtin observa na alimentação: é uma vitória do homem sobre o mundo. No caso da festa, isso compreende a partilha da fartura que a terra retribui ao trabalho suado. Na sequência, a embriaguês que derruba o vaqueiro é o que decide o seu destino, já que, inconsciente, entrega as rédeas ao burrinho Sete-de-Ouros, convertido *ad hoc* no verdadeiro herói de uma inesperada e trágica enchente do rio.

Tomemos alguns outros exemplos, entre um sem-número de possíveis. A cachaça aparece como remédio caseiro para os primos maleitosos de "Sarapalha" – "Há mais de duas horas que estão ali assentados, em silêncio, como sempre. (...) A preta traz café e cachaça com limão" –, ou como o sinal da perda do controle sobre a própria saúde em "Duelo" – "fosse porque aquele, que tinha deixado a cachaça a bem da ideia lúcida, voltara, por esse tempo, de novo a beber". Em "Corpo fechado", ela é um elemento do ritual de proteção de Manuel Fulô – "Mas os dois donos da Beija-Fulô tornaram a fechar-se no quarto, com o prato fundo, as brasas, a agulha-e-linha e a cachaça, e ainda outros aviamentos". Bebe-se muita cachaça na festa de Manuelzão em "Uma estória de amor", mas ela também participa de um interstício de solitude reflexiva, momento de volta a si em meio à festança, para o anfitrião de todos – "Não sabendo, se chegou, com uns, para a barraquinha do Joãozim da Venda. Queria beber uma *januária*". O texto refere-se à cachaça pelo nome de sua cidade de origem, assim, como substantivo comum.

Hoje Salinas tomou esse lugar, mas historicamente a cidade mineira que com mais assiduidade emprestou seu nome à caninha foi Januária. Já na década de 1930, quando *Sagarana* foi escrito, Guimarães Rosa anotou, pela voz do jovem doutor que, em "Minha gente", num momento de muita alegria, pede na venda: "– Saltem um cálice de branquinha potabilíssima de Januária, que está com um naco de umburana macerando no fundo da garrafa!...". De fato, a tradição de usar a umburana para maturar a cachaça, que hoje se espalhou pelo país, influenciando até a cerveja e o vinho, começou em Januária. O registro de Guimarães Rosa tem um interesse histórico.

Uma passagem do *Grande sertão: veredas*, aquela em que a cachaça talvez assuma a posição mais forte, surge em uma pausa longa na guerra sem fim do sertão, em que o herói vai pousar em Januária. Nela, a sobriedade é notória, até porque "quem mói no asp'ro não fantasêia". Mas há um momento em que o herói Riobaldo, cansado de tanta guerra, está prestes a chegar na Cidade, desejoso apenas de paz. Ali, em franco contraste com a brutalidade do sertão, Rosa traz ao proscênio a cachaça em produção:

> E, desde, naquela hora, a minha ideia se avançou por lá, na grande cidade de Januária, onde eu queria comparecer, mas sem glórias de guerra nenhuma, nem acompanhamentos. Alembrado de que no hotel e nas casas de família, na Januária, se usa toalha pequena de se enxugar os pés; e se conversa bem. Desejei foi conhecer o pessoal sensato, eu no meio, uns em seus pagáveis trabalhos, outros em descanso comedido, o povo morador. (...) À Januária eu ia, mais Diadorim, ver o vapor chegar com apito, a gente esperando toda no porto. Ali, o tempo, a rapaziada suava, cuidando nos alambiques, como perfeito se faz. Assim essas cachaças – a vinte-e-seis cheirosa – tomando gosto e cor queimada, nas grandes dornas de umburana.

Não se trata apenas de hospitalidade, é mais estrutural: a arte da produção cachaceira se mostra como metonímia da civilização. Manejar a fermentação, conhecer pelo aroma o trabalho das leveduras, manter vivo e contido o fogo direto dos alambiques, a aura que toma conta do lugar e a cor bronzeada adquirida nas "grandes dornas de umburana", é um conjunto de operações que dá plena expressão à técnica, como consolidação de um projeto comum e reiterado de bem viver, de onde a guerra deve ser excluída.

A oposição entre o sertão e a cidade se expressa como uma distinção entre a guerra-sem-fim dos desterrados e a paz possível dos trabalhadores da terra. Paulo Mendes da Rocha dizia que o essencial da cidade "não é [o] amparo físico, no sentido de proteger do vento e da chuva. É (...) um lugar onde você possa conversar". Rosa se aproxima dessa compreensão: a paz como *urbanidade* – sendo a cidade o lugar onde a cachaça/aguardente pode manifestar plenamente a sua virtude. Afinal, é na cidade que o guerreiro do sertão se junta aos homens comuns, seus iguais, para argumentar um trago e *con-versar*. •

VER VERBETE MESA MINEIRA.

SUGESTÕES DE LEITURA

BAKHTIN, Mikhail. *A Cultura Popular na Idade Média e no Renascimento*. Tradução de Yara Frateschi Vieira. São Paulo: Hucitec, 2010.

HOLANDA, Sérgio Buarque de. *Monções*. São Paulo: Brasiliense, 2000.

MENESES, Adélia Bezerra de. "A hora e vez de Augusto Matraga" ou "de como alguém se torna o que é". *Literatura e Sociedade*, São Paulo, v. 12, n. 10, p. 64-80, 2007.

ROCHA, Paulo Mendes da. O sentido amplo da Arquitetura. Entrevista a Marcos Grinspum Ferraz para a revista *Brasileiros*. Obtida em CAU Bahia, 03/08/2016. Disponível em: https://cauba.gov.br/2016/08/entrevista-com-paulo-mendes-da-rocha-o-sentido-amplo-da-arquitetura/. Acesso em: 26 jun. 2023.

SILVA, Valquíria Ferreira da. *Cachaça mineira*: produção e consumo de aguardente no século XVIII. São Paulo: Alameda, 2019.

CARLOS DRUMMOND DE ANDRADE

ROBERTO SAID

CARLOS DRUMMOND DE ANDRADE (1902-1987) é um dos expoentes da literatura brasileira. Notabilizado nacionalmente como poeta-maior, não se furtou, contudo, à prosa, tendo se dedicado em sua extensa trajetória intelectual à escrita de contos, crônicas e ensaios, compondo uma obra tramada na confluência dos gêneros, cujo conjunto se ombreia, em escala internacional, ao dos grandes escritores do século XX. Para além do reconhecimento nos meios especializados, expresso na volumosa massa de estudos que lhe foram dedicados, na qual se integram nossos melhores críticos e ensaístas, bem como nas traduções de seus livros para diversas línguas, o escritor itabirano também alcançou a consagração popular. Suas crônicas participaram durante décadas da rotina matinal de leitores comuns; alguns de seus versos foram convertidos ao longo do tempo em expressões do português falado nas ruas, como jargões correntes no dia a dia. "Uma pedra no meio do caminho", "êta vida besta", "e agora, José?", entre outros, foram incorporados ao léxico cotidiano, como moedas expressivas da vida ordinária.

Seus poemas frequentam os bancos escolares, mas também a imaginação dos jovens poetas em língua portuguesa do lado de cá e de lá do Atlântico, assombrando-lhes o ato de criação como se fossem fantasmas. Seus versos foram também musicados, passando do clássico às canções da MPB, do samba-enredo ao hip-hop. Sua obra inspirou companhias e espetáculos de dança, foi adaptada com êxito para o cinema e para o teatro, e sua vida foi contada e cantada pelas escolas de samba no carnaval carioca. Não raro, turistas, curiosos ou boêmios se sentam para tirar fotos ou simplesmente para um bate-papo com a imagem de bronze do poeta, erigida como monumento na praia de Copacabana, bairro em que ele residiu durante grande parte de sua vida. Drummond é, de fato, o escritor cuja obra está capilarizada pelas diferentes instâncias e modulações da vida cultural brasileira. Capaz de se fazer presente em todos os instantes, em nossos singelos dramas corriqueiros com suas emoções conflitantes, em um arco que se estende da sexualidade às tarefas e obrigações do mundo caduco, ela figura também como a mais densa fibratura literária de nosso tecido social e histórico.

Foi em Belo Horizonte, capital planejada das Minas Gerais, cidade a um só tempo provinciana e moderna, que o jovem Drummond cumpriu seu ritual de formação artística e intelectual, despendido na leitura dos clássicos e das vanguardas da literatura e da filosofia ocidentais. Seus primeiros escritos, em poesia e prosa, mesclados por excelência, datam do decênio de 1920 e foram veiculados no incipiente jornalismo local e nos periódicos modernistas que pipocavam pelo país afora, tendo participado do redemoinho que ativou uma nova sensibilidade e varreu do mapa arte e cultura beletristas então vigentes. Sua estreia tardia, *Alguma poesia* (1930), constitui-se de uma coletânea de poemas compostos ao longo de "dez anos de lirismo desenfreado", conforme sua expressão de desabafo, e assinala uma virada no debate catalisado pelos modernismos então em conflito, com suas reverberações estéticas e políticas, durante a grave crise republicana. Os versos ali reunidos – em montagens que apresentam variadas inflexões de linguagem e de vozes, com humor desconcertante – instauram um modo de aproximação em que todos os objetos visados são submetidos a um irredutível crivo reflexivo. Criam, por assim dizer, um dispositivo de escrita com o qual o poeta transforma tudo o que toca em problema e em convite ao pensar. Talvez por isso não se encontre na obra a formulação de um "programa", nem a adesão a um credo artístico ou político, nem mesmo ao apelo dos discursos nacionalistas, hegemônicos àquela altura. Em *Alguma poesia*, o signo nacional deixa de ser objeto da representação poética para se tornar pulsão latente da enunciação, presente-e-ausente na trama da escrita – "a gente viajando na pátria sente saudades da pátria" ("Explicação") –, como um fio que atravessa discretamente os poemas e dimensiona as tensões e paradoxos ali presentes. Os dias narrados no livro são quentes, o sol queima as coisas como chapas e as manhãs e as tardes são azuis. O sujeito drummondiano balança na rede entre mangueiras e refresca-se sob a sombra das bananeiras, debatendo-se contra as picadas de mosquito. O ambiente de modernização e de desenvolvimento urbano, tão característico do contexto das nações americanas, estaria igualmente presente: as ruas em transformação, os primeiros "autos", os apitos e *stops* do trânsito, o chá sorvido da confortável poltrona inglesa no lar burguês. No entanto, essa nação americana e tropical, encenada no vértice histórico pós-colonial, não se coloca senão como impasse, na medida em que é atravessada pela memória e a herança escravocrata, que remete o poeta à lembrança de um "café preto que nem a preta velha preta", a uma "voz que aprendeu/ a ninar nos longes da senzala".

A publicação subsequente do poeta, *Brejo das almas* (1934), concebida ainda em solo mineiro, não obstante a particularidade de seu tom, a serviço de uma agilidade expressiva, de alto teor corrosivo, aguça a fragmentação do sujeito, do poema e da paisagem, bem como a consciência da impossibilidade de uma identidade nacional, dadas as fraturas sociais irresolvidas: "Nenhum Brasil Existe/ E acaso existirão os brasileiros?". Os versos se sustentam sob o abismo deixado por um "povo que falta", para utilizar, noutro contexto, a expressão de Gilles Deleuze.

Na década de 1940, já como habitante da capital federal, na condição de chefe de gabinete do Ministério da Saúde e Cultura, de Gustavo Capanema, amigo de colégio da juventude, o poeta se lançaria sobre a história mundial, pautada pela ascensão dos regimes totalitários, interna e externamente. A série de obras publicadas – *Sentimento do Mundo* (1941), *José* (1942), *A rosa do povo* (1945), *Novos poemas* (1948) – investiga as condições de luta da palavra poética e do artista na arena política, com o exercício de apurada pesquisa metalinguística. A incerteza enunciada em "Operário no mar" – "Na rua passa um operário (...). Para onde vai pisando assim tão firme? Não sei." –, devidamente conjugada com a manifesta vontade de "dinamitar a ilha de Manhattan", dá a medida da consciência crítica com que o poeta sente o mundo de "homens partidos" e o "tempo de divisas", assim como as forças desiguais em confronto. Data daí a tentativa de aproximação e a ruidosa ruptura de Drummond com o Partido Comunista Brasileiro, então alinhado ao stalinismo, cujas consequências seriam duradouras e o afastariam dos círculos intelectuais brasileiros de esquerda.

Paralelamente, a produção do período daria novos contornos ao dispositivo crítico de seus versos, carregado de historicidade, na inquirição da vida moderna do homem comum. A solidão do sujeito perdido na multidão, a indomável pulsação dos desejos sexuais, a atenção aos subúrbios e a mecanização da vida enredam-se em um lirismo existencial, cujos parâmetros são tratados "na marcha do mundo capitalista".

E não se esgota com o fim do conflito mundial e da ditadura Vargas a dimensão política da obra drummondiana, como sugere parte significativa de sua fortuna crítica. Embora se afaste de uma lírica engajada ideologicamente nos moldes do embate político brasileiro, o escritor mantém sua voz crítica em relação ao projeto modernizador colocado em curso na periferia do capitalismo. Testemunha da avalanche que transforma a paisagem e a sociedade latino-americana no século XX, Drummond discute, a partir de uma complexa perspectiva cosmopolita, engendrada da margem itabirana ("uma rua começa em Itabira, que vai dar em qualquer ponto da terra"), a naturalização do *continuum* histórico e a ideologia do progresso técnico que a fundamentava.

Sua produção poética nas décadas de 1950 e 1960 – *Claro enigma* (1951), *Fazendeiro do Ar* (1954), *A vida passada a limpo* (1959) e *Lição de coisas* (1962) – o mantém atado às questões colocadas pelo tempo, que segue como sua "matéria" e passará a ser abordada com pendor filosófico, embora não possa ser tratada como uma unidade, a despeito de incorporar em seu arranjo formas e temas clássicos, bem como sintaxe e léxico elevados. As novas articulações classicizantes, apreendidas, todavia, em veio experimental, antes de indicarem um passo conservador ou de renúncia à realidade, são convocadas justamente para serem colocadas à prova, frente às novas condições da vida e da escrita. Nesse conjunto lírico formidável – que tanto se vale da ambiguidade entre o eterno e o moderno, das antinomias entre norma e liberdade, dos vãos existentes entre as coisas e seus nomes –, as dimensões temporais do passado, individual e familiar, com os restos e as memórias do mundo patriarcal, são contrapostas ao presente da enunciação. Pessoas, afetos, lugares e objetos que tiveram seu "tempo" não estão encerrados em um passado concluído – eles retornam residualmente na memória fabulada pelo poema, nas conexões temporais elaboradas no "país das remembranças", espaço de ficção, dissonante, cujas imagens revelam-se capazes de empreender uma arqueologia crítica da ideologia desenvolvimentista da nação moderna. Por esse prisma, que reúne vivos e mortos –

tal como se vê no cemitério de Ouro Preto, onde "o que está vivo/ são os mortos do Carmo" –, o poeta se insere, ainda que à distância e à sua revelia, em uma tradição de crítica da cultura, com suas arborescências estéticas e filosóficas, plasmada a partir de uma ordem fantasmática, em que as camadas do tempo passado, como também as do futuro, se inscrevem no tempo presente. A trilogia memorialística de *Boitempo*, movente e impura, arranjada entre a poesia e a crônica, ao dar voz e perspectiva ao menino antigo da província, colocando-o em diálogo, e muitas vezes em confronto, com o poeta adulto, consolida nos anos de 1970 esse modo de inteligibilidade sobre o tempo e a memória.

Vale notar que como funcionário do Serviço do Patrimônio Histórico e Artístico Nacional (1945-1962), órgão que ajudou a erigir, o escritor atuou na seção de História, tendo colaborado na elaboração das políticas e práticas de preservação da arte e da arquitetura do barroco colonial. Seu apreço pela preservação histórica e pela salvaguarda da memória coletiva, notório tanto nas mediações que realizava em sua lida burocrática quanto na construção de sua poética, se manifestava igualmente nas recorrentes ações e campanhas que promovia em suas disputadas crônicas.

No *Correio da manhã* (1954-1969) e, em seguida, no *Jornal do Brasil* (1969-1984), ambos veículos de circulação nacional, Drummond produziu uma série numerosa e diversificada de textos, por meio da qual ele pôde se posicionar em relação aos eventos mais importantes da vida brasileira que lhe coube testemunhar, metendo-se em diferentes querelas do debate público. Nesse imenso bazar, o cronista envolveu-se profundamente na causa ecológica, ao se opor pioneiramente à poderosa economia mineradora, a partir do caso itabirano, de onde seu fino sismógrafo poético captou a catástrofe por vir. Condenou a lógica do progresso a todo custo, com suas obras monumentais de grande impacto ambiental, como a da usina de Itaipu; defendeu os povos originários e a demarcação de suas terras, figurando-se como se fosse um Yanomami; discutiu as iniquidades sociais brasileiras; reivindicou as liberdades civis, o fim da censura e o retorno democrático durante o Regime Militar instaurado em 1964; combateu ainda os micropoderes e os discursos moralistas que legitimam diferentes modalidades de violência do Estado.

Drummond também exerceu desde a juventude a atividade crítica, com empenho na elaboração de resenhas, comentários, perfis biográficos e breves ensaios, além de outras formas híbridas de análise, por meio das quais discutiu com engenhosidade e discernimento diferentes gêneros literários, além de produções do cinema, da música e das artes visuais. Publicou em vida apenas dois títulos de prosa ensaística: *Confissões de Minas* (1944) e *Passeios na ilha* (1952). Postumamente veio a lume *Conversa de livraria* (2000), assinado pelos pseudônimos "O observador literário" e "Policarpo Quaresma Neto". A essas edições se soma um vasto universo textual disseminado na imprensa, que revela um impressionante regime de leitura acerca dos mais calorosos debates da arte moderna, dentro e fora do país. Trata-se de uma produção endereçada a um público pouco iniciado em problemas de ordem literária e cultural, devidamente empreendida na contramão das limitações impostas por uma sociedade perversamente estratificada, em que os bens culturais são privilégios das elites letradas. Considerados ao lado das traduções realizadas por Drummond (Marcel Proust, Laclos, Baudelaire, Lorca, entre outros), esses textos sobre textos o inserem na tradição de poetas-críticos da modernidade, como um escritor que refletiu sobre as condições de possibilidade de seu ofício, mas sua obra, tomada em conjunto, ultrapassa o campo artístico e o credencia com um dos grandes intérpretes do "nosso mundo". •

VER VERBETES

ESPECTROS, FANTASMAS, DRUMMOND E CASA MINEIRA.

SUGESTÕES DE LEITURA

ANDRADE, Carlos Drummond de. *Poesia e Prosa*. Rio de Janeiro: Nova Aguilar, 1992.

FERRAZ, Eucanaã; CONSENTINO, Bruno (orgs.). *Dicionário Drummond*. São Paulo: IMS, 2022.

CASA MINEIRA

WANDER MELO MIRANDA

O TEMA DA DECADÊNCIA É TÃO PERSISTENTE e generalizado na literatura brasileira que levou Antonio Candido a afirmar que sempre lhe "intrigou o fato de um país novo como o Brasil, e num século como o nosso [século XX], a ficção, a poesia, o teatro produzirem a maioria das obras de valor no tema da decadência – social, familiar, pessoal". E cita, entre outros, os nomes de Graciliano Ramos, José Lins do Rego, Érico Veríssimo, Cyro dos Anjos, Lúcio Cardoso e Carlos Drummond de Andrade.

Essa decadência quase sempre é representada pela ruína da casa patriarcal e suas consequências. Em vários poemas de Drummond, a casa da família – indelével na memória do poeta – está presente, desde o apogeu até o desaparecimento. Em "Casa", de *Boitempo* (1968), sua localização espacial referenda o valor simbólico e social que ela tem: "Há de dar para a Câmara,/ de poder a poder./ No flanco a Matriz/ de poder a poder./ Ter vista para a serra,/ de poder a poder". A repetição da palavra "poder" seis vezes em seis versos curtos dispensa comentários.

A casa itabirana, como *corpus* e razão da ordem patriarcal, vai se desfazendo, no entanto, na Belo Horizonte dos anos de 1920, onde a família do poeta passa a residir. Como no título do poema "A Casa sem raiz", ela "não é mais de guarda-mor ou coronel. (...) É uma casa entre outras (...). Aqui ninguém morreu, é amplamente/ o vazio autobiográfico". Desde o início, porém, seu desaparecimento assombra o poeta e faz de seus versos um retorno meio *gauche* e fantasmático à casa paterna.

No caso da ficção, a obra de Lúcio Cardoso apresenta textos referenciais quanto ao tema da decadência, em especial a *Crônica da casa assassinada* (1959), ambientada numa velha chácara do interior de Minas Gerais, onde se desenrola a ação dramática, em toda a extensão da palavra, da decadência da família Menezes. O livro-casarão é emblema da escrita e da leitura, encruzilhada de caminhos, muitos deles sem saída, da falta de devir, do que virá e não vem, permanecendo como promessa sempre adiada.

A conjunção estreita de amor e morte se apresenta como projeto ficcional que busca dar forma às relações entre conhecimento e poder, tanto no que diz respeito à temática que acolhe quanto em relação às circunstâncias históricas que a constrangem e, ao mesmo tempo, ampliam sua repercussão significante.

A protagonista é Nina, *estranha* ao espaço da casa e da família, embora delas faça parte, em razão da violenta disputa erótica que desencadeia e assume, com André, a forma do incesto. Mas é mediante a doença que levará Nina à morte que se acentua a desagregação dos personagens e a ruína da casa. O mau cheiro que o corpo da enferma exala amplia seu significado e sobrepõe seu corpo ao da casa, como na descrição de ambos que o médico realiza. Sobre Nina diz ele: "o mal, indiferente, ia se alastrando pela sua carne, e abrindo pequenas ilhas róseas, e canais escuros, e veias que se levantavam intumescidas, e roxas áreas de longos e caprichosos desenhos, toda uma geografia enfim da destruição lenta e sem remédio". Sobre a casa: "há muito pressentia um mal qualquer devorando os alicerces da casa (...) como um corpo gangrenado que se abre ao fluxo dos próprios venenos que traz no sangue, gangrena, carne desfeita, arroxeada e sem serventia, por onde o sangue já não circula".

A relação intercambiável dos termos torna possível a conjunção significante do corpo de Nina e do corpo – feminino – da casa, que remetem ao estado agônico do corpo social. A decomposição do corpo de Nina é o fermento da desordem que abole a fronteira entre os seres e as coisas, instaurando o caos, a loucura e a morte. O contato com

Timóteo – autoexilado no quarto com as roupas e joias da mãe – deve ser evitado, por ser considerado, em razão de seu comportamento, portador de doença contagiosa. Associado ao andrógino, une o masculino e o feminino, o alto e o baixo, o interior e o exterior, a luz e a treva, podendo ser lido como a indiferenciação original e a ambivalência, o caos primitivo anterior às separações.

Essa zona, que o corpo da casa *encarna* em toda sua extensão, é o espaço onde as projeções especulares, a sexualidade e a religiosidade ou o sagrado se vinculam. A experiência interna do erotismo, vivenciada por Nina e André, requer, da parte de quem a realiza, uma sensibilidade tão grande para a angústia que constitui o interdito quanto a do desejo que leva à transgressão. Essa sensibilidade religiosa une estreitamente desejo e temor, prazer intenso e desespero: a continuidade entre o nascimento e a morte que o ato sexual significa para André estabelece um círculo que superpõe passado e futuro, como se aquele anulasse este e fosse dar no "imenso estuário do nada".

No retorno à origem de André, o futuro se anuncia como confusão entre o eu e o outro – "vazio absoluto". A ausência de distinção identitária – identidade que antes cabia à casa promover – suscita a imagem e a proliferação de duplos especulares, transformando a vida na Chácara numa realidade alucinada, histriônica. Fecha-se o círculo.

Também significativa quanto ao tema é a obra de Autran Dourado (1926-2012). Ambientada em grande parte na cidade imaginária de Duas Pontes, como a Yoknapatawpha de William Faulkner ou a Macondo de Gabriel García Márquez, é dela que o ficcionista retira lendas, aforismos, loucuras, devaneios, silêncios, portas fechadas, casas em ruínas, montanhas de ferro, religiosidade e culpa: uma mitologia muito especial que atravessa seus textos e faz deles ponto de passagem do que parece mais insignificante aos problemas que afligem os seres, homens e mulheres, que emergem na sua ficção. Nela, personagens femininas, como a protagonista de *Ópera dos mortos* (1967), Rosalina – "uma figura de outros tempos, recortada de uma gravura antiga" –, concentram em seus corpos o sentido do que aparece a meio caminho do desvelamento, como enigma de um labirinto cujos meandros elas têm, como nós leitores, de atravessar.

Mais uma vez, casa e mulher se superpõem para compor a trama narrativa. Logo no início, o leitor se depara com o aspecto decadente da casa em que vive

Rosalina: "As cores das janelas e das portas estão lavadas de velhas, o reboco caído em alguns trechos como grandes placas de feridas mostra mesmo as pedras e os tijolos e as taipas de sua carne e ossos, feitos para durar toda a vida; vidros quebrados nas vidraças (...) nos peitoris das sacadas de férreo rendilhado (...) faltam muitas das pinhas de cristal facetado cor de vinho que arrematavam nas cantoneiras a leveza daqueles balcões".

Plantada no Largo da Igreja – de poder a poder, de novo –, a parte de baixo da casa foi construída pelo avô de Rosalina, Lucas Procópio – "do jeito dele: pesada, amarrada ao chão". A parte de cima, construída pelo pai, o coronel Lucas Procópio Honório Cota, diferente da de baixo, deu certa leveza e harmonia – simbólica – ao conjunto: "Eu e ele juntos para sempre". Cabe a Rosalina habitá-la, herdeira que é também da violência surda da luta da cidade contra a casa – *pólis* versus *ôikos*. Tornada feminina na sua desagregação, a casa concentra entre suas quatro paredes um enigma a ser desvendado e que a cidade só faz crescer ao comentá-lo – como um coro grego perdido nos trópicos – por meio da imaginação e da fantasia.

Assim des/velada, a casa reafirma sua função de guardiã de um saber em que mito e história se unem para traçar uma via oblíqua da vida social brasileira nos seus primórdios: "a gente recomeça do principinho, de onde mesmo principiou", diz o narrador. Como fabulista, portador das vozes múltiplas da comunidade, se abre à demanda de uma verdade que se constitui por uma vontade imperiosa de saber – "a gente morria por saber"– que a relação proibida entre Rosalina e o agregado se encarrega de sintetizar.

Em ambos os romances, é a casa em ruínas que dá massa e volume ao texto, *corpus* erótico em que a palavra se abisma para levar a cabo a mensagem de que, enfim, é portadora: "o corpo que experimenta de maneira sempre mais intensa a indistinção entre política e vida não é mais o do indivíduo, nem o corpo, soberano, das nações, mas o corpo, ao mesmo tempo lacerado e unificado, do mundo", como escreve Roberto Sposito. É a ele que os romances aqui considerados buscam dar forma, seja pela fragmentação do corpo narrativo em cartas, trechos de diário e recordações avulsas, caso da *Crônica*, seja por meio da linguagem atravessada pela fala popular, reelaborada, caso da *Ópera*.

De várias perspectivas e distintos modos, os livros de Autran Dourado e Lúcio Cardoso, aqui trazidos à leitura como exemplos, salientam mais do que preenchem, não sem ironia, a fissura narrativa entre impulso modernizante e herança do passado. Deslocam, assim, o valor do moderno pela assombração do passado que teima em não ir embora e permanece como inquietante presença.

Vale lembrar que *Crônica da casa assassinada* é publicada em 1959, em pleno surto desenvolvimentista do governo JK; *Ópera dos mortos*, em 1967, ainda sob a euforia pseudotransformadora, então sob a ditadura civil-militar pós-64. Trazem à cena histórica e literária um ritmo temporal específico, ora estanque, ora espiralado, abrindo-se ao movimento interminável de diferença, rasura e vertigem que constitui ainda hoje nosso imaginário do lado de cá do fim do mundo. •

VER VERBETE AUTRAN DOURADO.

SUGESTÕES DE LEITURA

ANDRADE, Carlos Drummond de. *Boitempo*. Rio de Janeiro: Sabiá, 1968.

CARDOSO, Lúcio. *Crônica da casa assassinada*. Rio de Janeiro: Nova Fronteira, 1979.

DOURADO, Autran. *Ópera dos mortos*. Rio de Janeiro: Harper Collins, 2022.

CENA PRETA CONTEMPORÂNEA

MARCOS ANTÔNIO ALEXANDRE

REFLETIR SOBRE A CENA PRETA NA CONTEMPORANEIDADE implica fazer referência, reconhecer o legado e prestar reverência a agrupamentos e personalidades que nos antecederam na configuração e visibilização dos teatros negros, suas estéticas e poéticas em todo território brasileiro, reconhecer o trabalho de indivíduos que se dedicam à criação e produção das artes pretas. Tendo a consciência de que qualquer lista é incompleta, não posso deixar de citar nomes de pessoas – ausentes (encantadas) e presentes entre nós e de áreas diversas: artistas plásticos, atrizes, atores, cineastas, diretore(a)s e escritore(a)s – como Abdias Nascimento (1914-2011), Adélia Sampaio (1944), Adir Assunção (1958), Aguinaldo Camargo (1918-1952), Aldri Anunciação (1977), Alexandre de Sena (1978), Allan da Rosa (1976), Altemar di Monteiro (1986), Alzira Fidalgo (1949-2011), Ana Maria Gonçalves (1970), Anderson Feliciano (1979), Antônio Carlos Bernardes, Mussum (1941-1994), Antônio Pitanga (1939), Antônio Pompêo (1953-2016), Ascendina dos Santos (século XX), Augusto Temístocles da Silva Costa – Tião Macalé (1926-1993), Babu Santana (1979), Benjamin de Oliveira (1870-1954), Carlandréia Ribeiro (1965), Carmem Luz (1959), Castiel Vitorino Brasileiro (1996), Chica Xavier (1932-2020), Cidinha da Silva (1967), Clayton Nascimento (1988), Cridemar Aquino (1979), Cristiane Sobral (1974), Cyda Moreno (1961), Danielle Anatólio (1984), Dione Carlos (1977), Douglas Silva, DG (1988), Elisa Lucinda (1958), Evandro Nunes (1975), Evandro Passos (1959), Felipe Oládélè (1988),

Fernanda Júlia, Onisajé (1979), Flávio Bauraqui (1966), Gésio Amadeu (1947-2020), Gil Amâncio (1954), Grace Passô (1980), Grande Otelo (1915-1993), Haroldo Costa (1930), Hilton Cobra (1956), Ícaro Silva (1987), Inaycira Falcão (1954), Ironildes Rodrigues (1923-1987), Ismael Ivo (1955-2021), Jé Oliveira (1983), Jô Bilac (1985), Joel Zito Araújo (1954), Jhonny Salaberg (1995), João Cândido Ferreira, Monsieur de Chocolat (1887-1956), Jorge dos Anjos (1957), Jorge Lafond (1952-2003), José Carlos Arandiba, Zebrinha (1954), José Fernando Peixoto de Azevedo (1974), Juhlia Santos (1983), Júlia Tizumba (1990), Júnia Bertolino (1965), Lázaro Ramos (1978), Léa Garcia (1933), Leda Maria Martinis (1955), Lucimélia Romão (1988), Luh Mazza (1987), Luiz Silva (Cuti, 1951), Marcos Fábio de Farias (1986), Maurício Tizumba (1957), Manuel Querino (1851-1923), Maria Shu (1976), Mariana Nunes (1980), Marina Miranda (1930-2021), Mário Gusmão (1928-1996), Marlene Silva (1937-2020), Meibe Rodrigues (1971), Mercedes Baptista (1921-2014), Milton Gonçalves (1933-2022), Musa Michelle Mattiuzzi (1983), Naruna Costa (1983), Nelson Xavier (1941-2017), Paulo Nazareth (1977), Priscila Resende (1985), Preto Amparo (1992), Rejane Faria (1961), Rodrigo França (1978), Rosana Paulino (1967), Rudinei Borges dos Santos (1983), Rui Moreira (1963), Rubens Barbot (1949-2022), Ruth de Souza (1921-2019), Sidney Santiago Kuanza (1985), Sol Miranda (1990), Solano Trindade (1908-1971), Sônia dos Anjos (1948), Taís Araújo (1978), Tatiana Tibúrcio (1977), Tieta Macau (1989), Toni Garrido (1967), Tony Tornado (1930), Ubirajara Fidalgo (1949-1986), Valdineia Soriano (1969), Viviane Juguero (1976), Zezé Motta (1944), Zora Santos (1953), Zózimo Bulbul (1937-2013).

Reconhecendo a importância de cada grupo na construção da história dos teatros negros produzidos no Brasil, em relação aos coletivos negros, reverencio a trajetória da Cia Negra de Revista (1926-1927), de Chocolat; da Cia Bataclan Negra (1927); do Teatro Popular Brasileiro (1936), de Solano Trindade; do Teatro Experimental do Negro - TEN, que surge em 1944, capitaneado por Abdias Nascimento. Nunca será demais reafirmar que, com o TEN, pela primeira vez, um ator negro, o então estreante Aguinaldo Camargo, entrou no palco do Theatro Municipal do Rio de Janeiro, na posição de artista principal, interpretando Brutus Jones, personagem clássica da peça *O Imperador Jones*, de Eugene O'Neill, no dia 8 de maio de 1945. Data para ser comemorada sempre, pois, a partir daquele momento histórico, demonstrou-se que não seria mais preciso pintar um ator branco de negro para dar vida às personagens negras da dramaturgia universal. Com Abdias Nascimento e o TEN, aprendemos que podíamos representar qualquer papel.

Inspirados na trajetória das companhias anteriormente relacionadas, inúmeros outros grupos os sucederam e merecem destaque quando se discute a cena preta contemporânea, como o Teatro Profissional do Negro (RJ, 1970), promovido por Ubirajara Fidalgo, o Bando de Teatro Olodum (BA), o NATA - Núcleo Afro-brasileiro de Teatro de Alagoinhas (BA), o Grupo Bambarê Arte e Cultura Negra (Belém do Pará), o Coletivo Nega (Florianópolis), o Nóis de Teatro (Fortaleza), a Cia Caixa Preta (RS), a Cia Marginal (RJ), a Cia dos Comuns (RJ), o Coletivo Prot{ago}nistas (RJ), o Grupo Emú (RJ), a Orquestra de Pretxs Novxs (RJ), a Cia do Sol (SP), a Cia Os Crespos (SP), as Capulanas Cia de Arte Negra (SP), o Coletivo Negro (SP), a Companhia de Teatro Heliópolis (SP), o Grupo Clariô de Teatro (SP), a Companhia Negra de Teatro (BH), o Coletivo Akofena (BH), o Coletivo Negras Autoras (BH), o Coletivo Negro (SP), o Coletivo Tropeço (BH), a Companhia Negra de Teatro (BH), a Cia Espaço Preto (BH), o Grupo Circo Olho da Rua (BH), o Grupo dos Dez (BH), o Teatro Negro e Atitude (BH).

Os nomes das pessoas e dos grupos mencionados, salientando que a lista não se esgota na descrição, atestam a importância da cena negra dentro do teatro brasileiro. A dimensão numérica dos agentes corrobora não apenas com a existência da produção de um teatro negro específico, mas de uma cena preta potente. Os nomes validam a existência de teatros negros com pautas singulares; trabalhos que reivindicam os lugares plurais que a negritude alcança nas dramaturgias e nas cenas; trabalhos artísticos que se preocupam em trazer as histórias plurais, os pontos de vista e os lugares de pertencimento de negros e negras como aspectos centrais, promovendo uma arte engajada e comprometida com as proposições negras em suas faces distintas, resgatando e dando foco a questões afetivas, econômicas, estéticas, identitárias, mnemônicas, sociopolíticas, subjetivas; cenas plurais que trazem os corpos pretos e as corpas pretas para o palco.

O negro sempre se fez presente no teatro brasileiro, muitas vezes, visto e/ou representado por meio de personagens estereotipadas. Se no século XIX quase não temos representações e representatividade pretas na produção espetacular brasileira e no século XX tivemos a formação de grupos que abriram os caminhos para a validação de uma produção teatral negra, no século XXI os teatros negros assumiram lugar de destaque nas artes cênicas criadas em diferentes regiões do Brasil. Em grandes centros urbanos, movimentos pretos foram (e têm sido) responsáveis pela divulgação, propagação e inspiração para que coletivos fossem (sejam) criados, propiciando que novas dramaturgias e espetáculos afrorreferenciados ocupassem os teatros brasileiros como Dramaturgias da Melanina Acentuada, realizado em Salvador; Festival de Arte Negra, realizado em Belo Horizonte desde 1995; Fórum Nacional de Performance Negra, realizado em Salvador (2005, 2006, 2009, 2015, 2021); Polifônica Negra e Prêmio Leda Maria Martins, idealizado por Denilson Tourinho em 2017, ambos realizados em Belo Horizonte; Segunda Black, realizado no Rio de Janeiro, desde 2018; Segunda Crespa, realizado em São Paulo, desde 2017, pelo Grupo Os Crespos; segundaPRETA, segundaPRETINHA e cinemaPRETO, realizados em Belo Horizonte desde 2017, tendo cumprido 11 edições; Solo Negro, idealizado, em 2020, pela Cia Burlantins, também em BH, tendo cumprido 6 edições; e A Cena tá Preta, realizado em Salvador desde 2003, produzido pelo Bando de Teatro Olodum em parceria com o Teatro Vila Velha.

O panorama descritivo aqui apresentado, reitero, apesar de incompleto, ratifica a importância da cena preta brasileira contemporânea, que tem se mostrado cada dia mais pujante. No campo da dramaturgia, em 2018, pelo selo da Funarte, foi publicado o livro *Dramaturgia negra*, que reuniu 16 peças de autores e autoras negros, textos com temáticas muito diversas e que levantam inúmeras questões sobre a negritude e as vivências pretas. Em relação à cena espetacular, a expansão de seu alcance é levada diuturnamente para vários espaços com uma produção artística múltipla e que atesta a potência dramatúrgica e a qualidade estética dos espetáculos que vêm sendo produzidos. Diante das limitações desse texto, teço uma breve reflexão sobre dois trabalhos recentes que demonstram a diversidade temática que os teatros negros alcançam, a saber, *Cárcere ou porque as mulheres viram búfalas* e *Macacos*.

Cárcere ou porque as mulheres viram búfalas, da Companhia de Teatro Heliópolis, estreou em 2022, com dramaturgia de Dione Carlos e direção de Miguel Rocha. Na divulgação da montagem, o espectador encontra a informação de que, "segundo o Departamento Penitenciário Nacional (Depen), o Brasil conta 820.689 pessoas privadas de liberdade, sendo 673.614 em celas físicas e 141.002 em prisão domiciliar. Os dados são de julho de 2021. Estatísticas podem refletir invisibilidades. Em dias de visita, filas em presídios masculinos são formadas por mães, avós, irmãs, tias, namoradas – em sua maioria pobre, preta e periférica". Esse é o fio condutor para a construção dramatúrgica de Dione Carlos, cuja encenação se centra na figura de mulheres – mães, avós, filhas – que têm seus parentes encarcerados em centros de detenção brasileiros. Essas mulheres, ao terem seus parentes privados de liberdade, se veem obrigadas a tomar o controle de seus lares, cuidando da educação e do sustento dos familiares. "Partindo da história das irmãs gêmeas Maria dos Prazeres e Maria das Dores, cujas vidas são marcadas pelo encarceramento dos parentes, a peça aborda a forte presença das mulheres nesse contexto. Elas veem abaladas a vida emocional, a segurança física e a situação financeira", diz Dione Carlos. "A mulher se torna a força e o sustentáculo da família, e também daquele que está em situação de cárcere", complementa o diretor Miguel Rocha.

Para a construção do texto espetacular, o trabalho conta com um grupo de músicos que executa a trilha sonora ao vivo. Uma música potente que não apenas conduz as ações dramáticas ao longo da apresentação, mas também introduz o caráter ritualístico e onírico da montagem. À medida que os espectadores assistem o espetáculo, vão sendo tomados pela dimensão política dos temas que são tratados, vão sendo envolvidos, ao mesmo tempo, pelo universo da ancestralidade que, desde o começo, se faz presente por meio da invocação de Oyá (Iansã), o orixá que controla os raios, ventos e tempestades e que, por sua vez, tem o controle da cabeça (o ori) das personagens femininas, cujas histórias de vida estão em discussão na representação. As irmãs aqui são as que controlam e têm a mudança de suas próprias histórias como legado, a partir da memória ancestral. Por meio de sua dramaturgia, Dione Carlos discute vários problemas enfrentados por mulheres negras que vivem em comunidades periféricas de cidades brasileiras – no caso da dramaturgia, a cidade de São Paulo, que poderia ser repensada para vários outros territórios brasileiros. Por sua vez, o diretor Miguel Rocha constrói um trabalho esteticamente primoroso, aproveitando o melhor de cada intérprete de seu elenco.

Macacos, da Cia do Sol, estreou em 2016 integrando a programação do festival de teatro Niterói em Cena, no Rio de Janeiro, e continua em cartaz até hoje, 2023, cumprindo temporada com grande repercussão de crítica e de público, lotando os espaços por onde vem sendo apresentado. A montagem é um solo do artista Clayton Nascimento que, além de atuar, assina a direção e dramaturgia do trabalho. Com o espetáculo, Nascimento recebeu mais de uma dezena de prêmios, entre eles: melhor dramaturgia no Prêmio Narrativa Urgentes do Festival Breves Cenas de Teatro, no Amazonas; melhor ator no Prêmio Shell 2023 e melhor ator no Prêmio APCA 2023.

Macacos é publicado pela editora Cobogó, em 2022, com o subtítulo de "Monólogo em 9 Episódios e um Ato". Clayton escreveu sua peça tendo como mote a situação vivenciada pelo goleiro Aranha, que, em 2014, recebeu a ofensa por parte da torcida tricolor gaúcha. O xingamento – ação que, infelizmente, continua se fazendo presente no universo esportivo, como a situação vivenciada por Vinícius Júnior na Espanha – se transforma em escrita de uma dramaturgia que aborda várias situações vividas por pessoas negras na contemporaneidade e que dialoga com nomes como Elza Soares, Bessie Smith, Machado de Assis e dona Maria do Carmo (sua mãe). O texto coloca em discussão as contradições de nosso tempo, é um chamado para a reflexão constante sobre os lugares sociais nos quais o racismo atua. "Nós não podemos ser todos iguais perante o futuro quando no teatro, que tem cerca de 7 mil anos, ainda assusta quando o negro encontra sua expressão na arte".

"Vocês ainda estão acompanhando?" – ressoa a pergunta do ator/dramaturgo... •

SUGESTÕES DE LEITURA

MIRADA. Disponível em: https://mirada.sescsp.org.br/apresentacoes/carcere-ou-porque-as-mulheres-viram-bufalos/. Acesso em: 27 jun. 2023.

LIMA, Eugenio; LUDEMIR, Julio (org.). *Dramaturgia negra*. Rio de Janeiro: Funarte, 2018.

NASCIMENTO, Clayton. *Macacos*. Rio de Janeiro: Cobogó, 2022.

CIÊNCIAS SOCIAIS

ANTONIO BRASIL JR.
E LEONARDO BELINELLI

EM SUA FEIÇÃO UNIVERSITÁRIA, podemos localizar a gênese das ciências sociais em Minas Gerais no início dos anos 1950, alguns anos depois da federalização da Universidade de Minas Gerais. O curso de Sociologia e Política, sediado na Faculdade de Ciências Econômicas (Face), foi criado em 1953, um ano depois da graduação em Administração Pública e um ano antes do curso de Administração de Empresas. É nesse bojo de modernização universitária que podemos encontrar, ao menos, partes do sentido de que se imbuíram as ciências sociais mineiras. Sua orientação aplicada, profissionalizante e especializada se tornou uma de suas marcas, o que facilmente se percebe pelo contraste com a formação de cunho humanístico oferecida por outros cursos similares no país. Nem por isso, entretanto, a graduação de Sociologia e Política deixava de contar com elementos tradicionais na sua grade curricular, como indica a forte presença de disciplinas ligadas ao Direito. Segundo um dos seus mais eminentes egressos, Fábio Wanderley Reis, tratava-se de sinal de uma improvisação própria ao período em que foi fundado o curso.

Seja como for, a consolidação desse projeto acadêmico – e também político, uma vez que visava fornecer quadros profissionais aos diferentes níveis de governo – ganhará força decisiva sob a gestão de Ivon de Magalhães Pinto, diretor da Face entre 1946 e 1960. Magalhães Pinto não apenas procurou articular o ensino da faculdade ao mercado de trabalho, como também instituiu professores em regime de tempo integral e um concurso de bolsas de estudos para os alunos mais bem colocados no processo de admissão aos cursos da instituição. Além de recursos financeiros, os discentes dispunham de sala de estudos equipadas com materiais básicos para leitura e escrita. Como resultado, formou-se uma elite de estudantes, disciplinada pelo próprio diretor, à qual cabia conciliar, junto com os jovens professores de tempo integral, o estudo com atividades de pesquisa e ensino. No horizonte, estava a aceleração da trajetória acadêmica e profissional desses alunos, aos quais caberia fazer avançar a institucionalização do modelo por meio da substituição de seus antigos professores, muitos dos quais dedicados apenas parcialmente ao ensino universitário e menos afeitos à pesquisa. Entre aqueles que participaram do programa e fizeram carreira nas ciências sociais brasileiras, podemos recordar, além do já citado Fábio Wanderley Reis, Bolívar Lamounier, Simon Schwartzman, José Murilo de Carvalho, Amaury de Souza, Edmundo Campos Coelho etc.

Entre os resultados notáveis da institucionalização das ciências sociais mineiras, deve-se destacar a criação da *Revista Brasileira de Ciências Sociais* em 1961, capitaneada por Júlio Barbosa. A iniciativa editorial visava favorecer a circulação de pesquisas e o debate de ideias candentes no início dos anos 1960 – em geral, vinculadas aos diversos problemas relacionados ao desenvolvimento e à democracia, tal como formulados por sociólogos, economistas e cientistas políticos do Instituto Superior de Estudos Brasileiros (Iseb) e da Universidade de São Paulo (USP) –, constituindo-se como eixo de conexão entre diversas instituições, além de facultar a entrada dos mineiros no debate científico e político do período. Os exemplos mais salientes apareceram no último número da revista, publicado em 1966: os artigos "Sociologia e Ciência", de Antônio Octávio Cintra, e "A propósito de Ciência e Dialética", de Fábio Wanderley Reis, ambos críticos da abordagem dialética empregada pelos sociólogos paulistas e prenunciadores do estilo intelectual que marcaria o desenvolvimento das ciências sociais em Minas Gerais, indissociável da socialização acadêmica de seus autores na Faculdade Latino-americana de Ciências Sociais (Flacso).

Nos registros da trajetória dos egressos do Curso de Sociologia e Política da Face/UFMG, consultados no CPDOC da FGV-RJ, aparece em vários casos a importância da formação na Escola Latino-americana de Sociologia (Elas), ligada à Facultad Latinoamericana de Ciencias Sociales (Flacso), fundada em 1957 em Santiago do Chile. Dirigida em seu início por José Medina Echavarría, figura incontornável nos estudos sobre o desenvolvimento na América Latina, e depois pelo sociólogo suíço Peter Heintz (entre 1960 e 1965), a Elas oferecia formação ao nível da pós-graduação para alunos recrutados em toda a região.

Os mineiros marcariam de modo decisivo, sobretudo, os formados na *tercera promoción* – ou terceira turma – do biênio 1962-1963, em que estudaram juntos José Maria de Carvalho, Antonio Octavio Cintra, Suzana Prates, Fábio Wanderley Reis e Simon Schwartzman. Essa turma era chamada de *"la famosa"* e também contou, por exemplo, com os argentinos Manuel Mora y Araujo e Nilda Sito, de carreiras bastante exitosas. Vale lembrar que outros mineiros depois também cursaram a Flacso, como Vilmar Faria (*quinta promoción*), Alaor Passos (*quarta promoción*) e José Armando de Souza (*sexta promoción*).

A experiência chilena deu um timbre "latino-americano" ao cosmopolitismo que será típico dessa geração de cientistas sociais mineiros. Afinal, Santiago reuniu, por diferentes motivos (por necessidade de formação acadêmica ou de proteção política face ao avanço do autoritarismo), pesquisadores recrutados em vários países da região. Além da ELAS, a cidade já sediava a Comisión Económica para América Latina y el Caribe (Cepal) e contava com uma dinâmica cena sociológica local, como no caso do Instituto de Sociologia da Universidade do Chile, dirigido por Eduardo Hamuy (promotor das modernas técnicas de pesquisa empírica) e do Instituto Latinoamericano de Doctrina y Estudios Sociales (Ilades) (onde estudou, por exemplo, Elisa Reis).

Como vários participantes relataram, esse período em Santiago foi decisivo para a incorporação das modernas técnicas de pesquisa quantitativa difundidas pela sociologia estadunidense, em particular por meio da atuação de Johan Galtung – *expert* da Unesco de origem norueguesa que estava na Flacso nos anos 1960. Galtung tinha formação em sociologia e em matemática, e havia trabalhado diretamente com Paul Lazarsfeld na Universidade de Columbia.

Esse tipo de socialização acadêmica recebido em Santiago certamente guarda uma afinidade interna com a posterior formação de doutorado que muitos mineiros realizaram nos Estados Unidos. Esso giro em direção à América do Norte recalibrou o cosmopolitismo do grupo, conformando aquilo que Fábio Wanderley Reis chamou de "grupo F" – uma trajetória marcada pela Face, pela Flacso e pela Fundação Ford, esta última em referência à agência que viabilizou o doutoramento de vários mineiros no exterior.

Em meados dos anos 1960 ocorreram mudanças que reconfiguraram as ciências sociais mineiras. Por um lado, houve uma fusão entre os cursos de Sociologia e Política da Face e o de Ciências Sociais, da Faculdade de Filosofia, Ciências e Letras. Como resultado dessa reorganização institucional, surge o curso de Ciências Sociais da Faculdade de Filosofia e Ciências Humanas (Fafich), nome pelo qual a instituição é conhecida nos dias de hoje. Vinculado a ela, em 1966, foi criado o Departamento de Ciência Política da Universidade Federal de Minas Gerais (DCP/UFMG).

A iniciativa institucional pioneira – o DCP/UFMG instituiu o primeiro mestrado em Ciência Política no país – foi possível não só pelo acúmulo intelectual de seus organizadores, mas também alavancou-se a partir dos recursos propiciados pela Fundação Ford, entidade financiadora de diversas outras frentes no país, entre as quais o Centro Brasileiro de Análise e Planejamento (Cebrap), Instituto Universitário de Pesquisa do Rio de Janeiro (Iuperj) e a pós-graduação em Antropologia Social do Departamento de Antropologia do Museu Nacional. O DCP/UFMG foi a primeira instituição a receber recursos da fundação norte-americana, para a qual a disciplina era essencial para o desenvolvimento econômico do país.

Concomitantemente, muitos professores do DCP/UFMG receberam bolsas para realizar estudos de pós-graduação em prestigiosas universidades norte-americanas. Fábio Wanderley Reis vinculou-se à Universidade de Harvard, onde obteve seu mestrado e doutorado sob orientação de Samuel Huntington; Antônio Octávio Cintra doutorou-se pelo Massachussets Institute of Technology (MIT); e, por sua vez, José Murilo de Carvalho defendeu sua tese na Universidade de Stanford. Como se percebe, depois do "período Flacso", os recursos da Fundação Ford foram aproveitados para reforçar a internacionalização dos cientistas políticos mineiros, tanto no que se refere à frequência em cursos no exterior quanto à atração de cientistas políticos estrangeiros para proferir palestras e cursos no país.

É comum que se associe o estilo intelectual predominante na ciência política mineira aos postulados teórico-metodológicos das ciências sociais norte-americanas, nas quais prevaleceram técnicas quantitativas de seleção, organização e análise de dados, bem como o aceite de pressupostos teóricos vinculados ao behaviorismo. Entre as resultantes desse quadro, embora distante de consenso entre os participantes dessa geração, temos a reivindicação da autonomia disciplinar da ciência política frente a outras disciplinas das ciências sociais, mais notadamente a sociologia. Se podemos identificar, por exemplo, uma defesa epistemológica dessa posição em Bolívar Lamounier, encontraremos visão diversa nos escritos de Fábio Wanderley Reis, para quem "não faz sentido pretender falar de uma ciência política à parte da sociologia: uma boa ciência política é fatalmente uma sociologia política."

Vale ressaltar também a importância de alguns desses autores para a consolidação dos estudos sobre o pensamento social e político brasileiro – o que só se explica pela centralidade que o estoque de problemas, formulações, conceitos e hipóteses reunidos nos clássicos brasileiros tiveram nas pesquisas por eles elaboradas. A esse respeito, podemos citar o doutorado de Lamounier sobre o pensamento autoritário brasileiro, no qual sustenta a relevância do que designa "ideologia de Estado", forjada no início do século XX na reprodução de uma cultura política autoritária (o que, aliás, o leva a criticar o esquema interpretativo de Juan Linz, um de seus principais inspiradores). Ou, ainda, *A construção da ordem*, de José Murilo de Carvalho, originalmente sua tese de doutorado. Nela, a partir do diálogo com o pensamento político elitista, com a sociologia histórica dedicada à construção dos Estados nacionais e com o debate local sobre a centralização precoce (Raymundo Faoro) ou dispersão permanente (Nestor Duarte) da formação social nacional, Carvalho procura uma posição matizada a respeito do problema da gênese e das características do Estado brasileiro.

Simon Schwartzman e Elisa Reis, ainda que de modos e em momentos distintos, foram marcados profundamente por essa trajetória que enlaça Belo Horizonte, Santiago do Chile e o doutorado nos Estados Unidos – o primeiro em Berkeley e a segunda no Massachusetts Institute of Technology (MIT). No ambiente universitário norte-americano, àquela altura agitado pela crítica às teorias da modernização de matiz parsoniano, os dois travaram contato direto com a obra dos autores que lideravam a revisão crítica daquele legado, como Reinhard Bendix e Barrington Moore Jr.

Combinando a formação teórico-metodológica nas modernas técnicas de pesquisa com os novos aportes da sociologia histórico-comparada, Schwartzman e Reis voltaram seus interesses para as interações entre Estado, mercado e sociedade no Brasil, perseguindo como as sequências históricas específicas da modernização à brasileira ajudariam a explicar a difícil consolidação de uma ordem democrática no país.

Em *Bases do autoritarismo brasileiro* (1982), uma versão revista de *São Paulo e o Estado nacional* (1975), Simon Schwartzman procura demonstrar que a formação histórica da sociedade brasileira, marcada pelo patrimonialismo e sua lógica de cooptação política, teria gerado efeitos duradouros nos modos pelos quais se organiza a vida político-social no país, em trajetória divergente em relação aos casos clássicos de desenvolvimento europeu. Reformulando em seu quadro conceitual algumas hipóteses de Raymundo Faoro, o autor mostra que o cerne da disputa política não estaria na luta de classes, mas no controle dos recursos estatais – à exceção do caso paulista, estado economicamente poderoso, mas politicamente marginal. *Em The Agrarian Roots of Authoritarian Modernization in Brazil, (1880 – 1930)*, de 1979, Elisa Reis, em perspectiva histórico-comparada, registra como as elites agrárias controlaram e lideraram – de modo conservador – o processo de modernização e de construção do Estado no país. Em particular, mostra como a força do poder agrário se traduziu no fortalecimento do poder estatal, que se tornou um ator político privilegiado e autoritário, buscando os nexos (e não uma dicotomia) entre os poderes público e privado.

Os trabalhos de Schwartzman e Reis, portanto, foram importantes para a consolidação da sociologia política no Brasil – esta área de fronteira entre sociologia e ciência política – e nos ensinam que uma formação teórico-metodológica rigorosa não deve levar à circunscrição dos problemas empíricos apenas a casos localizados. Pelo contrário, as ciências sociais deveriam enfrentar o desafio de entender os dilemas da sociedade brasileira em sua longa duração e de modo comparado, sob pena de perderem fôlego explicativo. Como se viu, a partir da institucionalização da Face, as ciências sociais mineiras cumpriram um papel importante no desenvolvimento da comunidade científica brasileira. São muitos os sinais dessa relevância: a instauração de uma rotina de estudos e pesquisas profissionalizada, a preocupação com a circulação de artigos e pontos de vista distintos aliada ao debate em torno deles, a ênfase na atualização metodológica, bem como na internacionalização de seus participantes.

Seria equivocado, porém, tomar o percurso brevemente exposto aqui como algo passado. Ao contrário, a experiência intelectual de sociólogos e cientistas políticos mineiros dos anos 1960 e 1970 continua a reverberar com força em diversos campos das ciências sociais brasileiras, entre os quais cabe destacar aqueles dedicados à discussão sobre a dificuldade de implantação de um regime democrático entre nós. Nesse sentido, pode-se reproduzir, com proveito, a estratégia por eles utilizada para formular suas pesquisas, combinando preocupações contemporâneas, metodologias atualizadas e problemas fundamentais das ciências sociais e do ensaísmo brasileiro. Revisitar suas obras com esse olhar crítico é um caminho promissor para enfrentarmos os desafios de nosso tempo. ●

SUGESTÕES DE LEITURA

ARRUDA, Maria Arminda do Nascimento. A modernidade possível: cientistas e Ciências Sociais em Minas Gerais. In: MICELI, Sérgio (org.). *Histórias das Ciências Sociais no Brasil.* Vol. 1. São Paulo: Vértice, 1989. p. 234-315.

FRANCO, Rolando. *La FLACSO clásica* (1957-1973): vicisitudes de las ciencias sociales latinoamericanas. Santiago: Catalonia, 2007.

MICELI, Sergio. *A desilusão americana.* São Paulo: IDESPE/Sumaré, 1990.

PEREIRA, Frederico Batista; RODRIGUES, Guilherme Alberto. Entrevista com Fábio Wanderley Reis. *Revista Três Pontos,* UFMG, v. 6, n. 2, 2009.

CINEMA DE CONTAGEM

MARCO ANTONIO GONÇALVES

A PRODUÇÃO DE CINEMA NO BRASIL avançou de modo exponencial a partir dos anos 2000 com o advento das novas mídias digitais e o aumento dos editais de incentivo que propiciaram o surgimento de uma nova geração de cineastas independentes, reconfigurando geograficamente essa produção a partir de outros "centros", como Contagem, Ceilândia, aldeias indígenas e as chamadas "periferias".

Abordarei aqui o cinema contemporâneo em Minas Gerais, centrando naquele produzido em e com as pessoas de Contagem. Cinema produtor e operador de uma reconfiguração dos cinemas mineiro e brasileiro. Privilegio o movimento Filmes de Plástico, com seus diretores e produtores, e o realizador Affonso Uchôa, originário de Contagem, cidade que passa a ser retratada em suas complexas dimensões.

Para compreender, sociologicamente, essa geração emergente de Contagem, é necessário estabelecer como pano de fundo alguns parâmetros e acontecimentos: a emergência das tecnologias digitais na área do audiovisual; as políticas de inclusão social e educacional com foco no nível superior; os novos fomentos que democratizaram a produção do audiovisual desde o primeiro governo do presidente Lula, derivando em sucessivas políticas públicas que instituíram um novo campo com impactos nos governos estaduais e municipais; o acesso de uma nova geração a cursos de cinema em Belo Horizonte, como os da Escola Livre de Cinema, e aos cursos superiores da área de Ciências Humanas da Universidade Federal de Minas Gerais e da Pontifícia Universidade Católica; a constituição de festivais de cinema em Minas Gerais (forumdoc.bh; FestCurtasBH; Mostra de Cinema de Tiradentes).

Bairro Nacional, Contagem, região metropolitana de Belo Horizonte, Minas Gerais, é de onde partem as narrativas dos filmes de Affonso Uchôa, nascido em 1984. *A vizinhança do tigre* (2014), premiado como melhor filme na Mostra de Tiradentes, *Arábia* (2017), melhor filme no Festival de Brasília, e *Sete anos em maio* (2019), melhor filme Visions du Réel, Indie Lisboa, Film Madrid e Festival do Rio, formam a filmografia do jovem diretor que estrutura seus filmes a partir da vontade de conhecer mais seu próprio bairro, sua cidade, seus personagens, fazer novos amigos e, ao mesmo tempo, descobrir seus sonhos, suas frustrações, suas perspectivas, tendo como pano de fundo o trânsito entre narrativas existenciais e construções reflexivas sobre a exclusão social, o mundo do trabalho e suas agruras.

As imagens produzidas por Affonso Uchôa têm a potência de sua geração, demarcando novos contextos de fala que alavancam renovadas perspectivas sobre o país. Cinema que se ocupa do singular, do íntimo, de vidas que se encarnam em personagens cujo vigor pode ser figurado através da metáfora da figuração de um Brasil *radicular*, que sonda tanto as raízes subterrâneas (ocultas, obscuras) quanto as raízes aéreas (as superfícies e as aparências), produzindo um emaranhado de sentidos, entradas e saídas. Cinema que, ao descortinar novos regimes de imagens, aposta simultaneamente na multiplicidade, na visibilidade imediata, na superfície, nas complexas relações que constituem um Brasil contemporâneo imagetificado a partir desse outro ponto de vista.

Seus filmes, por serem produzidos nas margens do chamado cinema moderno, ecoam problemas e questões capazes de redesenhar uma imagem do país em que se inserem, agora, temas incontornáveis como raça, classe e gênero, estabelecendo novas conexões e apontando para outras configurações socioculturais da sociedade brasileira contemporânea. Em um cenário de mudanças sociais, o passado e o presente não obedecem, necessariamente, a ordens de causalidade e determinação. Ao contrário, engendram relações tensas, por vezes conflituosas, demandando novas formas de coexistência. A força dessa produção cinematográfica consiste em, ao se afastar, definitivamente, de um modo de narrar a história da colonização brasileira, atualizar o presente através de "elementos soltos", fragmentos que, como efeito bumerangue, retornam de onde partiram, destruindo a máquina geradora de seu sentido ao descortinar os conflitos, as batalhas, a *guerra* do dia a dia. Essa figuração imagética sitia lugares e espaços naturalizados, dessubstancializa conceitos como os de localidade, periferia, identidade, memória, finitude, história, ficção, documentário. Evoca diálogos fecundos através de reconfigurações da alteridade e da distopia. Ao propor temas insurgentes, repensa o cinema enquanto lócus de contestação e crítica a projetos de Brasil, tão redentores quanto autoritários.

Distopia, no cinema de Affonso Uchôa, é lugar de uma existência possível, presença do imperfeito, estranhamento construído pelo exercício criativo da imaginação, fabulação que revela a consciência do desconforto. O distópico é encenado como contradiscurso, ato político. Distopia, portanto, se apresenta como um pesadelo do presente, consciência de suas contradições, aquilo que viabiliza o surgimento de um novo sujeito e de uma nova sensibilidade.

Os filmes de Affonso Uchôa se realizam, fortemente, como produções colaborativas construídas na vizinhança e na partilha entre os participantes que neles projetam seus laços íntimos, históricos e culturais, transformados em uma consciência que transborda em imagens. Essa capacidade imaginativa elaborada por processos de intimidade, conflito, contradições é o que nos reenvia à *cena etnográfica* produzida por seus filmes. Eles investem numa narrativa sobre e de Contagem, que é aqui, literalmente, contagem de mundos, histórias vividas, intimidades, diários de vidas que, ao confrontarem mundos reais e imaginados, produzem imagens contraditórias que esgarçam as fronteiras entre o periférico, o cosmopolita, o singular e o universal.

De Contagem e em Contagem surge, também, uma das mais influentes produtoras contemporâneas, a Filmes de Plástico, formada em 2009 pelos diretores André Novais Oliveira, Gabriel Martins, Maurílio Martins e pelo produtor Thiago Macêdo Correia. A Filmes de Plástico investe num cinema que alia qualidade imagética a rigor técnico, capacidade de trazer num grão de areia o universo Brasil. Seus filmes somam 25 produções (entre curtas, médias e longa-metragens) e mais de 200 participações em importantes festivais de cinema. Em 2022, com o filme *Marte um*, de Gabriel Martins, a produtora alcançou a indicação para representar o país no Oscar. Destacam-se, dentre os filmes mais densos de significado e projeção, além do já citado *Marte um* (2020), *Contagem* (2010), *No coração do mundo* (2019), *Temporada* (2018), *Ela volta na quinta* (2014) e *Filme de sábado* (2009). Um dos princípios da produtora é o de que não querem ser "representantes" da periferia, mas simplesmente "falam com as pessoas da periferia", o que está em sintonia direta com os princípios de um cinema que se pretende decolonial. Ou seja, em que o fazer filmes sobre as pessoas dá lugar a fazer filmes com as pessoas, ressoando o conceito proposto por Minh-Há de "falar próximo", em vez de "falar por" – o que problematiza, justamente, a relação naturalizada entre o lugar e a origem dos indivíduos. Nas palavras de Maurílio Martins: "A gente não representa ninguém. O que fazemos é apresentar essas pessoas. Eu não represento nem minha família, que é heterogênea, quanto mais as pessoas que vivem em nosso bairro... Muitas pessoas do lugar onde moramos podem até não gostar ou se identificar com o cinema que a gente faz. É um cinema que apresenta esse lugar e essa geografia, um jeito de falar, uma maneira de viver. Mas nós falamos com essas pessoas, não em nome delas".

Esses cineastas têm a consciência de alterar não apenas um modo de problematização do cinema, mas também o próprio espaço em que filmam: "A gente altera os espaços que filma o tempo todo: com trabalho de arte, com posicionamento de câmera, figurino que é pensado e criado para os personagens. Há um trabalho de recomposição desse espaço tão bem feito que pode levar a crer que é documental, mas não é".

A formação tanto de Affonso Uchôa quanto dos diretores e produtores da Filmes de Plástico se situa no âmbito das universidades (UFMG, PUC, UNA, Escola Livre de Cinema). Todos os diretores fazem parte da primeira geração, em suas respectivas famílias, a receber educação formal universitária e, por isso, se encontrarem não propriamente no espaço de Contagem, mas nos bancos escolares e na paixão pelo cinema.

Destaca-se nas produções da Filmes de Plástico uma rara combinação no cinema brasileiro, de um interesse pelo cinema comercial aliado a um forte viés do cinema autoral, associado, por sua vez, a um experimentalismo que tem como pano de fundo um saber se situar na "periferia" a partir de outro ponto de vista que faz emergir um alto grau de reflexividade sobre o fazer e o produzir cinematográficos. Nas palavras dos cineastas: "Além de ser uma decisão nossa de questionar politicamente a ausência de negros no cinema brasileiro, a gente também considera uma quebra de expectativas. Os personagens periféricos no cinema e na tevê acabam virando figuras simbólicas, sem particularidades. Como se não tivessem direito à individualidade", diz Affonso Uchôa. "Estamos contando histórias que não foram contadas sobre pessoas que não costumam ser vistas em filmes, para além dos que difundem clichês sobre a violência e a pobreza", pontua Gabriel Martins. "Ou demonizam ou santificam, quando as vivências na periferia são diversas e complexas. Isso nos deu liberdade para fazer do nosso jeito. Deve ser foda para o pessoal da periferia do Rio, cidade que é sede da tevê e do espetáculo, produzir arte tendo que se adaptar ao espetáculo: essa coisa meio Regina Casé, em que a periferia tem que parecer legal e divertida para ser valorizada", observa Maurílio Martins.

Nessa nova conjuntura, Contagem reverbera uma crítica aos modos de produção do cinema brasileiro e alhures. Classe social, raça e gênero são o tripé que dá a estabilidade da própria infraestrutura de suas produções, temas genuinamente imagetificados a partir de experiências reais e sinceras. Essa geração de cineastas alia paixão pelo cinema, formação rigorosa e saber fazer filmes, mas sem a chamada "afetação intelectual". Eles podem se situar em Contagem como centro, coração do mundo, o que lhes permite criar, inverter, propulsionar outros "centros" de gravidade, outras "periferias". Nas palavras de Maurílio Martins: "Existe uma certa intelectualidade que acha que um filme, para ser intelectualizado, não pode ser emocional. Vai se foder, sabe?". E acrescenta: "Nem tudo precisa ser entendido como uma relação de causa e consequência. Mas pode ser sentido pela atmosfera criada em cada cena. Você pode oferecer elementos que, juntos, formam um sentido. Não tenho muita certeza do que essa cena diz. Se eu tivesse certeza, faria um filme muito ruim".

Essas são questões importantes propostas pelos fundadores da produtora Filmes de Plástico, que, ao capturar nosso olhar a partir da margem, imprime um novo modo de habitar o mundo, produzindo novas paisagens no cinema brasileiro contemporâneo. Thiago Macêdo Correia, produtor da Filmes de

Plástico, nos diz que o êxito dessa nova condição do cinema de operar a partir de Contagem se estrutura por uma noção e uma condição de "sinceridade":

> Os filmes que fazemos são representações legítimas das coisas nas quais acreditamos. E antes de tudo, nós acreditamos naquilo que produzimos. Eu acho que essa sinceridade é muito importante para que essas obras possam reverberar. E como elas não partem desse lugar calculado, nós estamos falando de vida, de seres humanos, de dramas que estamos vivendo. Então acho que funciona porque é verdade. E eu me sinto orgulhoso de saber que a Filmes de Plástico usa a arte e o cinema a favor da expressão do nosso ponto de vista do mundo. E as pessoas se identificam com essa realidade, com essa verdade, mesmo você falando de algo íntimo ou particular ele se torna algo universal. ●

SUGESTÕES DE LEITURA

COELHO, Thiago. Filmes de Comentário. Diretores de Contagem, cidade industrial em Minas Gerais, renovam o cinema brasileiro. *Piauí*, edição 163, abril, p. 10-21, 2020.

CORREIA, Thiago Macedo. Conhecida no Brasil e fora, produtora Filmes de Plástico completa 10 anos. Entrevista concedida a Amélia Gomes. *Brasil de Fato*, Belo Horizonte, 17 de setembro de 2019. Disponível em: https://www.brasildefatomg.com.br/2019/09/17/conhecida-no-brasil-e-fora-produtora-filmes-de-plastico-completa-10-anos. Acesso em: 25 jun. 2023.

FILMES DE PLÁSTICO. Disponível em: https://www.filmesdeplastico.com.br/. Acesso em: 25 jun. 2023.

CONCEIÇÃO EVARISTO

VICTÓRIA BÁRBARA DOS SANTOS

EM SEU POEMA "Vozes-Mulheres", Conceição Evaristo escreve:

A voz de minha bisavó
ecoou criança
nos porões do navio.
(...)
A voz de minha avó
ecoou obediência
aos brancos-donos de tudo.
A voz de minha mãe
ecoou baixinho revolta
no fundo das cozinhas alheias
(...)
A minha voz ainda
ecoa versos perplexos
com rimas de sangue
e
Fome.
A voz de minha filha
recolhe todas as nossas vozes
recolhe em si
as vozes mudas caladas
engasgadas nas gargantas.

A partir de um jogo sonoro e rítmico, no poema citado, Conceição coloca em imagens alguns dos principais elementos que orientam sua escrita. Por um lado, explicita sua profunda conexão com a História, instituição com letra maiúscula responsável pela perpetração de inúmeras violências contra o povo negro. Por outro lado, Conceição reescreve essa mesma História a partir dos laços da ancestralidade que, à diferença da História oficial, fria e unidirecional, se espraia em múltiplas direções, a exemplo dos ecos das vozes. Assim, a obra de Conceição Evaristo se apresenta à maneira das vozes e seus ecos que se mesclam em diferentes temporalidades, circulando entre passado, presente e futuro. Seu movimento é como o do mar que, em um jogo de fluxo e refluxo, vai e volta entre Brasil e África. Sua experiência enquanto mulher, negra, periférica, professora e escritora se projeta em imagens dinâmicas de pertencimento e exclusão, identidade e diferença, que orientam sua obra.

Nascida em uma favela de Belo Horizonte em 1946, Conceição traz uma memória vívida das gerações que a antecederam e que constituem testemunhos em primeira mão dos anos iniciais do longo pós-abolição brasileiro. Em *Becos da memória* (2006), o banzo, saudade mortal dos negros desterrados, se combina à experiência vivida e é reatualizado. Em um relato que se poderia chamar "coral", a autora fala através de vozes coletivas que, a exemplo do poema acima, ecoam em diversas direções, retomando o trauma do desterro, agora perpetrado sob a chancela do Estado republicano, na figura do projeto de desfavelização pelo qual passava a região metropolitana de Belo Horizonte. Experiências e traumas pessoais se combinam a uma conjuntura mais ampla de violências históricas na qual a ancestralidade ganha centralidade como forma de atribuir sentido à experiência de deslocamento forçado e de exclusão social. Assim, a escrita de Conceição se apresenta como um ritual. Suas palavras — através das quais fluem essas vozes-mulheres, frequentemente caladas e silenciadas, parte de sua ancestralidade — são mais do que narração. São movimento, ação, fluxo de energia, na qual o sopro da palavra, encarnada na tinta da página, recupera a ancestralidade e a coloca de volta na circulação vital, como parte de um todo indissociável. É o que se vê em sua escrita algo fragmentada, à imagem das vidas narradas em *Becos da memória*. Entre tais becos, personagens reais como seu tio Totó, que a criou, retornam ao mundo dos vivos. Sua voz, sua história e seu banzo ecoam na caneta de Conceição. Narrando o banzo, a "dor fria e profunda" que calava no peito de Tio Totó, de seu pai e, provavelmente, de incontáveis gerações desterradas, Conceição confere visibilidade e afirma essas vidas que nascem e morrem à sombra de um Estado racista, ao mesmo tempo que retoma sua memória e a revitaliza ao situá-la novamente no mundo dos vivos.

Pode-se atribuir a essa posição frente ao mundo, à realidade do racismo e à lembrança e ao trauma do desterro, a criação do conceito de *escrevivência*. Conceição Evaristo une as palavras *escrever* e *vivência* para dar corpo conceitual à sua forma de escrita que busca transmitir uma experiência ao mesmo tempo individual e coletiva, profundamente marcada pelas noções de comunidade e ancestralidade. Mais do que isso, o conceito situa o seu corpo e o seu lugar de fala enquanto mulher, negra, nascida em uma favela e professora como pontos nodais em que a experiência vivida é reconfigurada em literatura. Seu corpo é também local de atravessamentos geracionais que, assim como o trauma, reatualiza heranças e luta pelo amanhã que já está inscrito em seu corpo, ou seja, pelas vozes-mulheres que ecoam através da sua.

A escrita militante — militante por trazer à luz vidas ignoradas — é, por definição, um exercício contra-hegemônico, e ganha ainda mais potência com a publicação de *Olhos d'água* (2014), livro premiado com o Jabuti na categoria de contos e crônicas. Histórias de dor, sofrimento, pobreza e das muitas violências que sofre o povo preto em contextos urbanos, *Olhos d'água* é um livro-espectador, que testemunha e reconta, em terceira pessoa, as vidas sobretudo de mulheres negras como Ana Davenga, a mendiga Duzu-Querença, Natalina, Luamanda, Cida, a menina Zaíta. Mulheres com histórias e dilemas próprios e, ao mesmo tempo, em diálogo direto com as múltiplas experiências de mulheres negras. Não são personagens-tipo. Constituem tipos, nesse caso, os contextos que atravessam a experiência negro-diaspórica. Assim, a premiada coletânea se inicia como um abrir de olhos, olhos de uma mãe que chora com frequência, que vê uma sucessão de mortes, filhos sem pai e derrotas, com os olhos de mamãe Oxum. São os olhos da mãe da humanidade que choram o destino de sua prole. No entanto, como contraponto à realidade quase nua dos contos, a coletânea se encerra com um nascimento. Em meio a pessoas cansadas de lutar e desesperançadas, nasce a alegria do povo, Ayolwa. Aqui, uma vez mais apoiando-se na ancestralidade, Conceição realiza um ritual de cura. Seu corpo e sua palavra, carregados de axé, recuperam na força dos ancestrais a esperança e a alegria, que ela busca entregar ao povo negro na forma de uma criança. Ayolwa não é panaceia de todos os males. Pelo contrário, é força de grupo para enfrentá-los, para recuperar-nos do adoecimento e do desamor semeado entre o povo preto pelo racismo. Assim, sua obra cumpre um desenho circular em que as águas de mamãe Oxum, que num primeiro conto se apresentam como lágrimas, ressurgem no último conto como fertilidade, como as águas de onde brota a vida. Conceição busca no futuro restabelecer a união com os ancestrais, recuperando sua força como resistência ao genocídio do povo preto. A ancestralidade e a herança cultural negro-africana surgem também com grande força e uma abordagem consideravelmente distinta em *Histórias de leves enganos e parecenças* (2016).

Na coletânea de contos, a dimensão espiritual afro-brasileira que perpassa toda a obra de Conceição Evaristo surge com maior brilho através da narrativa de casos insólitos. Em uma breve advertência ao leitor, a autora avisa que se propõe somente a contar, juntar sua voz ao coro de vozes que a antecederam e lhe narram as histórias presentes no livro. Não haveria espaço para o juízo crítico e analítico ocidental, que busca desmontar e subjugar o mundo a seu olhar escrutinador. Aqui a narração é um exercício de reinterpretação epistêmica e reencantamento do mundo e da vida cotidiana, no qual a ancestralidade é não somente fonte de força, mas também de sabedoria. Nesse sentido, Conceição questiona dogmas e verdades absolutas e insere a espiritualidade afro-brasileira pelas frestas dos punhos fechados do Ocidente, como se vê no conto "A moça de vestido amarelo". Nele, Oxum surge novamente, mas dessa vez incorporada em uma menina em sua primeira comunhão, ante os olhos incrédulos do padre. A espiritualidade aflora contra o dogmatismo, como comunhão, ponto retomado no último conto. Enquanto arquétipo de maternidade e da água como purificação, Oxum é mobilizada no conto "Sabela", no qual uma linhagem de mulheres chamadas Sabela tem uma ligação especial com a água. Em um dom que passa de uma geração a outra, tais mulheres são capazes de sentir a chuva e gerar água, tanto a que gera vida quanto a que purifica seus corpos. No entanto, é no recontar da história de Sabela, na junção dos saberes comunitários, que o vínculo com a ancestralidade se completa. A ancestralidade não reside somente na ligação com a água, mas também no sopro vital que circula com a fala das histórias contadas e partilhadas. Como conta Sabela, "o sopro que sai da boca do homem, a palavra, é a energia, é a potência que move o Universo".

Com *Canção de ninar menino grande* (2022), Conceição se volta para os homens negros, parcela da população particularmente afetada pelo racismo estrutural, enquanto corpo alvo preferencial da violência policial e normalmente tratado como um mural no qual se colam estereótipos. A narrativa de Fio Jasmin, realizada pelas mulheres à sua volta, trata do amor aos homens negros em suas múltiplas formas, debruçando-se sobre sua masculinidade. Uma vez mais, Conceição costura uma narrativa de cura nesse livro que rendeu à autora o troféu Juca Pato de Intelectual do Ano. A premiação, que reconhece a relevância intelectual da autora, parece trazer novamente à tona a questão polêmica da sua não eleição para a Academia Brasileira de Letras (ABL).

Em 2018, Conceição apresentou carta à ABL formalizando sua candidatura, após uma ampla campanha nas redes sociais em favor de sua entrada na academia. A campanha, que se alastrou sem participação ativa de Conceição, partia do duplo movimento de um desejo de reforma da instituição, que atualmente conta com somente um imortal negro, e do reconhecimento do caráter singular de sua obra, como expressão da população preta. Conceição perdeu a eleição por realizar uma candidatura que, como acontecera de certa forma com Lima Barreto, também preterido pela academia, foi marcada não pela submissão ao jogo de poderes da ABL, mas pela crítica à instituição. Uma vez mais, a obra de Conceição, bem como sua candidatura, funcionou como ponta de lança de denúncia dos mecanismos elitistas e racistas que atravessam o Brasil e recorrentemente excluem o negro da vida social e intelectual.

A obra de Conceição, assim como sua vida, tomada em sua inteireza, de *Ponciá Vicêncio* (2003) até *Insubmissas lágrimas de mulheres* (2011), se configura como literatura-denúncia, narrativa-ritual e resistência ancestral. Suas histórias e poemas carregam em si as memórias de seus ancestrais, os "causos" mineiros e a crueza da vida urbana. Mais que uma escritora, Conceição é um corpo atravessado por vivências que fala *com* e *por* aqueles que não podem falar. ●

SUGESTÕES DE LEITURA

CAMPOS, Matheus; BIANCHI, Paula. Como Conceição Evaristo perdeu sua cadeira na ABL. *Intercept Brasil*, 30 ago. 2018. Disponível em: https://www.intercept.com.br/2018/08/30/conceicao-evaristo-escritora-negra-eleicao-abl/

YOUTUBE. Canção Para Ninar Menino Grande: Entrevista com Conceição Evaristo. Disponível em: www.youtube.com/watch?v=9OkO9LOdlME. Acesso em: 28 nov. 2023.

UFMG. Conceição Evaristo: Literatura Afro-Brasileira. Disponível em: http://www.letras.ufmg.br/literafro/autoras/188-conceicao-evaristo. Acesso em: 28 nov. 2023.

IEA. A escrevivência carrega a escrita da coletividade, afirma Conceição Evaristo — Instituto de Estudos Avançados da Universidade de São Paulo. Disponível em: http://www.iea.usp.br/noticias/a-escrevivencia-carrega-a-escrita-da-coletividade-afirma-conceicao-evaristo#:~:text=Criado%20por%20Concei. Acesso em: 28 nov. 2023.

CONJURAÇÃO MINEIRA

HELOISA MURGEL STARLING

MÊS DE MAIO, POR VOLTA DE OITO DA NOITE. A neblina pode cortar-se à faca. Tudo deserto. Alguém – não se sabe se homem ou mulher – foi visto caminhando pelas vielas de Vila Rica. Vestia capa preta comprida, um chapelão desabado sobre os olhos. Bateu na porta de Cláudio Manuel da Costa e informou que Tiradentes estava preso no Rio de Janeiro – a Conjuração havia sido descoberta e eles corriam perigo. Na casa de Tomás Antônio Gonzaga, deixou o recado com Antônia da Costa, negra forra que cuidava dos afazeres domésticos. Na urgência de informar ao tenente-coronel Domingos de Abreu Vieira, errou de endereço. No topo da escada, deparou-se com a esposa do dono da casa, percebeu o engano, praguejou baixinho e precipitou-se para a rua. Desapareceu no ar como a neblina. Nunca mais se soube dele.

O "Embuçado", nome pelo qual o personagem ficou conhecido, percorreu Vila Rica, possivelmente na noite de 17 de maio de 1789, e estava bem informado. Avisou aos conjurados do desastre, recomendou cautela, aconselhou que queimassem papéis: projeto de República, plataforma legislativa, planos de governo, esboço da Constituição, tudo quanto pudesse comprometer. A Conjuração Mineira foi o mais importante movimento anticolonial da América portuguesa no campo das ideias – seus integrantes planejavam encetar um levante e instalar uma República independente nas Minas. Essa Conjuração – disso às vezes nos esquecemos – antecedeu a Revolução Francesa;

os mineiros tinham os acontecimentos revolucionários nas antigas Treze Colônias Inglesas no primeiro plano de seu raciocínio.

A linguagem republicana forneceu aos conjurados um jeito de se falar, combinar soluções e alternativas políticas para dar concretude ao ideal de liberdade. Não era um ideal unívoco. O primeiro atributo da liberdade que os mineiros desdobraram de uma nova e alargada compreensão de República veio da noção de soberania: a criação de uma comunidade territorial com comando interno e autonomia em relação às potências estrangeiras, a fundação de um corpo político próprio – o Estado – e a capacidade de criar, alterar e revogar suas leis. "As Minas podiam viver independentes do governo de Portugal", explicava entusiasmado o alferes Joaquim José da Silva Xavier, o Tiradentes, em 1789, utilizando um argumento que prometia muito e cheirava a pólvora: "[As Minas] eram um país, como não havia outro, que tinham todas as riquezas em si e que não precisavam doutro país para sua subsistência (...) poderiam ser uma República e conseguir a liberdade (...)".

Os conjurados mineiros infundiram à palavra "liberdade" um afeto político que expressa mais do que um propósito de poder. Em um de seus depoimentos durante os interrogatórios da Devassa, Luis de Toledo Pisa confirmou sua adesão à Conjuração porque a participação na vida pública era algo extraordinário e, quando alguém toma parte na execução de uma ação política, abre para si uma dimensão nova e exaltante da experiência humana. "A liberdade era amável", resumiu. O amor pela liberdade comprometeu os conjurados com um afeto que faz exigências políticas. Ele se manifesta numa presteza de partilhar o mundo com outras pessoas. Foi a base para incluir, na pauta do debate político das Minas, mais um princípio formulado pela matriz do republicanismo norte-americano: a positivação de direitos considerados inerentes ao indivíduo e aplicáveis a todos, exclusivamente por conta de seu *status* como seres humanos.

Contudo, o problema era maior. Os direitos estavam emaranhados com a escravidão, e não seria fácil romper com a força intimidadora da lógica escravista. Tal como ocorreu na América inglesa, os conjurados mineiros debateram sobre a escravidão e alguns, como Alvarenga Peixoto, defenderam a emancipação parcial. No fim das contas, porém, evitaram interferir num sistema de trabalho que funcionava como a base da economia e unia interesses comerciais, mineração e latifúndio. Eles temiam chegar às últimas consequências e abolir o sistema escravista por razões econômicas; e também por medo de que qualquer alteração nesse sistema servisse para fomentar a insurreição dos escravizados numa sociedade persistentemente assombrada pela existência de quilombos.

Não se conhece a data precisa em que a Conjuração Mineira tomou forma. Provavelmente em algum momento entre 1781 – o ano em que, em Coimbra, doze estudantes de Minas e do Rio de Janeiro juraram dedicação à causa da independência de sua terra natal – e 1788, quando o projeto de criar uma República passou a ser expressamente debatido em reuniões realizadas com esse propósito na capitania. Com um detalhe importante que precisa ser considerado: eles se entendiam "conjurados"; ninguém ali era "inconfidente". "Conjuração" é a disposição de depor o tirano, tentar tomar a liberdade e chegar ao poder pelo caminho encurtado da ação violenta. "Inconfidência", por sua vez, é crime de lesa majestade de primeira cabeça – significa ser infiel ao soberano, traição contra a vida do rei ou de seus representantes e contra a segurança do Estado português.

Uma vez mobilizadas pelos conjurados em longos serões que entravam pela madrugada afora, as ideias de autossuficiência econômica, independência, soberania e poder republicano se difundiram com rapidez. Encontraram adesão entre os membros da elite econômica – fazendeiros, comerciantes, contratadores –, além dos letrados – poetas, médicos, naturalistas, engenheiros –, dos padres e cônegos, e dos militares de variada patente. Mas circulavam também entre a faixa mais heterogênea da população e se espalhavam de boca em boca e por dentro da estrutura social graças à singularidade de um ambiente urbano em que públicos distintos se cruzavam e andavam ombro a ombro por toda a parte – com poder de erodir a lealdade para com a Coroa portuguesa de garimpeiros, pequenos comerciantes, músicos, artesãos, clérigos, tropeiros ou lavradores.

Joaquim José da Silva Xavier, o "Tiradentes", foi o grande propagandista da Conjuração Mineira. Vivia se movendo de um lado para o outro – era um "Corta-Vento", dizia dele o poeta Cláudio Manuel da Costa. A vida intermitente na estrada, como tropeiro e, mais tarde, como oficial do Regimento de

Cavalaria, forneceu o conhecimento do território das Minas. Mas foi sua habilidade "na arte de pôr e tirar dentes" e no uso das plantas medicinais que lhe permitiram transitar entre as variadas camadas em que se dividia a estrutura da sociedade mineira. Entrava nas casas, fazia prognósticos, praticava curas – enquanto pregava sobre liberdade, república e sedição.

As ideias trafegaram, pela capitania, a partir dos três centros principais da conspiração: as comarcas de Vila Rica, Rio das Mortes e Serro do Frio. Contudo, a Conjuração Mineira só ganhou tração quando a política invadiu sem muita cerimônia o hábito dos serões e seus frequentadores começaram a bravejar contra a Coroa num clima de confiança mútua e a se indagar com insistência cada vez maior: as Minas poderiam viver sem Portugal?

À medida que a década de 1780 avançou, a conjuntura mudou drasticamente para pior e os serões se tornaram mais reivindicativos e menos cautelosos em face da autoridade régia. A localização da fazenda da Ponta do Morro, por exemplo, a um passo do "Caminho Novo", permitiu à sua proprietária, Hipólita Jacinta Teixeira de Melo, estreitar os laços da conspiração entre os conjurados das vilas de São João del-Rei, arraial de Prados e São José del-Rei, e entre a comarca do Rio das Mortes e Vila Rica. Até hoje, pouco se sabe sobre Hipólita Jacinta, mas uma coisa salta aos olhos: era mulher destemida. Quando a notícia da prisão de Tiradentes chegou à fazenda da Ponta do Morro, na noite de 20 de maio de 1789, ela não titubeou, não teve nenhuma dúvida. A Conjuração Mineira estava indo a pique e as tropas da infantaria portuguesa enviadas pelo vice-rei, Luís de Vasconcelos e Sousa, chegariam a Vila Rica em poucos dias. Tinha de agir, agir depressa e assumir o risco. Avaliou que ainda havia chance para reverter o desmonte – pequena, mas havia. Precisava consumar a rebelião, declarar a independência nas Minas e instalar a República. Sozinha, decidiu resistir e empurrar a revolta para frente; partiu dela a ordem de dar início ao levante militar: "Dou-vos parte, com certeza, [de] que se acham presos, no Rio de Janeiro, Joaquim Silvério [dos Reis] e o alferes Tiradentes, para que vos sirva ou se ponham em cautela". E foi em frente: instruiu trazer a tropa do Serro para o lado da sedição, e deflagrar a guerra em vários pontos da capitania. Também foi dura no arremate: "Quem não é capaz para as coisas, não se meta nelas. E mais vale morrer com honra que viver com desonra", escreveu.

O gatilho que deflagrou a Conjuração combinava fatores de natureza distinta. Existia, de longa data, o rigor de uma política metropolitana que desconsiderava a realidade da queda da produção do ouro e descartava a criação de projetos alternativos para a exploração do potencial econômico das Minas. O outro fator: a imposição da "Derrama" – o tributo cobrado por Lisboa no intento de completar as 100 arrobas da cota anual de ouro devida à Coroa e que incidia sobre toda a população. Num momento de recessão, ninguém sabia ao certo como seria a cobrança, mas havia muita especulação; e era o caso de fazer as contas: se Lisboa resolvesse cobrar todas as parcelas atrasadas, a fatura poderia sair por volta de oito toneladas de ouro – em torno de 46 gramas para serem pagas pelos homens livres da capitania. Já a cobrança da dívida dos contratadores subia a 5,1 toneladas. Era possível identificar sinais de um desastre iminente; o ar estava carregado de rumores e a temperatura política chegou ao ponto de ebulição.

A Conjuração teria início com um motim – marcado para ocorrer no mês de fevereiro, em Vila Rica, quando fosse imposta a Derrama. Isso incluía o anúncio da declaração de independência das Minas e sua implantação sob a forma da República. Ato contínuo, a rebelião seria deflagrada por toda a capitania. Os conjurados sustentaram seu planejamento militar baseado na premissa de que Portugal estava em desvantagem: não seria fácil, nem barato, manter o deslocamento de tropas através do Atlântico e, em seguida, por terra, para o interior da América portuguesa. A posição estratégica das Minas – entre o litoral e o interior, e entre o Rio de Janeiro e Salvador – e a proteção natural das montanhas permitiam a montagem de um sistema defensivo em profundidade que incluía duas pontas. Uma, o fechamento das "bocas" das Minas: o "Caminho Velho" e o "Caminho Novo" pelos conjurados da Comarca do Rio das Mortes; o "Caminho dos Currais do São Francisco" pelos conjurados da Comarca do Serro do Frio. A outra ponta, a utilização do recuo tático e da "guerra do mato", que hoje chamamos por guerrilha, nas montanhas do Distrito Diamantino onde imperavam os garimpeiros, as quadrilhas de salteadores e os contrabandistas – para azar da Coroa, boa parte envolvida no emaranhado de relações sediciosas estabelecidas por Padre Rolim. Era um planejamento que guardava semelhança estratégica e parecia inspirar-se no êxito norte-americano na Guerra de Independência. A expectativa não era a de vencer no campo militar e expulsar as tropas portuguesas; era a de exaurir Portugal, inclusive economicamente, forçando Lisboa a negociar.

Em 1789, a Conjuração Mineira fracassou. Entre março e junho de 1789, ocorreram as delações e, a partir de então, uma parte dos conjurados foi presa e acusada pela Coroa portuguesa do crime de Inconfidência. Sobrevieram as Devassas, os interrogatórios, a morte suspeita de Cláudio Manuel da Costa, o desterro na África, a prisão perpétua em Portugal para réus eclesiásticos e o enforcamento de Tiradentes. Uma vez esmagada a Conjuração Mineira, sobraram ideias e a "estranha potência das palavras", escreveu a poeta Cecília Meireles, no *Romanceiro da Inconfidência*. "América", "Pátria", "Autogoverno", "Liberdade", "República" firmaram-se no centro de uma linguagem do mundo público e continuaram a ser faladas, em voz alta, durante as Conjurações do Rio de Janeiro, em 1794, e em Salvador, em 1798, na Conjuração Baiana.

E então, quase trinta anos depois, no dia 3 de março de 1817, a República foi proclamada no Brasil – no Recife. Dois meses depois, em 3 de maio, um domingo, a República do Crato foi anunciada no Ceará, em praça pública, pela voz de uma mulher, Bárbara de Alencar. Tinha início o ciclo revolucionário da Independência do Brasil – a nossa "outra independência", como definiu o historiador Evaldo Cabral de Mello. E as revoltas nunca mais seriam as mesmas no Brasil. •

VER VERBETE ARCADISMO.

SUGESTÕES DE LEITURA

DORIA, Pedro. *1789*: a história de Tiradentes e dos contrabandistas, assassinos e poetas que lutaram pela independência do Brasil. Rio de Janeiro: Nova Fronteira, 2014.

FIGUEIREDO, Lucas. *O Tiradentes*: uma biografia de Joaquim José da Silva Xavier. São Paulo: Companhia das Letras, 2018.

MAXWELL, Kenneth. *A devassa da devassa*: a Inconfidência Mineira: Brasil-Portugal (1750-1808). Rio de Janeiro: Paz e Terra, 2009.

STARLING, Heloisa Murgel. *Ser republicano no Brasil Colônia*: a história de uma tradição esquecida. São Paulo: Companhia das Letras, 2018.

STARLING, Heloisa Murgel. Hipólita Jacinta Teixeira de Melo, filha do país das Minas. In: STARLING, Heloisa M; PELLEGRINO, Antonia (orgs.). *Independência do Brasil*: as mulheres que estavam lá. Rio de Janeiro: Bazar do Tempo, 2022.

COROAÇÃO DE REIS CONGO

SÉRGIO BAIRON

O PRINCÍPIO DE TRANSFERÊNCIA da capital de Minas Gerais de Ouro Preto para outra localidade circulava pelo Brasil Colônia desde a época da Conjuração Mineira, em 1789. No entanto, somente em 1867 o deputado Padre Agostinho de Souza Paraíso apresentou, na Assembleia Legislativa Provincial, um projeto (que foi aprovado) que transferia a capital de Ouro Preto para a cidade de Jequitibá. Seu argumento central baseava-se na importância econômica e de mobilidade do Rio das Velhas, principal afluente do São Francisco e que banhava toda a região. Mas o projeto não se efetivou em função da reação ouro-pretana e acabou contando com o veto do presidente da província. O resultado é que grande parte da região em torno do Rio das Velhas, por um lado, isolou-se do desenvolvimento econômico e urbano contemporâneo; por outro, preservou e expandiu muitas formas de vida do saber oral. Quase 150 anos após a apresentação do projeto do deputado Padre Paraíso, encontramos na região, vivas e latentes, as seguintes manifestações culturais: Grupo de Rezadeiras, Incelência de Chuva, Boi da Manta, Catopé, Folia do Divino, Folia de São Sebastião, Folia de São Geraldo, Batuque de Viola, Dança de Roda, Encomendação das Almas, Fim de Capina, Candombe, Moçambique, Caboclo, Marujos, Vilão e Guarda de Congo.

Esse universo de visões de mundo, ainda hoje fortemente presente na região, expressa um grande hibridismo cultural, fruto do encontro entre as culturas portuguesa, indígena e africana, que teve como resultado a formação de localidades culturais de tradição oral profundamente complexas.

Entre 2005 e 2011, acompanhamos e pesquisamos inúmeros rituais, com ênfase na Coroação de Reis Congo, cuja origem aponta para o final do século XV, simbolizando o momento inaugural do encontro entre os portugueses e os africanos do Reino do Congo. Tal mundo se revela como a origem reticular do encontro luso-afro-brasileiro, em transveredas da oralidade onde se produz cultura *sem capitalizar*, a um só tempo longe da capital de Minas Gerais e do capital. Tal mundo, que se formou de maneira totalmente paralela aos sistemas econômicos, sobreviveu, por um lado, pelo fato de a região não ter se tornado centro econômico mineiro e, por outro, porque em nada representa um valor de mercadoria.

Perguntar pela mundanidade desse mundo implica refletir o quanto pode ser compreendido a partir de uma rede de ontologias primordiais que, em grande parte, são imperceptíveis para as teorizações das temáticas identitárias. Essas formas híbridas de vida carregam suas tradições em raízes familiares cuja profundidade se espraia por toda a região do Vale do Rio das Velhas, no interior de uma temporalidade que retroage até o século XVI.

Tal mundo é desvelado, por exemplo, toda vez que um grupo de Guarda de Congo clama com seus tambores, sob o comando de seu Capitão, em homenagem a seu Rei e a sua Rainha negros, reproduzindo aquele encontro da expedição portuguesa de 1483, quando Diogo Cão, a mando de João II de Portugal, chegou à foz do rio Zaire, inaugurando o contato entre os portugueses e os africanos do Reino do Congo.

Falar desse mundo é falar do cruzamento entre espaço e temporalidade, numa rede infindável de associações culturais entre Portugal, o Reino do Congo e o Brasil. O tempo se define pelo saber oral, reafirmando o *copertencimento* entre Terra e Mundo. Só assim o mundo se *mundifica* na Coroação de Reis Congo, que carrega séculos de oralidade nas inúmeras localidades mineiras e, ao mesmo tempo, por exemplo, no conto "O recado do morro", de Guimarães Rosa.

No contexto da nossa pesquisa, foram feitos mais de dez filmes, sendo que várias comunidades do Moçambique, do Candombe e da Guarda de Congo foram parceiras na produção e finalização dos registros audiovisuais.

Esse mundo oral reúne um conjunto de ritos que se expressam e se baseiam num amontoado cotidiano do que podemos nomear de narrativas práticas. Os jogos de linguagem da cultura oral sustentam, na expressividade da Coroação de Reis Congo, relações familiares, concepções de um corpo individual-coletivo, uma medicina caseira, um mundo espiritual e mais um sem-fim de narrativas associadas à vida prática. Em grande parte, tudo isso está calcado na composição e execução de uma dinâmica sonora, que se pode denominar *cantorias*.

Nas cantorias populares, o uso cotidiano da linguagem reúne o corpo individual e o social, formando um todo comunitário e "anônimo". Não se trata de um cotidiano comum, como no urbano contemporâneo, mas um dia a dia com grande carga de conteúdo utópico, porque experimenta uma versão superlativa da vida, que tem suas facetas em festas cujo ponto comum é a vivência da superabundância sonora das narrativas, verdadeiras epopeias afro-brasileiras. Tais características fazem da festa um momento de extremo regozijo, extrapolando qualquer noção homogênea de mundo (como acontece na ideologia folclórica). Na festa da Coroação de Reis Congo, constrói-se musicalmente um universo discursivo-dialetal que promove ressignificações históricas, sociais, espirituais e performáticas.

Tendo por base o cotidiano pobre da maioria da população festeira, os abundantes produtos consumidos na Coroação de Reis Congo (carne, pão, frutas e bebidas) reforçam a expressividade da aproximação do trabalho do homem rural com a terra, na batalha contra a escassez. Há uma espécie de consciência coletiva de que, assim como a terra, a árvore, os animais e as estações do ano, o corpo socioindividual do ser humano está em constante movimento de repetição-transformação. A incompletude material é movida pelos estágios do falecimento e do nascimento. Como diz Zé Meia-noite (o coveiro de Jequitibá): "tudo é que nem a festa: tem um começo e fim, no corpo e na natureza". Assim como toda performance que acontece na festa, trata-se de um corpo em mudança e em movimento. O comportamento superlativo, então, não pode ser reduzido a um gesto alienado em relação ao mundo; ao contrário, deve ser entendido como princípio de renovação. Não se trata simplesmente de inversão, mas de soma e positivação: "Se Adão não pecasse não teríamos porque festejar", diz Zé da Ernestina. E a festa comemora a libertação dos escravos mesclada à ação libertadora da santa negra Nossa Senhora do Rosário. Ou seja, a expressão do superlativo é aí, essencialmente, significação partilhada entre temporalidades cruzadas.

Cada discurso, cada objeto, cada imagem e cada edição da Coroação de Reis Congo instituem, no seio da comunidade, uma forte sensação de homogeneidade, que só é possível frente à diversidade das performances. No cotidiano da região encontramos um enorme universo sígnicocultural: uma medicina caseira, um conjunto variadíssimo de representações da espiritualidade, do humor, da musicalidade, da apreensão da tecnologia, da escola, da produção artesanal, do comércio e das profissões.

O cenário da vida é produto familiar e comunitário. Na produção do ritual Coroação de Reis Congo, a família responsável faz as roupas, prepara as coroas, transporta os congadeiros (por vezes com o auxílio do Rei festeiro ou do prefeito), responsabiliza-se pela contratação das cozinheiras, dos fiscais etc. As comunidades contam, não raramente, com a participação de crianças que preparam a santa e os enfeites.

A Coroação de Reis Congo é um momento de ruptura com o cotidiano, pois inaugura o dia da festa como um dia de renovação. Arruma-se a casa, prepara-se a melhor roupa, tudo para o momento maior, quando se inaugura uma linguagem que não é a do cotidiano, e que se apresenta como o superlativo que não está somente na vitória do corpo socioindividual sobre a pobreza, mas também na vitória frente ao passado da escravidão. Tais narrativas estão presentes em quase todas as performances de todas as guardas da festa. Por ser a festa da Coroação de Reis Congo um acontecimento eminentemente tradicional na comunidade, em que predominam as cantorias populares, situa-se muito próxima das edições da Coroação de Reis Congos dos séculos XVI e XVII. Mas é preciso realçar que sua realidade não ascende à consciência senão por meio da intermediação da transformação artesanal do seu entorno. A ideia de ruptura com o cotidiano não produz uma síntese. Na verdade, não há síntese possível, até porque a organização da festa depende da comunidade que produz sem capitalizar, contando com a quase ausência, até os dias de hoje, tanto da Igreja quanto do Estado. ●

VER VERBETES REINADOS E CONGADOS; VISSUNGOS.

SUGESTÕES DE LEITURA

ANDRADE, Mário de. *Aspectos da Música Brasileira*. São Paulo: Martins, 1965.

MUKUMA, K. A. *Contribuição Bantu na Música Popular Brasileira*. São Paulo: Global, s.d.

PEREIRA, André Luiz Mendes. *As festas de coroação dos reis negros em São João del Rei no século XIX*. São João del Rei: Editora UFSJ, 2000.

SOUZA, Marina de Melo. *Reis negros no Brasil escravista*: História da festa de coroação de Rei Congo. 1 ed. Belo Horizonte: Editora UFMG, 2002.

TINHORÃO, J. R. *As festas no Brasil Colonial*. São Paulo: Editora 34, 2000.

CORRESPONDÊNCIA MODERNISTA

RODRIGO JORGE RIBEIRO NEVES

A CARTA É UM GÊNERO HÍBRIDO. Ela incorpora múltiplas formas de registro escrito e pode se adequar a variadas materialidades. Por isso as possibilidades discursivas são inúmeras. O espaço da página se torna um grande palco onde o missivista pode assumir variados papéis, ao sabor das circunstâncias e do remetente a quem a carta se destina. A intencionalidade na escrita da carta, que envolve o lugar ocupado pelo possível interlocutor e os assuntos contidos na mensagem, é um dos principais fatores na configuração da máscara ou máscaras que o missivista vestirá. Assim, nós temos em uma carta os vestígios de uma vida ou de vidas que se entrelaçam em múltiplas perspectivas e estratégias. O caráter fecundo e transmutável de uma carta torna a escrita epistolar um objeto de investigação de grande importância para a compreensão das dinâmicas sociais, estéticas e políticas envolvidas em um processo de criação artística ou na formulação de um conjunto de ideias.

Por essa razão, a reunião de uma correspondência de escritores é fundamental. Ela não vem assumir um caráter meramente anedótico e pitoresco ou responder a impulsos fetichizantes. Não que ela não acabe cumprindo, eventualmente, essas funções. A carta se presta a múltiplas possibilidades. Uma edição de correspondência entre intelectuais e artistas pode contribuir para diversos campos do saber, que vão desde as humanidades até as ciências da natureza. Em "Epistolografia e crítica genética", Marcos Antonio de Moraes aponta para três perspectivas de estudo da correspondência de escritores. A primeira como testemunho na definição de um perfil biográfico, a segunda como investigação dos bastidores da vida literária e cultural, e a terceira como arquivo da criação, apontando para a importância da carta nos estudos de crítica genética. Existe ainda a possibilidade, dada a natureza do gênero epistolar, de intersecção dessas três perspectivas, de modo a revelar as dinâmicas estéticas, sociais e culturais em que se inserem os missivistas envolvidos no diálogo.

A carta como arquivo, seja de teor testemunhal, biográfico ou genético, se abre também como campo vasto para a maturação de ideias em torno de um determinado projeto, envolvendo, devido ao seu caráter dialógico, diversas vozes, ou seja, não se limita a servir apenas como espaço de exercício e construção da subjetividade. Ela pode ser a própria máscara, mas também, ao mesmo tempo, a cena em que essas e outras máscaras atuam, afinal, a escrita epistolar se constitui não apenas pela enunciação de um eu, mas também pela projeção ambivalente do outro, seja enquanto pessoa do discurso, seja enquanto pessoa para quem a carta será, inicialmente, imaginada/desejada e, posteriormente, remetida, de acordo com o endereço constante no envelope.

No Brasil, o cultivo do gênero epistolar não possui uma lastragem histórica tão prolongada como, por exemplo, na tradição da cultura francesa, embora possamos identificar a presença de sua prática em alguns momentos pontuais, desde o período colonial. Entretanto, no século XX, a carta assumiu papéis decisivos para a consolidação de um dos movimentos culturais mais importantes da nossa história: o modernismo. A troca de mensagens entre os missivistas integrantes dessa nova tendência estética, social e política contribuiu para a constituição das redes de sociabilidade, a rotinização de seus pressupostos programáticos, a configuração de espaços de pesquisa e criação em torno de um projeto plural e aberto para a construção da cultura nacional, ou de determinadas concepções de cultura do país.

As tensões entre o local e o cosmopolita integram, de certo modo, esse processo de construção. A carta, gênero nômade e intermitente, participa da ampliação desse campo de tensões, haja vista que, ao mesmo tempo que se vincula a lugares geograficamente determinados pelos respectivos endereços dos missivistas, ela reterritorializa o espaço em que se constituem discursivamente as experiências desses sujeitos. Mas o gênero epistolar, como uma escrita de si, também se presta ao autoexame, ao empenho e ao sacrifício, assim como a literatura e o cultivo dos afetos em uma relação amorosa e na amizade.

Dentre os modernismos que se articularam no país, o mineiro foi um dos que mais fez uso da correspondência como estratégia não apenas de difusão de sua aderência às novas tendências estéticas, por meio do envio de artigos, poemas e fragmentos de obras aos seus correspondentes, mas também de compreensão de seu lugar dentro de uma determinada configuração social, como, por exemplo, as famílias tradicionais ou as instituições de estado. Em seu ensaio "Vale quanto pesa", Silviano Santiago ressalta a presença desse conflito no memorialismo poético de Carlos Drummond de Andrade. O mesmo poeta que, em *A rosa do povo* (1945), deseja uma "revolução político-social", em *Boitempo* (1968) e *Menino antigo* (1973), revela "os valores tradicionais do clã familiar dos Andrades". Décio Pignatari, na revista *Invenção*, via Santiago, assinala de forma bastante acertada que Drummond "escreve-se a si mesmo para ser", ou seja, é por meio da literatura sobre si que o poeta se reinsere no mundo, onde ele foi destinado a ser um *gauche*, envolvido pelo sentimento de constante desajuste com a vida.

Mário de Andrade foi, sem dúvida, o missivista incontornável e contumaz da correspondência modernista mineira. Eneida Maria de Souza e Paulo Schmidt, em *Mário de Andrade: carta aos mineiros*, apontam a viagem da caravana paulista a Minas Gerais e suas cidades históricas, em 1924, como um marco fundamental do diálogo que se estabeleceu entre os modernistas de São Paulo, em especial o autor de *Pauliceia desvairada*, e os jovens mineiros. A descoberta da paisagem setecentista mineira e de sua arte colonial despertou nos modernistas uma outra compreensão sobre a formação da cultura brasileira, relida na chave da relação do moderno com o tradicional.

Nessa viagem, Mário se aproximou dos integrantes do chamado Grupo do Estrela, referência ao bar localizado na rua da Bahia, em Belo Horizonte, onde se reuniam Carlos Drummond de Andrade, Pedro Nava, Abgar Renault, Emílio Moura, João Alphonsus e Martins de Almeida. Os rapazes da capital mineira criaram *A Revista* (1925-1926), periódico modernista decisivo na inserção de seus membros no movimento cultural que se estabelecia naquele momento no país e também na constituição das redes de sociabilidade modernista. Dentre eles, Drummond e Nava foram os correspondentes que mais se aproximaram de Mário de Andrade, além de terem mantido entre si longo diálogo epistolar. Não obstante se reconheça o papel intelectual do escritor paulista na relação com a juventude mineira, não se pode perder de vista o quanto não apenas a arte colonial mineira havia exercido uma influência na busca de Mário por uma alma brasileira, mas também os sujeitos que assomavam diante dessa paisagem, em que o novo e o antigo se imbricavam.

Drummond e Mário iniciaram sua correspondência em 28 de outubro de 1924, mesmo ano do turismo cultural dos paulistas a Minas Gerais, e estenderam a extroversão epistolar até 11 de fevereiro de 1945, poucos dias antes da morte do autor de *Lira paulistana*. O tom algo formal e de quem espera atender a expectativas projetadas no outro predomina nesse primeiro contato, que Mário trata logo de dissolver em sua disposição para o diálogo afetivo e busca por indagar as inquietações daquele jovem mineiro de Itabira, estudante de farmácia, contaminado pela "moléstia de Nabuco".

Aos poucos, em um processo de "mineração do outro", para resgatar aqui o poema drummondiano de *Lição de coisas*, os missivistas se deslocam no espaço discursivo da correspondência e assumem outras posições, por meio do compartilhamento de poemas, ideias e notícias do cotidiano ordinário, qual diário íntimo que tudo aceita. A carta é espelho, mas também é palco. A substância de uma imagem que se reflete no espelho é incidental, ou seja, sua materialidade é contingente. As personagens em uma cena teatral se caracterizam antes pelas marcações feitas pelo diretor para a movimentação dos atores no palco do que pelas falas que enunciam. A didascália antecipa o diálogo; o gesto precede a voz.

Pedro Nava foi outro destacado correspondente mineiro para a constituição da trama das sociabilidades com os modernistas de São Paulo e do Rio de Janeiro. O encontro com Drummond se deu um pouco antes da passagem dos paulistas por Belo Horizonte, em fevereiro de 1922, mês de realização da Semana de Arte Moderna, sem que os dois, entretanto, tivessem ideia do evento, como uma conjunção singular e imponderável de condições que se consolidariam quando conhecessem o grupo da metrópole paulistana no bar do Grande Hotel.

O contato postal de Pedro Nava com Mário se iniciou por meio de carta de 15 de janeiro de 1925, em resposta a um bilhete do autor de *Pauliceia desvairada*, com fotografias de quadros de Tarsila do Amaral resultantes de sua viagem com a caravana. Nava demonstra entusiasmo ao analisar algumas das imagens desse conjunto, considerando seu interesse e notável talento para a expressão tanto escrita quanto visual. O artista plástico e o poeta mineiro se mesclam não a partir do bilhete, mas das anotações de Mário de Andrade feitas no verso das fotografias, conforme consta nos documentos no acervo do escritor paulista mantido pelo IEB-USP, reconfigurando o espaço constitutivo do gênero epistolar e atestando seu caráter híbrido e intertextual. A carta não se torna apenas um meio de transmissão de uma determinada mensagem, mas um espaço de pesquisa e discussão sobre as possibilidades da atividade artística. A noção de um arquivo em disputa nos faz pensar na correspondência não apenas como memória, mas também como parte constitutiva do processo criativo que está sendo gestado e conduzido pelos missivistas em sua dimensão intelectual.

Entre os correspondentes mais jovens, Pedro Nava é um dos que mais expressa entusiasmo pela questão do abrasileiramento da linguagem. O fascínio que o jovem médico demonstra pelo corpo parece se ampliar também para o corpo da linguagem, para sua carnalidade e funcionamento. Além de enviar poemas para serem comentados pelo escritor paulista, Nava leva a experimentação também para a linguagem da correspondência, que, embora não represente uma sistematização de processo criativo, se abre como espaço para o jogo da linguagem, em suas possibilidades fonéticas e visuais.

Um outro missivista da correspondência modernista mineira de grande influência na constituição das sociabilidades dos modernismos a partir de Minas Gerais é Rosário Fusco, pertencente a outro grupo de rapazes, dessa vez distante da capital, na Zona da Mata mineira. Rosário Fusco era um jovem desinibido e carismático de Cataguases, que se juntou a outros jovens daquela cidade em 1927 para fundar o Grupo Verde, que lançou no mesmo ano a revista *Verde*, periódico modernista esteticamente ligado ao experimentalismo de *Klaxon*, de São Paulo.

Fusco e os Verdes já haviam publicado seus textos em periódicos de prestígio nacional, como a Para Todos, e se correspondiam com autores de vários cantos do país, pedindo colaborações de textos e livros. Entre eles, estava Mário de Andrade. Fusco se aproximou do escritor paulista por meio de carta de

25 de setembro de 1927, por ocasião do lançamento da Verde, justamente com o intuito de obter algum material do destinatário. Alguns anos mais tarde, Fusco se mudou para o Rio para cursar Direito, integrando a Casa do Estudante do Brasil, onde se tornou amigo de Carlos Lacerda, interlocutor fundamental para a guinada política da estética em Mário de Andrade.

De acordo com as cartas trocadas entre Mário e Fusco em 1933, percebe-se que o mineiro contribuiu decisivamente para estreitar os vínculos do autor de Macunaíma com Carlos Lacerda e também com a instituição onde, quase dez anos depois, o escritor paulista viria a apresentar uma de suas conferências mais emblemáticas, "O movimento modernista". Portanto, Fusco atua no estabelecimento do diálogo de Mário de Andrade com os jovens cariocas a partir de Lacerda, bem antes do chamado "exílio no Rio", como assim classificou Moacir Werneck de Castro o período de residência de Mário na então capital federal. De maneira transversal, o missivista mineiro aparece como agente do cruzamento desses círculos sociais.

Ora, se essa relação com os jovens cariocas havia sido estabelecida muito antes da mudança de Mário de Andrade para o Rio de Janeiro, em 1938, então o "jogo recíproco de influências", mencionado por Moacir em seu ensaio biográfico sobre o escritor paulista, não se deu precisamente nessa ocasião. Fusco já havia inserido o escritor paulista naquele grupo quando costura a aproximação de Carlos Lacerda. O mineiro de Cataguases é, portanto, uma espécie de correspondente oblíquo dessa relação epistolar, peça importante para a guinada ideológica de Mário de Andrade em seu projeto estético e cultural.

Em suma, a correspondência modernista mineira, apreciada aqui pelas vias e frestas abertas por esses três missivistas, contribui para a formulação de alguns dos aspectos fundamentais do projeto modernista a partir de Minas Gerais, de modo que podemos (re)discutir a constituição do papel de seus integrantes, em que a ideia de um protagonismo acaba se dissolvendo em um campo de atuações bem mais aberto, plural e descentrado. A carta, como arquivo de construção e reconfiguração das ideias e das sensibilidades dos sujeitos, nos oferece elementos essenciais para indagar e compreender os sentidos do modernismo e suas tensões na formação da cultura brasileira. Na travessia entre as matas e pedras centenárias mineiras, é possível devassar o alcance dos trilhos dessa correspondência, rumo ao presente sem o lacre preso no envelope, mas só retirado quando seu olhar, ainda que de relance, se lançou no passado. •

VER VERBETES

PEDRO NAVA; GRUPO VERDE E CARLOS DRUMMOND DE ANDRADE.

SUGESTÕES DE LEITURA

MORAES, Marcos Antonio de. Epistolografia e crítica genética. *Ciência e Cultura*, São Paulo, v. 59, n. 1, jan./mar., 2007.

SANTIAGO, Silviano. *Vale quanto pesa*: ensaios sobre questões político-culturais. Rio de Janeiro: Paz e Terra, 1982.

FROTA, Lélia Coelho (org.). *Carlos e Mário*: correspondência entre Carlos Drummond de Andrade e Mário de Andrade: 1924-1945. Apresentação e notas às cartas de Mário de Andrade: Carlos Drummond de Andrade. Prefácio e notas às cartas de Carlos Drummond de Andrade: Silviano Santiago. Rio de Janeiro: Bem-Te-Vi, 2002.

SOUZA, Eneida Maria de; SCHMIDT, Paulo (org.). *Mário de Andrade*: carta aos mineiros. Belo Horizonte: Editora UFMG, 1997.

VASCONCELLOS, Eliane; SANTOS, Matildes Demetrio (org.). *Descendo a rua da Bahia*: a correspondência entre Pedro Nava e Carlos Drummond de Andrade. Rio de Janeiro: Bazar do Tempo, 2017.

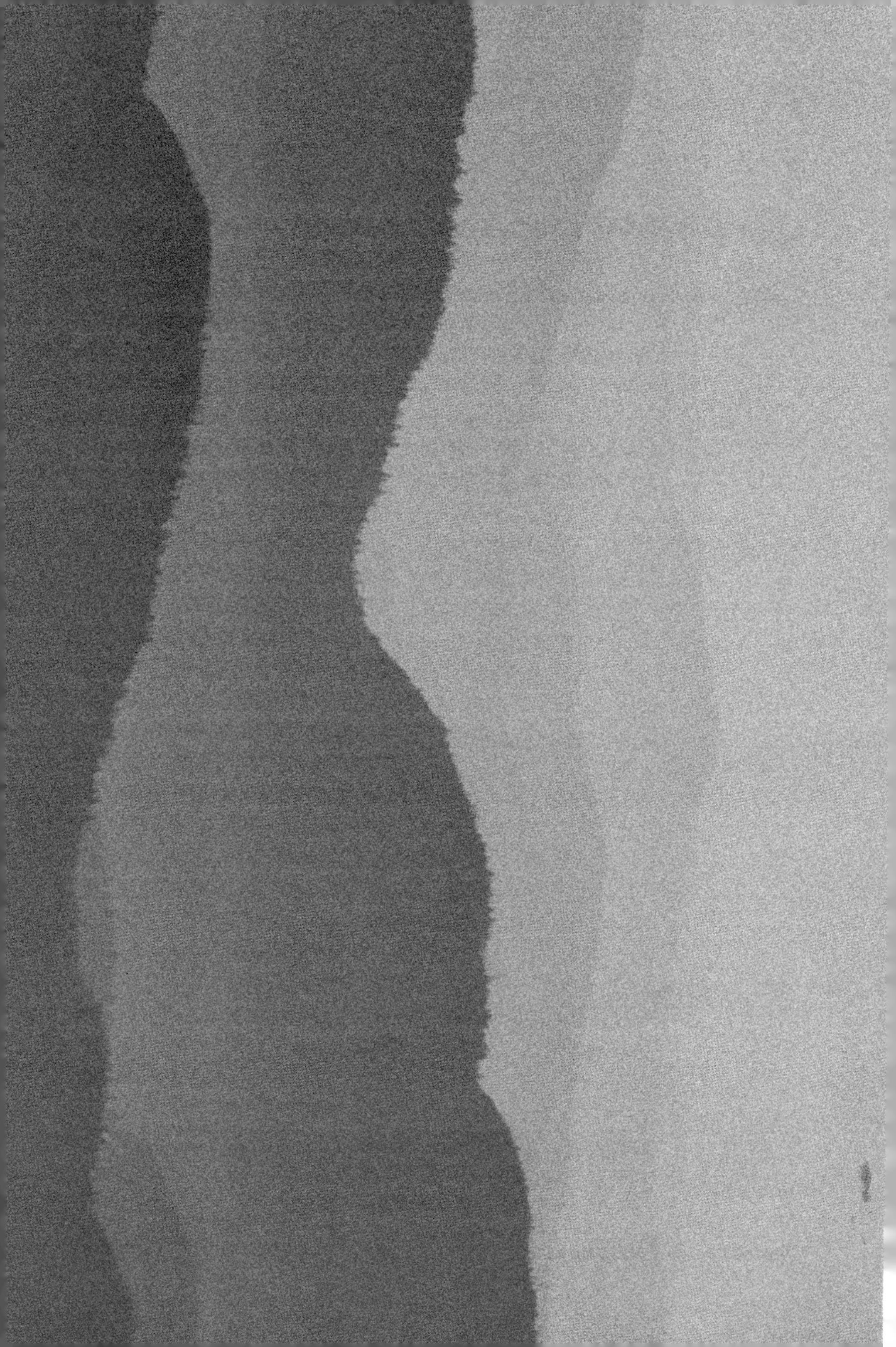

COSMOCOCAS

RAFAEL LOVISI PRADO

PARA RASTREARMOS AS LINHAS ORIGINÁRIAS da "COSMOCOCA – *programa in progress*" (nomeada por vezes de "blocos-experiência"), é preciso lançar luz sobre o início dos anos de 1970, mais precisamente sobre o apartamento do artista Hélio Oiticica (1937-1980) em Nova York, verdadeira usina de criação, onde se deu grande parte do invento-experimentação, em parceria com Neville D'Almeida (1941-). A princípio, *Cosmococa* era a denominação de um projeto cinematográfico de Neville, cuja proposta consistia em realizar um filme unicamente com *slides*, trazer à tona o cinema como arte das imagens cortadas em movimento (*motion-pictures*), ou seja, quadros em sequência que, ao serem apresentados, provocassem a impressão de deslocamento. Essa espécie de "quase-cinema", forjado através de "momentos-frame" (nos termos de Oiticica) que nos posicionam entre a fotografia e a sétima arte, almejava a fuga da representação mimética, do encadeamento narrativo linear, e serviu de ponto de partida para os experimentos que seriam as *Cosmococas* propriamente ditas: um programa em aberto e inacabado. Como relatou Oiticica, o encontro com o cineasta belo-horizontino foi o estopim do processo: "EU jamais teria a necessidade de inventar esse tipo de experiência NÃO fossem as longas conversas e caminhadas pela linguagem limite criada por MANGUE-BANGUE de NEVILLE". Interessava à dupla demover o lugar cristalizado do espetáculo-espectador, colocar em xeque a imobilidade dos corpos diante da obra, à maneira do que se dava, naquela década, nos shows de rock e espetáculos teatrais. Assim, importava proporcionar uma gama de estímulos para que os espectadores ultrapassassem as barreiras da contemplação e se tornassem participantes. Para além do que seria um filme no sentido convencional, ou mera projeção de fotogramas com uma trilha musical ao fundo, o trabalho intentava uma integração total: fazer da ambiência a própria obra, ou melhor, um "jardim-postura-mundo", segundo Hélio Oiticica, no qual houvesse interação e transformação mútua entre as pessoas e o ambiente.

Na elaboração das primeiras sequências de blocos-experiência, Oiticica e Neville espalharam cocaína e desenharam rastros sobre as imagens selecionadas (entre elas, os rostos de Jimi Hendrix e Marilyn Monroe), um tipo de maquiagem à base do psicotrópico branco, chamada por Oiticica de "Mancoquilagem", isso "por causa de Manco Capac, que é o Deus da, o Deus que introduziu a folha da Coca na Bolívia, no Peru", como está gravado em uma "Heliotape" para os poetas Augusto e Haroldo de Campos. A utilização do pó valia não somente pelo "barato" insuflado narinas adentro, mas, entre outros, pelo efeito estético despertado pela claridade das carreiras sob o jogo de luzes. Os *frames* foram fotografados na medida em que iam sendo arquitetados. Entre as montagens, destaca-se a utilização da capa do disco *Weasels Ripped my Flesh*, de Frank Zappa & The Mothers of Invention (1970). As invenções receberam a abreviatura de CC, marcadas pela numeração em cada um dos blocos: ao todo, uma série composta por nove instalações multimídia (CC1-CC9). No ano de 1973, Neville d'Almeida elaborou a *CC1 – Trashiscapes*; *CC2 – Onobject* sobre Yoko Ono; *CC3 –Maileryn*, que utiliza a capa do livro de Norman Mailer sobre Marilyn Monroe; *CC4 – Nocagions*, tendo como base o livro *Notations*, de John Cage; *CC5 – Hendrix War*, sobre a capa de *War Heroes*. Já Hélio Oiticica criou, no mesmo ano, com Thomas Valentin, a *CC6 – Coke Head's Soup*, com a capa do LP *Goat's Head Soup*, dos Rolling Stones. Adiante, registrou anotações acerca da *CC7*, para Guy Brett, e *CC9*, dedicada ao pintor Carlos Vergara. A derradeira a ser construída foi a *CC6 – Coke Head's Soup*, que conta com 26 slides da face de Mick Jagger, vocalista da antológica banda britânica.

Tendo em vista que as *Cosmococas* não foram expostas ao público enquanto Oiticica vivia, mas apenas apresentadas em montagens privadas no referido apartamento nos EUA, ressalta-se que o artista deixou diversas orientações para possíveis preparações das CC, instruções para cada "situação-espaço--PERFORMANCE" que descrevem a duração, a disposição e a forma de cada uma das exibições do bloco. Tais blocos são formados por uma multiplicidade de elementos, a saber: projeções de slides, fotos sobrepostas de capas de disco, de livros e revistas sobre as quais fileiras de cocaína circundam as figuras e/ou textos dos suportes utilizados. Compõem também esse universo de imagens alguns artefatos para o consumo da droga, como canivetes, notas de dólar enroladas e papelotes. Os blocos de experimentação sensorial convocam os participantes a um jogo imprevisto, a percorrer um labirinto sonoro-imagético que convida a sensações táteis. Antes de alcançarem a exposição permanente no Instituto Inhotim, em Brumadinho, cidade próxima a Belo Horizonte, as *Cosmococas* foram montadas em alguns espaços artísticos e ocasiões pontuais, no Brasil e no exterior. Em 2003, por exemplo, na Galeria Fortes Vilaça (SP), foram exibidas várias imagens impressas em *cibachrome* dos *slides* que formavam parte das *Cosmococas: CC1 – Trashiscapes, CC2 – Onobject* e *CC3 – Maileryn*. O material de divulgação publicado pela imprensa elucidava que nas fotos mesclavam-se capas de discos e livros, jornais e objetos da morada de Oiticica em Nova York, e comunicava uma sequência por vir da mostra, que contaria com os *cibachromes* de *CC4 – Nocagions* e *CC5 – Hendrix War*.

Em 2010 foi inaugurada a Galeria Cosmococa no Instituto Inhotim, com projeto arquitetônico assinado pelos Arquitetos Associados. Um dos maiores e mais relevantes espaços de arte contemporânea do mundo passa então a abrigar os cinco primeiros inventos da série CC, na qual Hélio Oiticica e Neville D'Almeida reconfiguram o mundo (cosmogonia) através dos traços de cocaína. A galeria, um edifício de pedra que se confunde com a paisagem edênica do Instituto, instaurado num terreno inclinado, é formada por um conjunto de cinco ambientes. Internamente encontra-se um *hall*, também revestido de pedras, no qual não há linearidade ou hierarquia entre as salas expositivas, deixando o visitante à vontade para eleger em qual ambiente irá entrar por vez. Em cada um deles temos as seguintes *Cosmococas*, abaixo listadas seguindo não a disposição no museu, mas a numeração dada por Hélio e Neville:

1. CC1 TRASHISCAPES. Para entrar no ambiente, é necessário retirar os sapatos. No espaço interior há vários colchonetes e travesseiros. As músicas que ecoam, em momentos distintos, são de Luiz Gonzaga, Jimi Hendrix e Stockhausen. Os *slides* projetados nas paredes são fotos de três séries: a já mencionada capa do álbum de Frank Zappa, *Weasels Ripped my Flesh*; o pôster de Luís Fernando Guimarães com o *Parangolé 30 Capa 23 M'WayKe*, feita em NY e dedicada ao poeta Haroldo de Campos; o rosto de Buñuel estampado na capa do suplemento de *The New York Times*, de 11 de março de 1973 – nesta, seus olhos são atravessados por uma carreira de coca, numa referência à cena do filme *Le Chien Andalou*, na qual o olho de uma mulher é cortado por uma lâmina e o líquido cristalino derrama. Nas fotografias aparecem ainda objetos como canivetes, cinzeiros com restos de cigarros e caixas de fósforos. Todas as imagens estão "mancoquiladas" (maquiadas com coca).

2. CC2 ONOBJECT. Aqui o chão é coberto por uma espuma macia revestida por um tecido branco, o que traz certo desequilíbrio ao caminhar do visitante. Pelo espaço encontram-se almofadas em formatos geométricos e cores diversas (cubos azuis, quadrados vermelhos, cones amarelos). Os *slides* projetados pelo cômodo são fotos da face de Yoko Ono na capa do livro *Grapefruit; a book of instructions*, sobreposta por fileiras de cocaína. A canção que toca é do álbum duplo *Fly*, de autoria da multiartista japonesa.

3. CC3 MAILERYN. O solo desta instalação é totalmente encoberto por areia espalhada de maneira assimétrica, a formar pequenas elevações sobre as quais temos uma película transparente. Há balões coloridos soltos por toda parte, e é comum notar os participantes brincando com eles. Pelas paredes movimentam-se *slides* com o rosto de Marilyn contornado pelos rastros brancos, que também delineiam a capa da biografia da atriz escrita por Norman Mailer, publicada em 1973. As canções agora são de Yma Sumac – cantora peruana célebre em Hollywood na década de 1950.

4. CC4 NOCAGIONS. Uma cortina de plástico é o portal de entrada dessa *Cosmococa*. Ao entrar na sala, surpreende a presença de uma piscina com cerca de 7 metros de comprimento, rodeada por um fio de lambadas azuladas à borda, enquanto no fundo da água brilha uma corrente de lâmpadas verdes que piscam num ritmo interligado às projeções. São oferecidos roupões de banho e toalhas, caso as pessoas desejem mergulhar em suas águas. Vê-se projetadas sobre as paredes imagens da capa do livro *Notations*, de John Cage, sobre a qual foram feitos riscos com coca. Mais uma vez, nota-se nos slides objetos para o consumo da substância, como canudos e canivetes. O som que se espalha pela instalação conjuga fragmentos de peças de Cage a passagens de composições de Beethoven.

5. CC5 HENDRIX WAR. Neste espaço há redes de dormir presas às paredes, "camas" de tecido típicas das regiões Norte e Nordeste, mas presentes por todo Brasil em quartos, varandas etc., dependuradas de lado a lado. As projeções são do rosto de Hendrix "mancoquilado", imagem vinda do disco *War Heroes*, lançado após sua morte, em 1972. A música que embala os participantes advém desse álbum, cujos *riffs* estridentes da guitarra icônica são inconfundíveis.

Após esse breve passeio pelos blocos-experiência *Cosmococas*, faz-se relevante sublinhar a transposição histórica diante da qual nos colocamos, considerando cerca de meio século que separa a concepção inicial do projeto e a exposição na galeria em Inhotim. Na aurora dos anos de 1970, as criações de Hélio Oiticica e Neville D'Almeida exalavam o êxtase da experimentação estética-corporal com o narcótico, em um período psicodélico que incitava à transgressão das mais diversas palavras de ordem das instituições: o cânone da arte, a política, as estruturas sociais, em suma, as formas de organização da existência segundo modelos pré-estabelecidos. Se, por um lado, o tráfico internacional de drogas não havia disseminado ainda suas consequências nefastas, sobretudo pelos países do Sul global, por outro, estávamos distantes do milênio atual, era da saturação das imagens, reproduzidas *ad nauseam* pelos dispositivos tecnológicos/virtuais. Sim, é possível que esses dados, de certa forma, banalizem as proposições dos artistas e arrefeçam sua força contestadora. Contudo, na contemporaneidade, em que assistimos prosperar, mais uma vez e por todos os cantos, o despotismo moralista mediante segmentos político-ideológicos, há que se reconhecer a sobrevivência do gesto rebelado das *Cosmococas*, provocando e insuflando inquietação por onde passam.

SUGESTÕES DE LEITURA

CARNEIRO, Beatriz Scigliano. *JARDINS QUASE CINEMA* - cinco blocos--experiência em Cosmococa – programa *in progress* de Hélio Oiticica e Neville de Almeida. *AISTHE*, Rio de Janeiro, v. VI, n. 9, p. 62-76, 2012.

MELENDI, Maria Angélica. *Legal no ilegal*: as *Cosmococas*, a *Subterrânia* e os jardins do Museu. *Ars*, São Paulo, v. 15, n. 30, p.149-160, 2017.

OITICICA, Hélio. *Hélio Oiticica Catálogo*. Paris: Jeu de Paume, 1992.

OITICICA, Hélio. *Hélio Oiticica*. Organização de Cesar Oiticica Filho e Ingrid Vieira; apresentação Cesar Oiticica Filho. Rio de Janeiro: Beco do Azougue, 2009.

CYRO DOS ANJOS

EMÍLIO MACIEL

AUTOR DE UMA OBRA ESPARSA, mas marcante, o montesclarense Cyro Versiani dos Anjos (1906-1994) descreve, com sua vida, um trajeto bastante típico do moderno literato brasileiro, ao intercalar as décadas trabalhando no estamento burocrático, como *ghost writer* e funcionário de políticos, com uma produção cujo auge se encontra logo em seu romance de estreia, *O amanuense Belmiro* (1937). Este é um dos textos centrais da literatura brasileira dos anos 1930, na qual a sondagem das ambiguidades e apagamentos da experiência do tempo corre de par ao interesse pelos impasses da nossa urbanização tardia. O livro mimetiza, ao longo de quase um ano, o diário do pequeno burocrata do título, egresso de uma família de proprietários decadentes de Vila das Caraíbas, e que, uma vez instalado em Belo Horizonte com sua modesta sinecura, se alterna entre as discussões na roda de chope – quase um modelo reduzido dos dilemas ideológicos da época, da esquerda à direita – e envolventes digressões líricas sobre as belezas e alegrias dos tempos idos. Tendo como fio condutor mais explícito o enamoramento de Belmiro por uma bela moça da *haute gomme* local – em quem ele acredita ver a reedição de uma antiga amada da sua cidadezinha –, a grande sutileza do romance diz respeito ao modo como, no mesmo movimento em que inebria o leitor com o escorreito caimento de suas frases, essa prosa se deixa infiltrar, esporádica, mas decisivamente, pelas crispações do presente, ao adotar como eixo de enunciação o crucial ano de 1935, quando, com o fechamento da Aliança Nacional Libertadora (ANL) e a perseguição aos comunistas, são lançadas as bases do que depois será conhecido como Estado Novo. Ao mesmo tempo, uma vez que esse eixo jamais toma frontalmente o centro da cena, que até segunda ordem parece colocar a tônica menos em eventos políticos que nas intermitências afetivas, é curioso notar como o charme irresistível da prosa belmiriana, sempre prestes a temperar e acalmar os arroubos de melancolia com ditos lapidares, acaba, na transversal, quase jogando para escanteio o componente de autoexposição involuntária desse dispositivo, em que a aparente busca da ataraxia e do equilíbrio olímpico torna-se a cifra para um cansado "ora bolas" em face dos desafios da vida. Desafios estes que, no livro, via de regra, funcionam quase como um ruído branco de fundo para as elucubrações do eu, a quem parece faltar a energia necessária para vencer as resistências de si e do entorno. Tema, de certo modo, bastante caro à grande tradição romanesca europeia, de Gustave Flaubert a Marcel Proust – para ficar apenas em dois nomes basilares do paideuma de Cyro dos Anjos –, esse olhar sobre os efeitos reversos da introspecção excessiva, convertida quase num guarda-chuva neurótico contra o tempo e o mundo, torna-se em *O amanuense Belmiro* objeto de reflexões tão ágeis quanto enganosas, e que, exatamente por reconhecerem "as ilusórias permanências da forma, que escondem uma desagregação constante, ainda que infinitesimal", parecem em certos pontos antecipar e tornar ociosa a própria operação de leitura, nisso exemplificando muito bem a vocação autorreflexiva e autocrítica desse polimorfo gênero/canteiro de obras cujo patrono é Cervantes. De outra parte, porém – e aí está talvez um dos grandes pulos do gato dessa dicção em negaceio, que dá a impressão de partilhar com Machado de Assis o deleite em ser incompreendida –, é interessante perceber como o clarão gerado pelo proliferar de "trechos antológicos" se dá a ver como um truque diversionista clamando, talvez, por um leitor-de-boa-casta que não compre tão rapidamente tais saltos generalizantes, e no limite – ou esta é a aposta – seja capaz de recompor, via detalhes esparsos, a turbulência em extracampo.

Retornando sob a forma de marcações pontuais, mas nem por isso menos consistentes, esse pendor a acessar a vida política sempre de viés conhece uma espécie de alívio cômico no trecho em que Belmiro é preso e logo depois solto por um delegado matreiro, para voltar com inigualável contundência, quase no fim da história, quando a tortura que àquela altura já se rotinizava na ditadura Vargas espouca no comentário entre parênteses do amigo comunista do narrador, numa sinistra e certeira contraposição entre o lá e o cá da província ("Aqui pelo menos não há pedicuros. Lá, arrancando as unhas, arrancam da gente o que querem"). Como se vê, a começar pelo sofisticado efeito de implosão formal ativado nesse parêntese, confinando o repto de horror a uma indecisa condição liminar, dentro e fora do texto, não é o que se poderia chamar de um detalhe ocioso; e, ainda assim, que isso tenha passado quase despercebido na recepção das primeiras décadas, ao longo dos quais o nome Belmiro tornara-se quase sinônimo de intelectual absenteísta, dá bem a medida das dificuldades e riscos inerentes a esse gosto pelo olhar de soslaio e pelo dizer-não-dizendo, tampouco parecendo obra do acaso, de resto, que um trecho tão assombroso como esse das unhas sequer seja mencionado e/ou comentado em muitos dos ensaios mais importantes já escritos sobre o romance. Dando azo a um dispositivo capaz, de certo modo, de amortecer seu gume nos intensos efeitos de identificação que gera, aptos a relegar quase a um plano de fundo a inexcedível sutileza com que o livro captura a vibração do tempo voraz, o que se tem aqui, feitas as contas, parece pedir uma leitura apta a apreender o ir e vir desses múltiplos focos se alternando entre o centro e o fundo da cena, constructo em meio ao qual, o tempo todo, a crispação cada vez mais alarmante e perigosa da ditadura que chega opera ao feitio dos bruxuleios da luz vermelha num filme de Fassbinder, impregnando a ambiência de um quarto com o pulsar incessante do que lhe é externo.

Alçado a objeto de disputa em sua vasta fortuna crítica, em que vem, há anos, terçar armas alguns de nossos mais atilados leitores, de Schwarz a Lafetá, de Luís Bueno a Silviano Santiago, essa habilidade de colocar em choque o dito e o implicado, forçando-nos a sempre ler no contrapelo a camada mais epidérmica, aparecerá sensivelmente minimizada no segundo romance de Cyro, *Abdias* (1945), que soa a princípio como uma variante mais aguada de seu antecessor. Num aceno talvez não de todo voluntário ao Mário de Andrade de "Elegia de Abril", para quem "pão e doença, gripe do filho e gravidez da mulher, são hoje para a inteligência os avatares mais fáceis do pior cinismo moral", a prosa passa agora completamente ao largo das sutilezas derrapantes do livro de estreia, no afã talvez de fornecer ao leitor uma âncora empírica mais sólida. Ou, quem sabe, de recuar um pouco em relação ao próprio vazio que escava. A começar pela figura de um protagonista agora casado e pai de três filhos, como que a sugerir uma encarnação mais prosaica e pragmática do burocrata lírico, essa incômoda sensação de *déjà vu*, contagiando trama e atores, é agora exponenciada pelo travejamento bem mais convencional do jogo narrativo, em que o encalacrar-se da escrita sobre si mesma cede vez ao suspense gerado pela peripécia, tendo lugar quando Abdias assume o posto de professor de literatura portuguesa de um aristocrático colégio de moças de Belo Horizonte, e, só para variar, se descobre de novo apaixonado por outra riquinha de boa aparência. Com direito até a uma semideriva dostoievskiana nos trechos em que ele chega a desejar a morte da esposa Carlota – que deixaria então o caminho livre para tentar conquistar Gabriela –, não deixa de ser instrutivo perceber como, em *Abdias*, o desassossego do protagonista com os assaltos do mundo exterior – que já não consegue amortecer com a mesma verve de antes – dá azo à rabugice explícita nas digressões sobre o rádio, o samba e o crescimento desordenado das cidades, sem prejuízo de uns poucos momentos realmente fortes, como a epifania de pacotilha com que o livro se encerra – com Abdias se acreditando momentaneamente redimido pela escuta de Beethoven – ou, ainda, com a brutal elipse em que se dá a morte de Carlota, anunciada na apóstrofe em segunda pessoa que atravessa todo o capítulo 8. Na visada à distância, porém, a impressão é de que – ao priorizar o narrado em detrimento do narrar, e, ato contínuo, tentar dar feição menos esbatida aos temas da corrosão do tempo e do bloqueio da vontade – o estilo se vê aqui reduzido a um repertório de tiques e estilemas mais facilmente reconhecíveis, tentação que responde pela quase unânime frieza da recepção desse segundo romance. Mas desta, de certa forma – diga-se a seu favor –, o autor buscará valentemente se desvencilhar no seu terceiro livro, *Montanha* (1956), tendo por trave-mestra, agora, a resistível atenção de um político velhaco, Pedro Gabriel, às voltas com o projeto de eleger-se governador da província imaginária do título.

Passando de novo bem ao largo da excelência do seu livro de estreia, esse curioso afresco de vozes, à moda John dos Passos, acompanha as peripécias amorosas e eleitoreiras de uma figura vagamente inspirada no ex-governador de Minas, Benedito Valadares, autor de uma das frases-epítome da cordialidade brasileira ("Aos amigos tudo; aos inimigos a lei"). Retratando a política como um jogo de soma zero em que no final sempre predomina a conciliação-por-cima, o livro tem seu grande calcanhar de Aquiles, decerto, no uso não exatamente inspirado do discurso indireto livre, que, ao fundir as perspectivas de narrador e personagem, e tentar fazer com que um emule, corroendo por dentro, os autoenganos do outro, raramente consegue atravessar o nível da platitude na reconstrução das tramoias de bastidores, cujo detalhamento poderia ser muito bem substituído por um stendhaliano "etc.". No deserto que compõe a paisagem do livro, porém, em que à ausência mais que justificável do próprio povo, reduzido a uns poucos e constrangedores apartes pitorescos aqui e ali, se soma o *pedigree* rebarbativamente udenista do seu "herói positivo" Tadeu, os raros momentos de interesse ficam, sem dúvida, por conta da solitária voz dissonante de Ana Maria ou Naná, a "maluquinha de Catas Altas", leitora de Nietzsche e Woolf, moça de ideias modernas que acaba se tornando amante do Pedro Gabriel. Louvada por 9 entre 10 leitores de *Montanha* como o ponto alto do livro, Ana come pelas bordas do texto nas desabusadas inserções do seu diário, em que, bem à diferença de Belmiro, o baixo contínuo da depressão e da falta de sentido coexistem com uma revigorante capacidade de rir de si mesma, num *staccato* que vale como pequeno sismógrafo das reviravoltas e erratas do próprio desejo, em que a paixão é ora um mero artifício para tamponar o tédio, ora o traiçoeiro efeito de superfície de um sufocante *agon* mimético à la René Girard. Retornando, quase em surdina, no estonteante anticlímax com que o romance se fecha, com Ana internada num sanatório, aos frangalhos, para tratar uma tuberculose, é certo também que, se não chega a salvar o livro do naufrágio, a pequena porcentagem dessas aparições é o que basta para confirmar a posição de Cyro como um dos nossos grandes mestres modernos da escrita de si, atestando uma versatilidade que dificilmente poderiam fazer entrever os 2 volumes anteriores. E isso ao mesmo tempo deixa também – àqueles dados a especular sobre a literatura no futuro do pretérito – um vago amargo na boca pelo extraordinário livro *in potentia* que o romancista não escreveu.

Para um autor cuja obra parece casar-se à perfeição com o velho mote bandeiriano da "vida que podia ter sido", esse resultado não deixa de ter lá a sua justeza, com a crucial diferença de que a ambiguidade que emerge em Belmiro como truque virtuosístico, ativando um jogo de morde e assopra com as complacências e desistências do narrador desfibrado, torna-se no segundo e terceiro livros indício de uma (relativa) falta de domínio sobre a matéria, delineando um périplo no qual, a rigor, os momentos mais interessantes e inusitados são justo aqueles em que o texto dá a impressão de fugir ao controle narrativo. Coincidência ou não – pois difícil saber até que ponto cada obra tenta responder ou suplementar às perguntas em aberto da outra –, não há dúvida de que muito do que soa como indefinido e tateante, nesses livros do miolo, irá retornar como uma síntese em espiral na derradeira obra de Cyro, *A Menina do sobrado* (1978), dividida entre uma seção dedicada à infância na fictícia Santana do Rio Verde e outra cobrindo seu *coming of age* na BH dos anos 1920 e 1930. Um pouco na esteira do que diz o narrador proustiano sobre o Septeto de Vinteuil, peça póstuma que retoma e ressignifica os trechos "marca registrada" de suas antecessoras, esse agradável e tardio livro de memórias aparece, em certos momentos, como um exercício de engenharia reversa, desvelando as costuras por trás dos outros volumes, conciliando a exploração hiperbólica do passado imperfeito, capaz de conferir uma ressonância a um só tempo mítica e inacabada ao que se perdera, a preciosas digressões sobre os inícios do modernismo, com sua "guerra ao luar", ou sobre o duvidoso status de Anatole France enquanto modelo estético. Desmanchando-se, sem pressa nenhuma, por assuntos aparentemente frívolos – e chegando ao desplante de convocar ninguém menos que Denis Rougemont para desmistificar seus amores seresteiros –, o livro ganha uma especial contundência na brusca mudança de tom instaurada no trecho da falência do pai, efeito que retornará depois, em dose reforçada, no implacável acerto de contas que ocupa todo o penúltimo capítulo, quando a estabilidade proporcionada pelos vários cargos públicos se dá a ver com a morte a conta-gotas do Cyro escritor. Vazado numa prosa muito mais direta e sarcástica do que se costuma associar ao romancista, é certo que, entre as ousadias mais dignas de nota que o livro comete, um destaque cabe, sem dúvida, ao desassombro quase sem alarde como, em vários trechos, o texto desvela o caráter de segundo grau do gênero que pratica, ao mostrar as paixões amorosas como sempre já sobredeterminadas por um cabedal de leituras prévias, que conferem uma esquisita ironia dramática à narração de eventos no passado remoto. Diferentemente, portanto, da distância mínima associada à convenção do diário – em que a escrita é como um mecanismo defensivo apaziguando os sacolejos e trombadas da vida –, o que vai tomando agora corpo, no saldo geral, é uma prosa marcada por uma vigilância ao mesmo tempo paroxística e dissimulada, mas em que as sucessivas piscadas de olho ao leitor hipócrita – por vezes convidado a brincar de identificar qual trecho da *Recherche* o narrador estaria emulando – ganham uma feição especialmente contundente, por exemplo, quando, ao mencionar, meio *en passant*, uma "página de Drummond", o autor nos chama a atenção para o caráter artificioso e pouco confiável das frases e citações célebres, que ele próprio confessa colecionar com gosto desde a juventude. Surgindo pouco depois da digressão entre crítica e amorosa do famigerado Anatole, mas, na mesma tacada, funcionando também como um tardio convite a ler com certa pitada de sal os trechos de antologia, dele e de outros, não é exagero dizer que, ainda que ou talvez justamente devido à sua hiperconcisão, esse aparte dá a impressão de matar muitos coelhos de uma vez só, num gesto que é tanto uma cutucada intempestiva em vários *Diktats* modernistas – na desconfiança da velha eloquência e do falso brilho das chaves de ouro – como à própria condição de guia e sujeito-suposto-saber ocupado, na vida e obra de Cyro, pelo autor de *Claro enigma*, posição aliás explicitamente reconhecida no próprio corpo do texto desse livro-testamento.

O impressionante, entretanto, é que, mesmo sendo isso tudo varrido para baixo do tapete, umas poucas linhas depois – quando esse mesmo eu confessa-se, *pace* Drummond, um desenfreado consumidor de pedras de toque –, ainda assim, o pequeno, quase imperceptível desvio que se deixa aí entrever resta, por si só, como um belo exemplo da mão inigualavelmente leve com que essa prosa tece e destece os seus próprios desenhos, criando assim um discreto jogo de espelhos entre suas partes disjuntas. Adquirindo por vezes a feição um tanto enervante de um obsessivo vai-não-vai entre dito e não dito, em que mesmo fraquezas e pontos cegos mais notórios emergem como os cristais quebrados, dando a ver de relance a estrutura do todo, esse pequeno conjunto de textos que hoje de praxe associamos à assinatura "Cyro dos Anjos" mantém-se, por essas e outras, como um poderoso olhar de esguelha sobre o cadenciar desigual e combinado da experiência social brasileira, sedimentando-se num jogo de alavancas que, com seu gosto por lépidas simetrias e azeitadas formulações lapidares, tem sempre o tato de resguardar ao leitor a tarefa de distinguir, por sua própria conta e risco, essencial de acessório, figura de fundo, num traçado que não raro esgarça quase ao limite da ruptura a linha que vai da confissão ao autoengano – e vice-versa. Operando quase como uma referência de regularidade em meio aos extremos arrancos e lentidões ditando de longe seu ritmo, entre os maiores e mais desconcertantes apelos dessa prosa, impossível não realçar, por isso mesmo – e não creio que se trate apenas de efeito casual –, o tato como, no contrapé da reconfortante impressão apolínea que tende a provocar à distância, há nela, em *ostinato,* sempre um leve efeito de desencaixe, perturbando de dentro a sua disposição em camadas, aqui devidamente disfarçadas numa pátina que, com sua compulsão a aparar todas as arestas, e insistentemente envelopar em frases memoráveis os solavancos do Mundo, não é senão o mais arrematado sintoma da própria matéria intratável sobre a qual deveras finge triunfar. •

SUGESTÕES DE LEITURA

ANDRADE, Mário de. *Aspectos da literatura brasileira.* Belo Horizonte: Itatiaia, 1976.

ANJOS, Cyro. *O amanuense Belmiro.* Belo Horizonte: Itatiaia, 1978.

BUENO, Luis. *Uma história do romance de 30.* São Paulo: Edusp, 2008.

MIRANDA, Wander Melo; SAID, Roberto (org.). *Cyro & Drummond*: correspondência de Cyro dos Anjos e Carlos Drummond de Andrade. São Paulo: Globo, 2012.

SCHWARZ, Roberto. *O pai de família e outros ensaios.* São Paulo: Editora 34, 1978.

DARCY RIBEIRO

HELENA BOMENY

UM MINEIRO LATINO-AMERICANO. Essa qualificação pode surpreender pela associação do autor, Darcy Ribeiro, com os sentidos conferidos culturalmente à "mineiridade", ou ao jeito de ser mineiro. Dificilmente alguém, razoavelmente informado, associaria Darcy Ribeiro às marcas de distinção atribuídas aos mineiros. Reserva, moderação, prudência, silêncio calculado, astúcia na convivência e um conjunto mais de atributos dos quais nosso personagem se distanciou em sua exposição pública. No entanto, vem das Minas Gerais o Darcy aqui recuperado. De sua Montes Claros, passando por Belo Horizonte na frustrada tentativa de cursar Medicina (por amor à mãe), chega a São Paulo onde se forma como etnólogo na Escola Livre de Sociologia e Política, em uma turma que o abrigou ao lado de dois jovens companheiros talentosos que se tornaram ilustres: Oracy Nogueira (1917-1996) e Florestan Fernandes (1920-1995).

Nascido em 26 de outubro de 1922, Darcy era filho de Reginaldo Ribeiro dos Santos, farmacêutico, e de Josefina Augusta da Silveira, dona Fininha, professora primária. Em Montes Claros passou a infância e a adolescência. Ali cumpriu os estudos fundamental e secundário no Grupo Escolar Gonçalves Chaves e no Ginásio Episcopal de Montes Claros, respectivamente. Aos três anos ficou órfão de pai, pequeno industrial, indo morar com a mãe na casa de seus avós maternos, conforme relato do próprio intelectual: "Fui órfão de pai aos três anos, o que é muito confortável já que não houve quem me domesticasse. Fui feito dessa ausência e de outra, que é não ter filhos. Como não fui domesticado e não domestiquei ninguém, fiquei com um espaço de liberdade que poucos têm...".

Quando, em suas memórias, Darcy recupera os (des)caminhos de sua formação, traz à tona o tempo da faculdade de Medicina marcado por escapadas frequentes para outras leituras que não as recomendadas para essa formação. Adentrava o Brasil pelos intérpretes que foi cultivando. Entre eles, Manoel Bomfim (1868-1932) deixou marcas profundas e definitivas na forma de pensar daquele que, adentrando (pela literatura) as profundezas do que seria o povo brasileiro, associou tal compreensão ao alargamento do escopo geopolítico, tendo na América Latina um ponto de referência balizador de suas reflexões. Darcy ampliou em dupla dimensão o esforço de compreensão do Brasil: incorporou definitivamente os povos originários como parte integrante da formação do país, estendendo seu quadro de referência com a vinda dos africanos aqui aportados pela violência da colonização. Refinou sua teoria do Brasil com a inserção do país no conjunto dos países irmanados por características que os marcaram como povos ainda em processo de autonomização. Indígenas, pretos e latino-americanos incluídos na constituição nacional. Seu mergulho no país pela literatura provocou nele uma aproximação incomum ao ser brasileiro. Éramos produtos de cruzamentos definitivos que nos fizeram como somos – os africanos, os indígenas e os portugueses conquistadores mesclaram-se na população pela violência do contato prolongado, produzindo traços que se incorporaram definitivamente, sem que os controlássemos racionalmente. Extravasaram pela comida, pela música, pelo ritmo, pela fala desordenada, pela oralidade incontida. Antropólogo, adentrou o país como poucos intelectuais, e foi nessa imersão que se inseriu no cosmo latino-americano. Sentimento que se consolidou definitivamente com o exílio no Uruguai, logo em 1964 – quando foi forçosamente interrompida sua vida política nacional –, e a partir do encontro com intelectuais com os quais teceu laços de cooperação e amizade mantidos ao longo da vida.

A chegada de Darcy ao Uruguai é dos acontecimentos típicos de sua maneira de se colocar no mundo intelectual e político. Em pouco tempo, já participava das discussões sobre os rumos dos países latino-americanos, mas também concretamente de projetos específicos, como os que nortearam as reformas universitárias em mais de um dos países irmãos. Deixava Brasília, a nova capital do Brasil, imbuído do protagonismo na construção da Universidade de Brasília (UnB), experimento que mesclava utopia e reparação. Utopia pela crença de que a universidade seria a porta à civilização que aquele projeto ousado de Juscelino Kubistchek pretendia - autônoma, inventiva, livre e amante do conhecimento mais avançado —, experimento chancelado pela ciência e pela arte. Além de pensá-la como esforço de reparação em memória à iniciativa dos liberais décadas antes, a Universidade do Distrito Federal (UDF), concebida em 1935 e fechada em 1939, pela canetada do ministro Capanema na ditadura do Estado Novo de Vargas. Anísio Teixeira simbolizava e dava sustentação a essa ambição. Esteve pessoalmente envolvido liderando ambos os experimentos.

Historicamente, o Brasil lida com dificuldades quando se trata de inserção no contexto da América Latina. Um desconforto e um estranhamento que vêm sendo tratados na literatura em momentos variados. Desconforto prolongado e sempre atualizado. A pesquisa de Bernardo Ricupero é base sólida para compreendermos a estranheza do Brasil frente aos países irmãos, e também o largo tempo histórico, período extenso de quase um século de busca, de obsessão por definição, inquietação sobre a identidade de um continente sem cara própria, como acabou sendo percebida a América Latina, cantada e mobilizada na escrita de historiadores, cronistas, poetas, escritores, sociólogos e economistas. Esse balanço impressionante foi primorosamente construído por Carlos Altamirano em *A invenção de nossa América*.

Como entender a América Latina? Como defender identidade a contextos nacionais tão distintos? Como transformar um invento político do século XIX em realidade identitária? O Brasil aparece nesse quadro como ponto extravagante na curva. Um país gigante, continente em dimensão e diferenciação cultural interna, com a matéria-prima da comunicação, a língua, distinta da que portam os demais países. Apenas na aparência português e espanhol são comunicáveis sem dificuldade. Por isso mesmo, aprendemos com Ricupero, as metáforas Ariel, Caliban e Próspero que habitaram a escrita de intelectuais latino-americanos não compareceram da mesma forma no Brasil. Um incômodo que, ao longo do tempo, se traduziu no reconhecimento constrangido de que o Brasil é mais conhecido pelos intelectuais dos países hispânicos do que o contrário. Há uma assimetria nessa troca em desfavor do Brasil, com raras e honrosas exceções. E ainda um dilema inquietante: quando em convivência mais estreita na América saxã, sentimo-nos, os brasileiros, latino-americanos; na convivência costumeira no Brasil, o sentimento de separação é definitivo, nem tanto por nos sentirmos maiores ou melhores, mas por percebermos que não fazemos parte e não temos em nossa agenda de interlocução parceiros dos países da América hispânica. Um sentimento diferente do que se nutre nesses países de língua espanhola, a despeito das singularidades nacionais.

Diante de todo esse reconhecimento, certamente por parte também de Darcy, de que se utiliza nosso autor para defesa veemente de uma América inclusiva, à qual ele próprio chamou "Pátria grande"? Minha hipótese é de que tal defesa vem da mescla entre o sentimento antropológico de perceber na cultura dos diversos países traços comuns como os que o historiador norte-americano, Richard Morse, percebeu quando olhou para a nossa América não saxã e o imperativo político de um intelectual público comprometido com os destinos da nação. Tratava-se de região de intensa mestiçagem, bastante diferente da intransigente América do Norte, obcecada com pureza racial e que, por conta disso, não passaria de um prolongamento da Europa.

A singularidade da América do Sul ganhou a força discursiva dos intelectuais concentrada na crença da raça nova proveniente da miscigenação, "a moeda latino-americana". A defesa da originalidade universalista que esta América ao Sul oferecia como contraponto à racionalidade norte-americana orientou a perspectiva de Morse, atribuindo a esta cultura menos racionalizada dimensão humana mais espontânea, solidária, ousada, comunitária. Era como se, ao individualismo radicalizado do Norte, a América do Sul contrapusesse um comunitarismo movido por crenças, sentimentos e valores específicos. Darcy Ribeiro, entretanto, talvez se inclinasse menos por uma aposta tão otimista como a que Morse sugeriu em termos de possibilidades civilizatórias. A despeito de reconhecer a capacidade de movimentação que a miscigenação teria trazido aos países, forjando um padrão de interação distinto, mais humano talvez pela mistura, Darcy conhecia perfeitamente e denunciou ao longo da vida intelectual a crueldade com que tais processos se deram. A elite tratou os populares como carvão, bradava, queimando-os até o esgotamento. Tal reconhecimento não arrefeceu, no entanto, seu compromisso político com relação à integração do Brasil no contexto latino-americano.

Em comum, uma agenda complexa tocava os países da América Latina: como atingir maturidade tendo sido criados por colonizadores interessados mais em subserviência do que autonomia dos que estavam sob jugo? Em dois livros de Darcy, nos aproximamos das questões que o mobilizaram com relação à inserção do Brasil no contexto latino-americano: *América Latina: a pátria grande* (2017) e *A invenção do Brasil* (2021). Os textos são republicações promovidas pela Fundação Darcy Ribeiro em uma coleção Biblioteca Básica Latino-americana. Darcy percorre caminhos e agruras dos índios, negros, brancos e mamelucos que conformaram uma "neo-romanidade" – "resultante da fusão desses milhões de gentes desencontradas". E se pergunta: "como se constrói uma nação contra a vontade e os interesses do povo que a habitava originalmente"? Suas referências balizadoras foram aprofundadas com leitura e releitura dos livros de Manoel Bomfim – um sempre rememorado, *América Latina, males de origem* (1905), e outro ainda mais indicativo, *O Brasil na América* (1929).

O que unia os países e os fazia comparáveis era o processo de colonização e a luta perene por autonomia e autodeterminação. Desse esforço compreensivo, Darcy proporá quatro configurações histórico-culturais que distinguiriam as respectivas posições dos países na América Latina: **1.** *Povos testemunho*, resultantes do choque do invasor europeu com as altas civilizações asteca, maia e incaica. Nesse modelo, jamais teria sido produzida uma síntese viável entre indianidade sobrevivente e os crioulos hispânicos. **2.** *Povos novos*, onde se processaria a confluência de índios tribais, negros escravos e brancos ibéricos mobilizados para plantações tropicais, exploração de produtos florestais ou de minas e metais preciosos. Um tipo étnico inteiramente novo resultou dessa confluência. **3.** *Povos transplantados*, como a América saxônica e o Canadá. Meras implantações europeias em terras americanas, como são também a Austrália e a Nova Zelândia. Argentina e Uruguai foram aqui incluídos, a despeito de terem se constituído como povos novos, foram depois transfigurados pela enormidade da avalanche imigratória que sofreram. E, finalmente, **4.** *Povos emergentes*, os indigentes que começam a se alçar no seio dos povos testemunho, aspirando à autonomia nacional.

Um sentimento de inferioridade diante da metrópole colonizadora parece ter se espalhado por todas as unidades nacionais. E foi nessa percepção e com esse compromisso que Darcy Ribeiro abraçou a causa da inclusão do Brasil entre os países que teriam que lidar permanentemente com as questões postas à periferia dos grandes centros. Encontrar seu espaço e se impor em uma conjuntura de desigualdades flagrantes foram bandeiras de décadas, espécie de refrão constitutivo de uma vida pela e para a política desse mineiro, intelectual público engajado, movido pela paixão e pela utopia. Na Escola Livre de Sociologia e Política, ouviu do mestre norte-americano Donald Pierson um diagnóstico que talvez sirva para nossa conclusão: "Seus melhores alunos, Oracy, Florestan e eu, tinham, para seu paladar, um detestável sabor comunista", nos conta Darcy em *Confissões*. A combinação de política com cultura, que foi se apurando ao longo dos anos, se traduziu menos em fidelidade partidária, ou fidelidade ao Partido Comunista, e mais em compromisso de inclusão do popular e dos menos afortunados como matéria-prima de ação política e reflexão intelectual. O esforço de inserção do Brasil na "Pátria Grande" é mais uma demonstração dessa obsessão política culturalmente informada. ●

SUGESTÕES DE LEITURA

ALTAMIRANO, Carlos. *A invenção de nossa América*. Obsessões, narrativas e debates sobre a identidade da América Latina. São Paulo: Edusp, 2023.

BOMENY, Helena. *Darcy Ribeiro*. Sociologia de um indisciplinado. Belo Horizonte: Editora UFMG, 2001.

BOMENY, Helena; JOSIOWICZ, Alejandra. O exílio de Darcy Ribeiro e Ángel Rama: intelectuais, cultura e política na América Latina. *Interseções*, v. 19, n. 2, p. 320-346, 2017.

RIBEIRO, Darcy. *América Latina*: a pátria grande. 3. ed. São Paulo: Global, 2017.

RICUPERO, Bernardo. *Entre Ariel, Caliban e Próspero*: dilemas da identidade (Latino) americana pensados a partir do Brasil. Tese de Livre-docência – Universidade de São Paulo, São Paulo, 2021.

ELEIÇÕES

FERNANDO TAVARES JR, CELI SCALON
E BRUNO P. W. REIS

É TRADICIONAL SE OUVIR E FALAR QUE "eleição no Brasil se decide em Minas", ou que "Minas define o resultado das eleições nacionais", e ainda que "quem ganha em Minas, ganha a eleição". Minas Gerais ocupa um lugar histórico, estratégico e folclórico na política nacional. Para além do que se assentou como senso comum, é possível identificar um lastro substantivo que justifica a mitologia em torno desse lugar especial que essa província ocupa na dinâmica geral da política brasileira.

Primeiramente, cabe inverter a direção causal: não é que ao ganhar Minas se ganhe a eleição nacional, mas, ao consolidar-se majoritária nacionalmente, uma candidatura também tende a vencer em Minas. Há um amálgama sociodemográfico em Minas que é suficientemente diversificado e no qual é factível identificar elementos de diferentes regiões, culturas, segmentos econômicos e sociais do país; muitos deles se expressam, aproximadamente, nas diferentes regiões de Minas. A relativa centralidade geográfica do estado, ponderada e refletida também demograficamente nas fronteiras de Minas com o Nordeste, o Centro-Oeste, e o eixo Rio-São Paulo, produziu, e produz, um ecossistema de transições entre diferentes imagens que o Brasil tem de si mesmo e da compreensão do que é ser brasileiro, ou "[d]o que faz o Brasil, Brasil".

Talvez se desenvolva, então, uma propensão histórica, social e cultural que converge para algum denominador comum, algum processamento de elementos de variadas partes que acaba por gerar "essa cara de Brasil": difuso, profundo, guardando ressonância com esse mosaico heterogêneo de paisagens sociodemográficas, socioeconômicas, estruturais de diferentes sub-regiões. Em toda parte, será possível identificar algum estado ou província como uma espécie de "distrito mediano", como se dá notoriamente nos Estados Unidos, onde esse status era até há pouco associado ao Missouri e, mais recentemente, a Ohio: estados que estão entre os que mais "acertam" o resultado da eleição presidencial.

Soma-se o fato de que um estado tão diversificado como Minas Gerais dificilmente permitirá a formação de hegemonias políticas mais tendentes aos extremos ideológicos ou às polaridades políticas. Eventuais hegemonias tendem a se formar em termos mais moderados. Há no Brasil estados com histórico viés político mais claro numa direção ou outra. Não é o caso de Minas Gerais. Sua história é de moderação, de transições sem rupturas, de negociação e diálogo entre um campo político e outro. Esse mosaico heterogêneo tende a empurrar o vetor principal da política dessa peculiar província para algum tipo de posição intermediária. Forma-se, num território com essa natureza, uma elite política própria que se habitua ao papel de mediação entre inclinações diversas de regiões diferentes num ecossistema político heterogêneo que pode se tornar mais estruturalmente dependente de acomodações internas, o que se relaciona também com a propalada capacidade de acomodação e compromisso.

O que, por vezes, é atribuído a uma mera coincidência ou sorte, talvez tenha relações estruturais com a geografia, a demografia, a história e a configuração social de Minas Gerais, que levam à constituição de um ecossistema sociopolítico que induz ao exercício do diálogo. Para além da mera geografia, ou mesmo da heterogeneidade de um país refletida em um de seus estados, há, também, sua formação social e política. O tema da formação social é caro ao Brasil e a Minas Gerais, sendo relevante na interpretação e na percepção de processo, com todas as "dores de crescimento" que uma sociedade em formação experimenta. Não é que Minas Gerais cause um efeito específico sobre o Brasil, mas antes a formação social brasileira se reflete de maneiras diversificadas em Minas Gerais, tornando essa parte do país, talvez, seu melhor espelho. O protagonismo nesse processo está dividido entre diferentes atores: o Estado; o empreendimento privado, com suas bandeiras; o comércio e seus variados mercantes que até hoje se espalham e mantêm vivos os municípios; a agricultura, desde o café e o leite até as novas culturas de cerrado; a indústria; o extrativismo e a mineração; a sociedade civil; as igrejas; as universidades – Minas Gerais é onde mais há Instituições Federais de Ensino Superior e algumas das mais antigas –, além de muitas outras interações e determinações. Minas é, também, terra produzida com violência, com a brasilidade em seu sentido negativo de desigualdades e exploração, e até mesmo nesse fenômeno se encontra um cenário de protagonismo plural e heterogêneo: não há um mote único que lidere, que mova o "trem da história" regional. A "matreirice" atribuída aos mineiros seria pouco esperada numa terra de mineradores, ocupada há menos de 300 anos por descendentes de uma corrida do ouro que, certamente, se deu com sua brutalidade típica. Concomitante a essa corrida, ocorreram migrações diversas para os sertões, que povoaram um lugar literário/mítico importante para a formação e a compreensão do Brasil profundo e para o funcionamento operacional de sua política.

Pode-se, assim, compreender o papel (também simbólico) de Minas Gerais como o espaço do diálogo, da mediação, e não da polaridade. Entendida a Nova República como um ciclo que se inicia em 1985, terá sido fundada por Tancredo Neves, passando inopinadamente por Itamar, Fernando Henrique e Lula, com Minas Gerais sempre em posição central em sua articulação. Primeiro, e de maneira emblemática, com Tancredo, artífice da transição democrática. Depois com Itamar, que ascende ao poder a partir da vice-presidência e convida o PT para a composição de um governo pós-impeachment, recebendo uma negativa que talvez tenha sido pedagógica para o próprio PT, que depois se reaproxima de Itamar para a articulação da chapa Lula/José Alencar, o vice-presidente também da Zona da Mata de Minas. Houve um período longo em que a política mineira ajudou a amenizar as polaridades nacionais, contribuindo para a estabilização da Nova República.

Num sistema como o do Brasil, com 150 milhões de eleitores, toda eleição nacional acabará se refletindo, como um microcosmo, na disputa em Minas Gerais, essa constelação de possibilidades em que não basta convencer as camadas urbanas, mas é preciso dialogar com o interior, com a pluralidade de camadas populares, seus muitos sotaques e formas de pensar e de se identificar como brasileiro. Na "hora H", a decisão de toda eleição nacional vai ter que passar pelo estado de Minas Gerais, como o segundo maior colégio eleitoral do país e, por certo, o mais diverso. Não é que o Brasil reflita Minas, mas, antes, Minas reflete o Brasil. O Amazonas, por exemplo, também apresenta resultados estaduais similares aos nacionais, mas não tem o mesmo peso demográfico de Minas Gerais, sua heterogeneidade, sua projeção especular e sua centralidade no território. Vale lembrar que a região Sudeste reúne mais de 40% da população brasileira.

Minas são muitas e, por serem muitas, contêm o Brasil: seus pecados e seus dons. Tamanha diversidade faz das Geraes o lócus para o qual todas as atenções se voltam durante a contagem de votos para a eleição presidencial. Minas Gerais foi sempre central na formação da República, notabilizando-se por políticos forjados na arte do diálogo e da negociação, habilidade que tem sido tão desqualificada em tempos recentes. Resistirá à onda de polarização que cresce no Brasil e no mundo? Neste mundo partido, no qual a política se tornou sinônimo de conflito e silenciamento, cancelamento e destruição do outro?

Quem vencer em Minas, vence no Brasil? Vença quem vencer, que vença sempre Minas, e prevaleça a arte da conciliação e do compromisso, mineiro e da matreirice da província, sobre o conflito aberto e a arrogância dos polos que dominam a política contemporânea. •

SUGESTÕES DE LEITURA

DAHL, Robert A. *Polyarchy*: participation and opposition. New Haven: Yale University Press, 2008.

DE SOUZA, Cíntia Pinheiro Ribeiro et al. Envolvimento dos brasileiros com as eleições: votos brancos e nulos nas eleições presidenciais e proporcionais no Brasil (1994 e 2014). *Estudos de Sociologia*, v. 26, n. 50, 2021.

DIAS, Rodrigo Francisco. Tancredo Neves e a redemocratização do Brasil. *Temporalidades*, v. 7, n. 3, p. 249-274, 2015.

SPECK, Bruno Wilhelm; PEIXOTO, Vitor de Moraes. Participação eleitoral nas disputas nacionais, estaduais e municipais no Brasil (1998-2020). *Revista Brasileira de Ciência Política*, v. 39, p. e258449, 2022. Disponível em: https://doi.org/10.1590/0103-3352.2022.39.258449.

ELIZABETH BISHOP & HELENA MORLEY

PEDRO MEIRA MONTEIRO

AO SER ESCOLHIDA "AUTORA HOMENAGEADA" de um grande festival literário, em 2020, Elizabeth Bishop (1911-1979) foi alvo de uma enxurrada de críticas, que ora recaíam sobre sua simpatia inicial pelo golpe de 1964 no Brasil, ora sobre sua condição de estrangeira e, ainda mais, estadunidense. Curiosamente, pouco se falou, à época, de seu interesse por personagens marginais, o que por sua vez nos leva, por vários caminhos, a Minas Gerais.

Na história da literatura brasileira – se a quisermos menos provinciana e menos restrita à produção de autores "nacionais" –, é possível ler um poema como "Manuelzinho", escrito por Bishop na década de 1950, ou então "O ladrão da Babilônia", da década seguinte, como contrafações poéticas da célebre crônica "Mineirinho", de Clarice Lispector. Em ambos os casos, mulheres brancas e próximas de círculos sociais privilegiados se escandalizam com a violência latente que viceja sob a capa de bonomia atribuída à sociedade brasileira.

Bishop tem entre si e os empregados que vê a seu redor – seja em Petrópolis, no Rio de Janeiro ou em Ouro Preto, onde também viveu – um verdadeiro fosso, que elabora com bastante sutileza em seus escritos. Para além do contexto politicamente adverso que marcou a recusa e a desistência de seu nome para a homenagem no festival literário, é possível perguntar se o desejo de se distanciar de Bishop não seria também o sintoma de uma resistência a compreender o olhar estrangeiro quando ele recai em profundidade sobre temas e ideias muitas vezes protegidas pelo pronome "nossas".

Seja nas montanhas de Minas ou na serra de Petrópolis, Bishop viu, como poucos de seu meio, a iniquidade da formação social brasileira. Os comentários de cunho racista e reacionário que se encontram aqui e ali em sua correspondência complicam a imagem dessa mulher que, afinal, se interessou imensamente por alguns autores brasileiros, assim como se apaixonou por uma brasileira.

Uma forma de acercar-se do problema passa pela literatura produzida a partir de Minas Gerais. É que Bishop nutriu grande admiração por Helena Morley (1880-1970), que ela conheceu pessoalmente em meados da década de 1950, num encontro no Rio de Janeiro, cidade que, em sua descrição, transforma-se numa espécie de espelho embaçado do *Deep South* norte-americano. É o que se pode ver na introdução que Bishop escreveria para sua própria tradução de *Minha vida de menina*, diário em que Morley narra sua adolescência em Diamantina, entre os anos de 1893 e 1895, e que Alexandre Eulálio sugere já ter nascido um "clássico".

Em sua introdução, dirigida ao público anglófono e publicada nos Estados Unidos em 1957, Bishop recorda a recente visita à então velha Helena Morley, de quem se aproximara graças ao círculo de amizades de Lota de Macedo Soares. É o que se lê aqui, na tradução de Paulo Henriques Britto:

> A senhora Brant, ou dona Alice, como vou chamá-la, seguindo o costume brasileiro (tanto "Helena" quanto "Morley" são nomes da família inglesa de seu pai), mora atualmente num casarão na Lagoa. É um bairro exclusivo. A casa, coberta de estuque, com telhado de telhas, é cercada de canteiros, palmeiras e oito árvores frutíferas, com uma casa para os criados e uma horta nos fundos. É separada da rua por um muro de estuque e portões de madeira. Por vezes há um Cadillac grande estacionado no terreno, e o chofer mulato usa um boné branco de iatista: o Cadillac, o chofer e o boné branco

> estão todos na moda atualmente no Rio. Perto da casa elevam-se os extravagantes morros do Rio, e do outro lado da lagoa destaca-se a Pedra da Gávea, cujo nome foi dado pelos exploradores portugueses do século XVI por se assemelhar ao mastaréu de seus navios.

Como em outros textos de Bishop, a descrição parece simples, mas há nela insuspeitada complexidade. A nomenclatura da paisagem carioca evoca a conquista europeia, com a Pedra da Gávea dominando a paisagem, como a própria poeta faria em ponto pequeno em seu texto, ao dominar também a cena, descrevendo sua entrada nos domínios da autora do diário, transformada agora em "Senhora Brant" pelos laços de casamento.

O marido de Helena Morley – aliás, Alice Dayrell Caldeira Brant –, o elegante Augusto Mário Caldeira Brant, merece um retrato algo ambíguo de Bishop. Amável e inteligente, ele controla cada passo da esposa, que parece limitar-se aos afazeres domésticos e a uma relação com os empregados capaz de lembrar sua relação com as crianças da casa.

É possível projetar, sobre o paternalismo doméstico da alta sociedade carioca dos anos 1950, uma estrutura algo semelhante à que regia o sul dos Estados Unidos, por sua vez uma realidade em grande parte "estrangeira" à própria Bishop, nascida e educada no nordeste de seu país, assim como no Canadá: mundos próximos e distantes, num único tempo.

Os sinais da proximidade já estão dados na figura do chofer em seu uniforme pristino, assim como no ambiente distinto da grande casa na Lagoa Rodrigo de Freitas. Os empregados são figurantes, mas Bishop guarda sempre uma palavrinha para descrevê-los ou anunciá-los, mesmo que a um canto, como que escondidos. O passado e a presença da escravidão nunca passam desapercebidos. O fascínio que lhe suscitou o diário de Morley, que fora publicado em 1942 no Brasil, tem a ver com a sensação de uma estranha familiaridade, mescla de alegria e tristeza, tudo parecendo "eternamente verdadeiro" no relato da adolescente lido pela poeta estrangeira.

Ainda em sua introdução, Bishop informa que as alunas do colégio Sacré-Coeur, no Rio, eram presenteadas todos os anos com um exemplar do livro de Morley. Até aí, poderia tratar-se das anotações inofensivas de uma garota. Mas Bishop sugere que outra coisa brilha nos diários, como no caso daquelas "referências à escravidão [que] me pareciam apontamentos para uma versão jamais escrita — brasileira e feminina — da história de Tom Sawyer e o negro Jim".

Mais adiante, Bishop parece distraidamente curiosa com o fato de que Georges Bernanos fora, quando exilado com a família em Barbacena durante a Segunda Guerra Mundial, o primeiro estrangeiro a elogiar o livro (em carta, Bernanos compararia Morley a Rimbaud). Muito mais tarde, Roberto Schwarz perfilaria a menina mineira, de ascendência inglesa, como uma "outra Capitu", lembrando a personagem de Machado de Assis que navegava a sociedade patriarcal do Oitocentos fluminense "com discernimento de estadista".

Seja qual for o juízo que se faça de Bishop, seus comentários e sua tradução permitem notar que o mundo pulsava insuspeitadamente nas dorminhocas cidades de Minas, onde, a acreditarmos na imaginação da ávida leitora estadunidense, um improvável Mark Twain, brasileiro e feminino, bem poderia fornecer a chave para a compreensão das relações profundamente desiguais que as sociedades pós-escravistas mantiveram pelo mundo todo, mesmo depois de "abolida" a escravidão.

Pelas mãos de Lota, Manuel Bandeira ou Carlos Lacerda, Elizabeth Bishop adentrou domínios literários distantes do seu, embora neles fosse encontrar, ou projetar, a memória afetiva dos locais onde crescera. Visões ternas lhe recordavam tempos passados, como em sua profunda identificação com a infância de Morley em Diamantina, ou como quando descreve a paisagem rural no sítio de Petrópolis e como a vida ali lembrava sua própria infância na Nova Escócia. Ver-se a si mesma numa paisagem estranha e familiar a leva a considerar-se, enquanto narradora do passado que se entranha no presente, uma "avó de si mesma".

Um de seus livros mais conhecidos, *Questions of Travel*, de 1965, é dividido em duas seções – "Brazil" e "Elsewhere" –, como que figurando a divisão interna que é uma das marcas do cosmopolitismo. O que lembrar e o que esquecer de lugares que se cruzam na imaginação da memória é uma questão que atravessa sua poesia, e isso pode explicar os poemas de Carlos Drummond de Andrade que ela escolheu traduzir ao inglês, aí incluído o fantasmagórico e patriarcal "Viagem na família".

Enquanto nos anos 1950 Bishop mergulhava nos meandros da sociedade de classes brasileira pelas mãos de Helena Morley, nos Estados Unidos o movimento pelos direitos civis arrancava em sua carreira pelo enfrentamento da segregação racial. São muitas as camadas de história mundial e afrodiaspórica que se guardam nesses cruzamentos, especialmente no olhar interessado de Bishop sobre o nada inocente diário produzido pela *leading girl* de Diamantina.

A descoberta das memórias de uma Diamantina recém-saída da escravidão se deu no Rio de Janeiro, mas o fato é que a paisagem mineira iria progressivamente compor o horizonte poético de Bishop. Em 1956, ela foi de avião até a região diamantina em busca de fontes e do vocabulário local. Rodrigo Melo Franco de Andrade lhe forneceria também fotografias, guardadas no serviço do patrimônio artístico. A isso se soma a compra, em 1965, em Ouro Preto, da "Casa Mariana", construída na Vila Rica da corrida do ouro, no século XVIII, e assim batizada por Bishop em homenagem a Marianne Moore.

Todo um mapa de relações se desenha no cruzamento de paisagens a um só tempo concretas e afetivas, tendo a escravidão como referente escapadiço e incontornável. Helena Morley vira na infância, em primeira mão, o "cativeiro" que, como se sabe, deixa sua marca no pós-abolição. "Negros e negras" podiam conviver numa zona de estranha familiaridade, porque "não quiseram sair com a Lei do 13 de maio", sendo sustentados pela avó de Helena, com exceção de um preto considerado "feiticeiro", que ela mandaria embora.

Morley vê e elabora o mundo à sua volta com uma complexidade frequentemente disfarçada sob a prosa adolescente. Seu cosmopolitismo é de ordem afetiva e social, tendo menos a ver com o deslocamento geográfico e mais com a vivência interessada das fronteiras de classe e gênero naquela sociedade em que o trabalho manual era depreciado e o lugar das mulheres era claramente delimitado. Houve quem atribuísse à origem inglesa da família e às raízes protestantes o olhar crítico da menina, mas é sobretudo a simplicidade aparente de sua escrita que a torna bem-posicionada para desmistificar o mundo adulto, criando um efeito de distanciamento meio infantil e cristalino, mas no fundo maduro e formalmente sofisticado. Trata-se de uma observadora que, consciente ou inconscientemente, vê e fala o que os outros não alcançam ou não podem expressar, engolfados que estão na ideologia senhorial que vigora na sociedade mineira em sua mutação lenta.

O desmascaramento da sociedade se dá de forma tão mais irresistível quanto o discurso venha de uma menina que parece divertir-se à custa das contradições, crendices e hipocrisias do universo social em que crescia e que ela olhava com um misto de intimidade e espanto: "surpreendente objetividade e teor de ironia", dirá um crítico, aliás, o mesmo que compara Helena Morley à Capitu de Machado, ambas exímias na arte de se virar numa ordem econômica cuja base social – a escravidão – encolhia ou deixava de existir. Ao fazê-lo, as duas mocinhas colocavam em xeque o arbítrio do *pater familias*, o qual, para manter-se, tinha que reagir e encontrar novas formas para seu domínio sem limites. Segundo Roberto Schwarz, que leva em conta o fato de que Helena Morley era a "prima pobre" de uma família da zona diamantina, Capitu se assemelha à autora do diário porque, como ela (embora no plano ficcional), teria sabido tirar proveito de um momento em que a relativa informalidade das relações sociais parecia anunciar um mundo melhor, potencialmente menos rígido e talvez até menos repressor no plano interno do sujeito.

De fato, Helena Morley é avessa aos formalismos e a quaisquer hierarquias assentadas em bases eternas e inquestionáveis. A Diamantina de sua meninice tem algo de utópico e aberto, ao contrário da sina de Capitu, que morreu soterrada pelo zelo doentio de um patriarca aflito com a própria impotência, que é também a incapacidade de amar o que não está sob seu controle. A utopia e a abertura de uma sociedade nova, que parecia querer emancipar-se e encontra numa menina meio estrangeira sua grande intérprete, se fariam irresistíveis, mais tarde, para Elizabeth Bishop.

Seja como for, vale a pena avançar na linha cronológica e lembrar que o "nosso" talvez seja um tempo em que os empregados e as empregadas silenciosas que atraíram a atenção de Bishop estão começando a se descolar, com maior ou menor ruído, dos quadros em que são apenas as peças escondidas de uma perversa maquinaria social. Resta insistir que é possível enxergar tal questão também a partir do lugar de uma "estrangeira", cuja posição de privilégio é ainda matéria de grande incômodo, como aliás deveria sempre ser, em qualquer canto do mundo. •

SUGESTÕES DE LEITURA

BISHOP, Elizabeth. *Poemas escolhidos*. Sel., trad. e textos críticos de Paulo Henriques Britto. São Paulo: Companhia das Letras, 2012.

BISHOP, Elizabeth. *Uma cidadezinha distante*. A Diamantina de Helena Morley, autora de *Minha vida de menina*. Trad. Paulo Henriques Britto. São Paulo: Companhia das Letras, 2020.

MEIRA MONTEIRO, Pedro; THOMSON-DEVEAUX, Flora. *Textura sonora*: Viagem na família (Drummond). Projeto Minas Mundo, 2020. Disponível em: https://projetominasmundo.com.br/maquinacoes/textura-sonora-viagem-na-familia-drummond/. Acesso em: 13 nov. 2023.

MORLEY, Helena. *Minha vida de menina*. Prefácio de Alexandre Eulálio. São Paulo: Companhia das Letras, 2016.

SCHWARZ, Roberto. *Duas meninas*. São Paulo: Companhia das Letras, 1997.

ELVIRA KOMEL

MARIANA CHAGURI

APONTADA COMO "*LEADER* DO MOVIMENTO FEMINISTA" de Minas Gerais, Elvira Komel foi também a primeira mulher a advogar no Fórum de Belo Horizonte, motivo pelo qual, segundo Afonso Arinos de Melo Franco, "chamava a atenção do público e a má vontade do Juiz". Sua trajetória política foi curta e intensa, abarcando pautas como a escolarização de meninas e mulheres, a igualdade salarial entre homens e mulheres e o voto feminino. No ano de sua morte, 1932, preparava-se para concorrer a uma vaga no Senado Estadual de Minas Gerais, na primeira eleição brasileira na qual mulheres poderiam votar e serem votadas.

Nascida em 1906 em São João do Morro Grande, hoje município Barão de Cocais, é filha do austríaco Josef Ernest Komel e de Marieta Correia Guedes, sendo a primeira de cinco irmãos. Como aponta sua biógrafa Lélia Vidal Gomes da Gama, o pai de Elvira migrou "em busca de melhores condições de trabalho, especializando-se em montagens de usinas elétricas". Não são muitos os registros sobre sua família, mas nota-se que não criou obstáculos à educação e à profissionalização das filhas mulheres.

Entre 1925 e 1929, viveu no Rio de Janeiro, onde graduou-se em Ciências Jurídicas e Sociais na Faculdade Nacional de Direito. Foi no contexto carioca que se aproximou da Federação Brasileira pelo Progresso Feminino e de Bertha Lutz, tendo, no entanto, rapidamente se afastado de ambas e direcionado sua atuação para o âmbito mineiro, em coalizões regionais que procuravam se distanciar da mediação necessária da Federação. Em linhas gerais, esse movimento acompanhava tensões da política nacional, opondo ativistas que julgavam prioritária a construção de zonas de influências locais e alianças regionais, e aquelas que priorizavam vínculos internacionais com outros movimentos de mulheres, sobretudo aqueles com os Estados Unidos. No caso de Elvira, sua aliança principal se deu com movimentos de mulheres gaúchas, especialmente aquelas organizadas em torno de Natércia da Cunha Silveira, repetindo um arco de afinidades que marcou a própria Aliança Liberal.

Procurando posicionar sua trajetória num contexto mais amplo de lutas e debates, ressalta-se a atuação de Elvira no Batalhão Feminino João Pessoa, na Associação Feminina João Pessoa e no I Congresso Feminino Mineiro, todos ocorridos entre 1930 e 1932.

Jornais mineiros e cariocas são as principais fontes para buscar pistas sobre a trajetória de Elvira e reconstruir o contexto de ativismo e mobilização de que ela tomou parte e ajudou a impulsionar. Em 5 de outubro de 1930 – dois dias após a eclosão da Revolução de 1930 –, o jornal *Minas Gerais* divulgou nota assinada por Elvira convocando mulheres mineiras a se juntarem ao recém-fundado Batalhão Feminino João Pessoa: "A postos, pois, patrícias! Esperamos o concurso de todas! Tudo pela Pátria, tudo pelo ideal!". Cinco dias depois, em 10 de outubro, nova nota de Elvira publicada no *Estado de Minas* reforçava ser "preciso o concurso de todas (...) enfermeiras, funcionárias, estudantes (...), cozinheiras, lavadeiras, costureiras (...). Essa é uma causa nacional que exige a cooperação de todos – homens, mulheres, sem distinção sociais, de classe ou cor!".

Assim como se deu em diferentes partes do mundo, a presença feminina em revoluções, guerras e rebeliões acabou por levantar questionamentos sobre o tipo de participação que caberia às mulheres. O Batalhão comandado por Elvira ocupou-se especificamente da confecção de fardamentos, atividade realizada na região central de Belo Horizonte, nas dependências da Singer, fabricante de máquinas de costura. A sala de costuras converteu-se, também, na sede do próprio Batalhão, recebendo simpatizantes, autoridades e, especialmente, tornando-se o endereço postal para o recebimento de telegramas e correspondências de solidariedade ou de adesões ao Batalhão, numa rede que ganhou amplitude e capilaridade dentro de Minas Gerais. Em 4 de novembro de 1930, a edição de *O Jornal* informava que o Batalhão havia recebido "adhesões de muitos pontos no interior do Estado, onde unidades como o mesmo objetivo patriótico foram também constituídas".

Outra frente de atuação das mulheres organizadas no Batalhão foi o cuidado aos feridos, reunindo socorristas ou enfermeiras práticas. Ao contrário do que ocorria nas oficinas de costura, no entanto, foi necessário oferecer treinamento – teórico e prático – para preparar enfermeiras e farmacêuticas, dado o acesso restrito de mulheres à educação profissionalizante e ao Ensino Superior. As aulas eram oferecidas por médicos homens nas dependências do então Instituto do Radium de Belo Horizonte, hoje parte do complexo hospitalar da UFMG.

Assim como ocorreu com a advogada Elvira no Fórum de Belo Horizonte, a atuação da comandante Elvira despertou interesse e solidariedade, mas também animosidade. Ainda que a atuação militar nos fronts de batalha não tenha sido o foco do Batalhão Feminino, a alusão à "mulher-soldado" que não chora e se coloca em ação – segundo os versos do Hino do Batalhão – foi suficiente para despertar um conjunto de representações caricatas de Elvira na imprensa da época, como alusões à "coronela" que estaria subvertendo a ordem familiar, incentivando mulheres a abandonar as tarefas domésticas e se dirigirem aos quartéis.

A iniciativa do Batalhão e sua atuação em outubro de 1930 foram fundamentais para posicionar Elvira – e o conjunto de suas pautas e demandas – na agenda de debates do então Governo Provisório. Para tanto, já no início de dezembro de 1930, houve uma reorientação das ações e, também sob a direção de Elvira, foi fundada a Associação Feminina João Pessoa (AFJP), que funcionaria por meio de centros municipais no interior de Minas e em filiais montadas em bairros de Belo Horizonte. A sessão solene de transformação do Batalhão em Associação ocorreu nos "salões do América Football Club (...). Fizeram-se representar na reunião o sr. Presidente do Estado, pelo seu Assistente Militar (...); o Secretário do Interior, pelo official de Gabinete (...)", conforme se lê no jornal *Minas Gerais* em 4 de dezembro de 1930. Elvira empenhou-se em mobilizar o esforço coletivo realizado por mulheres em prol da Revolução, aumentando sua capacidade de influência junto ao novo governo, local e nacionalmente. O programa que então redigiu para a Associação oferece pistas sobre a agenda política que buscava promover: instrução feminina, direitos políticos de mulheres, profissionalização e independência econômica das mulheres. Seu argumento básico era: se as mulheres agiram pela Revolução lado a lado com homens – como seu Batalhão Feminino atestava –, cabia agora ao Governo Provisório reconhecer a igualdade entre os sexos como princípio cultural, político e econômico.

O ano de 1931 foi marcado por inúmeras ações e iniciativas de mulheres mineiras em termos de ativismo político e institucional, visando garantir espaços para suas pautas e demandas na concretização daquilo que esperavam ser uma República nova. No início daquele ano, Elvira retorna ao Rio de Janeiro para aquilo que chama de "missão diplomático-política", buscando contato direto com ministros, com a primeira-dama, Darcy Vargas, e com o Arcebispo do Rio de Janeiro, Cardeal Sebastião Leme da Silveira Cintra.

A diplomacia de Elvira foi longamente registrada nas páginas do jornal *O Globo*. Em matéria intitulada "O feminismo na futura constituinte", de 4 de fevereiro de 1931, a advogada afirma que retorna a Minas levando "a certeza de que os próceres revolucionários são todos favoráveis às justas pretensões femininas", pois, numa época na qual as mulheres se colocam "a postos ao lado dos combatentes pela Revolução", não seria possível "que nossos homens públicos atuais apresentassem entraves à vitória final da causa feminina". Elvira destaca ainda as reuniões que realizou com Oswaldo Aranha, Francisco Campos, Afrânio de Melo Franco, Lindolfo Collor e Juarez Távora, afirmando ter encontrado em todos o compromisso com "a garantia dos direitos da mulher brasileira".

Retornando a Minas, também ajudou a organizar o I Congresso Feminino Mineiro, realizado entre 21 e 26 de junho de 1931, sob sua presidência e com Darcy Vargas como presidente de honra. Procurando fazer do Congresso uma plataforma que ajudasse a tornar visíveis as pautas dos direitos das mulheres no novo cenário político e institucional do país, Elvira conduziu uma série de atividades preparatórias visando atender a um amplo arco de alianças.

A primeira dessas iniciativas foi a realização de uma "missa em ação de graças pelo êxito do Congresso" na Igreja São José, em Belo Horizonte. A sessão preparatória do Congresso ocorreu no salão nobre da antiga Câmara dos Deputados de Minas Gerais. A sessão solene de instalação, por sua vez, ocorreu no Theatro Municipal de Belo Horizonte e contou com a presença de figuras como o então secretário do interior, Gustavo Capanema; do prefeito da capital mineira, Luiz Penna; e do comandante Feliciano de Andrade, representando Olegário Maciel, presidente do estado. A programação do Congresso seguiu com conferências diurnas no Theatro Municipal e chás dançantes durante as noites no Automóvel Club, também na capital mineira.

Os jornais da época registram que compareceram ao Congresso delegações do Rio Grande do Sul, do Espírito Santo, da então capital federal e de pelo menos 53 municípios mineiros. Na pauta do Congresso estiveram presentes prioritariamente três demandas: 1) conquista do voto feminino e direito à participação política; 2) ampliação da educação de meninas e mulheres em todos os níveis de ensino; 3) capacitação profissional e equiparação da remuneração em relação aos homens. Em linhas gerais, nota-se que, para as congressistas, se os papéis sociais das mulheres e os lugares – materiais e simbólicos – ocupados por elas não fossem transformados, e com ele toda a sociedade, seria inútil esperar qualquer mudança significativa que favorecesse o bem-estar geral.

Em seu discurso na sessão de abertura do Congresso, Elvira dirige-se às autoridades presentes e destaca que "a mulher mineira (...) sempre esteve solidária convosco em todos os momentos da campanha nacional [pela Revolução de 1930]". Também afirma que os princípios liberais que "sempre foram o apanágio da gente mineira", e que agora guiavam as "atitudes patrióticas do Governo, depois do movimento revolucionário", não permitiam que os direitos das mulheres fossem "suscetíveis de dúvidas (...). No Brasil, a mentalidade brilhante dos homens que atualmente governam o país, ao invés de afastar a mulher, como faziam os da política passada, pedem a sua colaboração e seu concurso na vida pública da nação".

Politicamente, pouco tempo após a realização do Congresso, ocorreu a fusão entre a Associação Feminina João Pessoa – criada por Elvira – e a Legião Feminina Mineira, resultando daí o Partido Liberal Feminino Mineiro, cujo programa visava "proteger a mulher, trabalhar pela sociedade e pela pátria, colaborando, também, na realização do programa revolucionário, para que a República Nova se torne realidade", como se lia então no *Correio da Manhã* do dia 24 de setembro de 1931. Como visto acima, no começo de 1932 Elvira preparava sua candidatura ao Senado Estadual, plano interrompido por sua morte prematura.

A trajetória de Elvira Komel, especialmente no intervalo entre 1930 e 1932, revela o esforço de fazer emergir uma identidade de grupo – mulheres – como sujeito político. Nas tensões entre localismo e cosmopolitismo, as lutas políticas travadas pela advogada demonstram a produção e circulação das ideias sobre o que seria uma República Nova e como as mulheres a construiriam e dela poderiam participar. •

SUGESTÕES DE LEITURA

GAMA, Lélia Vidal Gomes da. *Elvira Komel*: uma estrela risca o céu. Belo Horizonte: Imprensa Oficial, 1987.

GOMES, Maria S. P. Lavieri. *Elvira Komel (1906 – 1932), a feminista mineira que passou como um meteoro.* Série "Feministas, graças a Deus!". Brasiliana Fotográfica/Biblioteca Nacional. Disponível em: https://brasilianafotografica.bn.gov.br/?p=19943. Acesso em: 3 dez. 2023.

CHAGURI, Mariana. Sobre sonhos e disputas: A participação de mulheres mineiras na Revolução de 1930. *Suplemento Pernambuco,* jun. 2022. Disponível em: http://www.suplementopernambuco.com.br/artigos/2909-sobre-sonhos-e-disputas-a-participa%C3%A7%C3%A3o-de-mulheres-mineiras-na-revolu%C3%A7%C3%A3o-de-. 1930.html. Acesso em: 3 dez. 2023.

ENEIDA MARIA DE SOUZA

REINALDO MARQUES

PROFESSORA DO ENSINO SUPERIOR E CRÍTICA LITERÁRIA e cultural, Eneida Maria de Souza nasceu no ano de 1943 em Manhuaçu, cidade situada na Zona da Mata Mineira, próxima da divisa com o estado do Espírito Santo, nas bordas de um dos caminhos que abre Minas para o mar e o mundo. Com relevo acidentado, de serras ocupadas por matas e cafezais, seu território era habitado originariamente pelos indígenas Puris, aos quais vieram se somar muitos escravizados em razão da decadência do ciclo do ouro e da expansão da lavoura do café na região. Esses fatores já indiciam a presença da diversidade linguística e cultural que merecerá a atenção do trabalho teórico e crítico da futura professora e pesquisadora.

Seus estudos nos cursos primário e ginasial, à época, transcorreram na Escola Normal Oficial de Manhuaçu, marcados desde logo por forte interesse pela leitura. Estudos e interesse incentivados pela mãe, Maria da Conceição Carvalho de Souza, professora de português, e pelo pai, Nudant Pizelli de Souza, fazendeiro amante das letras e das artes, que contribuíram para a leitura que fez, ainda criança, de toda a obra de Monteiro Lobato. Para dar prosseguimento aos estudos, Eneida mudou-se para Belo Horizonte, onde fez o curso clássico entre os anos 1960 e 1962, no Colégio Helena Guerra, de freiras italianas, como aluna do internato. Já em 1963 ingressou no curso de Letras da Universidade Federal de Minas Gerais (UFMG), formando-se em 1966.

Aprovada em concurso em 1968, tornou-se professora da mesma Faculdade de Letras onde havia se graduado, dando início a uma trajetória acadêmica extremamente rica e atuante na transformação de sua área de estudos ao longo de décadas, sobretudo na pós-graduação. Primeira cidade planejada no início da República, com sua modernidade tardia incrementada pela era JK, sintetizada em obras como a da Igreja da Pampulha – amalgamando uma Minas colonial e barroca a uma Minas urbana, moderna e cosmopolita –, Belo Horizonte tornou-se residência e fonte inspiradora do pensamento teórico-crítico presente na docência e na obra de Eneida. Nela faleceu em março de 2022, sendo sepultada em sua cidade natal.

Como professora do ensino superior e frente à exigência de qualificação acadêmica para o exercício do magistério nos programas de pós-graduação, Eneida ingressou no mestrado em Literatura Brasileira da Pontifícia Universidade Católica do Rio de Janeiro (PUC-Rio), concluindo-o em 1975. Como trabalho de conclusão, sob a orientação de Affonso Romano de Sant'Anna, apresentou a dissertação intitulada *A barca dos homens: a viagem e o rito*, dedicada ao estudo da obra de Autran Dourado, um dos autores mineiros de sua predileção, em cujos romances reinventa uma Minas imaginária tanto arcaica quanto moderna. Em fins da década de 1970, embarca para a França, a fim de realizar o curso de doutorado na Universidade de Paris VII – Jussieu. Sob a orientação de Julia Kristeva e Dionísio Toledo, escreveu sua tese sobre *Macunaíma*, de Mário de Andrade, defendida em 1982. Nela examinou as noções de autoria, plágio e intertexto presentes nos diálogos entre cultura erudita e cultura popular mobilizados pela obra estudada. A tese resultou no livro *A pedra mágica do discurso*, publicado pela Editora UFMG em 1988, tendo uma segunda edição revista e ampliada em 1999. Publicação que, somada à de *Modernidade toda prosa* (2014), em coautoria com Marília Rothier Cardoso, faz de Eneida Maria de Souza referência obrigatória para os estudos não apenas da obra do líder modernista, mas também do nosso modernismo na literatura e nas artes.

Ao retomar suas atividades docentes e de pesquisa na Faculdade de Letras da UFMG em 1983, Eneida Maria de Souza engajou-se intensamente no campo dos estudos literários e na vida institucional. Como professora e orientadora de pesquisas no Programa de Pós-Graduação em Letras, ela empenhou-se na criação do curso de Doutorado em Literatura Comparada, ocorrida em 1984, e contribuiu para a internacionalização da UFMG na área de Letras. Sua atuação e liderança espraiou-se para fora da Universidade, e conectou-se com colegas pesquisadores de instituições universitárias de outros estados, contribuindo para a criação, em 1986, da Associação Brasileira de Literatura Comparada (Abralic), considerada a mais importante da área dos estudos literários e culturais do país. Eneida assume sua presidência no biênio de 1988-1990, fortalecendo o diálogo com colegas atuantes em associações de pesquisa em Literatura de outros países das Américas e da Europa. Colegas que seriam presenças constantes nos congressos da associação, conferindo a eles um perfil fortemente internacional, capaz de promover a atualização dos temas e debates no campo dos estudos literários comparatistas e de contribuir para a sistematização do quadro teórico da disciplina.

Em seu discurso de posse na presidência da Abralic, Eneida deixa claro o escopo de sua atuação, que prioriza o intercâmbio entre estudiosos de diferentes universidades nacionais e incrementa o diálogo com a cultura estrangeira. Fica patente aqui a dimensão cosmopolita que marcou o seu pensamento teórico-crítico e embasou sua atividade de pesquisa e estudos. Cosmopolitismo que é o fio condutor do Projeto MinasMundo e que teria na pesquisadora e professora uma de suas marcantes lideranças.

Empenhada na orientação de teses e dissertações na pós-graduação, e preocupada em ampliar os temas e objetos da pesquisa literária, em articulação com outras áreas do conhecimento, Eneida atuou, juntamente com colegas da Teoria da Literatura e da Literatura Brasileira, para a criação do Centro de Estudos Literários e Culturais (Celc) da Faculdade de Letras da UFMG no ano de 1989, sob cuja guarda se encontra o Acervo de Escritores Mineiros (AEM). A criação do Celc foi motivada pela doação do arquivo pessoal da poeta Henriqueta Lisboa à UFMG e sugerida por Silviano Santiago, e a ele vêm se somar os arquivos de vários outros escritores e escritoras, fazendo dessa unidade institucional um centro relevante, seja de captação, tratamento e preservação de arquivos literários, seja de pesquisas acadêmicas. Com sua dedicação à docência e à pesquisa, Eneida pavimentou sua ascensão ao nível de professora titular em 1991, culminando com o título de professora emérita da UFMG em 2003, justo reconhecimento de sua grande competência e conhecimento na área dos estudos literários.

Ao se aposentar na UFMG em 1995, a pesquisadora continuou como colaboradora do Programa de Pós-Graduação em Letras, orientando pesquisas e ministrando cursos. Investiu mais ainda na sua produção acadêmica com a escrita de ensaios, a organização e publicação de livros, a colaboração em revistas, a exemplo da revista *Margens/Márgenes* – publicação bilíngue resultante do projeto Modernidades Tardias e envolvendo universidades brasileiras e argentinas. Deu início também a uma maior internacionalização de sua carreira, atuando como professora visitante em universidades estrangeiras (Inglaterra, 1996; França, 2005; Argentina, 2005), além de colaborar com várias universidades brasileiras, ministrando cursos em nível de pós-graduação.

Contudo, Eneida manteve-se sempre presente e envolvida com as atividades do Celc/AEM, pois nela toma corpo a paixão pelo trabalho com fontes primárias e materiais dos arquivos literários, paixão que irradiou com prazer para seus orientandos e colegas, e se evidencia no seu interesse pelo memorialismo, de que dá testemunho seu livro *Pedro Nava, o risco da memória* (2004). Um dos resultados mais expressivos desse mergulho de Eneida nos arquivos de escritores, porém, é a criteriosa edição da *Correspondência Mário de Andrade & Henriqueta Lisboa* por ela organizada e publicada em 2010, obtendo o segundo lugar do Prêmio Jabuti de 2011 na categoria de Biografia. A crítica biográfica constitui, por sinal, uma das principais vertentes do seu pensamento crítico, bem explicitada e consolidada nos ensaios do livro Janelas indiscretas (2011). O apreço pelo trabalho coletivo fica patente em seu empenho na organização de diversos encontros do Celc para o incremento e discussão de pesquisas em arquivos literários e culturais, contando sempre com a participação de pesquisadores de outros países. Os encontros culminaram na publicação de antologias de ensaios críticos organizadas por ela em parceria com colegas, a exemplo de *Arquivos literários* (2003), *Modernidades alternativas na América Latina* (2009) e *Crítica e coleção* (2011).

A par disso, o manejo e a reflexão em torno dos materiais heterogêneos dos arquivos literários levam Eneida a denunciar os limites dos estudos disciplinares da literatura e a reivindicar uma perspectiva transdisciplinar e aberta para a pesquisa literária, marcada pelo diálogo com outros saberes: a filosofia, a antropologia, a psicanálise, os estudos culturais, a história da arte, a história e a sociologia. Uma perspectiva capaz de dar conta do caráter mais expansivo e híbrido da expressão literária no mundo contemporâneo, visível em diversos ensaios seus em que trata das articulações da literatura com outras expressões artísticas e culturais, tais como a música, o cinema, a fotografia, as artes plásticas, combinando a cultura erudita com as culturas popular e de massa. Dessa maneira, rasurando fronteiras disciplinares, ela contribuiu de modo incisivo para enriquecer o campo dos estudos literários e culturais com uma polifonia de vozes teóricas e críticas, como evidenciam seus diálogos com Roland Barthes, Michel Foucault, Jacques Derrida, Giorgio Agamben, na filosofia; Claude Lévi-Strauss e James Clifford, na antropologia; Sigmund Freud, Jacques Lacan e Julia Kristeva, na psicanálise; Raymond Williams, Stuart Hall, Homi Bhabha, nos estudos culturais; Aby Warburg e Georges Didi-Huberman, na história da arte. Além de vozes expressivas da literatura e do pensamento crítico latino-americanos: Jorge Luis Borges, Ricardo Piglia, Beatriz Sarlo, Angel Rama, Jean Franco, Néstor García Canclini. Vozes que filtrava e revisitava, às vezes a contrapelo, a partir de seus mestres formadores: Maria Luiza Ramos, Dirce Côrtes Riedel, Luiz Costa Lima e Affonso Romano de Sant'Anna. E especialmente Silviano Santiago, de cuja obra tanto ficcional quanto teórico-crítica é leitora atenta e perspicaz.

Importa aqui ter presente como o olhar teórico e a sensibilidade crítica de Eneida Maria de Souza mostraram-se atentos às transformações da literatura e das artes no mundo contemporâneo, levando-a a repensar tanto o lugar da literatura na sociedade e na cultura quanto a elaborar uma crítica rigorosa do caráter disciplinar dos estudos literários e a promover o diálogo transdisciplinar com outros saberes, conhecimentos. Nesse sentido, são elucidativos dois ensaios presentes em *Crítica cult* (2002): "O espaço nômade do saber" e "O não-lugar da literatura". No primeiro, encontra-se uma percepção aguda dos espaços de saberes como espaços abertos e inacabados, marcados pelo nomadismo, em contraponto aos lugares fixos e com fronteiras bem delimitadas próprios da lógica disciplinar. Já o segundo visa deslocar a literatura do lugar fixo que ocupa no mundo moderno como centro da cultura, enquanto principal mediadora entre a sociedade e o Estado-nação, a serviço da elaboração de identidades nacionais, coletivas e individuais, frequentemente marcadas por essencialismos e binarismos. Esses ensaios conversam intimamente com outro ensaio presente no mesmo livro, "A teoria em crise", em que elabora a ideia do conhecimento como processo e defende a convivência entre diversos saberes, modernos e pós-modernos, de modo a desfazer os binarismos com sua lógica disjuntiva, a exemplo da oposição entre a teoria da literatura e os estudos culturais.

Por fim, cabe mencionar ainda dois importantes ensaios presentes em seu último livro, *Narrativas impuras* (2021), que bem evidenciam a tarefa teórico-crítica a que se impôs Eneida no sentido de tramar contranarrativas de uma ciência moderna dos estudos literários. "Literatura Comparada, indisciplina" mostra-se extremamente acurado na identificação das motivações da crise da disciplina em sua configuração moderna, relacionadas à exigência de uma definição precisa do seu objeto de estudo, conferindo-lhe limites bem definidos, a par de rigidez metodológica. Ora, num mundo de cultura globalizada, o que se observa é uma irrefreável expansão e hibridização do literário, tornando-se um objeto "impuro" e cada vez mais complexo, sem limites claros, o que demanda a prática de pesquisas transdisciplinares, com pluralidade de enfoques teóricos e métodos, fazendo com que a literatura comparada se distancie cada vez mais do modelo disciplinar e seja vista como uma "indisciplina".

Já em "Teorizar é metaforizar", Eneida recupera a dimensão epistemológica da metáfora, da afirmação da poesia e da ficção como formas válidas de conhecimento da realidade, da vida e do mundo. Nele reafirma sua concepção da teoria como um saber nômade, em que o gesto de teorizar é alimentado pelos gestos de vivenciar, metaforizar e ficcionalizar, rompendo com as dicotomias que separam vida e obra, arte e ciência, teoria e ficção, concepção certamente inspirada em um de seus autores favoritos, Jorge Luis Borges, a quem dedicou o livro *O século de Borges* (1999). Desse modo, tendo em vista também os demais ensaios que integram o volume, pode-se dizer que *Narrativas impuras* configura não apenas as últimas preocupações teóricas e críticas de Eneida Maria de Souza, mas também consolida e reflete a trajetória e o trabalho de toda uma vida dedicada ao ensino e à pesquisa das formas literárias, artísticas e culturais da contemporaneidade. Trabalho a que se dedicou, estimulada desde o início por Mário de Andrade, com muita alegria e criatividade. •

SUGESTÕES DE LEITURA

SOUZA, Eneida Maria de. *Crítica cult*. Belo Horizonte: Editora UFMG, 2002.

SOUZA, Eneida Maria de (org.). *Correspondência Mário de Andrade & Henriqueta Lisbo*a. São Paulo: Peirópolis; Edusp, 2010.

SOUZA, Eneida Maria de. *Janelas indiscretas*: ensaios de crítica biográfica. Belo Horizonte: Editora UFMG, 2011.

SOUZA, Eneida Maria de. *Tempo de pós-crítica*: ensaios. 2. ed. Belo Horizonte: Veredas & Cenários, 2012.

SOUZA, Eneida Maria de. *Narrativas impuras*. Recife: Cepe, 2021.

ERUDITO E POPULAR

RONIERE MENEZES

ALGUNS PRINCÍPIOS DA OBRA DE MÁRIO DE ANDRADE relativos ao projeto de música nacional, pensado para o campo erudito, podem ser associados à vertente de música popular urbana baseada em estudos, pesquisas e reelaboração de cantigas, trechos e ideias rítmico-melódicas do universo popular folclórico.

Mário buscou, por meio de um discurso periférico, afirmar o espaço e a criação artística do país no contexto internacional, abrindo-se ao moderno através do tradicional, visto, contudo, sob o prisma do direito a uma pesquisa estética antiacadêmica. Como sabemos, revela-se bastante comum, em sua obra, o resgate da cultura oral, da fala brasileira, dos "causos", das quadras e cantigas que serviriam como mote e inspiração ao escritor e ao músico.

Visando definir a identidade nacional, Mário deixará a produção acadêmica de elite para procurar na música popular, no folclore, o elemento que poderia oferecer um vínculo nacional à cultura brasileira. A partir do trabalho musical, o escritor revira o tradicionalismo bacharelesco da elite artístico-intelectual buscando ressaltar o valor da cultura periférica de povos que poderiam perder suas particularidades. Em seus estudos, a música torna-se o principal veículo de emancipação artística e cultural do país, além de revelar-se possível instrumento de transformação político-social.

Por meio da pesquisa folclórica, analisando elementos étnicos de várias comunidades, Mário chega à conclusão de que na música popular se encontra o dado que poderia inserir o país no "concerto das nações", como algo novo, autêntico e culturalmente rico. Entenda-se aqui não a música popular urbana. Esta, segundo o autor, recebia facilmente muitas influências da nascente indústria cultural, dos veículos de comunicação de massa que começavam a aparecer no Brasil naqueles anos. Algumas dessas linguagens poderiam inocular na música brasileira características perniciosas à cultura nacional. Os modernistas, em seu conjunto, não chegaram a discutir a música popular urbana de forma mais aprofundada, explorando seus aspectos históricos e artísticos, a não ser alguns poucos nomes como, por exemplo, Villa-Lobos em composições de base urbana. Os músicos inseridos no projeto de música nacional fixaram seu olhar mais sobre as músicas folclórica e erudita, e mesmo na transformação – em forma de "tradução" estético-formal – de elementos da primeira na segunda. No folclore, Mário tentaria encontrar a expressão "autêntica" da cultura brasileira. Para ele, nesse gênero estariam presentes, de modo inconsciente, os elementos significativos da identidade do país.

No *Ensaio sobre música brasileira*, de 1928, o escritor afirma que a música popular "é a mais completa, mais totalmente nacional, mais forte criação da nossa raça até agora". Diz ainda que "nosso populário sonoro honra a nacionalidade". Para ele, as características autênticas de *brasilidade* seriam encontradas na música folclórica, principalmente na rural, que estava mais distante do que chamou "influência deletéria do urbanismo" – e assim deveria permanecer –, pois este era facilmente influenciado pela música popularesca e pela música estrangeira. Aquela, vista com ressalvas devido à sua inserção no jogo de mercado/consumo; esta, por poder também trazer "influências deletérias" para a música brasileira. Portanto, era necessário agir de forma "espertalhona" em relação a esta última, "traindo a memória" recebida, bebendo desse repertório apenas características que pudessem contribuir para a expressão brasileira. Há um certo "exagero puritano" na retórica de Mário, pois este não era nada ingênuo e sabia que, além do aspecto "deletério", a música popular urbana possuía imenso valor – o que atesta a vasta discoteca de música popular urbana em sua residência.

Mário de Andrade, em seus estudos sobre arte musical, apresenta como interesse fundamental fazer com que o projeto de música nacionalista chegue à "fase cultural", em que o artista, após anos estudando o folclore musical, a brasilidade e a modernidade, se libertaria e passaria a escrever "obras autônomas, independentes e esteticamente livres", como afirma Arnaldo Contier. Depois de o compositor ter feito seus primeiros contatos com os temas folclóricos, a fim de conhecer mais intimamente estruturas próprias da linguagem musical popular e degluti-las, tornando-as parte de seu processo criativo, chegar-se-ia à "fase cultural", em que o importante seria a criação livre. Os elementos típicos da música nacional brotariam dos acordes musicais, sem que o músico tivesse que se preocupar com isso de forma consciente. Concretizar-se-ia aí a utopia do som nacional e a obra artística tornar-se-ia universal.

Na canção "Maroca (Viola quebrada)", única composição musical de Mário de Andrade, estão presentes dois aspectos fundamentais das propostas estéticas do autor. O primeiro refere-se ao fato de a música popular servir não apenas como temática, mas também como norma de compor. Em carta a Manuel Bandeira, datada de 7 de setembro de 1926, ao tratar do modo como criou "Maroca", o musicólogo nos revela o segundo aspecto: a questão da criação ou recriação artística se fazer pela "traição da memória".

Ao escrever sobre Chico Antônio, o escritor assinala que o improviso do cantador era capaz de trazer à baila "problemas estéticos, psicológicos, fisiológicos do fenômeno musical", de descrever o encontro com o diabo de "maneira moderníssima e impressionante" e ainda de possuir "expressão individualista e valor social". Isso nos leva a pensar na ideia de se construir uma arte moderna que conservasse o valor social, coletivo, o *ethos* e a comunicação entre artista e público, dados presentes na arte tradicional.

Um bom exemplo do processo de recriação musical – como imaginava Mário – pode ser visto em criações do movimento musical Clube da Esquina, especialmente no que tange às pesquisas de composições "folclóricas" ou de base popular tradicional que ganharam novos arranjos e novas versões. Devemos ressaltar a divulgação dessas cantigas por meio da voz de Milton Nascimento. Muitos são os textos pesquisados, "colhidos" do populário – ou mesmo criados a partir de elementos da tradição – que tiveram tratamentos cuidadosos, por meio do desenvolvimento do tema popular rural, de variações, de novos arranjos e novas versões para as letras: canções como "Lua girou" (adaptação de tema folclórico por Milton Nascimento em *Gerais*, 1976); "Cuitelinho" (recolhida por Paulo Vanzolini e Antônio Xandó, adaptada por Wagner Tiso e Milton Nascimento em *Milton Nascimento ao vivo*, 1983), "Peixinhos do mar" (adaptada por Tavinho Moura), "Cálix bento" (adaptada por Tavinho Moura, *Gerais*, 1976), "Cantiga (Caicó)" (recolhida por Villa-Lobos, adaptada por Milton Nascimento e Teca Calazans), "Beira-Mar Novo" (cantiga folclórica do Vale do Jequitinhonha, adaptada por Frei Chico e Lira Marques, interpretada por Milton e coral Meninos de Araçuaí, em *Pietá*, em 2002, e por Milton, Coral Meninos de Araçuaí e Grupo Ponto de Partida, no espetáculo *Ser Minas Tão Gerais*, DVD, 2004), além de "Facão guarani" e "Gente que vem de Lisboa" (adaptadas por Tavinho Moura e Fernando Brant), "Tambores de Minas" (Milton e Márcio Borges, *Tambores de Minas*, 1998) e "Casa aberta" (Flávio Henrique e Chico Amaral, *Pietá*, 2002). Esse dado relaciona-se ao processo que Mário de Andrade intitula "nivelamento estético". Há várias composições de Milton situadas nessa linha, inclusive aquelas que saem do espaço mineiro, brasileiro e partem para cenários latino-americanos.

Em "Uma estória de amor: festa de Manuelzão", de Guimarães Rosa, somos apresentados aos versos: "Travessei o São Francisco/ numa canoa furada:/ arriscando a minha vida,/ sempre assim não vale nada...". Os versos podem ser ouvidos na canção folclórica do Vale do Jequitinhonha "Beira-Mar Novo", em gravação feita por Milton, como dito. O coro, do fundo de Minas, declara: "Vou levando minha canoa/ lá pro poço do pesqueiro/ arriscando minha vida/ numa canoa furada".

Algumas das canções de Milton e parceiros não foram coletadas no universo popular, mas criadas dentro de certo "espírito" da tradição – inclusive da música sacra mineira –, fato que as aproxima de etapas mais elaboradas do projeto mariodeandradeano, como a fase cultural. "Paixão e fé" (Tavinho Moura e Fernando Brant), interpretada por Milton, poderia funcionar como exemplo desse estágio. Alguns compositores urbanos, pela própria vivência cotidiana – religiosa e profana –, talvez possam se aproximar mais diretamente da fase cultural almejada por Mário do que certos músicos de linhagem mais erudita.

Por meio da música interessada, de caráter coletivo e não individualista, o poeta e intelectual modernista almejava aproximar-se do que poderíamos chamar "instinto nacional". A transformação da música interessada em música desinteressada, artística, de devir cosmopolita, deveria tentar preservar o *ethos* presente na música popular folclórica e, muitas vezes, perdido na música de consumo da sociedade capitalista. Certos pontos desse projeto parecem se resolver de forma mais espontânea na música popular urbana, como no exemplo do Clube da Esquina – com todos os dilemas aí presentes –, do que na erudita, inclusive pelo caráter mais elitista muitas vezes presente nesse gênero.

A partir das reflexões de Mário de Andrade, é possível contribuir significativamente para a avaliação de uma linha de produção em música popular no Brasil que envolve o trabalho de coleta em arquivos da cultura oral, da releitura e tradução de canções de base folclórica.

Ao tomarmos como objeto canções de Milton Nascimento e de parceiros do Clube da Esquina ligadas à adaptação e reinvenção – e mesmo criação – de cantigas da tradição popular, observamos alguns pontos que pensamos ser essenciais em um projeto ligado ao cosmopolitismo da cultura brasileira: músicas como "Cantiga (Caicó)", coletada e arranjada por Villa-Lobos, rearranjada por Milton Nascimento e Teca Calazans, ganham outros espaços artísticos. Esse trabalho de "suplemento" acaba aproximando as cantigas folclóricas tanto da música popular urbana quanto da erudita, e até mesmo do jazz etc. Assim, torna-se evidente o papel de embaralhamento e questionamento de instâncias musicais das chamadas alta e baixa culturas provocado por esse processo.

As cantigas folclóricas, ao serem apresentadas em novos formatos ao público, carregam – como almejava Mário – um *ethos* que favorece o encontro festivo, a reunião de experiências e memórias afetivas ligadas a ritmos, cantos e danças ancestrais, a formas simples e bem articuladas de criação literária e musical.

A música popular urbana, portadora de cuidadosos arranjos, ao quebrar barreiras entre o popular tradicional (rural) e o erudito, talvez tenha contribuído, em alguns momentos, mais do que a música erudita, para a divulgação de uma linguagem Brasil no chamado "concerto das nações". Composições de Milton Nascimento e amigos, associadas à coleta, tradução, reinvenção de cantigas populares tradicionais, revelam forte contribuição para um entendimento mais amplo da sobrevivência da arte folclórica na contemporaneidade; sinalizam o diálogo existente entre o batuque, o jazz e o rock, levam vozes das vidas "miúdas" do Vale do Jequitinhonha ao vasto mundo. Os processos percebidos por

Mário na criação popular, ligados à sabença, ao improviso, à montagem, ao inacabado, à traição da memória, à desgeografização, carregam importantes potenciais reflexivos que auxiliam, por exemplo, os estudos atuais sobre o cosmopolitismo, a decolonialidade e a literatura como campo expandido. ●

VER VERBETE MILTON NASCIMENTO.

SUGESTÕES DE LEITURA

ANDRADE, Mário de; BANDEIRA, Manuel. *Correspondência Mário de Andrade & Manuel Bandeira*. Organização de Marcos Antonio de Moraes. São Paulo: Edusp; IEB, 2000.

ANDRADE, Mário de. *Ensaio sobre a música brasileira*. São Paulo: Martins, 1962.

ANDRADE, Mário de. *Vida do cantador*. Edição crítica de Raimunda de Brito Batista. Belo Horizonte-Rio de Janeiro: Villa Rica, 1993.

CONTIER, Arnaldo D. Modernismo e brasilidade – Música, utopia e tradição. In: NOVAES, Adauto (org.). *Tempo e História*. São Paulo: Companhia das Letras, 1992.

ROSA, Guimarães. *Corpo de baile*. Vol. 1. Edição Comemorativa 50 anos. Rio de Janeiro: Nova Fronteira, 2006.

ESPECTROS, FANTASMAS, DRUMMOND

CLARA ROWLAND

"**DO LADO ESQUERDO CARREGO MEUS MORTOS/** por isso caminho um pouco de banda". Na série "Cemitérios", de *Fazendeiro do ar*, este dístico entra como o "cemitério" número IV, e é um cemitério "de bolso". Muito do que se passa na poesia de Carlos Drummond de Andrade envolvendo espectros e fantasmas – da moça-fantasma de Belo Horizonte aos mortos de sobrecasaca, da viagem muda com o pai no deserto de Itabira ao diálogo com o filho "que não fiz" no poema "Ser" – está contido nesta imagem, origem possível, aliás, do poema em prosa "Sobre o Lado Esquerdo" de Carlos de Oliveira, que terminava com a imagem do coração do homem que dorme esmagado pelo peso do sangue. No poema de Drummond, há e não há peso (noutro poema, lemos: "sou só eu a portar o peso dessa casa/ que afinal não é mais do que sepultura rasa"). É nessa leveza torta do "caminhar um pouco de banda" que o mistério do corpo habitado pelo fantasma, ou do fantasma carregado pelo corpo, ganha figuração, mostrando como o problema do fantasma, em Drummond, é antes de tudo um problema de forma: fôrma, invólucro, contentor. Já o era naquela figuração espetacular da mesma condição "portante" de coisas espectrais que aparecia em "Tarde de Maio": "Como esses primitivos que carregam por toda a parte o maxilar inferior dos seus mortos/ assim te levo comigo, tarde de maio".

Portar, carregar, caminhar: é interessante como essa dimensão portátil do fantasma drummondiano dialoga com a situação narrativa básica dessa poesia desde o seu começo: a do sujeito que vagarosamente caminha e encontra no seu caminho um obstáculo, fora de si, que lhe interrompe o movimento – pedra ou máquina do mundo. A oposição entre dentro e fora encena-se então em campo aberto, na interrupção reflexiva, confundindo a vida e a vida das retinas. Já nesses poemas, em que o movimento do corpo no espaço continua a ser fundamental, é de um obstáculo, peso, ou fardo interior – o fantasma com e sem peso – que se trata, paradoxalmente esvaziado de materialidade, convertendo o corpo em recipiente oco que se deixa moldar pelo vazio que carrega.

Voltando ao cemitério de bolso, e descendo um pouco os olhos pela página, tropeça-se logo no cemitério seguinte, que já não é de bolso, e sim "errante" – uma urna carregada pelo Brasil inteiro por uma tia e que, nos versos finais, se torna "urna a que me recolho para dormir enrodilhado/ urna eu mesmo de minhas cinzas particulares", instaurando uma inversão estranha entre dentro e fora, em que o sujeito por analogia se enrodilha no interior da urna que supostamente carrega, e na qual se transforma. E alguns poemas depois, no enorme "Elegia", o mesmo verbo *recolher* encontra uma das fórmulas que melhor parecem fixar essa relação entre contentor e coisa contida: "E vou me recolher/ ao cofre de fantasmas, que a notícia/ de perdidos lá não chegue nem açule/ os olhos policiais do amor vigia". *Notícia de perdidos, olhos policiais, amor vigia*: voltamos, por momentos, ao léxico do primeiro Drummond, o Carlos de *Alguma poesia*, "torto no seu canto". No dentro do fora de Drummond parece caber, do mesmo modo, o segredo, a poesia incomunicável e o fantasma.

Na secção "Os lábios cerrados" de *Claro Enigma*, atravessada de uma ponta à outra pelo fantasma do pai, Drummond condensava com precisão a teoria dessa relação, a ponto de ser difícil sintetizá-la em verbete, com este começo tão amplo: "Cada dia que passa incorporo mais esta verdade, de que eles não vivem senão em nós/ e por isso vivem tão pouco; tão intervalado; tão débil./ Fora de nós é que deixaram de viver, para o que se chama tempo". Os mortos são, aqui, ao mesmo tempo distantes e "os nossos atuais habitantes/ e nossos hóspedes e nossos tecidos e a circulação nossa". E a condição "sem condição" dos vivos é a de "ter e não ter em nós um vaso sagrado,/ um depósito, uma presença contínua". Arrisco então que o poema "Convívio" é um momento determinante na poética de Drummond, pelo modo como figura (urna, vaso, depósito) a relação entre os mortos "oblíquos" – tortos, portanto – e o cemitério de bolso que é o corpo como invólucro ou cofre de fantasmas, nova morada do morto. Mas não apenas: no final do poema, a vida que se atribui aos mortos arma o quiasmo que faz deles o molde espectral da vida dos vivos: "Ou talvez existamos somente neles, que são omissos,/ e nossa existência, apenas uma forma impura de silêncio, que preferiram". Mais uma vez, como na exploração retórica da catacrese que anima o jogo de palavras em Drummond, a forma delimita um vazio de que se faz contorno espectral.

Dessas inversões está a poesia de Drummond cheia, já sabemos: desde o reflexo do velho "Retrato de família" que "me fita e se contempla/ nos meus olhos empoeirados" não permitindo mais distinguir "os que se foram/ dos que restaram", acomunados pela "estranha ideia de família", à "Comunhão" de *A falta que ama*, em que "todos os meus mortos estavam de pé, em círculo, eu no centro", mas sem rosto, até que "notei um lugar vazio na roda/ lentamente fui ocupá-lo./ Surgiram todos os rostos, iluminados.", o convívio entre mortos e vivos é muitas vezes feito de duplos e contaminações. Num poema tardio, intitulado "Antepassado", essa força de atração assume a forma terrivelmente irônica de uma condenação à repetição na própria duplicação: "Refaço os gestos que o retrato/ não pode ter, aqueles gestos/ que ficaram em ti à espera/ de tardia repetição, / e tão meus eles se tornaram,/ tão aderentes ao meu ser,/ que suponho tu os copiaste/ de mim antes que eu os fizesse,/ e, furtando-me a iniciativa,/ meu ladrão, roubaste-me o espírito".

"Meu ladrão": muito se poderia dizer sobre esses possessivos, mas na verdade interessa-me aqui continuar a perseguir uma das implicações dessa posse, que é a de converter o corpo num espaço assombrado, ou possuído, pelo espectro de que se faz morada. Não é o que acontece quando essa poesia imagina ou sonha outro edifício, como no caso emblemático, e decisivo para toda a poética de Drummond, da morte de Manuel Bandeira. Em "Desligamento do Poeta", é a morte do corpo que se descreve como isolamento, recolhimento, "cápsula em si mesmo contida", abrindo a possibilidade da "circulação do poema sem poeta", "forma autônoma de toda circunstância", "escrita no ar". No caso do poeta, e do poeta que para Drummond representava mais pungentemente um ideal de poesia como comunicação, é a poesia, na coincidência entre o nome desvinculado do portador e a sua obra poética, que se faz morada do que sobrevive "à ausência definitiva do corpo desintegrado". A utopia poética que Bandeira representa para Drummond, enquanto poeta em nome próprio, ilustra-se bem nesse funcionamento excepcional do resto e do rastro: plenamente identificado com a pura poesia, sem fantasmagoria.

Ao contrário, todos esses "meus mortos" de que falei até aqui não têm nome. Até a discutida equivalência entre fantasma e pai em tantos deles é sinal disso. "Com tinta de fantasma escreve-se Drummond/ é tudo quanto sei de minha genealogia", lemos num poema tardio intitulado "Brasão": a viagem da família através da carne, para recuperar tanto a pungente comunhão de "Viagem na Família" quanto o final de "Retrato de Família", é um processo tanto de transferência quanto de espectralização. Percebe-se por isso que um poema como "Perguntas" – com aquele começo impressionante, "Numa incerta hora fria/ perguntei ao fantasma/ que força nos prendia,/ ele a mim, que presumo/ estar livre de tudo,/ eu a ele, gasoso,/ todavia palpável/ na sombra que projeta/ sobre meu ser inteiro" –, na antologia poética de 1962, organizada de forma tão rigorosa por Drummond, está na seção "A família que me dei" não tanto por singularizar em testemunho uma memória da família, mas por encontrar na figura da família – circulação, herança, transmissão – um modelo para a tematização obsessiva do resíduo, do rastro, do legado que define a poética de Drummond – "de tudo fica um pouco" – ao mesmo tempo que se alimenta do seu reverso: o fascínio pela dissolução, dissipação, apagamento que um poema como "Nudez" figura de maneira tão clara – "a morte sem os mortos"; "sublimes ossuários/ sem ossos".

Talvez seja possível então tentar reler a poesia familiar de Drummond a essa luz, ou – mais fotograficamente – com esta exposição: a carne, como continuidade de um suporte partilhado, permite figurar nessa poesia a habitação imaterial do corpo pelo fantasma inquilino, confundindo os limites desse mesmo corpo e a sua oblíqua identidade. Ou: o corpo – menos do sujeito do que dos mortos que possui – é no drama familiar de Drummond o espaço legível, ou visível, de um esvaziamento radical, outra forma de dar forma a uma poética da catacrese.

Numa crônica de *Passeios na ilha* intitulada "Segredos", exemplo cristalino da qualidade da prosa de Drummond, esse vínculo entre a poesia incomunicável desse poeta *torto* e o poeta como portador dos seus fantasmas exclusivos é ilustrado de modo preciso. Imaginando o homem da província a deambular pelas ruas da grande cidade para onde se mudou, Drummond descreve-o a carregar consigo "a recordação do amigo morto há muitos anos e de quem nunca ninguém ouviu falar, nesse meio novo". Prossegue a crônica: "A lembrança do amigo existe apenas dentro desse novo habitante da cidade, que gostaria de comunicá-la a outros habitantes, mas (...) considera inútil essa tentativa de comunhão em torno de algo estritamente pessoal e indelegável – e cala-se". A recordação começa assim a empalidecer, mas é isso mesmo que a transforma, usando uma imagem da abertura da crônica, num "indestrutível fantasma, que é a verdadeira essência do amigo, fixa em meio à liquefação incessante de nós mesmos e das formas que nos rodeiam". Esse fantasma é, para o poeta que deambula pela cidade como seu portador anônimo, um segredo (*fique torto no seu canto*) com o poder de reconfigurar, convertendo-a em reverso concreto de uma espectralidade predominante, a própria ideia de cidade: "Admitirá que segredos iguais se cultivam na grande cidade e, mesmo, que uma cidade, exclusão feita de prédios, veículos, objetos e outros símbolos imediatos, não é mais que a conjugação de inúmeros segredos dessa ordem, idênticos e incomunicáveis entre si, e pressentidos somente por poesia ou amor, que é poesia sem necessidade de verso". A poética da catacrese de Drummond encontra aqui uma das suas figuras mais poderosas: a de uma comunidade incomunicável – espectral e violentamente individual – que só alguma poesia permite pressentir. ●

VER VERBETE CARLOS DRUMMOND DE ANDRADE.

SUGESTÕES DE LEITURA

ROWLAND, Clara. Onde os sinos: fantasmagorias acústicas em Bandeira e Drummond. *Santa Barbara Portuguese Studies*, v. 10, 2022.

WISNIK, José Miguel. *A maquinação do mundo*: Drummond e a mineração. São Paulo: Companhia das Letras, 2018.

EZEQUIEL NEVES

RAFAEL LOVISI PRADO

JOSÉ EZEQUIEL MOREIRA NEVES NASCEU EM BELO HORIZONTE, em 29 de novembro de 1935. Antes de se consagrar como produtor musical da cena carioca nos anos de 1980-1990, dedicou-se a atividades variadas: nos anos de juventude belorizontina, trabalhou como bibliotecário na Biblioteca da Faculdade de Medicina da Universidade Federal de Minas Gerais (seu pai havia sido um conhecido médico na cidade); sobretudo nos anos 1960, participou como ator de variados espetáculos teatrais e, ao longo da década de 1970, atuou como jornalista, tornando-se uma referência no campo da música, principalmente no gênero *rock n' roll*. Direcionando-se cedo às produções do universo artístico, "Zeca Jagger" ou "Zeca Zimmerman" (pseudônimos que, por vezes, assumia, em homenagem a Mick Jagger e Bob Dylan, respectivamente) escreveu na adolescência alguns contos e poemas, bem como textos para suplementos infantis de jornais em circulação à época, seguindo um forte influxo literário que iria acompanhá-lo por muito tempo. Leitor voraz, Ezequiel entregou-se à obra de Balzac e aos versos dos "poetas malditos", que lhe chegavam por indicação de amigas como Vanessa Neto. No terreno das letras, destaca-se sua integração ao grupo fundador da lendária revista *Complemento*, editada e publicada em Belo Horizonte, entre 1955 e 1958. Em torno da elaboração do periódico, junto a Ezequiel Neves estavam outros jovens de intensa inserção nos espaços culturais da capital mineira, que naquele momento iniciavam suas carreiras intelectuais, boa parte deles estudantes do tradicional Colégio Marconi, que Zeca abandonou no primeiro ano do clássico, ato em consonância com sua afamada inclinação à transgressão. Entre esses jovens, estavam nomes que mais tarde teriam grande relevância no panorama cultural brasileiro: Silviano Santiago, Frederico Morais, Ivan Ângelo, Maurício Gomes Leite e José Nilo Tavares. O *Complemento*, que marcou e constituiu uma geração voltada à literatura e outras artes, não possuía um plano piloto ou manifesto propriamente dito, mas respondia ao desejo de "complementar" algo que seus idealizadores julgavam faltar às gerações imediatamente anteriores, isto é, a postura interdisciplinar, o diálogo entre linguagens distintas, dado o envolvimento de seus participantes com o cinema, teatro, balé etc.

Em entrevista realizada a propósito deste verbete, o escritor Silviano Santiago – cuja longa e profunda amizade com Ezequiel ganhou forma literária no romance intitulado *Mil rosas roubadas* (2014), narrativa que explora os limites entre a ficção, o relato memorialístico e a (auto)biografia – declarou que Zeca era indubitavelmente o mais inquieto e destemido da turma do *Complemento*, e demonstrava enorme interesse pelas pessoas de quem gostava/admirava. Por pertencerem a uma geração que viveu sob o signo da formalidade/racionalidade, não só impressa pelos poemas de João Cabral de Melo Neto e narrativas de Graciliano Ramos, mas também pelas criações concretistas nas artes plásticas e na poesia, o temperamento sentimental e extravagante de Zeca destacava-se dos demais. Ele era capaz de transitar do amor ao ódio em relação àqueles que o cercavam, oscilando aos extremos, dionisiacamente, ao contrário de seus companheiros mineiros, apolíneos, cuja tendência era ao equilíbrio. De seu grupo de amigos da juventude em Belo Horizonte, foi o único que não teve profissão bem definida ou apego aos empregos e postos de ofício, interessando-se mais pelo sabor das circunstâncias, pela deriva dos encontros, revelando uma verve anarquista que estava na base do seu modo de vida não convencional que recebeu notoriedade (a boemia, os excessos, as drogas). Tal inquietação comportamental e artística o fez despertar para as artes cênicas e para a música. Como ator de teatro, atuou com alguma repercussão em espetáculos infantis, mas, por outro lado, participou da montagem dos textos *Endgame* e *Krapp's last tape*, de Samuel Beckett. No começo dos anos 1960, com sua mudança para São Paulo, em meio às ameaças e a conseguinte concretização do golpe militar de 1964, o envolvimento com os palcos desdobrou-se na atuação em diversas peças, entre as quais a encenação de *O noviço*, de Martins Pena, teve maior visibilidade. Em sua temporada paulistana, Zeca foi para o *Jornal da Tarde*, vespertino de *O Estado de São Paulo*, espaço em que buscou priorizar a crítica teatral e de variedades culturais, e que contava com artigos de críticos imponentes, como Décio de Almeida Prado e Sábato Magaldi.

No que tange às musicalidades, pode-se dizer que a amizade com Mônica Lisboa acendeu a centelha de sua curiosidade, no caso, por aquelas em voga no Brasil de então, o samba-canção ou música de "fossa", mas também o jazz norte-americano dos primórdios (Bessie Smith e Ma Raney). Além disso, as novas ondas da MPB, Tropicália e do rock internacional figuravam entre suas predileções: suas matérias sobre Janis Joplin e The Doors publicadas por *O Estado de S. Paulo* alcançaram grande sucesso. Contudo, cansado dos ditames conservadores do jornal, decidiu mudar-se para o Rio de Janeiro, onde passou a trabalhar com empenho na revista *Rolling Stones Brasil*, fundada em 1972, por Luís Carlos Maciel, momento em que se começou a abrir passagem para a produção musical. Nos anos 1970, na linhagem dos periódicos dedicados ao gênero *rock n' roll*, elaborou incontáveis matérias para as revistas *Rock, a História e a Glória* (uma das primeiras publicações especializadas), *Pop* (ou *Geração Pop*, configurando-se uma investida da imprensa de massa no público jovem, publicada mensalmente de 1972 a 1979 pela editora Abril), bem como para a *Som Três*, criada pelo jornalista Maurício Kubrusly e editada pela editora Três, cujo primeiro número chegou às bancas em janeiro de 1979, com a atriz Zezé Motta estampando a emblemática capa, deitada sob uma pilha de *pick-ups* e *tape-decks*. Em sua coluna nesta última, fabulava histórias excêntricas com personagens absurdos, como Angela Dust (referência ao alucinógeno químico "Fenciclidina", consumido à época) e Lonita Renaux (inspiração para o nome artístico de Denise Barroso, irmã de Júlio Barroso, da Gang 90 & as Absurdettes). Nesse decurso, Zeca cumpriu um papel ímpar na divulgação do rock brasileiro e internacional. Não à toa, por exemplo, ele esteve presente na concepção da primeira coletânea de punk no país, "Pop Apresenta o Punk Rock".

De certa forma, no âmbito profissional, a literatura e o teatro são deixados de lado, e em 1975 começou a carreira de produtor com a banda paulista Made in Brazil, um dos primeiros e mais longevos grupos de rock do país, que com a chegada de Zeca Jagger à produção gravou seu segundo álbum de estúdio, *Jack, O Estripador*, disco que chegou a vender cerca de 90 mil cópias e contou, em sua turnê, com o apoio vocal de Ney Matogrosso e Roberto de Carvalho como guitarrista. Em 1979, tornou-se produtor da gravadora Som Livre (pertencente às Organizações Globo), presidida por João Araújo, pai do cantor e compositor Cazuza, na qual trabalhou com cantores como Elizeth Cardoso e Cauby Peixoto. Durante um curto período esteve ausente da gravadora, mas retornou em 1982, ano em que chegou às suas mãos, através de Leonardo Netto (posteriormente empresário de Marisa Monte e Adriana Calcanhotto), uma fita com gravações da banda Barão Vermelho. Naquele momento, o cantor Leo Jaime (que apresentou Cazuza ao grupo, como pretenso vocalista) e o produtor e jornalista Nelson Motta, que também tiveram acesso ao material, tinham em mente realizar apenas uma coletânea, mas logo que Ezequiel Neves ouviu o som da trupe carioca, tomado de entusiasmo, interveio em prol da gravação de um disco completo, devido à potência da sonoridade rock e às letras singulares de autoria de Cazuza, que o arrebataram. Assim, junto a Guto Graça Mello, Zeca Jagger tornou-se produtor da banda (produziu a maioria dos discos desde o início e, segundo relatos dos próprios membros, foi quem moldou, em grande parte, o estilo/sonoridade do Barão) e, mais especificamente, uma espécie de mentor de Cazuza, do qual foi parceiro musical. Na parceria Zeca-Cazuza foram criadas canções de muito sucesso, como "Codinome Beija-Flor" (junto com Reinaldo Arias), "Exagerado" (espécie de signo máximo da personalidade de ambos, composta com participação de Leoni), "Por que a gente é assim?", "Burguesia", entre outras. A amizade visceral dos dois, repleta de atritos e declarações de amor, seguiu até o fim da vida de Cazuza. Ezequiel Neves soube, antes mesmo de Cazuza, que este havia contraído o vírus HIV, e em 1987 viajaram para Boston, junto aos pais do cantor, em busca de tratamento para a doença então recém-detectada, que terminou por matá-lo em 1990. Entre as muitas publicações que abordam a relação da dupla e a trajetória do Barão Vermelho, destaca-se o livro *Barão Vermelho: por que a gente é assim* (acompanhado de um CD com gravações inéditas e letras originais), escrito pelo próprio Ezequiel Neves, Guto Goffi e o jornalista Rodrigo Pinto, lançado em 2007 pela Globo Livros.

Exatamente 20 anos após a morte de seu amigo e pupilo, no dia 7 de julho de 2010, Ezequiel Neves faleceu na Clínica São Vicente, no bairro da Gávea, Zona Sul do Rio de Janeiro. De acordo com a assessoria de imprensa da clínica, Zeca, aos 74 anos, estava internado desde o dia 22 de janeiro para tratamento de um tumor no cérebro, e a causa da morte foi falência múltipla dos órgãos. Luiz Pissurno, secretário dele desde 2008, ressaltou a ajuda fundamental de Roberto Frejat, cantor, guitarrista e líder do Barão, ao lado de Zeca durante todo o período em que este esteve doente (o tumor havia sido descoberto cinco anos antes de sua morte). Sob o impacto de sua partida, muitos músicos que conviveram com Ezequiel Neves destacaram sua rara postura a um só tempo amável e irreverente, seu espírito provocativo e sua magnitude na música/cultura brasileira. Entre inúmeros depoimentos, consta o do cantor Lobão, que revela ter composto a canção "Das tripas coração" em homenagem a Zeca, Cazuza e Júlio Barro. No filme-biografia *Cazuza: o tempo não para* (2004), dirigido por Walter Carvalho e Sandra Werneck (amiga que sublinhou sua colaboração no processo de feitura da película), Ezequiel Neves foi interpretado pelo ator Emílio de Mello; já no especial produzido pela Rede Globo para relembrar Cazuza, intitulado *Por toda a minha vida*, Ricardo Blat encarnou Zeca Jagger, ambas as atuações ressaltando seu caráter inventivo e tempestuoso. ●

SUGESTÕES DE LEITURA

BRYAN, Guilherme. Cazuza e Ezequiel Neves, eternos exagerados. *Rolling Stone Brasil*, 2020. Disponível em: https://rollingstone.uol.com.br/noticia/especial-cazuza-e-ezequiel-neves-eternos-exagerados/. Acesso em: 11 set. 2023.

ECHEVERRIA, Regina; ARAÚJO, Lucinha. *Só as mães são felizes*. Rio de Janeiro: Globo Livros, 2014.

GOFFI, Guto; NEVES, Ezequiel; PINTO, Rodrigo. *Barão Vermelho:* por que a gente é assim? Rio de Janeiro: Globo Livros, 2007.

SANTIAGO, Silviano. *Mil rosas roubadas*. São Paulo: Companhia das Letras, 2014.

FRANCISCO IGLÉSIAS

SILVIANO SANTIAGO

A RELAÇÃO DE FRANCISCO IGLÉSIAS (1923-1999) com a literatura não é passageira, nem estritamente profissional ou disciplinar. Não é acidente tardio na sua vida adulta, nem se apresenta como viés ocasional na sua pesquisa e escrita historiográfica. As obras literárias e as várias outras manifestações artísticas, de que o cinema e o teatro seriam bom exemplo, fazem parte da sua *formação* de historiador, ou, de maneira mais adequada, da sua "educação sentimental", para retomar o título do famoso romance de Gustave Flaubert, escritor que ele tanto aprecia naquela época, ao lado de *A condição humana*, de André Malraux.
Não terá sido por coincidência que, no ano seguinte ao que se licencia em História pela Universidade Federal de Minas Gerais, 1946, ele faça parte do grupo de jovens ficcionistas, poetas e ensaístas mineiros que idealiza, publica e lança a revista *Edifício*. Nas páginas dos poucos e sucessivos números da revista – serão 4 – sobressai a sua constante e imprescindível escrita ensaística. No Índice, os nomes de jovens e promissores talentos mineiros se associam aos de jovem escritora e de escritores já conhecidos: Vanessa Neto, Valdomiro Autran Dourado, Wilson Figueiredo, Jacques do Prado Brandão, Otávio Alvarenga, J. Etienne Filho, Otto Lara Resende, Paulo Mendes Campos e Fernando Sabino.

Destaco o livro *História e ideologia*, editado em 1971 pela prestigiosa Perspectiva, no qual Iglésias analisa o poeta português Fernando Pessoa e o pensador católico Jackson de Figueiredo. Dois autores irracionais que optam pela defesa de ideias arcaicas e, por terem assumido temas que contrastam com o abecedário historiográfico marxista do autor, se chocam contra ele. No prefácio ao livro, Iglésias confessa que, na escolha dos autores analisados, ele elege pensadores com quem *não* se identifica pessoalmente. No caso de Pessoa – escreve Iglésias a apontar a força da antipatia –, sobressai "o misticismo e o messianismo, modos irracionais, ainda que expressos por um poeta de gênio como Fernando Pessoa". No segundo caso, vai destacar "o pensamento reacionário, fruto da falta de sentido histórico – expresso por Jackson de Figueiredo".

Três perguntas se impõem ao leitor atual de Iglésias. **1.** De onde vem o *interesse* esfíngico do historiador pela face *derrotada* e suplantada da moeda ideológica? **2.** De onde lhe chega o *fascínio* pela *distância* frontal em relação ao objeto de estudo? **3.** Qual a razão para a escrita crítica do jovem de formação marxista focar o *avesso* do "*sentido* da história moderna"?

Ainda que de maneira incompleta, a primeira pergunta foi respondida pelo próprio historiador, ao acentuar a inequívoca adesão de alguns contemporâneos seus a ela. Em dado momento, observa que messianismo e irracionalismo políticos "são momentos para a compreensão do presente". Uma alusão nossa aos evangélicos que nos rodeiam ou ao senhor Mito que nos presidiu teria sido profética? Em outra passagem, acrescenta que o pensamento reacionário de Jackson "exerceria influência em seus dias e mesmo depois". Se essas ideias existem nos dias de hoje e têm força de convencimento junto a adeptos não desprovidos de inteligência e radicais, elas merecem a atenção do historiador.

A memória do arcaico traz à tona do presente e do futuro 1) o sumo do embaraço subjetivo e do estorvo de todos que experimentamos na análise de questão reacionária e 2) a força indispensável para instaurar os empenhos revolucionários, subjetivos e coletivos responsáveis pela expansão da racionalidade histórica como superior. A análise do presente, em vias de *transformação* com vistas ao futuro, não prescinde do conhecimento e estudo da face *derrotada* da moeda política. Não a descarta sumária e soberanamente. Em suma, não há razão para se prescindir da análise do *avesso* da política progressista.

Para finalizar essas observações de caráter geral, e já que pretendemos apreender as relações do historiador com a literatura, isolemos o já mencionado caso Fernando Pessoa (1888-1935). Iglésias se vale do genial poeta para inverter os procedimentos tradicionais. Contextualiza a leitura da História pelo texto literário de alta qualidade para salvar a ela, a Literatura, de intromissão estranha, duvidosa e, por que não?, absurda. Em lugar de nos levar a concluir que Fernando Pessoa é apenas mais um moderno escritor reacionário, à semelhança do que foi dito e escrito, por exemplo, sobre o poeta norte-americano Ezra Pound, às voltas com o fascismo de Mussolini, ou do romancista francês Louis-Ferdinand Céline, reconhecido antissemita, Iglésias afirma que é ele "o maior poeta da língua portuguesa".

Ao inverter os procedimentos tradicionais dos cientistas sociais, Iglésias pode ser impiedoso, e o é, na análise do *reacionarismo* de Fernando Pessoa sem, no entanto, arranhar ainda que de leve a alta qualidade da sua poesia. A fim de operar a *inversão* na metodologia tradicional, Iglésias assume, num primeiro momento, *reservas* sobre, ou *condicionantes* da personalidade intelectual do poeta, que devem ser interpretadas com certo cuidado. A reserva aparece sob a forma de *exclusão disciplinar*. Diz ele que, diante da complexa e multifacetada obra de Fernando Pessoa, não trabalhará como crítico literário, mas como "estudioso da história das ideias". Seu objeto não é o texto poético de Pessoa, a ser analisado pelo crítico e historiador literário – está implícito. Complementa ele: faço história das ideias.

As reservas da "exclusão disciplinar" e as condicionantes de "limite disciplinar", se são em parte verdadeiras e em parte falsas, montam, no entanto, uma sofisticada estratégia de leitura do texto literário genial por historiador. Tanto as duas restrições não são totalmente verdadeiras que o historiador começa a análise do seu objeto pela famosa heteronímia do grande poeta. Com tranquilidade, Iglésias afirma que iniciará o seu estudo sobre o pensamento político de Pessoa por abordar a questão da *heteronímia* de maneira paradoxal, ou seja, pelo modo como o poeta encontrou a sua *unidade* na *simultaneidade múltipla* dos nomes próprios. É, pois, pelo viés inusitado e peculiar da personalidade *autoral* variada dos poemas que o historiador começa a "explicar as ideias e posições políticas" do pensador português.

Antes de ser, portanto, matéria de importância, antes de ser explicitação do contexto para a leitura dos textos poéticos de Fernando Pessoa, o levantamento político-ideológico feito por Francisco Iglésias *extrapola* (e não complementa ou suplementa) a área propriamente literária. A análise do contexto econômico, político e social da poesia de Fernando Pessoa conduz a ele, historiador, e a nós, leitores, apenas ao melhor conhecimento da *cultura adjetivada por portuguesa*, em que Fernando Pessoa e a sua obra poética se inserem.

Por que um poeta tão genial quanto Fernando Pessoa pode ter sido tão reacionário nos seus escritos políticos? Eis o enigma que só um historiador apaixonado pela literatura pode começar a deslindar. •

VER VERBETE AUTRAN DOURADO.

SUGESTÕES DE LEITURA

CANDIDO, Antonio. Clima. In: *Teresina*. Rio de Janeiro: Paz e Terra, 1980.

IGLÉSIAS, Francisco. *História e ideologia*. São Paulo: Perspectiva, 1971.

MESQUITA, Alfredo. No tempo da Jaraguá. In: *Esboço de figura, homenagem a Antonio Candido*. São Paulo: Duas cidades, 1979.

NEME, Mário (org.). *Plataforma da nova geração*. Porto Alegre: Globo, 1945.

PINTO, Antônio Costa. Modernity versus Democracy? The mystical nationalism of Fernando Pessoa. In: STERNHELL, Zeev (ed.). *The intellectual revolt against liberal democracy 1870-1945*. Jerusalém: The Israel Academy of Sciences and Humanities, 1996. p. 343-355.

FUTEBOL

MARCELINO RODRIGUES

A DIFUSÃO GLOBAL DOS ESPORTES MODERNOS, ao longo dos séculos XIX e XX, se deu em íntima relação com a expansão do poder político, econômico e cultural das grandes nações europeias. Canalizando o tempo do lazer e a violência dos conflitos sociais, a competição disciplinada por regras reproduz, no campo simbólico do jogo, os valores, visões de mundo e modos de organização social forjados na Europa e disseminados pelo mundo na modernidade. A criação dos Jogos Olímpicos Modernos em 1896, com seu ideal de congraçamento entre as nações, mostra bem essa ideia do esporte como uma linguagem moderna e cosmopolita, a ser compartilhada nos quatro cantos do planeta. Formalizado na Inglaterra em 1863, o futebol se tornou a modalidade esportiva mais difundida, ganhando adeptos em todo o mundo, tornando-se espetáculo midiático e produzindo ídolos e eventos de repercussão global.

Essa função integradora do esporte, portanto, encarna um ideal de cosmopolitismo que se confunde com a própria história da dominação europeia. Exercendo seu poder sobre outras partes do planeta, a Europa impôs sua mentalidade racionalista e produtivista, justificando-a pela pretensa universalidade e superioridade diante de outras culturas e sociedades. Para ser cidadão do mundo, era necessário compartilhar as linguagens e hábitos da modernidade europeia, entre eles o esporte. Nos mais diferentes contextos, os primeiros entusiastas do esporte (os *sportsmen*) sempre foram vistos como pessoas modernas e cosmopolitas, em sintonia com os avanços do "mundo civilizado".

Paradoxalmente, no entanto, o processo de modernização não levou simplesmente a uma homogeneização da cultura mundial. Transplantados para novos ambientes, os valores, ideias e práticas forjados na Europa foram apropriados, transformados e ressignificados por uma multiplicidade de culturas locais, regionais e nacionais, gerando novas configurações da modernidade. Sem perder seu caráter integrador, a linguagem cosmopolita do futebol também se aclimatou em diferentes espaços geográficos e sociais, nos quais surgiram novas formas de jogar, viver e interpretar o esporte.

No Brasil, o futebol chegou nas últimas décadas do século XIX, por iniciativa de estrangeiros que vinham ao país e de brasileiros que viajavam para a Europa, trazendo de lá as últimas novidades. Nas duas primeiras décadas do século XX, ele se tornou moda entre os jovens elegantes das principais cidades do país, no bojo de um conjunto mais amplo de transformações por meio das quais se buscava reproduzir aqui, para uso exclusivo das elites, o estilo de vida das grandes metrópoles europeias. Rapidamente, no entanto, ele ultrapassou essas fronteiras, tornando-se um esporte eminentemente popular.

A entrada em cena de torcedores, jogadores e clubes vindos das classes populares gerou conflitos em diferentes esferas. Desde manifestações de racismo, por conta da presença de atletas negros nos grandes clubes, até a luta pela profissionalização dos jogadores, passando por brigas e insultos entre atletas e torcedores, cisões e reformulações das entidades esportivas, polêmicas jornalísticas e outros esforços visando conter a progressiva deterioração daquele ambiente inicialmente refinado e excludente. No final da década de 1930, a popularização já era fato consumado, atestado pela emergência dos primeiros grandes ídolos negros do futebol brasileiro.

Naquele momento, já começava a surgir, entre jornalistas e intelectuais, a ideia de que o futebol havia se aclimatado de tal forma no Brasil que acabou se tornando uma expressão legítima de nossa identidade cultural. Nas décadas seguintes, os grandes triunfos internacionais, especialmente a conquista do tricampeonato mundial de seleções em 1958, 1962 e 1970, se encarregariam de consolidar essa ideia, coroando-a com a percepção de que, por meio do esporte, o Brasil finalmente conseguia se apresentar de forma positiva diante do mundo.

A imprensa teve, nesse processo, um papel fundamental. Inicialmente dominada por uma visão elitista do esporte, a partir de meados da década de 1920 ela começou a se abrir para o novo público, participando intensamente da construção do jeito brasileiro de viver o futebol. Destaca-se, aí, o trabalho de Mário Rodrigues Filho, que além de jornalista foi empresário, promotor de eventos esportivos e escritor. Atuando na imprensa carioca, ele foi pioneiro na modelagem de uma nova abordagem jornalística do esporte, simplificando e abrasileirando sua linguagem, mergulhando nos bastidores esportivos, incentivando as rivalidades entre os clubes e promovendo a imagem de atletas vindos das classes populares. Em seu livro mais famoso, *O negro no futebol brasileiro*, publicado em 1947, ele narra o processo de assimilação do esporte pela sociedade brasileira, enfatizando a luta contra o racismo e a formação de um estilo brasileiro de jogar o futebol, com raízes na experiência e na história dos negros no país.

Enquanto essa cultura esportiva se desenvolvia, o mundo das artes e da literatura também vinha passando por intensa movimentação. Nas primeiras décadas do século, a industrialização, o progresso técnico e o crescimento urbano criaram um ambiente que estimulava o surgimento de novos tipos de produção cultural, com a multiplicação de jornais e revistas ilustradas, a difusão da fonografia e mais tarde do rádio, a proliferação de atividades sociais e eventos públicos etc. Nesse ambiente, as artes e a literatura também se transformavam, respondendo não só a essas mudanças, mas também ao cenário artístico internacional, agitado por uma onda de movimentos vanguardistas. Desse cadinho emergiu o movimento modernista, que ao seu modo também refletia a dinâmica paradoxal do processo de modernização, buscando tanto o diálogo com as vanguardas internacionais quanto a constituição de uma identidade nacional fundada nas raízes do "Brasil profundo".

Num tempo em que o jornalismo ainda não era uma atividade especializada, as redações dos jornais e revistas estavam cheias de escritores, artistas e intelectuais ligados, de algum modo, ao modernismo. Embora exista, entre os estudiosos do tema, um relativo consenso na percepção de que o futebol não recebeu da literatura a atenção merecida, não parece razoável supor que, compartilhando esse mesmo cenário cultural, futebol e modernismo não tenham estabelecido uma relação importante. Um exame da produção jornalística das primeiras décadas do século revela que, de fato, as ideias e projetos do movimento prestaram uma contribuição bastante relevante no desenvolvimento da cultura esportiva brasileira.

A trajetória de Mário Filho é um dos exemplos mais significativos dessa relação. Iniciando sua carreira nos anos 1920, ele dirigiu a seção literária do jornal *A Manhã*, cujo nome era "Espírito Moderno", onde publicou em fragmentos dois romances "futuristas". Seu trabalho nas páginas esportivas de *Crítica*, ainda naquela década, foi comparado por seu irmão, Nelson Rodrigues, à própria Semana de Arte Moderna, por ter profanado o bom gosto vigente na imprensa da época e dado ao futebol um tratamento lírico, dramático e humorístico inédito até aquele momento. Como escritor, produziu uma série de livros que, de certo modo, também dialogam com o modernismo. Além de *O negro no futebol brasileiro*, que tem prefácio de Gilberto Freyre e segue a trilha do pensamento social brasileiro, destaca-se o impressionante *Copa Rio Branco – 32*, de 1943, que traz prefácio de José Lins do Rego e se vale de uma narrativa fragmentada e com múltiplos pontos de vista para contar um episódio decisivo na história da ascensão dos atletas negros ao estrelato.

Mário Filho não foi uma figura isolada nesse contexto. No mundo jornalístico, ele foi contemporâneo de alguns escritores consagrados que atuaram também como cronistas esportivos, como Nelson Rodrigues e José Lins do Rego, e de muitos outros que eventualmente abordavam o assunto em suas crônicas, como Carlos Drummond de Andrade, Paulo Mendes Campos e Rubem Braga. Além disso, o futebol foi tema para uma série de obras poéticas e ficcionais, de autores como Alcântara Machado, Marques Rebelo, Aníbal Machado e João Cabral de Melo Neto. Sem falar nos muitos chargistas, jornalistas e cronistas que não se destacaram no campo das artes e da literatura, mas cujo trabalho repercutia os modos de pensar o Brasil forjados pelo modernismo. Diante desse panorama, é possível pensar que a consagração mundial do futebol brasileiro foi, num certo sentido, a realização dos sonhos modernistas de uma contribuição verdadeiramente original e relevante do Brasil para o "concerto das nações".

Em Minas Gerais, a cultura esportiva estabeleceu um diálogo ao mesmo tempo estreito e enviesado com essa grande narrativa nacional. Em Belo Horizonte, o futebol também se popularizou nas primeiras décadas do século XX, dando origem a uma farta produção jornalística. Mas apenas na década de 1940 se torna mais clara a formação de uma cultura esportiva diferenciada e representativa do cenário local. Como exemplos, podem ser citadas as crônicas de Fortunato Pinto Júnior, que assinava como Malagueta a coluna "Grão de pimenta", no *Diário de Minas*; os artigos do historiador Abílio Barreto na revista *Alterosa*, rememorando a história do esporte na capital mineira; e a criação de vibrantes cadernos de esportes por alguns dos grandes jornais da cidade, como *O Diário Esportivo* e a *Folha de Minas Esportiva*, nos quais atuaram nomes como o cartunista Borjalo, o escritor e homem de teatro João Etienne Filho, e o poeta e jornalista Wilson Figueiredo.

Um exemplo muito interessante da ligação entre a cultura esportiva mineira e o modernismo é o trabalho do chargista Fernando Pieruccetti. Utilizando o pseudônimo Mangabeira, ele foi o responsável pela criação dos bichos simbólicos que hoje são conhecidos como mascotes dos clubes mineiros, como o Galo, a Raposa e o Coelho. Em meados da década de 1940, quando lançou suas charges esportivas, ele já era um experiente ilustrador de jornais e revistas, e havia participado, ao lado de nomes como Delpino Júnior e Érico de Paula, do grupo de artistas que desafiou o conservadorismo das artes plásticas na cidade. Em 1936, foi o grande destaque do Salão do Bar Brasil, evento crucial na história da arte moderna em Minas Gerais, com uma série de desenhos de cenas urbanas de miséria e sofrimento, em traços de inspiração cubista e expressionista.

A criação de suas charges de futebol, em 1945, foi motivada por um pedido da direção da *Folha de Minas* para fazer algo parecido com o que Lorenzo Molas fazia no *Jornal dos Sports*, sob o comando de Mário Filho, representando os clubes cariocas por personagens como o Popeye e o Pato Donald. A esse pedido, Pieruccetti respondeu com a ideia de fazer desenhos inspirados nas fábulas de Esopo e La Fontaine, utilizando animais da fauna brasileira. A escolha dos bichos que representariam os clubes levava sempre em conta suas tradições, com muitas referências ao universo rural e interiorano de onde vinham os torcedores, tanto os do interior quanto os da capital, fundada poucas décadas antes e habitada por uma população ainda provinciana.

Publicadas por quase três décadas, a maior parte do tempo no *Estado de Minas*, as charges recriavam os acontecimentos esportivos na forma de pequenas cenas, desenhadas num traço leve e aberto, que evoca a rapidez e o inacabamento da vida moderna, e construídas numa linguagem que remete tanto às HQs e tirinhas de jornal quanto aos tradicionais livros ilustrados. Nessas cenas, que se passam geralmente num ambiente rural, a moldura narrativa da fábula funciona como uma maneira de traduzir o imaginário moderno do esporte em pequenas lições de sabedoria mineira, baseadas em valores como esperteza, pragmatismo e prudência, que, de certa forma, destoavam do discurso de identidade nacional produzido pela imprensa esportiva carioca.

Observa-se, assim, nas charges de Pieruccetti, um esforço de mediação entre o imaginário moderno do esporte e as tradições provincianas do público, na busca por uma expressão original, plasmada pela fusão entre as linguagens do jornalismo e a memória cultural da sociedade mineira. Um esforço, portanto, convergente com as propostas estéticas e político-culturais dos modernistas. Curiosamente, entretanto, essa imersão na cultura regional se realiza por meio de referências que remetem tanto ao universo provinciano do interior mineiro quanto a matrizes de caráter mais geral, como a linguagem dos livros ilustrados, o molde narrativo da fábula e o uso de animais que pertencem a um repertório comum da cultura popular, como o leão e o tigre. Bem no espírito do modernismo mineiro, marcado por um maior respeito à tradição e por uma desconfiança em relação aos avanços modernos.

No processo de assimilação da linguagem cosmopolita do esporte, enfim, futebol e arte jogaram no Brasil um jogo ambíguo, que mostra os limites das visões essencialistas da cultura, baseadas em posições fixas e monológicas, como a defesa de uma homogeneidade cultural justificada por uma suposta universalidade, ou a reivindicação de uma heterogeneidade radical como esteio da identidade nacional. No campo simbólico do esporte, o jogo entre identidade e alteridade aponta, então, para a necessidade de um novo cosmopolitismo, capaz de se libertar da supressão de diferenças implicada na ideia de universalidade, sem abrir mão da possibilidade de construção de um horizonte compartilhado, que justifique e viabilize a vida em comunidade. •

VER VERBETE TOSTÃO.

SUGESTÕES DE LEITURA

PEDROSA, Milton (org). *Gol de letra*: o futebol na literatura brasileira. Rio de Janeiro: Gol, 1967.

PEREIRA, Leonardo Affonso de Miranda. *Footballmania*: uma história social do futebol no Rio de Janeiro – 1902-1938. Rio de Janeiro: Nova Fronteira, 2000.

RODRIGUES FILHO, Mário Leite. *O negro no futebol brasileiro*. 3. ed. Petrópolis: Firmo, 1994.

SILVA, Marcelino Rodrigues da. *Quem desloca tem preferência*: ensaios sobre futebol, jornalismo e literatura. Belo Horizonte: Relicário, 2014.

VIEIRA, Ivone Luzia. Modernismo em Minas – O Salão do Bar Brasil. *Suplemento Literário de Minas Gerais*, ano 22, n. 1084, Belo Horizonte, 29 ago. 1987. Edição Especial organizada por Luis Augusto de Lima e Ivone Luzia Vieira. Disponível em: http://www.letras.ufmg.br/websuplit/busca.php?. Acesso em: 30 jun. 2023.

GERAÇÃO COMPLEMENTO

ANDRE BITTENCOURT

GERAÇÃO COMPLEMENTO É O NOME DADO a um grupo de jovens intelectuais e artistas de Belo Horizonte que, em meados dos anos 1950, se organizou ao redor de uma revista cultural intitulada *Complemento*. A revista que dá nome ao grupo durou pouco, mais precisamente três anos e quatro números, publicados entre 1956 e 1958. Seu título é referência a um poema do Ferreira Gullar, "Galo, galo", que compõe o livro *A luta corporal*: "Grito, fruto obscuro/ e extremo dessa árvore: galo./ Mas que, fora dele,/ é mero complemento de auroras".

Embora o nome dado à geração venha da publicação, a revista foi uma concretização de encontros e diferentes espaços de sociabilidade. A turma, aliás, era bastante diversa. Os fundadores eram cinco: Ary Xavier, Ezequiel Neves, Heitor Martins, Silviano Santiago e Theotônio dos Santos Júnior. Destes, Ezequiel Neves, Silviano Santiago e Theotônio dos Santos foram colegas no tradicional Colégio Marconi, na capital mineira. Já os vários colaboradores orbitavam áreas de atuação as mais variadas, como cinema (Maurício Gomes Leite e Flávio Pinto Vieira), teatro (Carlos Kroeber e João Marschner), dança (Klauss e Angel Vianna) e literatura (Affonso Romano e Ivan Ângelo).

Antes de fundarem e integrarem a *Complemento*, alguns desses jovens, então com menos de vinte anos de idade, já participavam de outro importante espaço cultural e de socialização do período, o Centro de Estudos Cinematográficos (CEC), cineclube pioneiro no Brasil organizado, dentre outros membros, por Jacques do Prado Brandão,

Cyro Siqueira e Fritz Teixeira Salles. De uma geração um pouco mais velha, o grupo do CEC ajudou a consolidar uma cultura cinematográfica na nova geração, contribuindo para uma abordagem mais aberta das artes – sobretudo em comparação a outros grupos intelectuais mineiros – na tentativa de acompanhar as vanguardas europeias e norte-americanas e incorporar as próprias técnicas cinematográficas, como as da montagem, ao fazer artístico. Foi, portanto, uma geração nascida mais dentro do cinema do que da literatura.

O CEC também foi importante para o desenvolvimento de uma sociabilidade específica entre seus membros, em parte possibilitada pela experiência coletiva do cinema e pelas necessidades de sua própria manutenção, mas que se ampliava para encontros em bares e restaurantes, como a leiteria Camponesa. Em certa medida, os intelectuais mais velhos do CEC, como Jacques do Prado Brandão, eram espécie de mentores dos mais jovens, sugerindo leituras, consolidando gostos e apontando direções. Marca da presença do cinema na revista *Complemento* é a existência de uma seção específica sobre o assunto, assinada por Maurício Gomes Leite e Flávio Pinto Vieira. As seções da revista, aliás, acompanhavam a diversidade de seus participantes. Além de cinema, era possível ler análises sobre poesia, música, artes plásticas, dança, pequenas resenhas de publicações recentes, contos, poemas e ensaios livres. Os primeiros números ainda traziam ilustrações dos artistas plásticos Augusto Degois e Chanina.

Do ponto de vista do escopo temático dos textos, a *Complemento* também é bastante eclética. Além dos poemas e contos (a principal concentração de textos do trio Silviano Santiago, Ezequiel Neves e Theotônio dos Santos), o leitor pode encontrar ensaios sobre as mudanças da figura do herói na história do teatro, uma interpretação do livro *O Ateneu*, publicação de cartas de Mário de Andrade, a reprodução de um texto de Tristan Tzara sobre o papel do poeta e a poesia na modernidade, estudos sobre o cinema moderno (em amplo escopo, desde Hollywood, passando pelo neorrealismo italiano e os "filmes rurais mexicanos"), as diferentes tendências do nacionalismo na música brasileira, a reivindicação pela criação de uma Escola de

Belas Artes e de um corpo de baile oficial em Belo Horizonte, a literatura de Antoine de Saint-Exupéry, a teoria do ator teatral segundo Gordon Craig, as aventuras (e vitórias) do Teatro Universitário UFMG, o uso das técnicas de montagem no cinema e na literatura, o abstracionismo e o concretismo nas artes plásticas. Dentre as notícias sobre livros, encontramos pequenos comentários a publicações como *Fin de partie*, de Samuel Beckett; *Do salmo ao jazz*, de Gilbert Chase; *Duas águas*, de João Cabral de Mello Neto; *O velho e o mar*, de Ernest Hemingway; *Pequena bibliografia crítica da literatura brasileira*, de Otto Maria Carpeaux; e *Três histórias na praia*, de Autran Dourado.

Sem propriamente uma formulação sistemática ou teórica sobre a questão, é notável como aquelas moças e rapazes passeavam, de forma desenvolta, por temas, obras e problemas de sua cidade, do país e do mundo. Ao mesmo tempo, debatiam com os grandes mestres da crítica europeia, marcavam suas posições frente a tendências do cinema, do teatro ou das artes plásticas e destacavam as fragilidades e as pequenas (grandes) conquistas do cenário artístico local.

Um dos aspectos sociológicos mais interessantes da vida cultural mineira, em particular de Belo Horizonte, está no fato de ela se estruturar, ao longo de parte do século XX, por "gerações" que se organizavam em grupos, muitos deles ao redor de revistas. Do ponto de vista analítico, a noção de geração permite a articulação entre duas dimensões sociológicas dos processos sociais: o elemento síncrono, ou o que poderíamos chamar de constituição do contexto imediato; e o elemento diacrônico, que percebe o objeto cultural inserido na história. A geração está no centro da mudança cultural e envolve tanto conflitos quanto experiências coletivas comuns. No entanto, do ponto de vista empírico, a ideia de geração também é significativa, funcionando como uma espécie de "categoria nativa". Tanto os modernistas mineiros de 1920 quanto os rapazes e moças dos anos 1950 possuíam uma profunda consciência de que faziam parte de uma geração e mobilizaram o termo em seus textos e em suas autocompreensões, o mesmo valendo para as turmas dos anos 1940, como os "cavaleiros mineiros do apocalipse", Fernando Sabino, Otto Lara Resende, Hélio Pellegrino e Paulo Mendes Campos, e a Geração Edifício.

Uma das características mais singulares da geração *Complemento* está na forma como ela se relacionou com as anteriores. Se lembrarmos dos modernistas de 1920, o componente do conflito contra gerações anteriores é muito explícito. Ele é articulado em cartas, poemas e na também efêmera *A Revista*, editada por Carlos Drummond de Andrade, Francisco Martins de Almeida e Emílio Moura. Drummond e companhia se utilizaram diversas vezes de *A Revista* para criticar a "tradição" da literatura brasileira (Machado de Assis incluído) como modo de questionar toda forma de autoridade literária que pudesse vir a obstaculizar as propostas estéticas dos novos tempos modernistas, da vanguarda. Trinta anos depois o debate já não se daria mais nos mesmos termos.

O primeiro número da revista *Complemento*, por exemplo, não possui um editorial, o que já a distancia de boa parte das revistas de 1920. Ela não traz, assim, explicitamente, um manifesto geracional. No entanto, a epígrafe que abre o número não poderia ser mais significativa: "mas onde estão as revistas de moços? onde os grupos? onde as revoluções e demolições?". A pergunta, feita pelo escritor João Etienne Filho, poderia inclusive ser lida em chave irônica, e a revista como resposta à provocação. Os poucos ensaios do primeiro número trazem uma notável percepção de que os tempos eram outros. É o caso, por exemplo, da tradução de um pequeno texto de Tristan Tzara sobre a "situação da poesia". Na nota que o antecede, Ary Xavier afirma que "se está formando entre nós uma nova consciência poética" (p. 33). Em seguida, Maurício Gomes Leite publica uma crítica cinematográfica, na qual discute o cinema moderno. A primeira frase é marcante e direta: "É preciso esquecer um pouco o cinema mudo, é preciso deixar de lado, por um certo tempo, o saudosismo, é preciso deixar de falar na década dos trinta e no *New Deal* – são fases pelas quais o cinema já passou, e que se destinam à observação dos historiadores. Estamos em 1956". Era preciso afirmar o ano. Era preciso afirmar a geração.

No segundo número da *Complemento*, a explicitação geracional aparece como um marcador da revista. A edição introduz uma seção de depoimentos, na qual a "diretoria" (sic) poderia apresentar suas preferências e gostos. Três perguntas são elaboradas para serem respondidas por Theotônio dos Santos, Silviano Santiago e Maurício Gomes Leite: "Qual a sua orientação estética?"; "Quais os autores que mais o influenciaram?"; "Que acha de sua geração?". Sem entrarmos em detalhes, alguns trechos são especialmente significativos. Maurício Gomes Leite ressalta que há uma "vontade de ser mesmo uma geração", embora o que ocorresse fosse antes o convívio entre colegas e amigos que compartilham certos interesses. Na resposta de Silviano Santiago emerge a ideia de que a constituição da geração seria um processo que se conformaria na relação entre o presente e o futuro. Já a posição de Theotônio dos Santos decreta o fim dos movimentos literários fechados. Não seria necessário fazer uma revolução contra os mais velhos. Reproduzir algo nos moldes de um movimento como o de 1922 seria algo, diz ele, "artificial e inaceitável". A ruptura operada pelo modernismo, ao mesmo tempo que se tornava anacrônica, era o que possibilitava a liberdade de gerações posteriores para improvisarem e agirem de formas talvez mais experimentais.

De fato, a presença dos modernistas dos anos 1920 é bastante singular na revista, na melhor das hipóteses, discreta. Os mineiros praticamente não aparecem. Mesmo Drummond é poucas vezes citado (uma frase, por exemplo, figura como epígrafe de um conto de Silviano Santiago). Nenhum outro modernista dos anos 1920, nem mesmo Mário ou Oswald, é referido nas respostas às perguntas da enquete, embora lá estejam T.S. Eliot, Ezra Pound, Fernando Pessoa, Kafka, Lorca, João Cabral e até Gilberto Freyre.

É importante sublinhar que Mário de Andrade possui papel de destaque no primeiro número da *Complemento*. Em uma seção chamada "Documento", publicam-se três cartas do líder modernista, falecido onze anos antes. As cartas foram enviadas a João Etienne Filho – escritor um pouco mais velho, que figurava também como autor da epígrafe do primeiro número da revista. Nelas está Mário por inteiro: a preocupação com a mocidade e seus deveres, a discussão sobre a amizade e autenticidade, a presença do catolicismo e do martírio. O fato é particularmente interessante porque ele quase mimetiza a relação entre Mário e os modernistas mineiros dos anos 1920. Como se sabe, suas cartas circulavam entre os jovens de Belo Horizonte e eram assunto animado de conversas no Café Estrela. Era 1956, mas não era mais imprescindível a ruptura com outros grupos ou outras gerações, embora também não fosse necessário aderir a elas.

Sem o peso da presença de grandes mestres a quem reverenciar, sem a necessidade de romper com alguma tradição, forjados em um inovador clube de cinema e com integrantes provenientes das áreas artísticas mais diversas, *Complemento* foi, ao mesmo tempo, uma revista e uma geração que se fazia consciente e algo desencantada. Entre as noites no restaurante Alpino e as sessões de cinema francês, entre copos de conhaque e pães de queijo, entre leituras de Ferreira Gullar e T.S. Eliot, entre os ensaios do Teatro Universitário e as melodias do *rock 'n' roll*, foi ali, nesse lugar ao mesmo tempo provinciano e aberto para o mundo, que a geração *Complemento* encontrou seu espaço de liberdade e sua vocação cosmopolita. •

VER VERBETES

SILVIANO SANTIAGO, CRÍTICO; KLAUSS E ANGEL VIANNA E CARLOS DRUMMOND DE ANDRADE.

SUGESTÕES DE LEITURA

CURY, Maria Zilda Ferreira. Complemento: uma geração em revista. *Varia História*, n. 18, set., p. 241-269, 1997.

MIRANDA, Wander Melo. Silviano Santiago e a geração complemento. *Scripta*, v. 1, n. 2, p. 23-27, 1998.

SANTIAGO, Silviano. Geração anos dourados: complemento era o nome da revista. *Estado de Minas*, Belo Horizonte, 21 mar. 1998.

GRUPO VERDE

JOÃO MELLO E RODRIGO JORGE RIBEIRO NEVES

DESDE A SEMANA DE ARTE MODERNA DE 1922, os modernistas deram continuidade a um projeto de mudança cultural no Brasil, sendo uma de suas principais frentes a participação em jornais e revistas da época. Nesse cotidiano produziu-se uma série de periódicos modernistas, tais como *Klaxon* (1922-23), *Terra roxa e outras terras* (1926), *Estética* (1924-1925) e *A Revista* (1925-1926). Como em uma corrida de bastão, cada uma a seu modo mantinha um esforço de circular as ideias modernistas, seja em São Paulo, Rio de Janeiro ou Belo Horizonte. Todavia, aquelas revistas tiveram pouco tempo de circulação devido às dificuldades de sustentar financeiramente esse tipo de publicação naquele contexto.

O ano de 1927 se inicia sem qualquer periódico estritamente modernista. No entanto, o segundo semestre trouxe novidades e outras polêmicas. Em agosto daquele ano, é publicado o primeiro número da revista *Festa* (1927-1929; 1934-1935), órgão do grupo homônimo dirigido por Tasso da Silveira e Andrade Muricy. A publicação defendia um programa de feição simbolista, no plano estético, mas se ligava, no plano ideológico, à corrente espiritualista católica e ao nacionalismo mais conservador. O Grupo Festa reivindicava o lugar na linha de frente do modernismo, questionando o papel vanguardista da *Klaxon* e outras publicações ligadas aos paulistas.

É nesse cenário que chega a notícia de uma nova revista modernista, a *Verde*, produzida por jovens até então desconhecidos de Cataguases, no meio da Zona da Mata mineira. Em setembro de 1927, ou seja, no mês seguinte à publicação de *Festa*, o periódico mineiro é lançado.

No contato com o novo grupo, os intelectuais e escritores ligados aos primeiros periódicos modernistas passam a ajudá-los, dando-lhe notícias nos jornais, enviando-lhes colaborações e correspondendo-se com os rapazes da *Verde*. Isso, de certo modo, contribuiu para que estes se tornassem alvo dos integrantes da *Festa*, ironizando a atuação dos rapazes nas páginas da revista. A reação dos verdes aos ataques também veio, com o apoio dos demais modernistas, como Mário de Andrade.

Mesmo que tangencialmente, Cataguases estava integrada à modernidade desde o século XIX. Inserida na atividade cafeicultora que se desenvolvia na Zona da Mata desde a primeira metade do século XIX, Cataguases tinha uma parada na Estrada de Ferro Leopoldina, inaugurada na cidade em 1877, para facilitar o escoamento do café para o Rio de Janeiro. Já a partir do final do século XIX e início do século XX, a cidade se urbaniza entre reformas sanitárias que mudam o seu tracejado, o desenvolvimento do comércio e investimentos no setor energético, com a Companhia Força e Luz Cataguazes-Leopoldina, e na indústria têxtil, com a Companhia de Fiação e Tecelagem Cataguases.

Ao mesmo tempo, o cotidiano cultural dos sujeitos letrados daquela cidade ia se desenvolvendo entre seus notórios juristas e o bom comportamento dos sonetos e versos metrificados. Foi nesse contexto que a maioria dos verdes (à exceção de Enrique de Resende, mais velho do grupo) estudou no Ginásio Municipal de Cataguases, onde se conheceram e formaram um grupo a partir das relações que construíram discutindo literatura no Grêmio Literário Machado de Assis – conforme assinado no Manifesto do Grupo Verde, dele participaram Enrique de Resende, Ascânio Lopes, Rosário Fusco, Guilhermino César, Christophoro Fonte-Bôa, Martins Mendes, Oswaldo Abritta, Camilo Soares e Francisco Inácio Peixoto. Entre discussões, notícias e livros que eram trazidos do Rio de Janeiro, aqueles rapazes foram tomando contato com a produção dos modernistas brasileiros, passando a discuti-la e a se inspirar nela para produzir literatura. Antes mesmo de sair a primeira edição da *Verde*, os nomes de integrantes do grupo, em especial o de Rosário Fusco, apareceram em outra revista naquele ano: *Para Todos*, do Rio de Janeiro, periódico de grande prestígio nacional.

Na seção "Gente Nova", de abril, saiu o poema "Da vida", de autoria de Fusco e dedicado a Camilo Soares. Na edição de agosto, apareceram os poemas "A vendedora de morangos", de Fusco, e "As vielas", de Enrique de Resende. Por fim, no mesmo mês de estreia da revista *Verde*, a *Para Todos* publica o poema "Sala de gente pobre", também de Rosário Fusco, com desenho de J. Carlos.

As cartas de Rosário Fusco exerceram um papel decisivo na configuração das redes de sociabilidade modernista, desde a criação do Grupo Verde até a ampliação do corpo de colaboradores de sua revista. Descobrindo em maio de 1927 um poeta já consolidado naquela Cataguases, Enrique de Resende, o jovem rapaz lhe enviou uma carta com alguns de seus versos, afinal, Resende havia publicado um livro de poemas em 1923, intitulado *Turris Ebúrnea*. Os demais integrantes, alguns deles continuando os estudos em faculdades no Rio de Janeiro ou em Belo Horizonte, também foram convocados por cartas desse jovem, carregado de ideias e entusiasmo, que não tinha trabalho e morava com a mãe em uma casa humilde. No segundo semestre de 1927, o grupo estava formado e, no Café do Fonseca, em Cataguases, idealizaram a revista *Verde*, cujo título e projeto gráfico remetiam à mocidade de seus integrantes, não apenas em idade, mas também quanto ao programa estético e cultural que defendiam, reencenando localmente o alegre esforço de 1922.

Rosário Fusco era uma figura que atraía as atenções. Desinibido, expansivo e impetuoso, ele foi o principal responsável por conferir a dimensão pioneira do grupo. Embora fosse um dos mais jovens, demonstrava notável talento dentre os demais. O engenheiro Enrique de Resende, mais velho e já casado, era também um dos responsáveis pela construção da ferrovia que ligava Leopoldina a Cataguases. Apesar de sua inegável importância na formação do Grupo Verde, cabia a Fusco a principal engenharia das vias de acesso daquela cidade do interior mineiro, ao escrever cartas para intelectuais situados nos centros urbanos do eixo, onde se difundiam e se articulavam as ideias do programa estético e cultural modernista, como Belo Horizonte, Rio de Janeiro e, em especial, São Paulo. Se por um lado a circulação das ideias modernistas logrou êxito para o movimento, fazendo emergir dessa província da província um novo grupo de jovens antenados na nova estética que se produzia, a aparição desses rapazes também reforçou a integração daquela rede modernista mais ampla.

A inserção no modernismo fica evidente com os nomes presentes ao longo da publicação da *Verde*. Se na primeira edição já é possível observar um contato com os modernistas de Belo Horizonte, trazendo poemas de Carlos Drummond de Andrade e Emílio Moura, a segunda edição passa a contar com outros nomes já consolidados no movimento, como Mário de Andrade, Ribeiro Couto e Antônio de Alcântara Machado. A vontade de aparecer e colaborar no modernismo chega a cruzar as fronteiras do país, internacionalizando o alcance da rede modernista a partir da *Verde* com as colaborações estrangeiras dos uruguaios Ildefonso Pereda Valdés e Nicolás Fusco Sansone, ou os desenhos das argentinas Norah Borges e María Clemencia López Pombo, obtidos pelos contatos do desabusado e inquieto Fusco.

Para aqueles rapazes da Zona da Mata mineira, a circulação em um espaço como aquele representava não apenas a inserção dentro das principais tendências estéticas de seu tempo, mas a afirmação da dimensão cosmopolita de seu programa cultural. Nos anos seguintes, seus nomes voltaram a aparecer nas páginas de *Para Todos*, como na resenha de Álvaro Moreyra sobre os *Poemas cronológicos*, de Ascânio Lopes, Rosário Fusco e Enrique de Resende; e no anúncio de um recital de poesia brasileira moderna no Theatro Municipal de São Paulo. No evento, a atriz Eugênia Álvaro Moreyra declamaria o poema "Sala de gente pobre", de Fusco, ao lado de textos de nomes representativos dos modernismos em São Paulo, Minas Gerais, Rio de Janeiro, Pernambuco e Rio Grande do Sul, como Mário de Andrade, Oswald de Andrade, Menotti Del Picchia, Emílio Moura, Ascenso Ferreira, Felippe de Oliveira, Manuel Bandeira, Ribeiro Couto, Augusto Meyer, entre outros.

Além desse periódico carioca, os nomes dos integrantes do Grupo Verde ocuparam as páginas de outras publicações. Apesar dessa busca por ampliação das redes de sociabilidade, a afinidade dos rapazes de Cataguases com os modernistas de São Paulo era maior do que com os do Rio ou Belo Horizonte, devido à confluência de ambas as propostas em torno de uma criação artística mais experimental. No entanto, o grupo não se vinculou a nenhum outro periódico, assumindo para si uma independência, conforme declaram em pequeno editorial do primeiro número da revista *Verde*: "Cada um que rompa o matagal com seu machado!".

Como vimos, Fusco se correspondeu com modernistas de diversas partes do Brasil e de outros países da América Latina, angariando notável apoio à revista. Nesse sentido, a *Verde* se lançava como uma das principais publicações modernistas do país, reunindo praticamente todos os principais nomes do movimento e de suas diversas expressões. No entanto, a correspondência com

Mário de Andrade exerceu uma influência ainda mais decisiva tanto para o prestígio da publicação quanto para a trajetória intelectual de Rosário Fusco.

Com a notícia da criação de uma "revista moderna", Fusco escreveu para Mário no dia 25 de setembro de 1927, aproveitando para pedir colaboração e livros ao já prestigiado escritor paulista. A partir daí, a relação entre os dois se estreitou. Mário também passou a se corresponder com outros integrantes do Grupo Verde, como Ascânio Lopes, Camilo Soares, Francisco Inácio Peixoto, Guilhermino César e Enrique de Resende, tornando-se um dos principais incentivadores. Para além das amizades firmadas nas cartas, boa parte das colaborações recebidas por eles veio por intermédio do autor de *Pauliceia desvairada*.

Os "azes de Cataguases", conforme os versos do poema "Homenagem", escrito a quatro mãos por Mário e Oswald, impressionavam principalmente pela ousadia, liberdade, disposição de espírito e abertura para a experimentação. Relembrando a experiência da *Verde* em 1932, Mário de Andrade apontava que o grupo de Cataguases cumpriu uma função socializadora do modernismo. Ao divulgarem as investidas dos modernistas no país, aqueles rapazes na Zona da Mata os chamavam às armas mais uma vez, abrindo suas páginas para escritores do Brasil e do mundo.

A revista *Verde* circulou de setembro de 1927 a maio de 1929, em seis edições. A penúltima saiu com capa vermelha, de vergonha pelo atraso de meses para sua publicação. Sem recursos para continuar, visto que o comércio local parava de anunciar naquela revista cuja proposta não lhe interessava, a *Verde* chega ao fim. Contudo, com a morte de Ascânio Lopes, aos 23 anos, a publicação mineira acabou tendo mais uma edição. A sexta e última edição era praticamente toda dedicada ao jovem integrante do Grupo Verde, que contribuiu substancialmente para o florescimento estético, político, social e cultural de um movimento que rendeu tantos frutos. •

VER VERBETE CORRESPONDÊNCIA MODERNISTA.

SUGESTÕES DE LEITURA

MARQUES, Ivan. *Modernismo em revista*: estética e ideologia nos periódicos dos anos 1920. Rio de Janeiro: Casa da Palavra, 2013.

MENEZES, Ana Lúcia G. R. Lourega de. *Amizade "carteadeira"*: o diálogo epistolar de Mário de Andrade com o Grupo Verde de Cataguases. Tese de Doutorado – FFLCH-USP, São Paulo, 2013.

RIBEIRO FILHO, Joaquim Branco. *Passagem para a modernidade*: transgressões e experimentos na poesia de Cataguases; década de 1920. Cataguases: Instituto Francisca de Souza Peixoto, 2002.

RUFFATO, Luiz. *A revista Verde, de Cataguases*: Contribuição à história do Modernismo. Belo Horizonte: Autêntica, 2022.

SANT'ANA, Rivânia Maria Trotta. *O Movimento Modernista Verde, de Cataguases*. Cataguases: Instituto Francisca de Souza Peixoto, 2008.

GUIGNARD

EDUARDO DIMITROV

NÃO SERIA EXAGERO AFIRMAR QUE, ao imaginarmos as cidades históricas de Minas Gerais, uma das referências visuais inscritas em nossa memória é o acervo criado por Alberto da Veiga Guignard. Suas "paisagens imaginárias", compostas por uma atmosfera onírica de espaços fluidos e insondáveis nos quais flutuam igrejas barrocas, balões de São João, montanhas e matas, são as telas mais difundidas e valorizadas. Pintadas a partir de meados dos anos 1950, são frequentemente remetidas ao movimento modernista por colaborarem, com uma linguagem própria, para a construção de uma identidade nacional vinculada ao patrimônio histórico e imaterial de Minas Gerais. O crítico Rodrigo Naves, ao analisá-las, articula o particularismo da nossa frágil identidade (palmeirinhas, igrejas barrocas, a cidade de Ouro Preto) a uma forma difusa que revelaria a frágil estruturação da nossa sociedade no cenário do capitalismo moderno.

A leitura sofisticada de Naves é uma versão da relação entre localismo e cosmopolitismo que, com variações, é explorada recorrentemente pela fortuna crítica de Guignard. De modo geral, mobiliza-se sua formação europeia e a importação de formas expressivas a fim de se compreender o processo de criação de uma pintura singular, ligada a Minas e ao Brasil. Guignard associaria o mais íntimo de nossa identidade – o barroco mineiro, Ouro Preto, os balões de São João ou a pouca estruturação do capitalismo moderno – ao que haveria de mais universal nas linguagens da pintura ocidental. O estudo de sua vida e obra, no entanto, permite complexificar a relação entre os recorrentes pares de oposição utilizados na crítica cultural e nas ciências sociais brasileiras – localismo e universalismo, centro e periferia ou cosmopolitismo e provincianismo.

Guignard nasceu em Nova Friburgo em 1896. Aos 11 anos partiu para a Europa, acompanhando o segundo casamento de sua mãe, Leonor Augusta da Silva Veiga. Seu primeiro marido e pai do pintor, Alberto José Guignard, falecido num acidente com arma de fogo em 1905, deixou para esposa e filhos a maior apólice de seguro de vida já paga no Brasil até então. Outras propriedades também foram incorporadas ao seu inventário, de modo que a família manteve um estilo de vida aristocrático em balneários na Alemanha, Suíça e França, com longas estadias em hotéis e pensões.

O cosmopolitismo de Guignard, em um sentido mais imediato de personagem viajado, se iniciou na adolescência e se estendeu pela juventude. A alta mobilidade da família lhe permitiu conhecer, em seu período de formação, importantes cidades da Europa de maneira despreocupada com sua sobrevivência material. Estudou desenho e pintura na Academia de Munique entre 1917 e 1918 e de 1921 a 1923, mas também em Florença, em 1924. Visitou os principais museus, exposições e salões de arte.

A condição periférica do sistema cultural brasileiro impulsionou boa parte dos intelectuais para experiências e períodos formativos em cidades centrais, onde o universo de suas atuações profissionais estivesse mais estruturado. Ao retornarem para o Brasil, esses intelectuais se inserem em redes menos especializadas, o que, de certo modo, os incentiva a estabelecerem diálogos mais horizontais e plurais com outras áreas da produção cultural. Os amigos europeus de Guignard, por exemplo, limitavam-se a jovens artistas, sobretudo colegas da Academia de Munique, que se especializavam em artes visuais. Já no Brasil, em 1929, quando já contava 33 anos, Guignard se inseriu em uma rede de ampla abrangência profissional, diversificando qualitativamente suas interações: tornou-se amigo não apenas de artistas, mas também de jornalistas, advogados, médicos, empresários, romancistas, poetas, políticos, jovens estudantes. Nesse sentido, o cosmopolitismo da vida intelectual brasileira ganhou novos contornos, pois cada uma dessas pessoas, com suas inserções internacionais específicas e aprofundadas em uma área do conhecimento, agregava, a essa rede de sociabilidade nacional, experiências especializadas nos mais diversos contextos de atuação profissional.

Desse modo, o cosmopolitismo brasileiro e mineiro são redes com rotas quantitativa e qualitativamente diversas entre centros e periferias que também se retroalimentam nas relações estabelecidas entre os intelectuais em solo brasileiro. Cada personagem, com seu *métier* e qualidades expressivas específicas, possui conexões internacionais próprias com especialistas de sua respectiva área de atuação. Porém, quando esses mesmos personagens estão no Brasil, relacionam-se com praticantes de *métiers* vizinhos, ampliando conexões entre diferentes meios artísticos, literários, políticos etc.

Ao chegar ao Brasil, Guignard estava longe de ser um pintor de vanguarda. Se, por um lado, suas estilizações figurativas o aproximam da produção dos artistas da "Escola de Paris", por outro, observa-se certos afastamentos do vocabulário moderno e a recuperação de mestres italianos e do norte da Europa. Ele declarou que já não se impressionava mais com as excentricidades do cubismo e de todos os "ismos", porque "já passaram, morreram e estão enterrados". Ao contrário, as obras dos grandes mestres, Antonio Pollaiolo, Sandro Botticelli, Pieter Brueghel etc., permaneceriam vivas.

Guignard, portanto, não se via e nem era visto como um pintor modernista quando chegou ao Brasil. Foi, contudo, tornando-se um à medida que adentrava nessa rede de sociabilidade tão rica e diversa em experiências profissionais, sentimentos, linguagens e expectativas. Em 1931, ele mesmo identifica esse percurso em uma carta ao amigo argentino Emílio Pettoruti datada de dezembro de 1930: "O ano de 1931 será para mim uma nova via de realização em pintura, eu quero a força me tornar um modernista, oras! Para isso eu possuo um grande dom de profunda sensibilidade o qual quero aproveitar para realizar definitivamente. Pense como isso é engraçado: 1915 eu aprendi a desenhar em Munique. 1925 eu aprendi a pintura em Florença e 1930 eu realizei um começo modernista no Rio mesmo".

A graça que Guignard enxergava era a de que o caminho do seu modernismo não era aquele mais comumente esperado – do aprendizado no centro para sua aclimatação na periferia, de uma importação simples e direta de técnicas e linguagens –, mas de uma elaboração executada na periferia a partir de uma sociabilidade estabelecida por ele no Brasil e em Minas Gerais.

Para além de sua amizade com Heitor dos Prazeres, a pintura "primitivista" brasileira foi uma das referências locais que lhe forneceram novos repertórios, chamando a atenção de Lincoln Kirstein, enviado por Nelson Rockefeller à América Latina para adquirir obras destinadas ao acervo do MoMa, como parte da política de boa vizinhança em tempos de guerra. Em 1942, duas obras de Guignard sobre festas de São João foram parar na coleção do MoMA, junto com outras de José Pancetti, Heitor dos Prazeres, Paulo Rossi Osir e Tomás Santa Rosa.

Esse olhar estrangeiro em busca do "primitivo", nas palavras de Kirstein, acrescenta outros aspectos ao cosmopolitismo de Guignard: seu primeiro reconhecimento internacional se dava menos pela sua interpretação modernista da identidade nacional e mais por um exotismo "primitivista" aos olhos estadunidenses. Diferentes sensibilidades e expectativas se projetavam em sua obra.

Para compreender as referências pictóricas e imagéticas mobilizadas por Guignard nas "Paisagens imaginárias", é importante perceber sua inserção profissional, pessoal e afetiva em uma rede mineira de sociabilidade. Rede essa que imaginou sua própria identidade a partir de eventos como a viagem modernista de 1924 às cidades históricas; a ação do mineiro Rodrigo Melo Franco no SPHAN e a criação de um passado nacional que associasse patrimônio barroco de pedra e cal com vegetação, religiosidade, festas, cores e cultura popular; o projeto de tornar Belo Horizonte em uma capital moderna, com obras de Niemeyer, Portinari e Burle Marx na Pampulha. As "paisagem imaginárias" estão coadunadas com essa sensibilidade partilhada pela elite mineira e nacional. Foi por meio dessa rede que o então prefeito de Belo Horizonte, Juscelino Kubitschek, em 1944, convidou Guignard para tornar-se professor de artes plásticas na capital mineira.

A transferência de Guignard para Belo Horizonte foi fundamental para sua produção pictórica e seu reconhecimento como pintor nacional. Sua atuação como professor e artista está relacionada com uma intenção política dos grupos dirigentes mineiros de dar projeção nacional ao estado. Sua prática pedagógica, no que veio a se tornar a "Escola Guignard", muito pautada em sua experiência alemã, pode ser vista como parte de um processo de nacionalização da cultura brasileira, pois disseminou técnicas, linguagens, sensibilidades e criou representações do nacional e do regional que estavam em debate, não apenas nas artes visuais, mas também na poesia, na prosa, no cinema, na política de patrimônio. Importantes nomes das artes visuais passaram pelos ensinamentos de Guignard.

Em Belo Horizonte, Guignard morou na casa da escritora Lucia Machado de Almeida, irmã do também escritor Aníbal Machado e casada com o arquiteto Antonio Joaquim de Almeida, que, por sua vez, era colega de Oscar Niemeyer e irmão do poeta Guilherme de Almeida. A dependência de Guignard de uma rede de amparo foi, por um lado, indício de sua incapacidade de gerir sua herança e planejar sua carreira; mas, por outro, essa mesma convivência muito próxima permitiu a ele incorporar as sensibilidades partilhadas. Muito se atribuiu ao lábio leporino, à fala fanhosa de difícil compreensão, ao alcoolismo e aos sinais de senilidade na velhice, certa desestruturação pessoal de Guignard que o teria levado, já na vida adulta, a sofrer privações econômicas e afetivas. Certamente são estigmas relevantes e não devem sair do horizonte de qualquer analista de sua trajetória. No entanto, o estilo de vida que Guignard levou durante seus anos de formação – morando em hotéis, pensões e mansões, sem preocupação financeira, sem nem mesmo se inteirar de como sua herança vinha sendo dilapidada pela mãe e pelo padrasto – já pareceria suficiente para compreender sua inabilidade em gerenciar as finanças e sua dependência, como agregado, de hotéis, pensões e/ou famílias. Guignard não foi "treinado" para lidar com os aspectos mais básicos de sua vida financeira e pessoal. Presenteava amigos, alunos e até desconhecidos com seus quadros. As biografias e depoimentos atestam essa prática, por vezes atribuindo a generosidade excessiva do pintor à ausência de cálculo econômico ou à tentativa de conquistar afeto. Independentemente dos motivos, tal prática o teria levado à penúria financeira na vida adulta e na velhice. De certa maneira, esse desprendimento material exacerbado colaborou para a criação de uma aura de artista puro e desinteressado, "acima do bem e do mal", mas também disseminou seus quadros pelas mãos dos mais diversos colecionadores, garantindo assim uma rede de pessoas interessantes e interessadas em sua obra e na sua patrimonialização. A notoriedade nacional adquirida com a valorização súbita de seus quadros provocou sérias contendas entre aqueles que acolhiam Guignard em suas casas.

A querela mais conhecida se deu entre o crítico Frederico Moraes e o médico Santiago Americano Freire, que abrigou Guignard em sua casa de 1959 até outubro de 1961. Segundo Moraes, Freire, além de cuidar de Guignard enquanto médico, direcionaria excessivamente sua obra. "Cuide do homem, se quiser, se isso lhe dá prazer ou vantagem, alegria cristã ou dinheiro no banco – mas respeite o pintor", era o que dizia em seus artigos.

Essa acusação é questionável, uma vez que muitas das "paisagens imaginárias", auge da pintura de Guignard, foram feitas quando ele vivia com Freire. De todo modo, é extremamente instigante o desfecho da intriga ter sido a criação, por intermédio da escritora Lucia Machado de Almeida, de uma fundação para servir de amparo financeiro, comercial e fazer as vezes de uma família ao pintor. Uma casa, uma cozinheira e um motorista foram postos à disposição de Guignard em Ouro Preto. E, seis meses depois, em 1962, o artista morreu em sua própria pensão, uma fundação de direito privado responsável pela memória de um dos maiores intérpretes do Brasil. •

SUGESTÕES DE LEITURA

BORTOLOTI, Marcelo. *Guignard*: anjo mutilado. São Paulo: Companhia das Letras, 2021.

NAVES, Rodrigo. O Brasil no ar: Guignard. In: *A forma difícil*: ensaios sobre arte brasileira. 2. ed. São Paulo: Editora Ática, 2001. p. 131-143.

PALHARES, Taisa Helena Pascale. *Modernidade, tradição e caráter nacional na obra de Alberto da Veiga Guignard*. Tese de Doutorado – Universidade de São Paulo, São Paulo, 2011.

PERDIGÃO, João. *Balões, vida e tempo de Guignard*: novos caminhos para as artes em Minas e no Brasil. Belo Horizonte: Autêntica, 2020.

ZILIO, C. (org.). *A modernidade em Guignard*. Rio de Janeiro: Empresa de Petróleo Ipiranga, 1983.

GUIMARÃES ROSA

MARÍLIA LIBRANDI

JOÃO GUIMARÃES ROSA (1908-1967), reconhecido como um dos mais importantes ficcionistas do século XX, não apenas criou um mundo ficcional como também inventou um idioma literário, que ele definiu como uma "língua bárbara-preciosa especial". Seu trabalho e suas viagens como diplomata acentuaram o conhecimento de vários idiomas, incorporados de forma lúdica em sua prosa, que pertence à era pós-1945: seu primeiro livro, *Sagarana*, foi publicado em 1946, e o último em vida, *Tutaméia*, foi publicado pouco antes de sua morte, em 1967.

Rosa dizia que a sua literatura buscava recriar a língua originária anterior à queda da torre de Babel. Criador demiúrgico, portanto, a linguagem ao mesmo tempo metafísica e modernista que ele cria no interior do português brasileiro é parte de um projeto literário complexo, que faz de Minas Gerais o mundo e o cosmos de sua poética.

Essa linguagem opera através do acúmulo e da mescla de vocábulos e expressões de distintas línguas, da criação de neologismos e de arcaísmos, da incorporação da oralidade e do falar sertanejo ao lado de dicções e erudições da literatura mundial, de tal modo que seu texto é internamente, na matéria mesma de sua língua, não apenas universal, como multiversal. Além disso, seu texto presentifica tons, acentos, nuances e timbres que ressoam elementos não discursivos na escrita de seu sertão-mundo.

Próximo das tradições orais presentes nos gêneros populares do repente e do cordel, o sertão de Rosa reverbera poemas e narrativas medievais europeias espalhadas por colonizadores errantes nos primeiros séculos da conquista e, ao mesmo tempo, retoma formas linguísticas do português arcaico, bem como os primeiros contatos linguísticos entre nativos, colonizadores e africanos. A língua geral, falada no Brasil por dois séculos, de 1550 a 1750, juntamente com o nheengatu amazônico, bem como palavras e ritmos de línguas bantu, ressoam na ficção de Guimarães Rosa junto com a variedade internacional de línguas que ele incorporou:

> Falo: português, alemão, francês, inglês, espanhol, italiano, esperanto, um pouco de russo; leio: sueco, holandês, latim e grego (mas com o dicionário agarrado); entendo alguns dialetos alemães; estudei a gramática: do húngaro, do árabe, do sânscrito, do lituânio, do polonês, do tupi, do hebraico, do japonês, do tcheco, do finlandês, do dinamarquês; bisbilhotei um pouco a respeito de outras. Mas tudo mal. E acho que estudar o espírito e o mecanismo de outras línguas ajuda muito à compreensão mais profunda do idioma nacional.

Rosa considerava o sertão como um impensado, espaço no qual a humanidade ainda não teria provado do fruto do bem e do mal e, por isso, estaria à mercê de forças imponderáveis, como o personagem e narrador Riobaldo, que seria, segundo Rosa "apenas o Brasil". Sua linguagem também remeteria a uma ideia de "brasilidade", que ele define como sendo a "língua do indizível". Como entender esse paradoxo de uma língua que expressa o que é impossível de dizer? Como ouvir e escrever esse indizível?

Dentre a crítica literária, duas características principais se tornaram comuns ao se falar da reputação literária de Guimarães Rosa: sua obra foi capaz de conjugar o local com o universal ao dar uma perspectiva mundial ao regionalismo, e sua ficção transformou a divisão escrita/oralidade. Podemos estender essa dinâmica trazendo para esse debate a noção de escuta na escrita, uma *escrita de ouvido*, que nos leva a entender (no sentido de ouvir) o pensamento literário ecológico e planetário que a sua obra propaga.

A maioria de suas estórias usa um modo de composição aural (termo que pensa a oralidade na escrita a partir do sentido auricular):

alguém ouviu uma estória ou cantiga que contou para outro personagem, que a repete com variação, ou a estória vai se tecendo a partir do diálogo ou do monólogo dialógico sem fim até o enredo se formar, como quem tece uma colcha de retalhos ou como quem cria uma canção.

Comparado a James Joyce pela inovação linguística, Rosa rejeitava essa proximidade, pois, distinta da prosa urbana do escritor irlandês, sua obra era estruturada com base em um lugar geográfico e simbolicamente distante e em confronto com as cidades letradas. *Grande sertão: veredas* começa, aliás, ao som de um tiro – "Tiros que o senhor ouviu foram de briga de homem não" – indicando que nós leitores estamos adentrando um território discursivo perigoso. Se Euclides da Cunha, em *Os sertões*, denuncia o crime cometido pela cidade contra o sertão, em Rosa, o sertão começa atirando de modo a permanecer vivo e a ser escutado pelos homens da cidade. *Grande sertão: veredas*, portanto, é uma máquina discursiva de guerrilha. Como os jagunços em guerra, a tática retórica de guerrilha usa as armas auditivas (fala e escuta) para desarmar as armadilhas da escrita letrada quando esta cala ou fala no lugar dos ditos "não letrados". A estratégia cria um paradoxo (mais um): como entender uma literatura ao mesmo tempo hiperletrada, mas baseada em práticas ágrafas?

O romance encena uma fala e uma escuta. Quem fala é Riobaldo, um jagunço aposentado que narra a "matéria vertente" de sua vida. Quem ouve é o doutor da cidade, em visita ao sertão, e que permanece com Riobaldo por três dias. Como a fala do doutor não aparece nenhuma vez para responder aquilo que o narrador diz, ironicamente, não saber, o relato não termina no ponto final, mas, como o sertão, ultrapassa seu limite e aponta para fora. Nesse caso, a cena em que um fala e outro escuta é também a cena que se estabelece entre leitores e o livro, na relação que a obra escrita, em seu silêncio falante, estabelece com seus leitores, ouvintes. A fala ininterrupta de Riobaldo, que se abre com o travessão, se encerra com a palavra "travessia" e o símbolo do infinito, como se a fala, a partir de então, continuasse enquanto potência de voz. A partir de uma anotação feita pelo próprio escritor em um de seus cadernos, descobriu-se, não sem espanto, que o símbolo do infinito, a lemniscata, que encerra *Grande sertão: veredas*, é também assinalado como sendo "∞ = par de orelhas".

Para pensar a poética da escuta nessa escrita, sugiro o uso de duas palavras-chave, "recado" e "conconversa", encontradas em "O recado do morro", parte do monumental livro *Corpo de baile*, publicado no mesmo ano que o infinito *Grande sertão:veredas*, em 1956.

José Miguel Wisnik analisou "a singularidade da palavra recado", em seu estudo "Recado da viagem", lembrando que, diferente da mensagem, o recado tem uma transmissão indireta e pode vir associado a um enigma a ser desvendado. No caso, é a canção popular de Milton Nascimento e Caetano Veloso que desvenda o recado mais enigmático da literatura de Rosa, re-cifrando-o ao decifrá-lo sonoramente na canção "A terceira margem do rio", título do conto homônimo publicado em *Primeiras estórias*.

Seguindo essa trilha, sugiro pensar que o "recado" se refere a um momento pré-babélico, quando *physis* e *logos* não estavam separados; quando folhas, montanhas, seres humanos e animais se comunicavam em uma zona de murmúrios e de fala onomatopaica, "no tempo em que tudo era falante". No outro extremo do espectro, o termo "conconversa" se refere a um momento pós-babélico, quando a multiplicidade de idiomas conversa por meio da tradução e transcriação em busca de um significado compartilhado entre as diferenças linguísticas. Ao ouvir o mundo, Guimarães Rosa cria uma ficção de ressonâncias, correspondendo ao termo "mundo escutado" proposto por Ana Luiza Martins Costa.

Consideremos, então, que, ao lermos as suas narrativas, precisamos ouvir o recado mais do que entendermos a sua mensagem, e assim adentrarmos o emaranhado de sua conconversa. De modo que o recado de Rosa, que nos chega através de seus personagens, é a linguagem segredada ao pé do ouvido de cada uma de suas páginas.

Em "O recado do morro", uma mensagem enigmática vinda de uma montanha (o morro da Garça) ecoa nos espaços abertos do sertão e ressoa nos ouvidos de seis recadeiros capazes de ouvi-la, até que os dedos de um trovador popular dão forma artística a esse recado. No final, uma canção é tocada na festa da comunidade negra (a congada), e a mensagem enigmática se revela ao seu destinatário, salvando a vida do herói que acaba em uma viagem planetária, "pulando de estrela em estrela" e se transformando em uma constelação mítica.

A montanha murmura e a primeira pessoa capaz de ouvir seu recado é Gorgulho, personagem que fala um português que mistura tupi-guarani e línguas banto, lembrando o passado colonial do Brasil, quando as pessoas falavam a língua geral. Gorgulho é o apelido de um ermitão que vive em uma caverna de urubus, espécie de câmara de ecos. Seu nome é Malaquias, o que faz dele um descendente do profeta bíblico, cujo nome significa "meu mensageiro" em hebraico. Mas ele também é descrito como um "calunga preto".

Em uma fascinante análise etimológica da palavra "malungo" no português afro-brasileiro, e que significa camaradas, companheiros, Robert Slenes a relaciona com a palavra "mulungu" que significa "barco/navio" nas línguas bantu Kimbundu (de Luanda), Umbundu (de Benguela) e Kikongo (norte de Luanda), significando então "companheiros de navio", relacionada ao sofrimento africano compartilhado na travessia do Atlântico. No entanto, malungu também carrega um significado cosmológico ligado à palavra "kalunga", remetendo a "companheiros na travessia da kalunga", um importante conceito cosmológico nas línguas bantu, que implica o contato entre a vida e a morte. Atravessar a kalunga (simbolicamente representada pelas águas do rio ou do oceano), vir para a América, correspondia a uma morte, mas também ao renascer no retorno às suas terras de origem.

Vemos, então, que Gorgulho condensa temporalidades e espacialidades distintas em sua caracterização: ele é um homem das cavernas; é um ermitão no sertão brasileiro; é um profeta bíblico; é um calunga que fala a língua geral. Essas camadas de significados se reúnem em outra palavra que o descreve como um "velhote grimo, esquisito". Em sua explicação para o seu tradutor italiano, Rosa diz que grimo se relaciona à "feiura tragicômica; como os velhos das fábulas, o rosto de sua pele é rugoso". Refere-se ao radical comum da palavra: em italiano, *grimoso*; em inglês: *grim*; em alemão, *grimm*; em dinamarquês *grimme*, e em português, *grima*, que significa "ódio", e *grimaça*, que significa "careta". O escritor mineiro, assim, conclui: "Quero captar o *quid*, universal, desse radical". Com esse exemplo, podemos entender melhor como o autor construiu sua obra literária, partindo de um termo local para um "quid" geral e universalizado: "o sertão é o mundo", como Antonio Candido resumiu de forma célebre o efeito de espanto causado pela ficção de Guimarães Rosa.

Outra característica importante do personagem Gorgulho é que ele não ouve muito bem. E, no entanto, é justamente ele quem é capaz de ouvir, não a mensagem, mas o que importa escutar: *o recado do morro*. Gorgulho faz parte de um grupo de personagens designados a ouvir os sons da natureza e a expressar espanto diante de tal espetáculo. Esses personagens são lunáticos, mas também crianças, mulheres, foras-da-lei do sertão. Eles são a fonte da criação literária de Guimarães Rosa. Outro desses personagens da escuta é o Chefe Zequiel, da novela "Buriti", a sétima de *Corpo de baile*, um "homem que chamava os segredos todos da noite para dentro de seus ouvidos".

Na escuta de todos esses personagens, encontramos o escritor-ouvinte, como Rosa explicitou para seu entrevistador alemão, Gunter Lorenz: "Eu trazia sempre os ouvidos atentos, escutava tudo o que podia".

Finalmente, que tipo então de mundo literário encontramos na obra de Guimarães Rosa? Certamente, seu mundo tem um nome específico: o sertão de Minas mundo, mas sua precisão geográfica e sociológica se torna indeterminada, nonada, quando o sertão se enreda com a língua inventada de Guimarães Rosa, que disse: "somente renovando a língua pode-se renovar o mundo". É uma pluralidade de mundos, é um mundo de conconversas, de recados, de palavras transformadas em um canto, que é o mundo todo, e que nos é ofertado ao reverberar continuamente na forma de um texto escrito que aguarda, guarda e amplia a nossa escuta. •

SUGESTÕES DE LEITURA

AZEVEDO, Raquel. *Jogaretê*: atravessar a travessia. Dissertação de mestrado – Universidade Federal de Santa Catarina, Florianópolis, 2015.

COUTINHO, Eduardo de Faria (org.). *Guimarães Rosa. Fortuna crítica*. Rio de Janeiro: Civilização Brasileira, 1983.

ROSA, João Guimarães. *Correspondência com seu tradutor italiano Edoardo Bizzarri*. Belo Horizonte; Rio de Janeiro: Editora UFMG; Nova Fronteira, 2003.

VERLANGIERI, Iná Valéria Rodrigues. *Guimarães Rosa*: correspondência inédita com a tradutora norte-americana Harriet de Onís. Dissertação de mestrado – Universidade Estadual Paulista, Araraquara, 1993.

WISNIK, José Miguel. Recado da viagem. *Scripta*, v. 2, n. 3, p. 160-70, 1998.

HENRIQUETA LISBOA

ELIDE RUGAI BASTOS

A ESCRITORA HENRIQUETA LISBOA (Lambari, MG, 1901 – Belo Horizonte, MG, 1985), cuja atividade literária se estendeu por mais de cinquenta anos, ilustra bem o processo de nacionalização da cultura brasileira ocorrido no século XX, no qual o modernismo teve papel fundamental. Poeta, tradutora, ensaísta, professora, a obra e a atuação da intelectual mineira permitem o exame da questão localismo/cosmopolitismo na sociedade nacional, principalmente com o sentido de compreensão da convivência do universal com as diferenças locais. Vários traços que compõem seu perfil, bem como seu itinerário intelectual, possibilitam que indiquemos a autora como mediadora nesse processo.

De certa maneira, seu convívio cosmopolita esteve presente desde a infância em Lambari, onde teve contato com migrantes italianos que apresentaram, à já amante de poesia, os cantos da *Divina Comédia* de Dante. Depois, durante seu curso secundário, no colégio Sion de Campanha, passou a estudar os clássicos de língua portuguesa e francesa. Entre 1924 e 1935, residindo no Rio de Janeiro, então capital do país, onde seu pai atuava como deputado federal, transitou numa sociedade ampliada pelas famílias de funcionários vindos de todos os estados, além daquelas dos diplomatas de várias partes do mundo. Não considero que o simples alargamento das fronteiras sociais opere mecanicamente na alteração da relação localismo/cosmopolitismo, mas penso que abre espaço para um cenário mais amplo de sociabilidade. Nesse sentido, o processo de socialização resultante permite a adequação subjetiva às mudanças objetivas da sociedade. Trata-se da construção do *self*. Henriqueta aponta como essa época foi importante para sua aproximação com o teatro, o balé, a música e a literatura hispano-americana, acentuando que a arte tem função autoeducativa. No caso da autora, o processo contribuiu para que se definisse como poeta e se afirmasse no campo das letras, lhe dando segurança para se corresponder com grandes nomes da literatura, como Cecília Meireles (de 1931 a 1963), Carlos Drummond de Andrade (de 1938 a 1983), Mário de Andrade (de 1939 a 1945), Gabriela Mistral (de 1943 a 1946), Manuel Bandeira (de 1950 a 1963), entre outros. Nesse período, publicou dois livros de poemas, *Fogo-fátuo* (1925) e *Enternecimento* (1929), marcados pela influência simbolista, principalmente de Alphonsus de Guimaraens, tendo recebido pelo segundo o prêmio Olavo Bilac de poesia da Academia Brasileira de Letras, em 1931. Em 1935 mudou-se para Belo Horizonte e assumiu a atividade de inspetora de ensino secundário, dando continuidade à sua produção como poeta. Mais tarde tornou-se professora de Literatura Hispano-Americana e Literatura Brasileira na Faculdade de Filosofia, Ciências e Letras Santa Maria, hoje PUC Minas.

Desde o início de sua residência no Rio de Janeiro já entrara em contato com a produção literária do movimento modernista, mas somente a partir da correspondência com Mário de Andrade, trocada entre 1939 e 1945, reviu sua adesão ao simbolismo. Embora conservando em sua obra poética algumas potencialidades dessa adesão, Henriqueta Lisboa incorporou sugestões do líder do modernismo a seus poemas, reconhecendo que o movimento abriu novas fronteiras à criatividade e espaço permanente à pesquisa estética. Com essa visão, sua obra reflete acontecimentos, dilemas, mudanças nas relações sociais, complexidade dos temas e influências que marcam profundamente o cenário da primeira metade do século XX. Um dos aspectos que demonstra a originalidade de sua obra é a feliz combinação de sensibilidade simbolista e técnica modernista. O emprego simbólico responde às dificuldades de expressar a realidade da experiência vivida, a forma encontrada de superação da dor, como indica no título de seu estudo sobre Cruz e Souza, *A dor superada*, publicado em 1955. A liberdade de criação, a busca de um espírito novo reanimando fórmulas antigas, a linguagem coloquial expressando autenticidade e ritmo como necessidade da expressão são apostas de seu modernismo. Esses traços de seu itinerário intelectual e perfil como escritora se refletem na continuidade de sua produção desde os anos 1940.

O cosmopolitismo se expressa também no empenho dedicado à tradução de poemas de autores estrangeiros, como Dante, Góngora, Schiller, Leopardi, Longfellow, Gabriela Mistral, Pavese, entre outros. A mais difundida dessa obra traduzida, considerada exemplar, é o *Purgatório*, de Dante Alighieri, na qual mantém os tercetos e as rimas encadeadas (aba, bcb, cdc...), procedimento essencial ao ritmo da poesia do autor florentino, comprovando seu domínio da linguagem e o adestramento no uso da palavra. O texto que precede a tradução dessa parte do livro clássico demonstra a compreensão da escritora mineira do exercício poético, sua visão de arte, o apreço pela simetria, o gosto pela alternação entre luz e sombra e o reconhecimento da tensão que atravessa a vida humana – elementos magistralmente presentes nesses cantos. Essa dedicação é reconhecida pela atribuição do prêmio Presenza d'Italia in Brasile acompanhada de convite do governo italiano para viagem à Itália.

As conhecidas dificuldades envolvidas na tradução de poesia – a recriação do texto com o objetivo de encontrar na língua diferente do original a palavra correta, o ritmo adequado, a manutenção do sentido – foram vencidas por Henriqueta obedecendo aos pontos que considerou essenciais na sua própria criação poética. Procurou ser fiel ao original do autor traduzido em relação à criação, à palavra, ao ritmo, à musicalidade, à rima, à imagem, à identidade, ao ângulo de representação, ao tema, posições expressas em seus textos *Convívio poético* (1955), *Vigília poética* (1968) e *Vivência poética* (1979) reunidos no volume III de sua *Obra Completa* (2020), dedicado à prosa. Nesses três livros pode-se perceber como alia seu fazer poético a uma consciência teórica e crítica, princípios que emprega nessas traduções e também em seus ensaios.

Ao indicar os elementos que denominei *convivência cosmopolita de Henriqueta Lisboa*, estou consciente de utilizar um aspecto muito restrito da conotação de cosmopolitismo, ou seja, somente apontando o processo de interiorização daquilo que é exterior ao local. Mesmo essa formulação parcial implicaria desdobramentos da questão, como é o caso de ser a leitura do livro estrangeiro uma forma de, colonizados que somos, nos sentirmos ocidentais e parte de um concerto internacional. Mas, aqui, a restrição do texto não permite o desenvolvimento dos diferentes sentidos de cosmopolitismo. No entanto, lembro o sentido que essas ações - ampla leitura, tradução, correspondência, alargamento de contatos - ganham na concepção da autora e ouso formular: ela traz o mundo para Minas. Ainda, assinalo que o traço fundamental que a define é se afirmar como mineira, tendo dito em entrevista a Edla Van Steen: "Eu só podia ter nascido em Minas".

O diálogo com outros autores e seu magistério em Letras levaram a escritora a sistematizar leituras teóricas e apreciação crítica, mostrando aspectos de seu perfil como intelectual e artista. O aprofundamento em pesquisas bibliográficas, que incluem ampla gama de autores e críticos de vários tempos e espaços, não só aponta sofisticação literária, mas demonstra sua sensibilidade em relação às transformações do mundo posteriores à Segunda Guerra Mundial, trazendo novos temas e afirmando o lugar da mulher nessas mudanças.

A Segunda Guerra e, no Brasil, a ditadura do Estado Novo marcaram muito a visão de mundo de Henriqueta Lisboa, o que fica claro tanto na correspondência trocada com Mário de Andrade como nos poemas escritos entre os anos 1941 e 1945. O livro *A face lívida* (1945), dedicado à memória do líder modernista, aborda a morte em vários de seus aspectos, simbolizada não apenas pelo rosto pálido dos mortos, como pela lividez daqueles que recebem "açoites da vida" ou "dos que resistem pelo espanto". Ainda, no poema "Um poeta esteve na guerra", lembra que a sensibilidade permite que, mesmo à distância, a poesia esteja no dia a dia da guerra, participando do caos, da astúcia e da fome, conhecendo "homens que matavam e homens que somente morriam".

Considerando sua vida e itinerário intelectual, é importante apontar que Henriqueta Lisboa se diferenciou do lugar normalmente atribuído à mulher no Brasil cujo destino era, durante o período em que viveu, restrito à família. Esse papel se expressa, além de em comportamentos e atitudes discriminatórias em relação à posição social da mulher, no fato de o movimento feminista ser reprimido pela ditadura dos anos 1937-45. Mas, mesmo nesse cenário, mulheres que atuavam profissionalmente se reuniam para agir como grupo diante da situação. Henriqueta Lisboa fazia parte, em Belo Horizonte, da União

Universitária Feminina e participou como representante da mulher mineira no III Congresso Feminino Nacional no Rio de Janeiro.

Mais do que esse ativismo em relação à mudança da situação da mulher, muitos poemas ao longo de sua produção mostram que o tema lhe interessa e merece seu empenho, acolhendo debates e reivindicações em diferentes conjunturas até os anos 1980. A fórmula que elege para esse procedimento é simultaneamente conhecer-se introspectivamente e relacionar-se com o mundo exterior. De modo aparentemente simples, mas com precisão e sofisticação na forma, seus poemas apontam a desqualificação, o condicionamento e os limites impostos às mulheres na sociedade brasileira, num *crescendo* que acompanha o desenrolar do debate sobre o tema. Opõe-se ao modelo feminino desenhado pela sociedade e observado cotidianamente, especialmente pela não aceitação de um destino predeterminado de restrição ao lar e à família, afirmando, no poema "Singular", "minha musa ama precisamente/ o que não existe neste lugar".

O que chama a atenção em sua abordagem dessa temática é como ela o faz sem alarde, com discrição, o que é, sem dúvida, um forte traço de seu caráter, sempre assinalado pelos que a conheceram. Ela mesma afirma ter feito do silêncio e da sombra sua morada. Isso se expressa no cotidiano intimista que sua poesia tematiza. O dia a dia traz o mundo em seus vários aspectos e, ao mesmo tempo, reflete-se nas condições subjetivas. Assim, no poema "Jaulas", do livro *Flor da morte*, publicado em 1949, recorda que essa prisão ocorre em lugares aparentemente improváveis – a casa, a varanda, o jardim, a cidade – e que, graças a essa repetição ao longo da vida, a mulher internaliza os limites e as fronteiras impostos pela sociedade. Assim, embarca nesse processo considerando normal que apenas um destino lhe seja reservado, e que "também o cérebro: de si próprio [é] arquiteto e jaula".

Em seu último livro, *Pousada do ser* (1982), que reúne poemas escritos entre 1976 e 1980, é perceptível sua visão sobre o compromisso coletivo com as questões sociais. Refere-se, por exemplo, em "Sobressalto", às notícias cada dia mais terríveis, que se impõem "com implacável desfaçatez talvez para convencer-nos de que somos todos culpados". Tal posição revela que uma das faces mais importantes do modernismo, a iniciativa de alteração e seleção de recursos culturais que permitem a reflexividade sobre a vida social, defendida por seu amigo Mário de Andrade, ganha corpo na obra poética de Henriqueta Lisboa, de forma que o cotidiano intimista que lhe serve de base assume a função de aprendizado e compromisso com os problemas sociais. •

VER VERBETE CORRESPONDÊNCIA MODERNISTA.

SUGESTÕES DE LEITURA

BOTELHO, André; HOELZ, Maurício. *O modernismo como movimento cultural*: Mário de Andrade um aprendizado. Petrópolis: Vozes, 2022.

LISBOA, Henriqueta. *Obra completa* – Poesia traduzida. Organização Reinaldo Marques e Wander Melo Miranda. São Paulo: Peirópolis, 2020.

SOUZA, Eneida Maria de Souza (org.). *Correspondência Mário de Andrade & Henriqueta Lisboa*. São Paulo: Peirópolis; Edusp, 2010.

HUMBERTO MAURO

ANDERSON RICARDO TREVISAN

HUMBERTO MAURO É FIGURA INDISSOCIÁVEL dos primórdios do cinema brasileiro. Filho de Thereza Duarte, mineira descendente de antigos fazendeiros de café, e Caetano Mauro, imigrante italiano filho de um mascate, ele nasceu em Volta Grande, na Zona da Mata de Minas Gerais, em 30 de abril de 1897. Durante toda a infância, Mauro vivenciou esse ambiente rural, algo que fará parte do imaginário de muitos de seus filmes.

A família se mudou para Cataguases por volta de 1910, devido ao trabalho de Caetano, engenheiro autodidata que atuou na Leopoldina Railway e na Cia. Força e Luz. Lá Mauro obteve sua formação em um bom colégio, o Leopoldina, algo que não foi oferecido aos seus irmãos. Caetano sonhava para o primogênito uma carreira como doutor. Mauro foi enviado, então, para Belo Horizonte aos 17 anos, para cursar Engenharia. Nesse período chegou a trabalhar na Imprensa Oficial do Estado. No ano seguinte, desistiu da faculdade e voltou para Cataguases, onde fez um curso de eletricidade por correspondência, com planos de trabalhar com bondes elétricos. No entanto, muitas eram as inclinações profissionais do jovem Mauro: música, literatura, oratória, estudos da língua espanhola, teatro, pintura e esportes também preenchiam sua rotina – o cinema, curiosamente, demorou para fazer parte de seu repertório. Mauro viveu por um tempo no Rio de Janeiro, tendo trabalhado na empresa de energia Light e na Companhia de Navegação Lloyd Brasileiro no ano de 1918, voltando em seguida para Cataguases, onde por um curto período foi funcionário na Cia. de Força e Luz. Logo abandonou esse emprego para montar com seu irmão, Haroldo, uma oficina própria, que teve êxito em razão do processo de eletrificação das fazendas da região. Na mesma época ficou noivo de Maria Vilela de Almeida, a Bêbe, com quem se casou em 1920.

Segundo Paulo Emílio Salles Gomes, o interesse de Mauro por filmes despertou apenas em 1919, quando já tinha 23 anos de idade e teve contato com o trabalho de Eddie Pollo, no seriado *A moeda quebrada* (*The broken coin*, 1915), exibido no Cinema Recreio, em Cataguases. Ir ao cinema começou a se tornar um hábito em Cataguases em 1911, mas seu público era composto, sobretudo, por pessoas das camadas sociais mais abastadas, diferentemente do que acontecia na Europa ou América do Norte, onde o cinema começou como entretenimento popular. Talvez por isso Mauro tenha demorado a se interessar por filmes.

Sua história no cinema começou com outra forma de expressão visual: a fotografia. Seu mestre nessa arte foi o italiano Pedro Comello, reconhecido fotógrafo de Cataguases e amigo de Caetano Mauro. Foi com Comello que Mauro criou seu primeiro filme, uma comédia de 3 minutos chamada *Valadião, o Cratera*, em 1925, com uma câmera Pathé-Baby de 9,5 mm. O enredo desse filme era muito simples: o vilão rapta a mocinha e se esconde com ela em uma pedreira. O herói da história descobre o esconderijo, derrota o vilão e salva a mocinha. Começou aí a carreira de Humberto Mauro como diretor, que realizaria centenas de filmes ao longo de sua vida. No entanto, o seu interesse pelo cinema, nessa época, era mais técnico do que relacionado ao enredo ou interpretação.

Cataguases era um dos polos cinematográficos brasileiros da época, como Campinas, Recife, Rio de Janeiro ou Porto Alegre, e Mauro realizou ali seus primeiros filmes de ficção: *Na primavera da vida* (1926), *Thesouro perdido* (1927), *Brasa dormida* (1928) e *Sangue mineiro* (1930). Em 1926, conheceu Adhemar Gonzaga, um dos criadores da revista *Cinearte*, com quem trocou correspondência por um bom tempo e por quem seria bastante influenciado na arte de fazer filmes. Em 1930, aceitou o convite de Gonzaga para trabalhar na Cinédia, produtora recém-criada por ele em São Cristóvão, no Rio de Janeiro. O primeiro filme que fizeram juntos foi *Lábios sem beijos* (1930). Mauro tinha um jeito próprio de trabalhar, muito interessado nas paisagens e na imagem de pessoas comuns, ao passo que Gonzaga tinha um olhar moderno, afinado com o que se fazia em Hollywood. Segundo Sheila Schvarzman, o resultado desse encontro, em *Lábios sem beijos*, foi a sobreposição de dois filmes em uma mesma produção: o luxo nos ambientes e figurinos de Gonzaga combinado com o vagar sobre as paisagens cariocas, do olhar de Mauro. Esse jeito particular de Humberto Mauro será uma de suas marcas, com paisagens cuidadosamente trabalhadas, muitas vezes deixando o enredo, propriamente dito, em segundo plano.

Adhemar Gonzaga era crítico fervoroso de documentários (na época chamados de filmes naturais), mas a crise dos anos 1930 fez com que aceitasse realizá-los, de modo que Mauro dirigiu, na Cinédia, seu primeiro filme educativo: *Como se faz um jornal moderno* (1932). Em 1933, Mauro concluiu o filme *Ganga bruta*, que não teve boa recepção, tornando sua situação frágil na Cinédia, que a essa altura já não lhe pagava os salários e o dispensaria dois dias após o lançamento do filme (Schvarzman, 2004, p. 84). Por conta disso, Mauro acabou se envolvendo com a produção de documentários para sobreviver financeiramente. A maior parte desses trabalhos foram filmes educativos realizados na produtora de Carmen Santos, a Brasil Vita Film, em 1934. Em 1935, realizou o curta-metragem (na época, chamado filme complemento) *Taxidermia*, produzido pela Brazil Vox Filme sob encomenda do Museu Nacional e supervisionado por Paulo Roquette-Pinto. Depois disso, dirigiu dois musicais: *Favela dos meus amores* (1935) e *Cidade mulher* (1936). O primeiro teve êxito, sendo seu filme de maior sucesso, mas o último teve pouca repercussão e Mauro se viu novamente em busca de espaços de trabalho. Era uma época em que a produção de filmes nacionais enfrentava grande crise, especialmente por conta da invasão de produções americanas, e antigos parceiros de Mauro, como Adhemar Gonzaga e Carmen Santos, partiram para a produção de cinejornais para sobreviverem.

Naqueles anos, por outro lado, o cinema ganhava força como veículo de propagação de moral, cultura e conhecimento. Desde 1932 se observa um movimento do governo federal nesse sentido, com a criação de uma censura nacional, que teve o antropólogo Edgard Roquette-Pinto (1884-1954) como seu primeiro diretor. Para ele, controlar a realização dos filmes significava prezar pelo seu conteúdo cultural, visando educar pelo cinema. A publicação da *Revista Nacional de Educação*, vinculada ao Ministério da Educação e Saúde Pública (MES) e dirigida pelo antropólogo, é parte desse esforço. Porém, com a criação do Departamento de Propaganda e Difusão Cultural (DPDC), em 1934, o controle dos conteúdos dos filmes saiu do MES – e, por conseguinte, das mãos de Roquette-Pinto – e a revista também deixou de circular. Roquette-Pinto voltaria a ter as rédeas da produção cinematográfica educativa apenas com o Instituto Nacional de Cinema Educativo, o Ince, por ele idealizado e criado por Gustavo Capanema, então à frente do MES, em 1936 (embora passasse a funcionar, oficialmente, apenas a partir de 13 de janeiro de 1937, com a Lei n. 378). Aliado à ideia de propaganda, o Ince seria laureado por Getúlio Vargas, que se referia aos filmes educativos como "livros de imagens luminosas". O cinema aos poucos se consolidava como produtor de uma imagem para o "homem brasileiro", construindo visualmente a nação que se buscava em diversas frentes na época. Humberto Mauro foi então convidado por Roquette-Pinto para ser diretor de filmes no instituto, onde foi responsável por mais de 300 obras, a maior parte no formato de curtas-metragens. O universo criativo de Mauro, nesse lugar, era diverso: temas como taxidermia, febre amarela, o poeta Castro Alves, higiene rural, o João de Barro e o Dia da Bandeira são exemplos dessa diversidade, permeada pelo compromisso com a construção de filmes a serviço da "educação popular em geral", como diz a Lei que criou a entidade.

Um dos primeiros filmes chancelados pelo Ince foi *O descobrimento do Brasil*, de 1937, que foi exibido em diversas salas de cinema, sendo uma das obras mais conhecidas do diretor mineiro. Com uma equipe de peso, que incluía o historiador paulista Afonso de Taunay e o compositor Heitor Villa-Lobos, o filme pode ser lido como uma ode ao descobrimento e à figura do colonizador português, uma espécie de pintura histórica em movimento (Trevisan, 2016). Também merece destaque a série "Brasilianas", dirigida por Mauro entre 1945 e 1956, composta pelos curtas-metragens *Chuá-chuá e Casinha pequenina* (1944), *Azulão e O pinhal* (1948), *Aboio e cantigas* (1954), *Engenhos e usinas* (1955), *Cantos de trabalho* (1955), *Manhã na roça: o carro de bois* (1955) e *Meus oito anos* (1956). Na série, considerada o melhor trabalho de Mauro com filmes documentais, vemos paisagens rurais brasileiras embaladas por canções populares, formando um painel que apresenta um país ordinário em que homens, mulheres e natureza convivem de forma harmoniosa. Impossível não vincular essas imagens com a infância de Mauro, quando corria livre pelas paisagens da Zona da Mata, em Minas Gerais, nadando no rio Paraíba, época lembrada por ele como a "idade de ouro" – o curta metragem *Meus oito anos* (1956), construído sobre o poema homônimo do escritor romântico Casimiro de Abreu, é especialmente relacionado a esse passado. O amor pelo mundo rural, onde estava sentimentalmente cristalizado, aparece com força no longa-metragem *Canto da saudade*, gravado no Estúdio Rancho Grande, em Volta Grande, em 1952, em paralelo ao que realizava no Ince, em uma obra de ficção marcada por um tom documental e por elementos que valorizavam a vida no campo, o folclore e o passado nacional. Em 1964 realizou o curta-metragem *A velha a fiar*, último filme no Ince, clássico considerado o primeiro videoclipe brasileiro. Em 1974 assina seu último filme, o curta-metragem documental *O carro de bois*, baseado no mesmo lugar primordial de seu imaginário, a vida no campo.

Por desconhecer o cinema nacional que o precedia, Humberto Mauro se considerava um pioneiro, não apenas em Cataguases, mas no Brasil. No entanto, é inegável que Mauro foi uma figura singular nesse processo, tornando-se referência para os jovens diretores do Cinema Novo, como Glauber Rocha (1978), que o reputava o pai do cinema brasileiro. As imagens criadas por Mauro sobre o Brasil podem ser pensadas como uma espécie de pensamento visual, que nos leva a mergulhar em nossa história e na constante busca de uma identidade nacional, de algo que nos definisse enquanto nação. Em grande parte dos filmes de Mauro, essa identidade nacional se confunde com a identidade mineira, que sempre cultivou. Mauro faleceu aos 86 anos de idade, em 5 de novembro de 1983, em Volta Grande, Minas Gerais. ●

VER VERBETE JOAQUIM PEDRO DE ANDRADE.

SUGESTÕES DE LEITURA

GOMES, Paulo Emílio Salles. *Humberto Mauro, Cataguases, Cinearte*. São Paulo: Perspectiva, 1974.

LABAKI, Amir. *Introdução ao documentário brasileiro*. São Paulo: Francis, 2006.

ROCHA, Glauber. Humberto Mauro e a situação histórica. In: *Humberto Mauro:* sua vida, sua arte, sua trajetória no cinema. Rio de Janeiro: Arte Nova/ EMBRAFILME, 1978, p. 77-84.

SCHVARZMAN, Sheila. *Humberto Mauro e as imagens do Brasil*. São Paulo: Editora Unesp, 2004.

TREVISAN, Anderson Ricardo. Cinema, história e nação: Humberto Mauro e O Descobrimento do Brasil. In: *Estudos de Sociologia*, São Paulo, v. 21, p. 215-235, 2016.

INHOTIM

SABRINA PARRACHO SANT'ANNA

NA NARRATIVA OFICIAL, o Instituto Inhotim começou a ser concebido por Bernardo de Mello Paz a partir de meados da década de 1990. Construída em Brumadinho (MG), dentro da fazenda do colecionador, como Jardim Botânico e instituição sem fins lucrativos, a fundação foi aberta para o grande público em 2006. Destinada à conservação e exposição de arte, Inhotim apresentava uma das mais importantes coleções privadas de arte contemporânea em âmbito internacional, distribuída por 35 hectares de jardins tropicais, em cuidadoso projeto paisagístico de Burle Marx, Pedro Nehring Cesar e Luiz Carlos Orsini – hoje reconhecidamente autor da maior parte do paisagismo do local.

Em 2004, quando a instituição começou a ser anunciada na imprensa nacional e foi apresentada a um grupo seleto de curadores e artistas convidados, o então Centro de Arte Contemporânea de Inhotim (Caci) contava com 450 obras em seu acervo e cinco galerias projetadas por Paulo Orsini, irmão de Luiz Carlos. Dos cinco primeiros edifícios do projeto original – construídos em linguagem simples para não ofuscar nem as obras, nem o paisagismo da propriedade –, três galerias eram dedicadas às obras da coleção e duas especificamente destinadas a trabalhos de Tunga e Cildo Meirelles.

Entre 2004 e 2015, mais dezoito galerias foram particularmente construídas como pavilhões para expor grandes instalações de artistas como: Doug Aitken, Matthew Barney e Cristina Iglesias. Natállia Azevêdo argumenta que foi a partir de 2005, do casamento entre Bernardo Paz e Adriana Varejão e da construção da galeria especialmente dedicada à obra da artista, que os edifícios passariam a ser projetados em intenso diálogo entre artistas e arquitetos, conferindo ao museu o perfil *site specif* que o caracteriza. Segundo Azevêdo: "A experiência da Galeria Adriana Varejão (2008) instaurava uma nova situação entre a acomodação e a reinterpretação de obras, agora como uma recriação com resultado específico e intimamente ligado à arquitetura do abrigo".

Na narrativa de Paz, a coleção teria início em 1995, depois de um AVC, quando, à beira da morte em Paris, decidira "pensar em fazer algo maior, para a comunidade". A partir daquele momento começaria a vender a coleção modernista da família, composta de nomes como Guignard, Di Cavalcanti, Pancetti, Portinari e Volpi. Os jornais da época documentavam com surpresa o início da coleção, o chamavam de "Constantini brasileiro" e anunciavam a intensa movimentação no mercado primário da arte contemporânea.

A negociação de obras, já consagradas na história da arte moderna brasileira, permitiu que "trocasse dezenas de quadros por centenas", segundo matéria no *Jornal do Brasil* de 3 de julho de 2004, constituindo o núcleo inicial do acervo do museu. Do ponto de vista da construção de uma imagem de si, Bernardo Paz dizia não gostar "de viver no passado", justificando que se desfizera de tudo e passara "a adquirir obras do seu tempo". Assim, na instituição, Paz reuniria obras de Tunga, Cildo Meireles, Ernesto Neto, Miguel Rio Branco, Rivane Neuenschwander, Adriana Varejão, mas também Dan Graham, Damián Ortega, Rirkrit Tiravanija, Cerith Wyn Evans, Franz Ackermann, Janet Cardiff, Olafur Eliasson, Matthew Barney e Chris Burden. A coleção, inscrita no quadrilátero ferrífero, inseriria Minas Gerais no mercado de arte internacional. De fato, a partir da narrativa do mecenas é possível perceber que a coleção ia se constituindo como nó numa rede do capitalismo internacional, articulando uma série de agentes que levantavam os recursos necessários e consagravam internacionalmente a instituição. Em entrevistas à imprensa, era extenso o rol de atores que atuavam para equiparar os jardins de Inhotim às mais importantes instituições de arte global.

Não por acaso, a fundação do museu, em 2004, foi especialmente programada para ocorrer três dias depois da inauguração da XXVI Bienal Internacional de São Paulo, prevendo abertura oficial para seleto grupo de convidados, em avião fretado diretamente para Brumadinho. Na época, a coluna de Cleusa Maria, no *Jornal do Brasil* de 6 de julho de 2004, definia o evento como "grande convescote de artistas e curadores, brasileiros e estrangeiros". A integração direta ao fluxo do mercado internacional de arte, sem a necessária mediação de nomes do mercado local, parecia ordenar a lógica institucional desde sua criação.

De fato, Bernardo Paz anunciara diversas vezes a construção de um aeroporto internacional para a região, integrando, sem escalas, a instituição museal à rede do mercado global. Segundo o mecenas, a ideia de um aeroporto internacional para a região antecedia mesmo a própria concepção do espaço expositivo. Dizia ele que, ainda em 2003, antes, portanto, da fundação do museu, havia comprado "o terreno para fazer um aeroporto pro Inhotim e ao mesmo tempo eu não imaginava que eu ia construir Inhotim". A circulação internacional precedia a criação da instituição e seu projeto se inscrevia na malha de instituições globais que musealizavam o passado, mas também constituíam devires possíveis.

Assim também, a equipe de curadores, convidada a partir de 2005 para conceber a instituição que seria aberta ao público no ano seguinte, era composta por Allan Schwartzman, consultor de arte, fundador e curador do New Museum em Nova York, entre 1977 e 1980, Jochen Volz, curador da Portikus Exhibition Hall em Frankfurt, entre 2001 e 2004, e Rodrigo Moura, curador assistente do Museu de Arte da Pampulha, entre 2001 e 2003. O time de curadores, capitaneado por Allan Schwartzman em Nova York, estabeleceria uma identidade institucional extremamente internacionalizada e voltada à concretização da tão propalada "Disney World pós-contemporânea cultural" de Paz, até que desdobramentos na história de Brumadinho impusessem novas trajetórias para Inhotim.

Se do ponto de vista das narrativas sobre o museu nos anos de sua fundação a ênfase recaiu sobre seu caráter internacional e sua estreita relação com o mercado de arte global, em anos recentes o caráter da instituição atrelado à posição do país como exportador de *commodities* na periferia do capitalismo vem sendo posto em questão. Na narrativa pessoal, a trajetória de Bernardo Paz, como patrono das artes que constitui um legado para o país, está relacionada a uma fortuna amealhada na atividade mineradora que constitui o próprio mito de origem fundador de Minas Gerais.

Em entrevistas, Bernardo Paz descreve sua origem social em Belo Horizonte como oriunda dos estratos de "classe média baixa, classe média de funcionário público". Mesmo que rememore trabalhar na juventude no posto de gasolina de que seu pai era proprietário, em sua própria percepção, vinha de origem pouco abastada. Ainda de acordo com Paz, o ponto de virada é o casamento de onze anos com Sandra Fátima Pires, filha de João do Nascimento Pires, então proprietário do Banco Mineiro do Oeste. Se na imprensa, seu sogro, Joãozinho Mamãe, encarnava o homem cordial, num embate inglório contra as agruras de um rígido sistema capitalista orientado para o lucro, Bernardo Paz o descreve como um Dom Quixote, afetado por magias no mundo desencantado do capitalismo. Ao refletir sobre a própria trajetória, por outro lado, descreve a si mesmo como homem de visão que sacrifica a própria saúde para sanar as dívidas da família. O investimento na área da mineração faria sua imagem ser associada à de um visionário, empreendedor, capaz de recuperar negócios que, geridos de modo tradicional, levavam a família à bancarrota. O pioneirismo marcaria sua personalidade, mas também sua capacidade de se voltar para mercados internacionais ascendentes.

No entanto, as práticas narradas da perspectiva do patrono como pioneirismo empresarial apareciam em outros registros e – às vezes, mesmo na imprensa brasileira – sob o signo da ironia e de alguma desconfiança. Em 15 de setembro de 2009, por exemplo, Jotabê Medeiros escrevia, em *O Estado de São Paulo*, sobre as atividades controversas de Inhotim e uma certa promiscuidade nas relações com o Estado, lembrando que Bernardo Paz era "um mecenas que já declarou publicamente não gostar de 'artista morto'", e enfatizando que "Paz é irmão de Cristiano Paz, ex-sócio de Marcos Valério (o operador do chamado "mensalão") na SMP&B e DNA Propaganda". Como um segredo de polichinelo, era notório que Bernardo Paz se inscrevia num sistema global, em que a extração das *commodities* e os danos ambientais que daí advêm são mediados, na periferia do capitalismo, por elites locais inscritas num sistema internacional de fluxo de capitais. Se, conforme argumentam Bruno Milanez *et al.*, "a desigualdade ambiental é processo recorrente na disposição de rejeitos indesejados e na exposição ao risco sobre a parcela mais pobre e, em geral, não branca da sociedade", debates sindicais e pautas ambientais raramente chegavam às páginas dos jornais.

Entre 1980, quando Bernardo Paz herdou definitivamente a empresa do sogro, e 2010 – quando, embalada pela crise de 2008, a mesma foi vendida para um grupo de mineração chinês –, a Itaminas poucas vezes ocupou espaço na mídia com reportagens sobre sua atuação controversa. No entanto, as disputas no interior das elites nacionais – sobretudo no bojo de um processo de mudança nas classes dirigentes do país, entre 2016 e 2022, e processos de judicialização que atingiram também as elites mineiras – fragilizaram a reputação da instituição.

Assim, quando, em 2019, a lama varreu Brumadinho vitimando 270 moradores e trabalhadores da cidade, o nome de Bernardo Paz encontrava-se envolvido em uma série de denúncias que amiúde tomavam a esfera pública, como indica Dayana Córdova. A partir do desastre de Mariana em 2015 e, sobretudo, da ruptura da barragem do Córrego do Feijão em 2019, os efeitos devastadores da mineração foram publicizados nacional e internacionalmente e colocaram em xeque agentes que haviam passado anos construindo recordes de exportação da *commodity* com práticas controversas de exploração do trabalho e danos ambientais irreversíveis.

Assim, mesmo absolvido, em 2022, o mecenas se viu forçado a fazer a doação definitiva das coleções do museu, diminuindo seu papel na instituição e criando um conselho que se tornaria a instância máxima de gestão. Se já, a partir de 2015, em meio às denúncias contra Paz, a contratação da curadora portuguesa Marta Mestre visava incorporar novas narrativas ao museu e evitar que a instituição se reduzisse "a megaprojeto de artistas consagrados", conforme matéria publicada por Andrey Furlanetto em *O Globo*, em 16 de março de 2016, foi a partir de 2019 que o "adensamento crítico" prometido por ela pareceu passível de se concretizar. Após o terrível rompimento da barragem do Córrego do Feijão, a reabertura de Inhotim materializava a ativação das galerias temporárias vislumbrada anos antes. No relatório daquele ano, Antonio Grassi, diretor-presidente do instituto, avaliava o impacto sobre a cidade e descrevia o rompimento da barragem do Córrego do Feijão como "o dia que mudou, para sempre, a vida de uma pacata cidade de Minas Gerais: Brumadinho". A ressignificação da tragédia aparecia também na exposição coletiva, *Visão geral*, aberta no museu em novembro daquele ano. Visões poéticas de um mundo que se desconstruía apontavam para leituras críticas do território em que o museu se inscrevia.

A exposição que marcava o fechamento do ano difícil seria também interrompida, no ano seguinte, pelo isolamento social da pandemia. A mostra se tornaria virtual, para ser retomada apenas em 2021, quando também seria lançado o tema de pesquisa e eixo que nortearia a programação do instituto no biênio 2021-2022. "Território específico" seria o nome escolhido para o período que tenta retomar as atividades de Inhotim após anos tão conturbados. No site do instituto, a descrição do eixo temático apresentava a seguinte questão: "como a relação com o território em que está situado – o entorno de Brumadinho, as comunidades rurais e quilombolas da região e a relação com visitantes de todas as partes do mundo – molda a história, o presente e a projeção de futuro da instituição?".

O novo eixo temático proposto para os últimos e próximos anos do instituto aponta para uma reflexão sobre o espaço concreto em que o museu se localiza e se torna local. Embora, como procurei argumentar, as tensões com esse outro paradigma já estivessem presentes desde o início da instituição, a ênfase no território parece dar proeminência aos aspectos da crítica institucional que vêm ganhando fôlego nos últimos anos. Em lugar de uma busca da forma artística transnacional, o museu parece passar a operar numa lógica de reflexão sobre o espaço em que se insere, abrindo-se – não sem novas tensões e controvérsias – à reflexão sobre os efeitos políticos de sua própria existência. Mesmo que seja preciso ainda esperar os caminhos que a instituição virá a percorrer e se a autonomia em relação a seu patrono poderá, de fato, se estabelecer, o que parece se pôr em jogo é também uma outra relação nacional/estrangeiro na arte contemporânea, que se abre a partir de um estar no mundo permeado pela vida, pelo fazer, pelo trabalho e também por catástrofes ambientais. •

SUGESTÕES DE LEITURA

AZEVÊDO, Natállia da Silva. *Entre conceber e construir.* Experiência da arte site specific em Inhotim. Dissertação de mestrado – Universidade Federal da Paraíba, João Pessoa, 2018.

CORDOVA, Dayana Zdebsky. "Welcome to Inhotim, fruto de mecenato feito com renda de mineração!": um ensaio sobre colecionismo. In: Paula Guerra (Org.) & Ligia Dabul (Org.) *Devidas Artes.* Porto: Universidade do Porto, 2019.

MILANEZ, Bruno et al. Minas não há mais: Avaliação dos aspectos econômicos e institucionais do desastre da Vale na bacia do rio Paraopeba. *Versos – Textos para Discussão. PoEMAS*, v. 3, n. 1, p. 1-114, 2019.

SANT'ANNA, Sabrina M. Parracho. As veias abertas de Inhotim. *Blog da BVPS*, 16 jan. 2023. Disponível em: https://blogbvps.com/2023/01/16/as-veias-abertas-de-inhotim-por-sabrina-parracho-santanna/. Acesso em: 28 fev. 2024.

SANT'ANNA, Sabrina M. Parracho; MIRANDA, Ana Carolina Freire Accorsi; MARCONDES, Guilherme. Arte e política: a consolidação da arte como agente na esfera pública. *Sociologia e Antropologia*, v. 7, p. 825-849, 2017.

JACQUES DO PRADO BRANDÃO

SILVIANO SANTIAGO E JOÃO POMBO BARILE

HÁ QUE SE CONCILIAR O INTERESSE cosmopolita de Jacques do Prado Brandão, pela grande literatura e pelas artes em geral, com o pano de fundo da infância provinciana em Alfenas, cidade onde nasce em 1º de julho de 1924. A mediação entre os opostos geopolíticos e culturais é operada simbolicamente pela transferência da capital do estado de Minas Gerais da vetusta Ouro Preto para o relevo acidentado, vazio e promissor da Serra do Curral.

Dos úmidos casarões oitocentistas, onde reinara o fausto, as famílias mineiras saltam para a claridade geométrica da futura metrópole. Está desenhada no papel e deve ser edificada a toque de caixa, com o dinheiro público. Jacques é um bom exemplo de como o planejamento público de metrópoles americanas, também presente na edificação de Brasília no planalto central, intervém na formação educacional da família brasileira. O esperançoso destino das novas gerações é alimentado pela passagem do mundo rural ao urbano pelo favorecimento do zero absoluto como fundamento matemático da imaginação civilizatória.

A descontinuidade que opera a abertura da província para o mundo está no poema "Infância", de Carlos Drummond de Andrade. Ali se explica a convivência explosiva de opostos irreconciliáveis na articulação do caminho futuro para as novas gerações. Ele, menino em Itabira, traz régua e compasso tomados da comprida história do marinheiro Robinson Crusoé, história que não acaba mais. Abstrai família e vida provinciana pela leitura, que se transforma em projeto de vida. E se a vida de cada um terminar, termina como terminamos todos: "E eu não sabia que minha história/ era mais bonita que a de Robinson Crusoé".

Em matéria de formação educacional das novas gerações, o futuro funcionário do Ministério da Educação e Saúde sabia que a edificação da moderna e capenga futura metrópole na Serra do Curral seria modelo tão fascinante quanto a ilha deserta de Robinson para os leitores de *Émile, ou de l'éducation*, de Jean-Jacques Rousseau, ou o edifício ministerial de Le Corbusier, associado a jovens arquitetos brasileiros.

A educação dos filhos é motor geopolítico que retira a família do marasmo provinciano e os joga intencionalmente para o centro de um desenho quadriculado de vida urbana, onde se recolherão os frutos dos anseios de comunidade progressista e moderna no Brasil. Somos uma nação de povos diaspóricos e, internamente, de famílias migrantes. O acidente é a sina da ocidentalização brasileira. O zero e a esperança são os infinitos da origem e do fim.

Jacques complementa seus primeiros estudos iniciados em Alfenas em Belo Horizonte. Recebe os diplomas do Ginásio Mineiro (hoje, Colégio Estadual) e da Faculdade de Direito da Universidade Federal de Minas Gerais.

Sua biblioteca particular, que muitos passam a frequentar desde o final da Segunda Grande Guerra, é a larga avenida belo-horizontina que melhor reflete a sua trajetória de vida na capital, até se transferir para o Rio de Janeiro em 1972. Sua esposa, Maria Tereza Machado, falece prematuramente em acidente de carro, ao voltar de serviço comunitário em Contagem.

Sua biblioteca comportava uma depurada escolha de livros, sobre várias disciplinas e em várias línguas nacionais. Não vemos os livros que o relacionariam à sua formação profissional, a advocacia, com especialização, em 1947, na New York University. Teria ele armado um esconderijo para resguardá-los dos próprios olhos e dos olhos alheios?

Nas ruas paralelas e perpendiculares à larga avenida central da biblioteca, Jacques passa a se sustentar graças a vários *bicos* que aceita, até o momento em que, tarde na vida, faz concurso público e é nomeado alto funcionário da Justiça do Trabalho, cargo que leva anonimamente até a aposentadoria, já no Rio de Janeiro.

Não é por casualidade que o seu nome aparece entre os fundadores de algum grupo focado em questões atuais. O zero é a sua sina. Foi um dos fundadores da revista *Edifício* (1946), que reuniu a mais importante geração de intelectuais e artistas mineiros do pós-guerra. É também fundador do Centro de Estudos Cinematográficos (1951), que perdura até hoje. No ano seguinte, 1952, funda com amigos a *Revista de Cinema*, que lançará 26 números mundo afora. Foi jornalista bissexto. Fundou o suplemento literário da *Folha de Minas* e foi o responsável pelo caderno de cultura do jornal *Correio do Dia*. Colaborou em quase todos os jornais mineiros. Terminou a etapa amadora de vida como diretor do Museu de Arte, no qual foi transformado o majestoso edifício do Cassino da Pampulha.

Foi poeta bissexto. Deixou poemas soltos em jornal e um livro de poemas, *Vocabulário noturno* (1947). Solitário, acompanhava-se de uma cachorra, nomeada Alpha. Ela teve um filhote, nomeado Ômega. Alpha se foi depois de dezesseis anos de vida. Ômega acompanhou o Jacques no apartamento que, nos últimos meses de vida, aluga na avenida Atlântica. Quer morrer a contemplar o oceano da janela. Falece no dia 15 de agosto de 2007.

Se Carlos Drummond é o primeiro que nos explica a fatalidade iluminista da educação em Minas Gerais, Jacques o segue com o fim de fomentar o desejo de escapar do espírito de rebanho que toda província carreia. Nele convivem o fundador de grupos e o mentor dos mais expressivos intelectuais e artistas mineiros da segunda metade do século XX. Cria uma profissão autossuficiente que, até em tempos universitários, não figura entre as que são autorizadas a ser contempladas com a Caderneta do Trabalho. O mentor é a disponibilidade não remunerada da inteligência e da imaginação humanas.

Ao contrário do professor, o mentor foca as imperfeições de outro ser como o escultor, um bloco de mármore virgem a ser trabalhado. Existe – ele detecta – um potencial de vida e de saber naquele inacabado bloco mágico conformado pela boa educação iluminista. Mais o mentor se entrega à tarefa de esculpir perfeições no bloco inacabado de mármore, mais se torna consciente de que o sentido da sua própria expansão intelectual no mundo se faz por opção autodestrutiva. Ele se autoanula para existir no outro como ele teria sido, caso fosse dotado de forte individualidade.

O mentor não se sobressai entre os pares. Ele se expande nos vários blocos de mármore a que vai dando forma no correr dos anos. São sempre dois a trabalhar, uma dupla que avança em favor de um só.

A atividade do mentor é recoberta pela descoberta das imperfeições individuais no outro. Mentor não é professor. Este enxerga as imperfeições humanas como se tivessem sido divididas igualitariamente pelo gênero animal pensante. Todos são um só. Jacques substitui o ensino pelo afeto crescente entre ele e o bloco de mármore. O mentor se põe à escuta dos anseios alheios, desprovido de qualquer julgamento crítico. As imperfeições estão lá, falantes, mas encarceradas na miséria da condição humana. Há que saber como esculpir a partir do desejo que chega pela voz do bloco de mármore. As imperfeições buscam expressão e se expressam por detrás das grades da janela da amizade.

O discípulo não sabe como se desvencilhar das barras de ferro que o encarceram, tampouco saberia o que fazer uma vez livre delas por conta dos exercícios a que se entrega todos os dias, solitariamente. Como chegar a dar a forma imaginada para o discípulo, que se transformaria no modo como ele representaria a si na condição de cidadão (de intelectual, de artista) numa sociedade?

Por linhas tortas e certas, só um mentor sabe. A sensibilidade extrema que o significa está na dissolução da própria personalidade. •

JOAQUIM PEDRO DE ANDRADE

LUIS FELIPE KOJIMA HIRANO

FILHO DOS MINEIROS GRACIEMA e Rodrigo Melo Franco de Andrade, Joaquim Pedro de Andrade (1932-1988), nascido no Rio de Janeiro, é um dos grandes nomes do Cinema Novo, movimento que atualizou questões sociais e políticas da formação nacional em uma linguagem cinematográfica inovadora, compondo um cosmopolitismo original. Nesse movimento, despontam figuras como Nelson Pereira dos Santos, Glauber Rocha, Cacá Diegues, Leon Hirszman, entre outros. A contribuição de Joaquim Pedro de Andrade se deve, sobretudo, à releitura idiossincrática da literatura brasileira, como em *Macunaíma* (1969), seu filme mais aclamado, inspirado na obra homônima de *Mário de Andrade; O homem do pau-brasil* (1982), uma homenagem a Oswald de Andrade; *Guerra conjugal* (1975), adaptação de contos de Dalton Trevisan; e em seu projeto inacabado *Casa-grande, senzala & cia.*, inspirado em Gilberto Freyre. Seus curtas-metragens trazem assuntos como o futebol, em *Garrincha, Alegria do Povo* (1962), a arquitetura e o urbanismo, em *Brasília, contradições de uma cidade* (1967), e até a publicidade, em *Linguagem da persuasão* (1970).

Em sua variada filmografia, os temas mineiros ganham centralidade em seu longa-metragem de estreia, *O padre e a moça* (1965), inspirado no poema de mesmo nome de Carlos Drummond de Andrade; *Os inconfidentes* (1972), baseado no *Romanceiro da Inconfidência*, de Cecília Meireles, em versos de Tomás Antônio Gonzaga, Cláudio Manuel da Costa e Alvarenga Peixoto, além dos *Autos da Devassa* da Inconfidência Mineira. Em 1978, Joaquim Pedro filmou o curta-metragem *O Alejadinho*, sobre a vida do escultor Antônio Francisco Lisboa, sob encomenda de Lúcio Costa, responsável pelo texto, narrado em *off* por Ferreira Gullar.

Esses filmes possibilitam acessar certo olhar de Joaquim Pedro sobre Minas Gerais, pontuando o atravessamento do mundo mineiro em certo arranjo cinematográfico do diretor. Logo após deixar o curso de Física para ser cineasta, seu pai lhe pediu que integrasse a equipe de restauração dos Passos da Paixão de Cristo, feitos em tamanho natural por Antônio Francisco Lisboa, em Congonhas do Campo. Como narra Eduardo Escorel, seu amigo e principal montador de seus filmes, essa experiência rendeu um verdadeiro aprendizado cinematográfico, com a observação de como o escultor mineiro colocou em cena a narrativa cristã a partir de gestos e feições das personagens da história bíblica, detalhadamente filmados em *O Alejadinho.* Vale lembrar que a obra barroca do escultor mineiro ganhara novos contornos a partir das análises iniciadas por Mário de Andrade, na célebre viagem de 1924 a Minas Gerais, além de ter se tornado o primeiro foco de salvaguarda do então Serviço do Patrimônio Histórico e Artístico Nacional, dirigido por Rodrigo Melo Franco. Outro indício dessa relação umbilical com Minas Gerais é o nome de sua produtora de cinema, Filmes do Serro, em referência à primeira cidade tombada pelo SPHAN.

Há uma linha de continuidade entre o trabalho de Rodrigo Melo Franco e Joaquim Pedro, visível nos exemplos acima, mas também nas primeiras experiências deste como diretor em *O poeta do Castelo* (1959), sobre seu padrinho, o poeta Manuel Bandeira, e *O mestre de Apipucos* (1959), que tematiza Gilberto Freyre, e também na escolha de um poema de Carlos Drummond de Andrade em seu primeiro longa-metragem, todos do círculo de amizades de Rodrigo.

É no trânsito entre Minas Gerais e Rio de Janeiro, entre a geração de seu pai e a sua, entre literatura e cinema, que reside a perspectiva singular de Joaquim Pedro na abordagem de temas mineiros, do modernismo da Semana de 22 e da geração de intérpretes da década de 1930. Num primeiro momento, nota-se uma reverência à geração paterna. Aos poucos, diante dos impasses da política brasileira que sua geração enfrentou com a ditadura militar e seu recrudescimento, Joaquim Pedro adotou uma leitura própria, bem-humorada e irônica, de temas, obras e monumentos erguidos pela geração anterior, como é possível ver em *Macunaíma*, *Os inconfidentes* e *O homem do pau-brasil*.

Em depoimentos ao longo da década de 1970 o cineasta afirmava que sua leitura nem sempre ia ao encontro do tema, da obra ou das pessoas que inspiraram seus filmes. Dentro de sua filmografia mineira, essa leitura singular de Joaquim Pedro está mais presente em *O padre e a moça* e *Os inconfidentes* e, com menor grau, em *O Alejadinho*.

O padre e a moça foi definido pelo crítico e cineasta Rogério Sganzerla como "um dos maiores resultados do moderno cinema barroco brasileiro mineiro", que encontrava suas raízes no cinema do ciclo de Cataguases (MG), de Humberto Mauro, nos anos 1930. O contraste do "negro amor de rendas brancas", do sagrado e do profano, do padre e da moça, presente no poema, é reforçado pelo jogo de luzes da fotografia sóbria, que realça as oposições. A composição ascética do cenário e da trama rendeu a Joaquim Pedro a alcunha de "um Bresson das Gerais", em alusão ao cineasta Robert Bresson, que era a principal referência do cinema moderno francês.

No poema de Drummond, o padre e a moça não têm origem definida. Os versos narram a fuga pelo sertão, referindo-se a diferentes regiões do país, à grande imprensa mundial e mesmo ao Vaticano. Se o poema começa com fuga e perseguição, o filme abre com a vinda de um jovem padre (Paulo José), que parte de Diamantina para a cidade de São Gonçalo do Rio das Pedras para substituir o vigário, em vias de falecer. Os nomes dessas cidades aparecem nos créditos iniciais do filme e nas falas dos personagens, em um esforço de Joaquim para evidenciar a locação do filme. Em relação à Diamantina, São Gonçalo é retratada no filme como um lugar opressor, dominado por Fortunato (Mário Lago), dono do garimpo, que, por meio de um esquema de escravidão por dívidas, retirava lucro das pedras preciosas encontradas por seus empregados. A moça, Mariana (Helena Ignez), filha de um garimpeiro já falecido, vive com Fortunato, pois seu pai endividado não tinha como sustentá-la. A morte do antigo sacerdote coloca o instável equilíbrio da cidade em xeque. O novo padre fica dividido entre proteger Mariana, por quem começa a nutrir uma paixão, ou seguir no sacerdócio, em conivência com os desejos de Fortunato e os moradores conservadores da cidade. Diante do impasse, o padre decide fugir com Mariana. Uma fuga sem sucesso, pois o ensejo tem um fundo existencial, uma fuga de si mesmo, entre os desígnios da profissão e o desejo carnal. Ou, como no poema de Drummond, "de tanto fugir já fogem não dos outros, mas de sua mesma fuga". Perseguidos por Fortunato e pelos moradores da cidade, o padre e a moça morrem em ato carnal, sufocados dentro da gruta.

Na composição da história, o olhar de Joaquim Pedro recria o poema de Drummond, que adiciona ao dilema existencial contornos de explicação sociológica sobre um Brasil atrasado. Tanto no filme quanto no poema, o anelo carnal se consuma no mesmo momento em que os citadinos asfixiam o casal apaixonado com o fogo. Não há porvir, e sim um movimento de tensão circular, como nos últimos versos de Drummond: "ao crepitar da lenha pura/ e medindo das chamas o declínio, eis que perseguidores se persignam".

No filme, São Gonçalo dos Rio das Pedras é retratada como uma cidade opressora e atrasada, mas também onde o desejo de transformação tanto do padre quanto da moça pode irromper e dar lugar a uma transformação que não se consuma. São Gonçalo atua como uma espécie de microcosmo de um Brasil profundo e conservador. Aqui, a possível transformação se desdobra em uma dimensão subjetiva e íntima, na paixão de um padre e de uma moça.

Seu segundo longa-metragem não poderia ser mais diferente, de personagens contidos cujo desejo irrompe em fuga. Nele, *Macunaíma* é lido a partir de uma lente crítica, destacando-se o apetite irrefreável que move a trama. Muitas análises interessantes já foram realizadas sobre esse filme, que foi o maior sucesso de bilheteria do Cinema Novo. Se Macunaíma é uma espécie de anti-herói, em *Os inconfidentes* Joaquim Pedro representa Tiradentes (José Wilker) como a única figura heroica da conjuração mineira, traçando um retrato crítico dos poetas Tomás Antônio Gonzaga, Cláudio Manoel da Costa e Alvarenga Peixoto. A escolha do tema vinha como resposta à comemoração dos 150 anos da Independência do Brasil, patrocinada pela ditadura militar, que destacou a figura de D. Pedro I, a partir da encomenda do filme *Independência ou morte*, de 1972. Se desejo e revolução caminham juntos nos filmes de Joaquim Pedro, Tiradentes é um personagem que canaliza um anseio por liberdade legítimo e ético. Ao contrário do padre de seu primeiro filme, que busca conter seu ímpeto no decorrer da trama e consuma seu desejo apenas quando avista a morte, o desejo de Tiradentes é afirmativo. Diferentemente de Macunaíma, cujo apetite amoral não constitui laços entre seus pares, Tiradentes surge como personagem em que o desejo é talhado por uma ética, que não cede à violência do Estado. Há aqui uma evidente leitura autoral de Joaquim Pedro, visando transpor a Inconfidência, de modo a denunciar a prática de tortura da ditadura militar e a delação, por parte de intelectuais, artistas e militantes de esquerda, de seus companheiros de luta. Tomás Antônio Gonzaga (Luiz Linhares), Cláudio Manoel da Costa (Fernando Torres) e Alvarenga Peixoto (Paulo César Pereio) aparecem como delatores, que, no fim, são absolvidos pela Coroa portuguesa. Ainda que Tiradentes seja retratado como um personagem heroico, Joaquim Pedro não deixa de destacar certa característica ingênua nele, que é enganado por Silvério dos Reis (Wilson Grey), infiltrado entre os conjurados.

O filme se passa em Ouro Preto, apresentada em planos abertos no início do filme, mas sem a riqueza e a prosperidade de seus interiores, já evidentes no período da Inconfidência. O retrato sóbrio, com poucos elementos em cena, dá tom ao discurso de Tiradentes a respeito da exploração das riquezas brasileiras pela metrópole.

O legado de Antônio Francisco Lisboa em Ouro Preto, Sabará, São João del-Rei e Congonhas do Campo aparece no filme *O Aleijadinho*. Nele, o cineasta tem pouca margem para expressar sua própria visão sobre o escultor e Minas Gerais, pois estava sob a batuta de Lúcio Costa, cuja caracterização de Aleijadinho e das cidades do ciclo do ouro não deixa de adicionar camadas de sentido ao modo como Joaquim Pedro construía suas próprias personagens e as cidades mineiras, via contrastes e contradições. A devoção do escultor era contraposta à criatividade e à exuberância de seus entalhes; a beleza de suas obras, ao corpo desfigurado após a enfermidade; a solidez de suas estátuas, à saúde fragilizada. Essas passagens são pontuadas pelos plano-sequências em que Joaquim Pedro contrapõe as obras bem preservadas do artista com aquelas já corroídas pelo tempo. O curta-metragem é a continuidade de *Os inconfidentes*, aprofundando o cenário onde as ideais liberais da conjuração mineira e “um verdadeiro renascimento” artístico floresceram e perduraram, apesar do enclausuramento colonial imposto por Portugal e pelo fim trágico dos inconfidentes.

Nos três filmes mineiros de Joaquim Pedro aqui analisados, a referência ao lugar está nas falas das personagens e na escolha das tomadas iniciais em plano aberto, mostrando a arquitetura peculiar e o relevo característico das cidades atravessadas pela Estrada Real. A mesma preocupação em localizar onde o enredo transcorre não aparece em *Macunaíma*, por exemplo. Minas Gerais, desse modo, surge como o chão que revela uma espécie de microcosmo de onde brotam personagens e impasses brasileiros. Mais que tudo, trata-se do lugar onde paixão, ódio, medo e liberdade ganham um entrelaçamento local capaz de revelar impasses e horizontes nacionais. ●

VER VERBETES

ALEIJADINHO; BARROCO; CINEMA DE CONTAGEM; CONJURAÇÃO MINEIRA E HUMBERTO MAURO.

SUGESTÕES DE LEITURA

BENTES, Ivana. *Joaquim Pedro de Andrade*: a revolução intimista. Rio de Janeiro: Relume Dumará, 1996.

ESCOREL, Eduardo. *Adivinhadores de água*. São Paulo: Cosac Naify, 2005.

ROCHA, Glauber. *Revisão crítica do cinema brasileiro*. São Paulo: Cosac Naify, 2002.

SILVA, Meire Oliveira. *Passos da paixão mineira*: o cinema-poesia de Joaquim Pedro de Andrade e suas reminiscências. Tese de Doutorado – Universidade de São Paulo, São Paulo, 2012.

SOUZA, Gilda de Mello e. *Exercícios de leitura*. São Paulo: Editora 34, 2001.

KLAUSS E ANGEL VIANNA

JOANA RIBEIRO DA SILVA TAVARES

NASCIDOS EM BELO HORIZONTE, no ano de 1928, Maria Ângela Abras (Angel Vianna) e Klauss Ribeiro Vianna (Klauss Vianna) apresentam ascendência libanesa e alemã, respectivamente. Bailarinos formados em balé clássico junto ao mestre Carlos Leite (1914-1995), os Vianna fundaram escola e companhia de dança na capital mineira na década de 1950, a Escola Balé Klauss Vianna.

De tendência interdisciplinar, a formação de Klauss e Angel Vianna foi complementada por outras áreas como o teatro, a música, as artes visuais, o hatha yoga e a anatomia. E isso em meio à Geração Complemento, movimento cultural mineiro voltado para a vanguarda que agregou intelectuais e artistas da capital. Nesse ambiente, o Balé Klauss Vianna privilegiou trabalhar sobre temas nacionais e investigar movimentos próprios, inaugurando os pilares da dança moderna em Minas Gerais.

Em 1952, Klauss Vianna publicou o artigo/manifesto "Pela criação de um balé brasileiro", cunhando a expressão "movimento ideia" – quando coloca em questão o contexto cultural do balé no Brasil e o relaciona a sua herança africana, ibérica e indígena. O diálogo da dança com a literatura vai figurar nas coreografias inovadoras do Balé Klauss Vianna, como em *Cobra Grande* (1955), inspirada em *Cobra Norato* (1928), de Raul Bopp; ou no *Caso do Vestido* (1955), com atores do grupo de Teatro Experimental (1956-1974) – que montava peças de autores de vanguarda, como Ionesco, Beckett e Arrabal –, ao recitar ao vivo o poema homônimo de Carlos Drummond de Andrade.

A virada de década de 1950 para 1960 será marcada por dois acontecimentos na trajetória dos Vianna: o nascimento de Rainer Vianna (1958-1995), único filho do casal, e a mudança para Salvador, em 1963. Na Bahia, o casal Vianna leciona na Escola de Dança da Universidade Federal da Bahia (UFBA), primeiro curso superior de dança no Brasil, onde Angel Vianna integra, como bailarina, o Grupo Juventude Dança, coreografado pelo bailarino alemão Rolf Gelewski, travando contato com referências da dança moderna expressionista alemã. A parceria com a UFBA levará, quarenta anos depois, ao título de Notório Saber atribuído a Angel Vianna, em 2003, em reconhecimento às suas ações na dança brasileira.

A partir de 1965, o casal Vianna fixa residência na cidade do Rio de Janeiro, ano de seu quarto centenário. O trabalho corporal no teatro, realizado em Belo Horizonte desde a década de 1950, floresceria amplamente na nova cidade, sendo batizado com o nome de "expressão corporal" na década de 1970. O cruzamento entre a dança e o teatro realizado pelo casal Vianna no Rio de Janeiro transformou a função de coreógrafo, originária do balé e da dança moderna mineira, formando novas gerações de preparadores corporais e diretores de movimento no teatro brasileiro. Trata-se de um trabalho corporal que foi reconhecido por inúmeros prêmios, desde o Prêmio Molière pela expressão corporal em *Hoje é dia de rock* (1971), recebido por Klauss Vianna em 1972, até a homenagem histórica atribuída à Angel Vianna, em 2019, com a criação da nova categoria "Direção de Movimento" do Prêmio de Teatro da Associação dos Produtores de Teatro (APTR).

Em 1976, Klauss e Angel Vianna fundaram o Grupo Teatro do Movimento (GTM), considerado um dos precursores da dança contemporânea carioca. Identificados com o movimento da expressão corporal nos anos 1970, os Vianna coordenaram um projeto de pesquisa intitulado "Significado e função de uma linguagem gestual e sua conotação no campo da dança" (1977-1978), que embasou as criações do GTM. Para tanto, Klauss e Angel Vianna contaram com a parceria de artistas brasileiros e estrangeiros, como: Lourdes Bastos, Lola Brikman, José Possi Neto e Oscar Araiz. No GTM, os Vianna deram continuidade ao entrelaçamento da dança com outras áreas, ao integrarem cursos de anatomia, música, filosofia e antropologia à investigação coreográfica. O estudo dos gestos dançados, desenvolvido em pesquisas de campo nas escolas e comunidades do Rio de Janeiro, resultou na criação e circulação de espetáculos de dança inovadores em museus, praças, manicômios e prisões.

No contexto internacional, Klauss e Angel Vianna estabeleceram intercâmbio com as pesquisadoras argentinas Lola Brickman, Patrícia Stokoe e María Fux, igualmente identificadas com a pesquisa da expressão corporal. Essa rede latino-americana levou ao encontro com Gerda Alexander (1908-1994) e com a prática somática da Eutonia, nos anos 1970, na França.

A expressão corporal de Klauss e Angel Vianna expandiu-se para outros territórios, como a música e a área terapêutica, abrindo um forte diálogo entre a dança e o campo da saúde mental no Rio de Janeiro, através de parcerias com psicólogos e psiquiatras, como Norma Jatobá Descaves e o Psicodrama; Roberto Freire e a Somaterapia; a musicista Cecília Conde, em seu curso de Musicoterapia; e o Instituto Nise da Silveira, referência da reforma psiquiátrica no Brasil. Na outra ponta, o diálogo estendeu-se ao campo da reabilitação, como na integração da dança à Rede Sarah de Hospitais de Reabilitação, implantada por egressos da Escola Angel Vianna, a partir da década de 1990.

A primeira escola dos Vianna no Rio de Janeiro, o Centro de Pesquisa Corporal Arte e Educação – ou "corredor cultural", como era conhecido na época –, foi criada em 1975 e oferecia cursos livres. O passo seguinte foi estabelecer um centro de formação em 1983, o Centro de Estudos do Movimento e Artes – Espaço Novo. Rebatizado como Escola Angel Vianna em 1985, esse centro oferece desde então duas formações: uma de "Técnico em Bailarino Contemporâneo" e outra em "Reeducação Motora através da Dança" – comparável às formações estrangeiras de psicomotricidade ou dançaterapia.

Em 2001, foi acrescentada a Faculdade Angel Vianna, hoje chamada Escola e Faculdade Angel Vianna (EFAV). A EFAV oferece duas formações em dança: um bacharelado e uma licenciatura. A criação da faculdade abriu as portas para várias pós-graduações *lato sensu*, e, mais recentemente, um mestrado profissional em dança.

Localizada na cidade do Rio de Janeiro, a EFAV tornou-se uma escola de referência na dança brasileira e é um dos maiores legados dos Vianna. Promovendo uma pedagogia transversal e pluridisciplinar em dança, dá continuidade ao projeto mineiro da Escola Balé Klauss Vianna. Essa trajetória revela o perfil de uma escola-nômade em constante movimento. Durante décadas, Angel Vianna tramou uma rede multiplicadora em sua escola carioca, e, ao agregar diversas áreas de conhecimento à dança, responde ao problema da transmissão e permanência de sua obra.

A partida de Klauss Vianna na década de 1980 para São Paulo, seguido de Rainer Vianna (1958-1995) e Neide Neves, filho e nora, colocou o pensamento dos Vianna em destaque nas instituições paulistas. Klauss Vianna promoveu novos entrelaçamentos entre as artes na Escola Municipal de Bailados (1981-1982), ligada ao Theatro Municipal de São Paulo, ao inserir aulas de dança criativa e moderna no templo da dança clássica. Ao trabalhar na gestão do Balé da Cidade (1982-1983), introduziu aulas de teatro e criou um Grupo Experimental com bailarinos contemporâneos.

Foi ainda em São Paulo, onde faleceu em 1992, que Klauss Vianna publicou seu livro *A dança* e teve seu trabalho corporal sistematizado e perpetuado pelos discípulos, como a Técnica Klauss Vianna. No Rio de Janeiro, temos a propagação da Conscientização do Movimento e Jogos Corporais – Metodologia Angel Vianna que atravessa há quatro décadas sua escola homônima, expandindo-se em gerações de ex-alunos. Reconhecidas atualmente como duas práticas somáticas genuinamente brasileiras, a Técnica Klauss Vianna e a Metodologia Angel Vianna são alvo de estudos aprofundados em diversas áreas de conhecimento.

Nos dias de hoje, o trabalho corporal dos Vianna figura tanto na Escola e Faculdade Angel Vianna, no Rio de Janeiro, quanto no Brasil e estrangeiro. Mapear a trajetória da obra de Klauss e Angel Vianna, destacar seus principais pontos e identificar suas reverberações traz para o centro da discussão um projeto pioneiro, cujas raízes mineiras emergem na história da dança brasileira.

Iniciada no meio do balé clássico e da dança moderna, nos anos 1950, em Minas Gerais, a trajetória desse casal de bailarinos expandiu-se para diversos terrenos. Klauss Vianna costumava dizer em seus cursos, ao se referir ao ato de dançar: "não decore passos, aprenda o caminho". Essa frase é um convite para seguirmos a trajetória Vianna, percorrendo as capitais em que eles estabeleceram moradia: Belo Horizonte, Rio de Janeiro e São Paulo (com um breve período em Salvador). Uma trilha de sete décadas com diversos caminhos, construindo pontes entre os campos das artes, da saúde e da educação – afinal, como diz Angel Vianna: "gente é como nuvem, sempre se transforma". ●

SUGESTÕES DE LEITURA

MAGALHÃES, Marina Campos; TAVARES, Joana Ribeiro da Silva. *Grupo Teatro do Movimento*: um gesto expressivo de Klauss e Angel Vianna na dança brasileira. Rio de Janeiro: Gramma, 2019.

MILLER, Jussara. *A escuta do corpo*: sistematização da Técnica Klauss Vianna. São Paulo: Summus, 2007.

RAMOS, Enamar. *Angel Vianna*: a pedagoga do corpo. São Paulo: Summus, 2007.

TAVARES, Joana Ribeiro da Silva. *Klauss Vianna, do coreógrafo ao diretor.* São Paulo: Annablume, 2010.

VIANNA, Klauss; CARVALHO, Marco Antônio de. *A dança*. São Paulo: Summus, 2005.

LUIZ RUFFATO

ENIO PASSIANI

NASCIDO EM CATAGUASES, Minas Gerais, em 4 de fevereiro de 1961, oriundo das classes médias baixas, filho de um pipoqueiro descendente de imigrantes portugueses e de uma lavadeira de roupas de origem italiana, Luiz Ruffato dedicou-se a muitos trabalhos e ofícios antes de abraçar exclusivamente a carreira de escritor: foi ajudante de seu pai pipoqueiro, caixeiro de botequim, atendente de armarinho, operário de fábrica de algodão hidrófilo; formou-se como torneiro mecânico no Senai e exerceu a profissão em Juiz de Fora (MG), onde graduou-se em Comunicação pela Universidade Federal de Juiz de Fora (UFJF); atuou como jornalista tanto em Minas como em São Paulo, onde atualmente reside e desde 2003 se dedica integralmente à literatura.

Seus dois primeiros livros, *Histórias de remorsos e rancores* (1998) e *Os sobreviventes* (2000), reúnem sete e seis contos, respectivamente, e foram posteriormente reescritos e incorporados àquele que é, talvez, seu grande projeto literário e intelectual, a série *Inferno provisório*, constituída, inicialmente, por cinco romances, todos eles publicados pela editora Record: *Mamma, son tanto felice* (2005), *O mundo inimigo* (2005), *Vista parcial da noite* (2006), *O livro das impossibilidades* (2008) e *Domingos sem Deus* (2011). Todos esses livros foram retrabalhados, parcialmente reescritos e reunidos em um volume único também intitulado *Inferno provisório*, publicado em 2016 pela Companhia das Letras, principal domicílio editorial do autor desde 2009. Pela mesma editora publicou *Estive em Lisboa e lembrei de você* (romance,

2009), *Eles eram muitos cavalos* (publicado originalmente em 2001 e republicado em 2013), *Flores artificiais* (romance, 2014), *A cidade dorme* (contos, 2018), *O verão tardio* (romance, 2019) e *O antigo futuro* (romance, 2022). Destaco, ainda, em meio a tal prolífica produção, que esta simples sumarização não esgota, o ensaio de difícil classificação, uma vez que entrelaça crítica literária, história e sociologia, *A Revista Verde, de Cataguases: contribuição à história do modernismo* (Autêntica, 2022). Foi vencedor de prêmios importantes, como o Casa de Las Américas, Machado de Assis, Jabuti e da Associação Paulista de Críticos de Arte (APCA).

Em meio a tantos livros publicados, vários laureados, é possível encontrar um fio condutor que os reúne numa obra? Ou, de outra maneira, os seus livros constituem um projeto literário e intelectual coerente, mesmo se os tomarmos para além de *Inferno provisório*? – que, afinal, foi pensado como um projeto único desde o princípio.

O próprio escritor certa vez admitiu que a pergunta que lhe parecia fácil de responder, se a ele fosse feita, seria sobre o que escrever: trataria daquele universo com o qual mantinha profunda intimidade, o do trabalhador urbano, com todas as suas misérias, tragédias, amores, pesadelos e sonhos. Um grupo, segundo Ruffato, que carecia de um recorte social mais preciso, que não fora ainda apanhado, ao menos não literariamente, em todas as suas contradições. No fundo, Ruffato transpõe para a sua obra parte importante das suas próprias experiências vividas no seio das classes médias baixas, estrato social no qual nasceu e ao qual esteve atado umbilicalmente por parte de sua vida.

Nesse sentido, tratar das classes sociais, principalmente a partir da perspectiva das classes médias baixas, não é novidade alguma em relação à sua literatura, algo assumido pelo autor em mais de uma ocasião (como em artigos de jornal, entrevistas e manifestos, como podemos, sem pestanejar, classificar o discurso do escritor na abertura da Feira do Livro de Frankfurt, em 2013) e também já apontado por vários(as) críticos(as) como uma coluna vertebral que sustenta todo o seu projeto literário e intelectual. O centro de suas preocupações, logo, é o homem comum e trabalhador, aspecto pouco habitual em nossa história literária, que é frequente e majoritariamente composta por autores(as) das classes médias mais abastadas que se dirigem para elas mesmas.

Ruffato, ao fazer ficção de "baixo para cima", opera um duplo movimento, que é um duplo questionamento: coloca em xeque o trágico processo de modernização conservadora que forjou o Brasil contemporâneo, baseado na exploração, no abandono e na violência; assim como a própria literatura brasileira, que se silenciou a respeito de tal estrato social. Desde sua pentalogia, *Inferno provisório*, até o seu último romance, *O antigo futuro* (2022), Ruffato debruça-se sobre aquela camada social que, historicamente, vem se desintegrando, esmaecendo a ponto de tornar-se uma espécie de imagem fantasmática sem corpo e que se esforça, quase sempre sem sucesso, para se recompor e voltar a existir.

Contar literariamente a história do proletariado brasileiro que se formou nas cidades – mas sempre tomando Cataguases como uma espécie de microcosmos da sociedade nacional – exigiu de Ruffato encontrar a modulação narrativa-estilística adequada, que proporcionasse o enganche justo entre forma e conteúdo, entre o texto e o contexto social daquele estrato histórica e literariamente abandonado, meio que virando de cabeça para baixo o romance burguês típico, forma estética que colocava a própria burguesia no centro da história, seja aquela contada na narrativa literária, seja aquela que corresponde ao fluxo temporal e processual.

Em *Inferno provisório* (2016), o autor investiu na formulação de capítulos estanques, que, à primeira vista, parecem não se relacionar entre si, não "conversar", mas que compõem, a rigor, uma unidade orgânica, de fato uma única narrativa que explicita a incomunicabilidade entre as pessoas daquela camada social específica, marcada pela brutalidade, pelo afastamento e insulamento, por impossibilidades mais que promessas, por atravancamentos ao invés de libertação. Observamos no romance um andamento cronológico que não é linear, mas fragmentado, com o tempo sujeito a saltos, solavancos e reveses, mas que parece congelado, a reiterar sempre a mesma história recheada de fracassos e desencantos. Em *O verão tardio* (2019), as trajetórias das personagens do romance são irreconciliáveis, marcadas pela desesperança e pela solidão. O que se estabelece entre cada um(a) e entre o presente e o passado é quase sempre o confronto, colidindo entre si mais do que se relacionando. E, a cada colisão, a distância entre elas aumenta ainda mais, encontrando-se frequentemente em descompasso, provocando ruídos que impossibilitam a aproximação, deteriorando qualquer forma de interação. Já no livro *O antigo futuro* (2022), o autor narra a história dos Bortoletto de frente para trás, do presente para o passado, desde a chegada dos primeiros integrantes da família vindos da Itália em Cataguases, alguns passando por São Paulo e Rio de Janeiro, até um deles, em 2016, migrar e tentar a vida nos Estados Unidos. A inversão cronológica escancara a repetição das tragédias e malogros em virtude de um passado que não passa, que reiterada e fatidicamente se faz presente. É como se o tempo que definisse o nosso porvir fosse o futuro do pretérito, isto é, um futuro delimitado pela condicionalidade, por algo que poderia acontecer em relação a uma situação do passado, mas que não acontece.

Observamos que, nos romances de Ruffato, o tratamento temporal revela-se decisivo na composição narrativa das trajetórias de personagens individuais que carregam na carne e na alma a história de todo um grupo social, condenando-os a uma espécie de beco sem saída. Espremidas entre as condições materiais de vida quase sempre precárias, oprimidas por relações de trabalho profundamente desiguais, fantasias e ambições destruídas e relações familiares catastróficas, as personagens frequentemente rememoram o passado, conversam consigo mesmas na esperança de tentar encontrar e compreender o momento em que tudo começou a desandar. O passado irrompe no presente a todo momento, ora como tentativa de reviver o momento em que as esperanças em relação ao futuro ainda eram vivas e vibrantes, ora como âncora que arrasta e paralisa o presente no pretérito, ou impedindo-o de avançar ou desacelerando-o cruelmente, a ponto de instalar uma lentidão que imuniza as estruturas sociais brasileiras contra mudanças profundas, radicais.

As personagens de Ruffato parecem prisioneiras de uma temporalidade que se, por um lado, avança – pois, afinal, dias, meses e anos escorrem uns seguidos dos outros –, por outro, concomitantemente, se encontra meio que encalhada. E isso se deve à história do país, com seu passado colonial que teima em permanecer, com golpes e tentativas de golpes militares, impondo retrocessos, com sua modernização conservadora, e (re)produzindo violências e desigualdades de todas as ordens, que impedem frações enormes da sociedade brasileiras de se livrarem de condições sociais, econômicas, políticas e culturais profundamente precárias e aparentemente duradouras.

Parece não haver horizonte utópico na literatura ruffatiana, que abriga feios, sujos e abandonados condenados a um inferno que nada tem de provisório, uma vez que certas estruturas da sociedade nacional continuam a ser reproduzidas por nossas elites econômicas e políticas, cujo sustento material e simbólico deriva, em larga medida, da modernização desigual e incompleta. Contudo, se Ruffato procura problematizar a história e o destino das camadas médias baixas brasileiras desde Cataguases, apresentando-se, pois, como uma das expressões literárias mais bem acabadas, mais sofisticadas daquilo que Silviano Santiago chamou de "literatura anfíbia", o escritor acaba por preencher um "vazio temático" ao tornar tais frações sociais o cerne de sua literatura, conferindo-lhe maioridade e importância, escapando, portanto, da paupérrima figuração literária dos dramas das classes médias nacionais, frequentemente caricaturizada, segundo Silviano.

Mais do que isso, Ruffato, em seus romances, multiplica as vozes narrativas, abrindo frestas e reinstaurando possibilidades a uma classe social condenada à invisibilidade e, no limite, à inexistência. A dispersão narrativa empregada por Ruffato evita que uma única voz se imponha sobre as demais, a permitir que cada personagem apresente uma voz própria, única, exclusivamente sua, que, ao não ser apropriada, preserva sua dignidade, seu direito inalienável de existir e viver. Noutros termos, por mais que as personagens ruffatianas narrem os seus fracassos, frustrações, medos e desilusões, o ato de narrar reinstala a possibilidade de existir e, portanto, de resistir ao desaparecimento. Tal como em *Os malavoglia*, do escritor italiano Giovanni Verga, as personagens só podem existir porque não perderam a capacidade de contar suas histórias, por mais tristes e trágicas que possam ser. É como se, contra o autoritarismo que grassa permanentemente em nosso tecido social, o escritor horizontalizasse as capacidades narrativas das personagens, cada qual com uma autêntica, singular e igual força, esforçando-se por democratizar ao menos o universo ficcional.

Ao que tudo indica, narrar, em e para Ruffato, não deixa de ser uma forma de luta. Ou parafraseando o título de um documentário dedicado ao sociólogo francês Pierre Bourdieu, de origem humilde tal como o romancista e contista mineiro, em Ruffato a literatura se converte em "esporte de combate", sem, no entanto, deixar de ser literatura. •

SUGESTÕES DE LEITURA

ALVES, Wanderlan da Silva. O discurso de Luiz Ruffato em Frankfurt: polêmica, recepção inicial e paradigmas em disputa. *Estudos de Literatura Brasileira Contemporânea*, n. 48, p. 149-176, 2016.

DELGADO, Gabriel Estides. A classe feita corpo: pertencimento e discriminação social em *Inferno provisório*, de Luiz Ruffato. *Estudos de Literatura Brasileira Contemporânea*, n. 45, p. 183-199, 2015.

PELLEGRINI, Tânia. A refração do realismo em Luiz Ruffato: um inferno permanente. *Estudos de Literatura Brasileira Contemporânea*, n. 59, e599, p. 1-14, 2020.

PASSIANI, Enio. Descaminhos e desesperança: o Brasil de Luiz Ruffato em *O verão tardio*. *Arte & Ensaios*, v. 26, n. 40, p. 333-345, 2020.

SANTIAGO, Silviano. Uma literatura anfíbia. In:. *O cosmopolitismo do pobre*. Belo Horizonte: Editora UFMG, 2008.

MANIFESTO DOS MINEIROS

CLÁUDIA M. R. VISCARDI

PASSADOS 17 DIAS DA DISTRIBUIÇÃO do Manifesto dos Mineiros, ao inaugurar o novo prédio do Ministério da Fazenda, Vargas fez uma primeira avaliação pública sobre o que se constituiria em uma primeira manifestação de incômodo das elites políticas que lhe apoiavam, em relação ao autoritarismo instalado no país com o Estado Novo: "No fundo da nossa consciência sentiríamos remorso se contribuíssemos para lançar o povo brasileiro nos excessos de uma agitação partidária com o fim de tranquilizar os pruridos demagógicos de alguns leguleios em férias".

Na ocasião, afirmou que os autores do Manifesto eram movidos tão somente por interesses eleitorais, considerados menos relevantes diante dos grandes desafios nacionais; e que só estavam interessados na manutenção de seus empregos no governo federal. Ao chamá-los de "leguleios em férias", tinha intenção de subestimar a capacidade intelectual dos signatários, que, por não terem nada a fazer, atuavam como rábulas ou chicaneiros, ao proporem uma interpretação literal da Constituição de 1937. A reação não se limitou às acusações, mas envolveu demissões, aposentadorias forçadas e afastamentos de posições de poder. Só não foi maior pelo medo de que as reações se ampliassem para além do estado de Minas Gerais.

Mas o que foi o Manifesto dos Mineiros e por que incomodou Vargas a esse ponto? Como é sabido, o texto foi elaborado a muitas mãos e foi assinado por 92 pessoas, boa parte delas conhecida por ter participado ou da Revolução de 30 ou da Constituinte de 34: haviam sido parceiros de trajetória.

O Brasil da década de 1930 passava por mudanças bruscas decorrentes de um processo revolucionário, cujos eixos principais eram a crítica ao federalismo oligárquico e a garantia da participação democrática por meio de eleições limpas. Ambos os anseios foram em parte contemplados, na medida em que se estabeleceu um governo provisório centralizado, se aprovou o Código Eleitoral de 1932, que garantiu a ampliação de eleitores – mediante o alistamento obrigatório e a introdução do voto feminino –, e se criou a Justiça Eleitoral, que se empenharia no controle das fraudes.

O quadro começou a mudar após a aprovação da Constituição de 1934, mais liberal do que Vargas e seu grupo de sustentação política desejavam, entre eles o Clube 3 de Outubro e as legiões milicianas formadas em torno de sua liderança.

Eleito presidente de forma indireta pelos constituintes, Vargas impediu a realização de novas eleições em 1938, alegando ameaças comunistas. A nova Constituição de 1937, marcadamente nacionalista e autoritária, foi aprovada por parte do Congresso Nacional, selando o início do Estado Novo no Brasil.

Claro que todas essas iniciativas que afastavam o Brasil do regime democrático só foram possíveis em razão do avanço do nazifascismo pelo mundo. Desde a década de 1920, os ideais extremistas antiliberais se espalhavam. A marcha de Mussolini sobre Roma, em 1922, havia sido saudada por oligarcas brasileiros. A representação corporativa era bandeira de militares e intelectuais civis de destaque, como Oliveira Vianna, Francisco Campos, Miguel Reale, entre outros.

De Minas partiram poucas oposições ao golpe de 37. Odilon Braga e Arthur Bernardes destacaram-se nesse campo. Mas das Alterosas vieram também os principais apoios ao regime ditatorial: Francisco Campos foi o autor da Constituição de 1937 e Gustavo Capanema manteve-se como ministro durante boa parte do regime. Antônio Carlos e Wenceslau Braz se omitiram.

Cabe destacar que os mineiros, parceiros dos gaúchos na Revolução de 30 e no combate à guerra civil paulista – à exceção de Bernardes, que logrou ser exilado para Portugal por ter apoiado o movimento –, encontravam-se insatisfeitos por não terem participação efetiva nos rumos do novo regime, acostumados que estavam a ter em mãos as rédeas da política. A indicação de um interventor, Benedito Valadares, à revelia das lideranças mais destacadas do estado, rompia com um dos princípios basilares sobre os quais a política em Minas se colocava desde a Proclamação da República, a sua autonomia. Por outro lado, havia uma nova geração de jovens políticos mineiros, que via na ditadura um empecilho para galgar posições de poder, fechados que estavam os canais de disputa e representação de interesses.

A entrada do Brasil na guerra, ao lado dos aliados em 1942, encerrou de vez as elucubrações em torno da adesão ou não de Vargas ao fascismo. Com ela advieram expectativas em relação à retomada dos princípios liberais-democráticos, timidamente esboçados na já extinta Constituição de 1934, caso os aliados vencessem o conflito, conforme já se anunciava. Tudo parecia contraditório: enviar soldados para combater as arbitrariedades cometidas pelos países do Eixo e conviver com um regime político também arbitrário.

Em 23 de outubro de 1943 – mês em que se comemorava a Revolução de 30 –, os mineiros divulgaram um texto crítico ao regime, tido pela maior parte das análises como tímido, pouco propositivo e relativamente conciliador. Muitos atribuem esse caráter à própria índole mineira, avessa a grandes rupturas, conforme também atestam teses acerca da existência de uma identidade própria aos mineiros, a cultura da "mineiridade". Como o regime ainda se encontrava forte, afirma-se que o impacto do manifesto fora pequeno, o que de alguma forma se contrapõe à dureza das reações do governante e da imprensa oficial em relação ao Manifesto ao Povo Mineiro, seu título original. De início, por temor da censura, o documento circulou clandestinamente. Dada a sua repercussão, foi publicado na imprensa.

Consta que a ideia do manifesto partiu de Odilon Braga e Afonso Arinos, desejosos de fazerem uma crítica às comemorações oficiais da Revolução Liberal de 1842, que aniversariava. O grupo responsável pela redação reuniu-se no Rio e depois em Belo Horizonte para analisar três versões do documento, até optar pela que melhor contemplava seus objetivos. O texto-base era de Virgílio Mello Franco e a redação final coube ao próprio Afonso Arinos. 50 mil exemplares do texto foram impressos numa tipografia de Barbacena. A coleta de assinaturas e sua distribuição envolveu personagens de todo o Brasil, a exemplo de Eduardo Gomes, mas os signatários eram exclusivamente mineiros.

Mas do que tratava o manifesto? Ele de fato era pouco propositivo e brando como avalia a historiografia? Confesso que, ao lê-lo, me surpreendi. De fato, não se trata de um libelo radical. O tom é próximo ao do Manifesto Republicano de 1870, com menos referências e com críticas mais discretas ao líder no poder. Em ambos, as propostas são modestas, mas se contrapõem de forma radical ao regime em vigor, e isso não é pouco. Claro que, em 1870, não havia censura e não nos encontrávamos sob uma ditadura, em que pese os republicanos qualificarem Pedro II como um déspota absoluto. Tal adjetivo se aproximava mais de Vargas do que do Imperador. A censura estava em pleno vigor em 1943, o que aumentava os riscos dos signatários mineiros em relação aos 69 signatários – nem todos mineiros – do Manifesto Republicano. Tais comparações param por aqui, dadas as imensas diferenças entre os dois contextos. Vamos ao texto dos mineiros de 1943, escrito mais de setenta anos depois.

O texto começa justificando seu tom: será sereno, sóbrio e ponderado. Anuncia em seguida seu objetivo, que, longe de ser o de ensinar, é de apenas recordar valores esquecidos, como o da liberdade, da cidadania, dos direitos individuais, da democracia – segundo o manifesto, todos eles abandonados no Brasil.

Minas Gerais aparece como um estado condenado ao retraimento e ao mutismo, isolado na dimensão privada da vida, o que se apresenta como um contraponto em relação ao que o estado sempre fora. "Quem conhece a história das tradições da nossa gente, pode medir a extensão da violência feita ao seu temperamento por essa compulsória e prolongada abstinência da vida pública". Minas ama a crítica e o debate políticos. Sua vocação inerente à vida pública a fez lutar pela autonomia dada pelo federalismo em oposição à hipertrofia do Executivo em vigor no país. É como se a falta de soberania não se coadunasse com os valores mineiros.

Tal como o Manifesto Republicano antes citado, o texto recorre a referências do presente e faz usos do passado em prol de seus argumentos. Para ele são trazidos personagens mineiros que lutaram pela liberdade, como Tiradentes, Teófilo Ottoni e João Pinheiro. Mas para mostrar que tais teses não eram exclusivas ao estado, fazem referência a Tavares Bastos, Rui Barbosa, Campos Sales, Assis Brasil, Júlio de Castilhos, entre outros. Em que pesem as marcadas diferenças entre tais personagens, sobressai um ponto em comum entre tão diferentes atores políticos, de diferentes contextos: a defesa do federalismo, que na prática era a realização de um governo descentralizado que conferisse autonomia para os estados.

Fica claro que o tom crítico do manifesto incorpora um incômodo dos mineiros em relação à forma como Vargas os submeteu na arena política, conspurcando o direito do estado de escolher seus próprios governantes por meio da indicação de um interventor, o que nunca havia ocorrido.

As referências não se limitam a personagens, mas também a documentos e instituições. Entre os primeiros estavam a Circular de 1860 de Teófilo Ottoni, um panfleto liberal elogioso ao modelo federativo republicano dos Estados Unidos; o próprio Manifesto Republicano de 1870, cujos eixos programáticos principais eram o fim do arbítrio, a soberania popular e o federalismo; convenções e congresso do Rio Grande do Sul, que marcaram importantes etapas do movimento republicano no estado, conhecido pelas suas propostas de federalismo em tons mais radicais daqueles que vieram a ser aprovados; as constituições de 1891 e 1934, ambas federalistas e liberais; as eleições de 1910, 1919, 1922 e 1930: a primeira, terceira e quarta foram as mais disputadas da Primeira República, o que remetia à ideia de competição política, própria dos regimes democráticos, embora não o fosse. A de 1919 foi a que elegeu Epitácio Pessoa, que, embora menos disputada, contou com a concorrência de Rui Barbosa, ou seja, em todas elas houve disputas eleitorais que mobilizaram a sociedade brasileira. O manifesto fazia também referência à Carta do Atlântico, que havia sido assinada oito meses antes, cujo conteúdo pode ser resumido em seu artigo sétimo: "Depois da destruição completa da tirania nazista, esperam que se estabeleça uma paz que proporcione a todas as nações os meios de viver em segurança dentro de suas próprias fronteiras, e aos homens em todas as terras a garantia de existências livres de temor e de privações".

Outra referência institucional que o manifesto faz é acerca da necessidade de se estudar para levar à frente as deliberações da Comissão Jurídica Americana, um embrião do que seria mais tarde a OEA (Organização dos Estados Americanos). Tais personagens, fatos históricos, documentos ou instituições que compunham o Manifesto dos Mineiros serviam para justificar a defesa de três eixos básicos, que sintetizavam as aspirações de seus signatários: o federalismo, a república e a democracia.

O manifesto reconhecia o desenvolvimento econômico brasileiro em curso, mas não julgava necessário que fosse condicionado à permanência de um

Estado autoritário, tendo em vista que várias nações democráticas conquistavam patamares iguais ou até superiores de crescimento em relação ao Brasil.

Da mesma forma que rejeitavam o presente, negavam o passado. Para não serem acusados de tentar resgatar o Brasil oligárquico, referência sempre feita por Vargas àqueles que o criticavam, diziam não querer retomar as práticas eleitorais ilícitas do passado, como a fraude e a decretação ilimitada do estado de sítio, mazelas que para eles se tornaram constitucionais a partir de 1937 – "Não queremos repetir esses processos, nem mesmo sob a aparência de ensaios de corporativismo, quando estes se afastam da espontaneidade histórica e se transformam numa simples alavanca de governos de índole fascista". Diziam não ser suficientes a previsão de direitos de cidadania no texto constitucional, se nunca poderiam ser exercidos na prática. E aludiam a Montesquieu para enaltecer a necessária virtude do governante, capaz de garantir a democracia, pois sem ela não haveria salvação possível.

Interessante que o modelo de democracia proposto pelo manifesto ia além dos direitos civis e políticos. Destaca-se que esse período foi marcado pela valorização da intervenção do Estado na economia, com vistas a garantir direitos sociais, período em que as principais teses de Keynes despontavam como alternativa a um capitalismo liberal na economia. Dando voz novamente aos signatários: "Do que fica dito, fácil é inferir que a democracia por nós preconizada não é a mesma do tempo do liberalismo burguês. Não se constitui pela aglomeração de indivíduos de orientação isolada, mas por movimentos de ação convergente. Preconizamos uma reforma democrática que, sem esquecer a liberdade espiritual, cogite, principalmente da democratização da economia. Num e noutro domínio, o tempo do liberalismo passivo já findou".

Por fim, ressaltam que tais valores devem ser difundidos para além do estado de Minas Gerais. E que, por meio deles, os mineiros se filiam a valores ocidentais, compartilhados pelas nações aliadas em luta pela democracia e contra o fascismo. Nada poderia estar mais claro: Minas Gerais se colocava na vanguarda da luta pela democracia no Brasil.

Em nossa avaliação, os signatários produziram um texto que tinha por objetivo reivindicar a democracia e o federalismo. O tom é ponderado, mas não conciliador. Em nenhum momento referem-se a Vargas ou ao Estado Novo, pois evitam direcionar as críticas a um alvo específico, mas ao regime em vigor, o que torna o alvo uma abstração que nunca se corporifica. Almejam falar para além de Minas Gerais e se conectarem a valores em disputa no quadro internacional, colocando-se ao lado dos países antifascistas. Projetam o futuro sem se contentarem com o retorno ao passado. O liberalismo que defendem vai além da defesa dos direitos individuais, pois almejam o desenvolvimento econômico que gere bem-estar a todos os brasileiros. Em síntese, esse é o espírito do texto. Por isso incomodou Vargas, que poderia tê-lo ignorado, não fosse seu caráter subversivo, sem querer sê-lo. Dessa forma, o manifesto ataca o regime em seu coração, pois afirma todos os valores que motivaram a Revolução de 30 e que haviam sido abandonados. Ademais, em que pese as referências a uma certa cultura conciliadora dos mineiros, o documento foi a mais importante iniciativa das elites políticas dominantes contra o autoritarismo de Vargas, ancorado nos princípios internacionais do antifascismo. ●

SUGESTÕES DE LEITURA

BENEVIDES, Maria Vitória. Manifesto dos Mineiros. *Dicionário Histórico-Biográfico do CPDOC FGV.* Disponível em: https://www18.fgv.br//cpdoc/acervo/dicionarios/verbete-tematico/manifesto-dos-mineiros. Acesso em: 16 nov. 2022.

MANIFESTO DOS MINEIROS. Disponível em: http://www.dhnet.org.br/direitos/anthistbr/estadonovo/mineiros_1943.htm. Acesso em: 10 nov. 2022.

MAURA LOPES CANÇADO

DYLAN BLAU EDELSTEIN

CONHECIDA PRINCIPALMENTE POR SEUS RETRATOS literários da vida nos hospícios cariocas dos anos 1950 e 1960, Maura Lopes Cançado (27 de janeiro de 1929 – 19 de dezembro de 1993) nos legou dois livros produzidos principalmente dentro de – ou sobre as experiências como interna em – instituições psiquiátricas: o diário hospitalar *Hospício é Deus* (1965) e a coleção de contos *O sofredor do ver* (1968).

Se, no auge da sua atividade literária, nos anos 1960, Maura circulava entre figuras de grande renome na esfera cultural do Rio – dentre elas, Ferreira Gullar, Reynaldo Jardim, Assis Brasil, Maria Alice Barroso, Carlos Heitor Cony, José Louzeiro –, é importante destacar que a escritora iniciou a vida longe daquele centro cosmopolita onde construiu sua carreira.

Nascida em uma fazenda em São Gonçalo do Abaeté, no interior de Minas Gerais, era filha de duas famílias tradicionais com influência na política local: os Lopes Cançado e os Álvares da Silva. Naquela pequena cidade, "feita para ser lenta", como ela escreve no conto "São Gonçalo do Abaeté", era com a chegada de revistas e livros, ou mesmo nas idas e vindas da irmã mais velha que estudava em Belo Horizonte e trazia sempre com ela presentes e amigas "bonitas" da cidade grande, que Maura mantinha uma relação com a vida urbana. Se àquela altura Maura sentia medo da possibilidade de algum dia ir estudar longe, como sua mãe esperava, ao mesmo tempo, ela nunca se sentiu de todo confortável naquele ambiente onde "reza-se muito ainda". Diante da imposição de um Deus que supostamente julgava como pecados seus desejos sexuais precoces; diante de um pai que lhe dava muita atenção, mas era violento e tinha sempre por perto um fuzil e um grupo de jagunços para proteger a casa; diante de alguns abusos sexuais sofridos a partir dos seis ou sete anos; diante disso tudo, ela parecia recuar, ou talvez se entregar à sua imaginação. Lia muito, inventava histórias, transformava as árvores da propriedade em grandes amigos. Eram anos também marcados por seus primeiros ataques epiléticos.

Na adolescência, entrou na escola de aviação, uma paixão que se prolongou na vida adulta, servindo até de inspiração para uma das personagens no romance *Bela noite para voar* (2006), de Pedro Rogério Moreira. Foi no Clube Aeronáutica local que conheceu o piloto com quem se casaria, ainda adolescente, e de quem se divorciaria no ano seguinte. Maura descreve essa fase em um ensaio de 1968: "Minha precocidade em tudo está clara: casei-me aos catorze anos e nesta mesma idade fui mãe. Aos dezesseis tirei '*brevet*' de piloto, tive e pilotei meu próprio avião. Tomei inúmeros professores de várias línguas, não cheguei a aprender nenhuma pela constatação da inutilidade de falar – mesmo a minha língua. Aos dezoito anos já lera todos os autores normalmente nesta idade (falo da idade dos que realmente leem), além de Dostoievski, Cervantes, Shakespeare, Camões, Tolstói, Goethe e muitos outros".

Ao mudar-se para o Rio de Janeiro na década de 1950, Maura buscou se instalar como escritora naquela capital cultural, mas sem trabalho fixo, passando de casa em casa, de hotel em hotel, em uma fase de instabilidade. Em 1958 seus talentos foram reconhecidos pelo poeta Ferreira Gullar, que publicou os primeiros trabalhos dela no Suplemento Dominical do *Jornal do Brasil* (SDJB), periódico que servia de plataforma para artistas e escritores da vanguarda de então. Poucos meses separam a publicação, em novembro de 1958, do primeiro conto de Maura, "No quadrado de Joana", e a publicação do "Manifesto Neoconcreto", naquele mesmo jornal, em março de 1959. Maura passou os anos seguintes publicando contos e crônicas no *SDJB*, se aproximando bastante da geração neoconcreta, mesmo que nunca chegasse a construir laços formais com o movimento.

Sua prosa, elogiada entre os críticos da sua época, é profunda, lírica, às vezes marcada por uma ironia deliciosa. O experimentalismo formal fica evidente em contos como "Espiral ascendente", em que as palavras se espalham pela página e as imagens flertam com um quase surrealismo. O diário *Hospício é Deus*, escrito *in loco*, também demonstra certo experimentalismo na mistura de prosa, poesia, observações cotidianas, reflexões filosóficas, relatos factuais, ideias para contos e citações de romances, e de manuais psiquiátricos que ela lia durante a internação. Em vida, a escritora foi algumas vezes comparada à introspecção de Clarice Lispector. Mas Maura se entendia como única, até mesmo como a "maior escritora brasileira", uma percepção talvez alimentada por críticos como Assis Brasil, que escreveu, em 1973: "Se seus diários tivessem sido publicados num outro país, teriam elevado o nome de Maura Lopes Cançado ao plano literário internacional".

A carreira literária de Maura parece quase inseparável de suas repetidas crises de saúde mental. Como relata no diário, às vezes ficava agressiva, brigava com os colegas do *SDJB*; chegou a jogar uma máquina de escrever pela janela da redação. Entrou também em fases profundamente depressivas. Não é coincidência que a primeira menção encontrada da autora em um jornal carioca seja de 1954, após uma tentativa de suicídio. Ela se retrata, no diário, como caracterizada por uma "mornidão" eterna, como se houvesse uma "parede de vidro" que sempre a separasse dos outros; imagem que lembra a descrição que a escritora estadunidense Sylvia Plath faz da depressão como a experiência de enxergar o mundo enquanto presa debaixo de uma "redoma de vidro".

Maura tinha 18 anos quando se internou pela primeira vez em um sanatório em Minas Gerais, dando início a uma série de aproximadamente vinte internações em diferentes instituições psiquiátricas, nas quais ela iria adquirir, em suas palavras, diagnósticos como etiquetas na mala de um viajante: "Paris, Roma, Berlim, Oklahoma. E eu: PP [Personalidade Psicopática], Paranoia, Esquizofrenia, Epilepsia, Psicose Maníaco-Depressiva, etc.". Ela afirma: "Minha personalidade mesma será sufocada pelas etiquetas científicas".

A loucura e a internação são temas recorrentes na obra de Maura, que muitas vezes documenta ou ficcionaliza experiências vivenciadas enquanto paciente. Foi durante uma internação voluntária de seis meses, no Centro Psiquiátrico Nacional, no bairro carioca do Engenho de Dentro, entre 1959 e

1960, que ela escreveu o diário que cinco anos depois seria publicado como *Hospício é Deus*. Tinha então 29 anos de idade. Ao longo dessa mesma internação, Maura escreveu contos sobre a vida hospitalar, até ver publicado "O sofredor do ver" no *SDJB*, enquanto ainda estava hospitalizada. O texto daria título a seu livro de contos.

Embora o segundo livro demonstre tendências cada vez mais experimentais na sua escrita, é o diário que geralmente desperta o interesse de pesquisadores, não só como um trabalho bastante criativo, mas também como testemunho de primeira mão de uma mulher que navega pelo sistema psiquiátrico brasileiro. Se no retrato do hospício ela não tenta despojar completamente a instituição da possibilidade de dar refúgio aos seus pacientes, são contundentes suas críticas ao complexo manicomial. Maura retrata a luta por ser ouvida e entendida por administradores, guardiões, enfermeiros e médicos, como também os tratamentos agressivos, medidas disciplinares e abusos físicos e sexuais sofridos pelas pacientes na seção feminina: o uso de camisas de força e quartos-fortes; a aplicação de lobotomias, eletrochoques e práticas coercivas de psicanálise; a transferência para instituições mais restritivas, como a Colônia Juliano Moreira.

Convém lembrar que, apenas sete anos antes, a psiquiatra Nise da Silveira fundou, naquele mesmo hospital, o Museu de Imagens do Inconsciente, que chamaria a atenção do mundo das artes modernas e até de alguns amigos de Maura, como Ferreira Gullar, futuro biógrafo de Nise. O diário oferece, de certa forma, uma visão interna daquele momento histórico em que uma importante geração de artistas começava a dar visibilidade aos trabalhos criativos de pacientes psiquiátricos.

Com a publicação dos dois livros, ambos bem recebidos por críticos, Maura se revelou uma das escritoras mais promissoras do momento. Mas se ela fez sua carreira literária a partir de um material elaborado durante suas repetidas internações, essa mesma história de sofrimento também a afastou cada vez mais do mundo literário. A vida mudaria para sempre quando, em 1972, internada na Casa de Saúde Dr. Eiras, ela asfixiou outra paciente. Embora os eventos que a levaram ao homicídio sejam um pouco obscuros, o que sabemos, definitivamente, é que a escritora mineira foi declarada mentalmente irresponsável pelas suas ações em 1974, começando uma fase de frequentes transferências entre instituições psiquiátricas e penitenciárias, sem que coubesse no regime de qualquer uma delas. No manicômio judiciário, não havia lugar para mulheres; nos hospícios de "porta aberta", era considerada perigosa demais.

Nesse período, a escritora desapareceu das notícias, até que a jornalista Margarida Autran a visitasse e publicasse, em 1978, a reportagem "Ninguém visita a interna do cubículo 2", descrevendo as péssimas condições em que Maura se encontrava: "física e psiquicamente doente, desnutrida, olhos e dentes exigindo cuidados imediatos, sem nenhum tratamento psiquiátrico". Em resposta, o Sindicato de Escritores organizou uma campanha para arrecadar fundos para transferir Maura para um sanatório privado, objetivo que logo foi alcançado. Os registros dessa campanha estão hoje arquivados e acessíveis na Biblioteca Nacional. Entre eles, destacam-se doações de grandes intelectuais como Rubens Fonseca, Evaristo de Morais Filho e Carlos Drummond de Andrade.

Eventualmente conseguiu voltar a alguma normalidade, quando um juiz lhe concedeu, em 1980, liberdade vigiada. Embora amigos e familiares tentassem convencê-la a voltar a escrever, ela parecia pouco motivada. Nunca mais publicaria, morrendo em 1993 de uma doença pulmonar.

Com seus livros esgotados, encontrados apenas em sebos a preços exorbitantes, foi apenas na última década, com a reedição de sua obra pela editora Autêntica, que houve um esforço mais perene para ressuscitar a imagem de Maura. Hoje em dia a sua obra, pequena, mas contundente, cada vez mais desperta o interesse dos estudiosos da literatura e da história da psiquiatria, assim como dos profissionais da área da saúde mental. Se já na época de Maura havia um impulso para transformar *Hospício é Deus* em peça de teatro, mais recentemente surgiram novas obras inspiradas na vida da escritora mineira, como as peças *Diários do Abismo* (2018) e *Uma mulher ao sol* (2023), além do romance *A origem da água* (2020).

Em tempos pós-Reforma Psiquiátrica, a obra de Maura, que paira no limiar entre o testemunho e a ficção, parece satisfazer certo apetite por vozes marginalizadas. Se na sua recuperação as análises tendem a destacar a força e a criatividade de seus depoimentos, talvez o próximo passo seja aquele que ela parecia pedir em entrevista a Carlos Freire, publicada na *Tribuna da Imprensa* em novembro de 1967: "Gostaria que os cretinos que vierem a me conhecer não me achassem lúcida. Acontece que eles esperam encontrar uma louca de pedra, e ao constatarem a minha lucidez apenas confirmam uma realidade: o mundo tem neles os loucos, muitos...". •

SUGESTÕES DE LEITURA

CANÇADO, Maura Lopes. Quem é Maura Lopes Cançado?. *Leitura*, v. 109, p. 20-21, 1968.

MEIRELES, Maurício. Perfil biográfico. In: CANÇADO, Maura Lopes. *Hospício é Deus*. São Paulo: Autêntica, 2014.

SCARAMELLA, Maria Luisa. *Narrativas e sobreposições:* notas sobre Maura Lopes Cançado. Tese de doutorado – Unicamp, Campinas, 2010.

SOUZA, Edivaldo Rafael de; SANTOS, Roberto Carlos dos. Maura Lopes Cançado: entre memórias e experiências (São Gonçalo do Abaeté/MG - 1929/1950). *Revista Perquirere*, Patos de Minas, vol. 14, n. 3 79-97, 2017.

WADI, Yonissa M. Estou no Hospício, Deus: problematizações sobre a loucura, o hospício e a psiquiatria no diário de Maura Lopes Cançado (Brasil, 1959-60). *Asclepio*, Madrid, v. 69, p. 196, 2017.

MAURÍCIO GOMES LEITE

DANIELA GIOVANA SIQUEIRA

JOÃO MAURÍCIO AMARANTES GOMES LEITE (Montes Claros/MG, 1936) foi crítico, jornalista e cineasta, com uma carreira dedicada à reflexão sobre o cinema e a produção de filmes. Maurício Gomes Leite, nome com o qual se apresentava profissionalmente, transferiu-se muito jovem para Belo Horizonte. Estudante do tradicional Colégio Estadual, mais tarde trabalhou como jornalista em veículos como os jornais *Estado de Minas* e *Diário da Tarde*. Na capital mineira, desenvolveu uma profícua trajetória na crítica cinematográfica, escrevendo para *O Diário* e para a conceituada *Revista de Cinema*, que, na década de 1950, foi considerada por Paulo Emílio Sales Gomes – um dos maiores pensadores brasileiros do campo do cinema – como sendo a principal publicação de crítica cinematográfica do Brasil naquele período. O documentário e a ficção estiveram presentes na realização de seus filmes.

A cinefilia, que pode ser compreendida como a prática de assistir coletivamente a filmes e depois promover o debate aberto após as exibições, marcou de maneira decisiva sua formação. Na Belo Horizonte da década de 1950, essa experiência foi vivida junto ao Centro de Estudos Cinematográficos (CEC), um marco no cineclubismo brasileiro, sendo o cineclube mais antigo ainda em atividade no Brasil. Fundado por Cyro Siqueira, Jacques do Prado Brandão e Raimundo Fernandes, a ata da primeira reunião, realizada a 15 de setembro de 1951, traçava o tom das atividades a serem realizadas pelo grupo: exibição regular de filmes aos sábados, promoção de debates sobre as principais obras em cartaz e oferta de cursos de iniciação e extensão cinematográfica. As sessões percorriam um ritual sagrado: apresentação do filme e distribuição de boletim mimeografado que trazia um texto crítico e a ficha técnica da obra. A exibição era sucedida pelo debate entre os sócios e espectadores, e por discussões que continuavam noite adentro, quase sempre pelos bares do Edifício Maletta, no centro da capital. A participação ativa no CEC marcou de forma substancial a formação do jovem, que, àquela altura, já era um leitor contumaz da revista *Cahiers du Cinéma*, publicação que revelou os principais realizadores do movimento cinematográfico Nouvelle Vague, no final da década de 1950, na França. Maurício Gomes Leite foi um dos primeiros brasileiros a escrever sobre Jean-Luc Godard no Brasil. Ainda na década de 1950, passou a integrar o grupo Complemento, de forte base cequiana, responsável pela revista de perfil literário *Complemento*. O viés existencialista da publicação reunia nomes como Silviano Santiago, Ivan Ângelo e Heitor Martins.

O rigor das atividades presentes no CEC ganhou desdobramento com o lançamento de uma publicação especializada em crítica cinematográfica, para a qual Gomes Leite iria colaborar entre os anos de 1954 e 1964, escrevendo textos como "Resposta sem aspas e julgamentos apressados a um artigo que se declara a favor da censura, escrito por um padre e dirigido a críticos irresponsáveis", produzido quando contava com apenas 20 anos de idade. Um dos marcos da história da crítica de cinema no Brasil, a *Revista de Cinema* nasceu em 1954, apresentando um texto de refinado apuro teórico-metodológico, reconhecido em âmbito nacional e internacional. Em suas páginas era possível encontrar posições que se contrapunham ao renomado crítico francês, André Bazin, e uma clara aproximação ao modelo italiano, assumindo o neorrealismo como sendo a verdadeira expressão artística do cinema moderno. Glauber Rocha, em seu livro *Revolução do Cinema Novo*, afirma que a publicação desenvolveu uma "kynokrytyka", um texto marcado pela pesquisa de uma teoria cinematográfica que contribuiria de maneira decisiva para a formulação do movimento do Cinema Novo, nascido no Rio de Janeiro na década seguinte. Gomes

Leite chegou a afirmar, na década de 1980, reconhecendo-lhes a importância, que o CEC, a *Revista de Cinema* e as páginas do *Estado de Minas* haviam sido os melhores "filmes" realizados em Minas.

No início dos anos 1960, percebendo a inviabilidade das condições para se produzir filmes no estado, migra para a cidade do Rio de Janeiro, acompanhando o fluxo que marcaria a geração de cineastas mineiros que realizariam seu primeiro longa-metragem residindo na nova cidade. Tendo a mesma formação cineclubista e na crítica cinematográfica, nomes como Carlos Alberto Prates Correia, Neville d'Almeida, Sylvio Lanna e Geraldo Veloso são alguns desses exemplos. A migração efetuada pela geração de Gomes Leite buscou a passagem da crítica ao ato fílmico profissional, uma novidade para a Belo Horizonte da época. Uma cidade dedicada à formulação de uma escrita teórico-crítica cosmopolita, mas ao mesmo tempo fechada para a realização fílmica instaurada pelas vanguardas cinematográficas que tomaram força internacionalmente na década de 1960.

Em 1962, já no Rio de Janeiro, trabalhou como jornalista e crítico no *Correio da Manhã*, na revista *Manchete* e no *Jornal do Brasil*. Até o ano de 1970, nas páginas do "Caderno B", publicou críticas com apurado estilo analítico. Sobre o fenômeno James Bond, escreveu:

> Siegfried ou Flash Gordon, Ulisses ou cérebro IBM? Na linha das comparações, qualquer sugestão é válida, mas no fundo, mesmo, James Bond é o mais perfeito retrato do individualismo ocidental. Adere ao prazer, à ação imediata, recusa (ou aceita) fórmulas, tenta acumular energia para logo em seguida gastar a energia, pertence ao círculo vicioso do ganho e do gasto, gira eternamente sem rumo, da vida e da morte sabe apenas que elas existem. (...) O que pensavam, realmente, as seis mil pessoas que saíam do cinema, no domingo, após derrotar – com a ajuda de Bond – o perigoso agente internacional Auric Goldfinger? São questões passageiras ou sem importância, talvez. Trata-se, afinal, de um simples herói de ficção, "nada daquilo é verdade". Mas é bom lembrar que Bond, sendo o homem das situações impossíveis, já poderá não só estar entre nós, mas ser um de nós". (*Jornal do Brasil*, 05/05/1965, Caderno B, p. 4)

O trecho exemplifica um dos atributos que podem ser encontrados em sua escrita crítica: a busca por uma interpretação da sociedade da época em que viveu, passível de ser percebida por meio do cinema.

O desejo pela produção, alimentado desde os tempos cineclubistas em Belo Horizonte, pôde ser realizado pela primeira vez em 1966, quando dirigiu e produziu o documentário de média-metragem *O Velho e o Novo* (*Otto Maria Carpeaux*), sobre a trajetória deste intelectual e crítico literário, e a realidade do contexto político-cultural brasileiro após o golpe civil-militar de 1964. O filme traz uma sequência sobre o episódio que ficou conhecido como "Oito do Glória", quando manifestantes protestaram contra a realização de reunião da Organização dos Estados Americanos (OEA) no Hotel Glória no Rio de Janeiro, durante o governo do general Humberto de Allencar Castello Branco, uma vez que o estatuto da entidade proibia que conferências fossem realizadas em países não democráticos. Os cineastas cinemanovistas Glauber Rocha e Joaquim Pedro de Andrade estavam entre os presos, e em seu filme Gomes Leite destaca numa cena um recorte de jornal francês onde se lê: *Le cinéma novo en prison*.

Em 1968, lançou o longa-metragem *A vida provisória*, assinando direção e roteiro. No filme, Gomes Leite instituiu o deslocamento como ato fundador da narrativa e o provisório como signo da vida política brasileira no final da década de 1960. O jornalista mineiro Êstevão (Paulo José), radicado no Rio de Janeiro, recebeu informações secretas sobre mineração ilegal e passou a transportar importantes documentos. Para cumprir a missão, empreendeu uma deambulação por três capitais brasileiras. Os deslocamentos espaciais filmados apontaram uma escolha política de seu realizador: o caminho que liga o Rio de Janeiro a Brasília passa por Belo Horizonte. Localizada na narrativa entre as duas capitais da República, o filme indica que pensar o Brasil passa pelo obrigatório encontro com a provinciana capital de Minas Gerais e pela compreensão dos desmandos políticos que permitiam a extração ilegal de minério de ferro por parte de empresas estrangeiras no estado.

Para além da perspectiva social, a obra traz um dado que remete a uma dimensão mais intimista do roteiro. O jornalista mineiro Êstevão migrou para o Rio de Janeiro, tendo entre seus planos o desejo de realizar um filme. Na narrativa, percorre três cidades que também foram habitadas por Gomes Leite: de Belo Horizonte, ele vai viver no Rio de Janeiro e depois em Brasília. Os elementos que constituem a personagem criada pelo diretor/roteirista instauram uma mimese entre a personagem principal e o realizador do filme, que permite perceber que, em *A vida provisória*, Maurício Gomes Leite apresenta uma espécie de escrita de si.

Em 1968, no 4º Festival de Brasília, o filme recebeu o prêmio de melhor atriz coadjuvante na figura de Joana Fomm e, em 1969, o de melhor argumento, na figura de Maurício Gomes Leite, no Prêmio Governador do Estado de São Paulo. A maior realização cinematográfica de Gomes Leite foi produzida pelas companhias Tekla Filmes, Saga Filmes, Luiz Carlos Barreto Produções Cinematográficas, J. P. de Carvalho Produção e Administração Cinematográfica Ltda., e contou com empréstimos bancários de pelo menos quatro instituições, entre elas o Banco Nacional de Minas Gerais.

Gomes Leite escreveu ainda o texto de locução do documentário *Cinema Novo* (1967), dirigido por Joaquim Pedro de Andrade, um dos principais nomes do movimento, do qual ele também fez parte. Em 1970, produziu o documentário *Tostão – A Fera de Ouro* (1970), dirigido por seu irmão, Ricardo Gomes Leite. Em 1975, pela editora Artenova, publicou *Sob o vulcão,* tradução feita juntamente com Angela Loureiro de Souza do romance de Malcolm Lowry, *Under the volcano.*

Em meados da década de 1970, Maurício Gomes Leite mudou-se para Paris, onde trabalhou na Unesco até seu falecimento, em 1993, aos 57 anos de idade. Do exterior, colaborou com textos sobre cinema para o *Jornal do Brasil, Estado de Minas* e a revista *Filme Cultura.* •

VER VERBETE GERAÇÃO COMPLEMENTO.

SUGESTÕES DE LEITURA

COUTINHO, Mário Alves; GOMES, Paulo Augusto (org.). *Presença do CEC – 50 anos de cinema em Belo Horizonte.* Belo Horizonte: Crisálida, 2001.

FONSECA, Jair Tadeu da. A crítica de autor e sua vida provisória. Maurício Gomes Leite e a crítica cinematográfica e literária de seu tempo. In: PETERLE,

Patrícia; SANTURBANO, Andrea; BARBOSA, Maria Aparecida (org.). *Coleções literárias*. Rio de Janeiro: 7Letras, 2014, p. 163-175.

OLIVEIRA, Elysabeth Senra de. *Uma geração cinematográfica*: intelectuais mineiros da década de 50. São Paulo: Annablume, 2003.

RIBEIRO, José Américo. *O cinema em Belo Horizonte*: do cineclubismo à produção cinematográfica na década de 60. Belo Horizonte: Editora UFMG, 1997.

ROCHA, Glauber. *Revolução do Cinema Novo*. São Paulo: Cosac Naify, 2004.

MEIO AMBIENTE

LORENA CÂNDIDO FLEURY

SE "MINAS SÃO MUITAS", COMO ENTOOU GUIMARÃES ROSA, muito disso se deve à diversidade de relevos, de formações geológicas, da fauna, da flora e de modos de habitar a paisagem – em suma, à diversidade ambiental encontrada nos quase 600 mil km^2 do território a que se denomina estado de Minas Gerais.

Minas são águas: ali se encontram cinco grandes bacias hidrográficas (São Francisco, Grande, Paranaíba, Doce e Jequitinhonha) que drenam 90% da área do estado e transbordam em cachoeiras, rios caudalosos, riachos e córregos. Em cada uma delas, ambientes que conformam e ganham mundo(s).

Minas são as águas do rio São Francisco, que percorrem 2.700 km atravessando mais de quinhentos municípios, o cerrado, a caatinga e a mata atlântica até desembocar no Oceano Atlântico. Ao redor de sua nascente, para preservá-la, foi criado em 1972 o Parque Nacional da Serra da Canastra, preservando, além das matas, veados-campeiros, tamanduás-bandeira, lobos guarás, tatus, entre tantos outros animais. É da combinação singular formada pelo solo, pelas águas, pelo clima, pela altitude e pelas gentes que ali habitam que ganha existência o Queijo Canastra, patrimônio cultural imaterial brasileiro desde 2008 e detentor de uma infinidade de prêmios internacionais.

São também as águas do rio Doce, mais modesto em sua extensão territorial, ainda assim imenso em relevância e contradições. Protegido pela Coroa Portuguesa, que visava impedir o contrabando do ouro pelos seus caminhos, em suas margens ocorreram massacres nas guerras coloniais dedicadas a pacificar os povos indígenas que ali viviam. Ao longo do século XX, o rio Doce se tornou recurso apropriado por siderúrgicas, por monocultivos de eucaliptos, por hidrelétricas, contaminando suas águas, modificando e interrompendo seu curso. Em 1942, seu nome foi adotado pela companhia de extração mineral que veio a se tornar uma das maiores do ramo em todo mundo, em lucratividade e em capacidade de produzir desastres – desastres que marcaram e modificaram para sempre a bacia desse rio, a inscrevendo no rol de maiores crimes socioambientais já registrados. Em Minas, as águas se transfiguram em minério de ferro: nas calçadas e nas almas, segundo o grande poeta itabirano, e no ambiente devastado pela mineração. Para os Krenak, contudo, o rio Doce é Watu, é o avô: "uma pessoa, não um recurso (...), ele não é algo de que alguém possa se apropriar; é uma parte da nossa construção como coletivo que habita um lugar específico", ensina Ailton Krenak.

Minas são, portanto, também terras indígenas: terra dos Maxakali, Xakriabá, Krenak, Aranã, Mukuriñ, Pataxó, Pataxó Hã-Hã-Hãe, Catu-Awá-Arachás, Kaxixó, Puris, Xukuru-Kariri, Tuxá, Kiriri, Canoeiros, Kamakã, Karajá, Guarani e Pankararu. Em Minas, tais etnias compõem cerca de vinte mil pessoas vivendo em aldeias e em centros urbanos. São poucas as terras indígenas demarcadas no estado, e as que existem possuem pequena extensão territorial. Ainda assim, é nítida a correlação entre esses territórios e a proteção ambiental, de modo que, por resolução estadual, indígenas devem ser ouvidos e consultados como requisito para emissão da licença ambiental de atividades ou empreendimentos em seus territórios, antes da formalização do processo de licenciamento ambiental. A Consulta Livre, Prévia e Informada, instituída formalmente no estado de forma pioneira no país, reconhece os direitos territoriais desses povos, e também de quilombolas e comunidades tradicionais, como geraizeiros e vazanteiros. Povos habitantes dos grandes sertões de Minas. Se "o sertão é do tamanho do mundo... aqui é o gerais, lá é o chapadão, acolá é a caatinga" – em todos esses lugares permanecem comunidades que ensinam modos singulares de viver com suas águas, suas matas, seu ambiente.

Assim, Minas são as canelas-de-ema nos campos rupestres ferruginosos do quadrilátero ferrífero, são as sempre-vivas na Serra do Cipó, são os buritizais abrindo veredas no grande sertão. E são também os conflitos ambientais.

Por todo o estado, contrapõem-se distintos modos de habitá-lo: nos confrontos entre ribeirinhos e empreendimentos hidrelétricos; entre agricultores familiares e a expansão dos monocultivos voltados para a produção de *commodities*; no uso da terra para a produção de alimentos ou para a produção de celulose e aço; no enfrentamento à mineração, que tudo devora, tritura e devasta. Como atesta o Mapa dos Conflitos Ambientais no Estado de Minas Gerais, por todos os cantos proliferam e multiplicam-se casos de violação do direito humano ao meio ambiente, evidenciando as desigualdades que atravessam os modos de habitar e a desproporcionalidade na distribuição dos riscos gerados pelos processos de desenvolvimento.

Desde 5 de novembro de 2015, Minas é lama: com o rompimento da barragem de Fundão, em Mariana – pertencente à Mineradora Samarco S.A., uma joint-venture entre a brasileira Vale S.A. e a anglo-australiana BHP Billiton –, 60 milhões de metros cúbicos de rejeitos de minério de ferro foram despejados sobre cursos d'água, plantações, casas, comunidades. A "lama tóxica da Samarco", como é chamada pelos moradores locais, avançou matando pessoas e lugares, deixando um rastro de destruição por mais de 600 km. Esse foi classificado por agências internacionais como o maior desastre envolvendo barragens de rejeito de mineração do mundo, considerando os registros iniciados em 1915. Cosmopolitismo convertido em tragédia. Mas não foi o único desastre da mineração em Minas. No dia 25 de janeiro de 2019, romperam as barragens de rejeitos da mina de Córrego do Feijão, também de propriedade da Vale S.A., localizada em Brumadinho, na região metropolitana de Belo Horizonte, provocando a morte de 272 pessoas, atingindo 26 municípios e produzindo danos irreparáveis às vidas humanas e não humanas atravessadas pelos seus rejeitos. Antes, ainda, muitos outros desastres foram registrados, em um estado em que a mineração está presente em 482 dos seus 856 municípios, isto é, em 56,30% deles.

Não há dúvidas de que a atividade mineradora se confunde com a própria história de Minas Gerais. O extrativismo mineral para exportação possui em Minas Gerais estatuto ontológico: do seu nome às relações ecológicas, políticas, econômicas e institucionais, o estado é definido por uma "vocação mineral" que ao mesmo tempo o inscreve no multiescalar mundo das corporações transnacionais e determina os mundos possíveis de serem vividos por seus habitantes locais. Os catastróficos rompimentos de barragens de rejeitos fazem parte, portanto, da reprodução espacial e histórica de mais de 300 anos de mineração, contados desde a incursão dos bandeirantes no Vale do Tripuí na região central de Minas Gerais à procura de ouro.

De fato, a exploração mineral compõe parte de um imaginário que continuamente a aponta como uma atividade propulsora de "desenvolvimento" – o minério de ferro é a segunda *commodity* mais exportada pelo Brasil, perdendo posição no *ranking* das exportações apenas para a soja. Entretanto, a magnitude dos desastres minerários em Mariana e Brumadinho realçaram as contradições desse imaginário. Se, por um lado, o extrativismo mineral é priorizado por governantes e corporações em detrimento de outros modos de habitar a paisagem, e desejado e defendido por trabalhadores e moradores dos centros urbanos como forma de atrair investimentos, empregos e riquezas, por outro, ele é também contestado por quem o vê engolir montanhas, reduzindo os "mares de minas" a crateras inabitáveis. É também temido por quem viu a paisagem ao redor ser subitamente transformada e agora ser composta também por placas com rotas de fuga, sirenes, sabendo-se ainda da iminência de novos rompimentos; e confrontado diante da inquestionável insustentabilidade da cadeia do minério de ferro, que contamina paisagens e consome vidas.

Nas fissuras da mineração erigida entre aquilo que se deseja e aquilo que se teme, há uma nítida clivagem, captada pelo que pesquisadores e movimentos sociais denominam injustiça ambiental, isto é, o prejuízo sistemático de pessoas mais pobres e não brancas na exposição a fatores de riscos ambientais. No caso do rompimento de barragens de mineração, essa divisão desigual do risco se verifica de forma explícita: 80% das barragens existentes em Minas Gerais se encontram em setores censitários com predomínio de população não branca, caracterizando uma distribuição desproporcional do risco com base na variável raça. Na cidade de Mariana, nos dois povoados mais afetados pelo rompimento da Barragem de Fundão, Bento Rodrigues e Paracatu de Baixo, 84% e 80% da população, respectivamente, declararam-se de cor parda ou preta, conforme apontaram os estudos realizados por grupo de pesquisa dedicado a estudar as relações entre política, economia, mineração, ambiente e sociedade.

Assim, reduzir Minas a esse aparente determinismo vocacional minerário encobre disputas e conflitos socioambientais que, se sempre estiveram presentes, apresentam uma nova configuração em decorrência dos desastres-crimes em Mariana e Brumadinho. A trágica experiência de rompimento das barragens tem imposto a rearticulação de setores e grupos sociais heterogêneos. Empresários, técnicos, cientistas, atingidos, militantes de movimentos sociais e ambientalistas, diante do imperativo de recuperação ambiental, vêm disputando sentidos e práticas a respeito do passado, bem como da produção de possíveis futuros.

Portanto, em diferentes acepções e por muitos caminhos, seja seguindo as águas, os modos de habitar ou os conflitos, pode-se afirmar que o ambiente em Minas – como quase tudo o mais – é cosmopolita: transformado em Queijo Canastra, circula o mundo, ganhando prêmios internacionais e concorrendo ao título de Patrimônio Imaterial da Humanidade. Transformado em minério de ferro, torna-se *commodity*, desvincula-se do território para intermediar balanças comerciais, relações geopolíticas e acumulação concentrada de riqueza em escala global. Transformado em luta por direitos, concebe e difunde "ideias para adiar o fim do mundo". Se da pluralidade ambiental das Minas desdobram-se diferentes veredas, distintas rotas pelas quais paisagens, pessoas e lugares compõem ambientes (mundos), que também, em termos ambientais, o cosmopolitismo em Minas caracterize-se pela relação de convivência das diferenças, e não pela captura ontológica imposta por uma "vocação mineral" que aprisiona e reduz as relações ecológicas, políticas, econômicas e institucionais possíveis de existir no estado. ●

SUGESTÕES DE LEITURA

COUTINHO, Elenice A. *A produção de desastres da mineração em Minas Gerais*: a barragem de Fundão e a contaminação de paisagens. Tese de doutorado – Universidade Federal do Rio Grande do Sul, Porto Alegre, 2021.

DRUMMOND, Gláucia et al. *Biodiversidade em Minas Gerais*: um atlas para sua conservação. Belo Horizonte: Fundação Biodiversitas, 2005.

KRENAK, Ailton. *Ideias para adiar o fim do mundo*. São Paulo: Companhia das Letras, 2019.

OBSERVATÓRIO DOS CONFLITOS AMBIENTAIS. Mapa dos Conflitos Ambientais no Estado de Minas Gerais. Disponível em: https://conflitosambientaismg.lcc.ufmg.br/observatorio-de-conflitos-ambientais/mapa-dos-conflitos-ambientais/.

MILANEZ, Bruno; LOSEKANN, Cristiana. *Desastre no Vale do Rio Doce*: antecedentes, impactos e ações sobre a destruição. Rio de Janeiro: Folio Digital; Letra e Imagem, 2016.

MEMORIALISMO MODERNISTA

ANDRÉ BOTELHO

NARRATIVAS DE SI NÃO SÃO MUITO FREQUENTES NO BRASIL em termos históricos. E isso pode revelar bastante sobre a dinâmica das relações entre indivíduo e sociedade entre nós. Grosso modo, prevaleceu um uso meramente instrumental do texto. Numa sociedade tão desigual, por certo, cultivar e transmitir lembranças e esquecimentos por meio da escrita são frequentemente recursos de distinção social e poder simbólico, ainda mais porque as práticas letradas costumavam ser privilégio de classe. A autobiografia parecia mesmo talhada para a consagração dos feitos dos seus autores que ou bem se consideravam proeminentes ou bem sentiam necessidade de persuadir seus leitores (e talvez a si próprios).

Discrepando da prática histórica do nosso memorialismo, a floração do memorialismo entre autores modernistas mineiros já consagrados à altura dos anos de 1960 deslocou em grande medida aquele sentido instrumental do uso do texto para consagrar uma vida vivida fora dele. A narrativa passou a ser a arena de embates com o *eu* e a diferenciação de uma subjetividade individual, criando uma série de problemas formais duradouros para os especialistas, que têm frequentado suas memórias com assiduidade. E também problemas sociológicos. Afinal, suas narrativas simultaneamente reforçam e contrariam o horizonte de expectativas particular forjado entre autores e leitores, indicando processos sociais de longa duração no âmbito dos quais a individualização e as práticas de si que a acompanham parecem reiteradamente problemáticas. Entre nós, ainda hoje a categoria "indivíduo" não perdeu de todo o sentido pejorativo dado a ela historicamente no cotidiano, e a representação da "família" como unidade moral da sociedade até mesmo se intensificou nos últimos anos com força impressionante, como se pode constatar em discursos religiosos, políticos e mesmo governamentais presentes na esfera pública.

Pedro Nava, com seu ciclo monumental iniciado em 1972 com *Baú de ossos*, cuja escrita remonta a 1968; *A idade do serrote*, de Murilo Mendes, do mesmo ano de 1968; e Carlos Drummond de Andrade, especialmente com seus *Boitempo*, também de 1968, e *Menino antigo*, de 1973, não apenas deram contribuições decisivas à recriação da memorialística no Brasil como, ao fazê-lo, acabaram por reposicionar o legado estético e político modernista – escrita autobiográfica crucial para a elaboração de subjetividades relacionadas ao projeto de self levado a cabo pelo modernismo brasileiro enquanto movimento cultural. Memória, ficção e autobiografia se entrelaçam em atos discursivos literária e esteticamente meditados e intencionados, que exigem, portanto, uma agenda renovada sobre questões de narratividade e verossimilhança. Um movimento de ressemantização do sujeito pelo próprio sujeito, ou seja, um processo de subjetivação na cultura brasileira. Um problema delicado – em vários sentidos – sobre o conflito tênue, mas decisivo, entre indivíduo e sociedade: uma subjetividade em busca dramática, não raro trágica, de individualização em meio à cultura objetiva representada pela família (a chamada tradicional família mineira), pela sociedade e o Estado, inclementes estruturas de poder.

O "paradoxo do individualismo" que se expressa e alimenta o romance europeu e outras narrativas do eu explicita-se, no Brasil, quase didaticamente. Para serem membros respeitáveis da sociedade, os "indivíduos" (protagonistas de romances europeus) devem se adaptar e observar as regras respeitadas pelos concidadãos; para concretizar algumas aspirações individuais, porém, precisam encontrar o modo de se expressar, o que só é possível forçando as regras que lhes definem a posição dentro da sociedade. Como no Brasil o círculo social raramente se amplia, de modo a se tornar mais flexível e heterogêneo, para acolher os excluídos, a sociedade pouco se diversifica, pois não incorpora e atenua os excessos dos individualismos. Isso, porém, quase nunca é um problema no romance ou no memorialismo brasileiro. Nele há pouco espaço para as subjetividades individuais.

Em contraste possível, num "caso mineiro", "indivíduos" podem até ser derrotados pela família, pela sociedade ou pelo Estado, e frequentemente o são. Mas o conflito parece ser nele mais do que um tema; é o motivo principal da narrativa, o que lhe põe em movimento. Daí o cuidado com a caracterização tanto dos diferentes lados da contenda, o indivíduo, de um lado, a sociedade, de outro, quanto das próprias interações entre eles. Por certo, essa tópica não é exclusiva do memorialismo, mas atinge e perpassa a narrativa mineira como um todo. Também nos romances de outros escritores, como Cyro dos Anjos, Lúcio Cardoso, Otto Lara Resende e Autran Dourado, a saída para o protagonista tende a ser sua adaptação às normas culturais, sufocando seus impulsos antissociais, pois a subjetividade individual "existe". Daí que ele possa se tornar, ao mesmo tempo, mais profundo e complexo, frequentemente cada vez mais atormentado por conflitos internos, como se dá em alguns momentos (quase ritualmente) com os narradores de Pedro Nava ou Autran Dourado e, em casos-limite, até enlouqueça, como em *Crônica da casa assassinada* (1959), de Lúcio Cardoso.

A figuração do indivíduo e de processos de subjetivação no memorialismo modernista, doravante MM, aponta para um traço cosmopolita marcante na formação social de Minas Gerais. Lembremos, com Antonio Candido, que a urbanização precoce da região, comparativamente ao restante do Brasil e mesmo do continente, está na raiz do surgimento, no século XVIII, de uma literatura, em primeiro lugar, com um acentuado "cunho de universalidade". E, o que nos toca ainda mais diretamente, em segundo, um gosto próprio dos mineiros por literatura em primeira pessoa, em particular a autobiografia. No argumento de Candido, esses dois elementos se juntam, ademais, no tipo de tratamento característico dado pelos autores mineiros à própria autobiografia, isto é, na tendência que apresentam em extrair "universalidade" da matéria particular narrada, a partir de algo tão contingente e específico como é em princípio "a vida de cada um".

Como lembra Candido, as manifestações literárias do arcadismo constituíram um "ponto de partida" decisivo para *toda* a cultura de *todo* o Brasil, posto que as características tanto do barroco quanto do neoclassicismo estabeleceram uma "opção universalizante", traduzindo a "linguagem civilizada" do Ocidente europeu em "terra semibárbara", como seria quase o país inteiro daquela época. Em que pesem os termos enfáticos e o sentido eurocêntrico das afirmações do crítico, vale destacar dois pontos nessa argumentação sobre um perfil universalista da literatura produzida em Minas. Primeiro, o quanto deveríamos justamente a ela o polo "universal" da dialética entre particular/universal (local/cosmopolita) que organiza o pensamento de Candido. Dialética essa que configura uma dinâmica própria da cultura brasileira como cultura dependente, vigente até os nossos dias, e que se formara a partir do romantismo, ao qual coube o papel de uma reação particularista e particularizante identificada ao nacionalismo, com seu "mergulho profundo nas particularidades do pitoresco e da cor local". Segundo, se, como sugere Candido, do romantismo aos nossos dias, aquele impulso inicial estaria fadado a ser encarado como um desvio do "espírito nacional", como "atraso" no processo de autoidentificação da sociedade e da cultura nos termos de uma "identidade brasileira", cabe-nos perguntar o quanto a formalização de um movimento de oscilação entre o particular e o universal em sua "dialética" não terá, talvez, domesticado excessivamente a presença e o sentido do cosmopolitismo na cultura brasileira. Afinal, o cosmopolitismo parece nela existir *apenas* para contrabalançar de modo funcional o impulso localista.

Muitos anos depois, a questão reapareceria expandida numa comparação entre Pedro Nava e Gilberto Freyre por Davi Arrigucci Jr., em "Móbile da memória" (2001). O crítico mostra como os sentidos do relacionamento da memória pessoal com a sociedade são opostos nos dois autores: Freyre parte de vasta documentação que compõe o material da sua pesquisa sociológica para chegar a seu mundo de origem pessoal; Nava, ao contrário, parte da autobiografia para desenhar um retrato mais geral. Para Arrigucci Jr., embora a narrativa das *Memórias* de Nava, como também *Casa-grande e senzala* (1933), costeie perigosamente o tempo todo o discurso ideológico – a reconstrução do passado de uma classe social –, isso não impediu que cada um deles chegasse, e cada qual a seu modo, a um conhecimento geral dos modos de vida e sensibilidade da sociedade brasileira no seu dia a dia do passado. Mas o ponto, para nós, é o reforço do sentido de amplificação do individual – biografemas, como propôs Roland Barthes – na narrativa de Pedro Nava. Na narrativa *mineira* de Pedro Nava.

Assim, partindo do acúmulo propiciado por essas interpretações, perguntamos sobre essa subjetividade individual tão contrastante entre os dois autores e, mais, entre as duas formações sociais a que estão ligados e que, de alguma forma, constroem em seus livros: a pernambucana, no caso de Freyre, e a mineira, no de Nava – e seus contemporâneos. Não parece significativo que a subjetividade individual trabalhe, em Freyre, justamente para recompor um perfil social do grupo, a família patriarcal? Afinal, o argumento decisivo de *Casa-grande* é justamente que a família patriarcal, e não o indivíduo, constitui a unidade da formação da sociedade. A decadência da família patriarcal como princípio de organização da sociedade não dá lugar assim, no Brasil pernambucano de Gilberto Freyre, à emergência do indivíduo como entidade, nem diríamos autônoma, mas diferenciada subjetivamente da família. Ao contrário do que ocorre com o MM, em que o conflito entre indivíduo e sociedade pode ganhar figuração como princípio formal narrativo e social.

Quando falamos em MM não supomos, porém, necessariamente, convergências na elaboração da relação indivíduo-sociedade nos autores. Mas, nem por isso, queremos deixar de sublinhar o pertencimento geracional, que os posiciona enquanto aprendizes do modernismo e, ao mesmo tempo, atores que defendem o legado do movimento num momento crucial para a definição dos seus sentidos (como são as décadas de 1960 e 1970). Há, também, um gesto cosmopolita comum no MM como pensamento que complexifica a universalidade de um individualismo problematicamente inscrito, sobretudo na esfera jurídica, numa realidade colonial e dependente. Não para negar a figura do indivíduo – muito pelo contrário –, mas para afirmá-la em suas contradições e paradoxos específicos, de modo a situá-la social e politicamente, qualificando suas diferenças. E iluminando, com isso, aspectos da diferença cultural brasileira como um todo.

Se Minas terminou por produzir a memória do modernismo, não só como "vanguarda", mas, sobretudo, como movimento cultural, seus repertórios se oferecem ao projeto inacabado de intervenção social por meio da cultura para o qual o enlace geracional é de fundamental importância. O problema do cultivo individual de uma autoconsciência social e existencial vem interpelando ajustes de contas nas gerações seguintes, e mais uma vez notadamente também entre escritores mineiros. Um dos casos mais criativos, pelos muitos recursos estéticos e repertórios intelectuais manejados finamente, é *Menino sem passado*, de Silviano Santiago, autor experimentado na autoficção que, ainda assim, insiste em voltar nesse livro de 2021 ao memorialismo. *Menino sem passado* é desses livros raros entre memórias, autobiografias ou mesmo autoficções, pois nele a composição literária não reifica categorias, relações, processos. Ao contrário, a narrativa explora com maestria e nos convida com clareza às possibilidades de ressubjetivação, apontando também os limites e os riscos impostos a cada um de nós pelo domínio da cultura objetiva no mundo em que o ideal de *Bildung* já desapareceu. Por isso, paradoxalmente, talvez não seja pequena a sensação de liberdade que a percepção do esquecimento experimentada na leitura de *Menino sem passado* acaba por nos trazer. Quando a individualização e a organização do *eu* como projeto reflexivo se impõem de maneira sem precedentes, o paradoxo social da individualização se torna mais perceptível: ao mesmo tempo que o indivíduo é impulsionado a determinar e desenhar sua própria vida, encontra-se à mercê de uma série de constrições novas para o desenvolvimento de sua individualidade, a começar pelo próprio princípio de incerteza que a todos atinge – meninos sem passado nós somos.

Em seu percurso nada linear, e em recente processo de revisão crítica em curso, o MM sugere, portanto, que o "lugar" do indivíduo constitui uma clivagem importante para se pensar diferentes figurações brasileiras do memorialismo e das narrativas em primeira pessoa em geral. Talvez uma genealogia da subjetividade individual possa ir além: nos ajudar a desentranhar o conflito sobre diferentes interpretações do Brasil desses textos-práticas de si, porque aquela clivagem sobre o indivíduo também diz respeito às alternativas de país e às visões de sociedade ideal em disputa não apenas econômica, mas também cultural e política. O MM foi e é um ambiente de embates modernos entre indivíduo e sociedade, bem como de condução da capacidade/qualidade de os indivíduos responderem criativamente e reordenarem os processos sociais. Importa captar a dimensão significativa da individuação, que, por sua vez, traduz modos específicos de orientação da conduta. Um modo de produção de atitudes, e não um produto. •

VER VERBETES

PEDRO NAVA; SILVIANO SANTIAGO, FICCIONISTA.

SUGESTÕES DE LEITURA

ARRIGUCCI JR., Davi. Móbile da memória. In: *Enigma e comentário*: ensaios sobre literatura e experiência. São Paulo: Companhia das Letras, 2001. p. 67-112.

BOTELHO, André. Dois estudos para retrato inacabado de Silviano Santiago. In: *A sociedade dos textos*. Belo Horizonte: Relicário, 2022.

BOTELHO, André; HOELZ, Maurício. *O modernismo como movimento cultural*: Mário de Andrade, um aprendizado. Petrópolis: Vozes, 2022.

BOTELHO, André; HOMBEECK, Lucas van. O balão, o serrote e o indivíduo: cosmopolítica do memorialismo modernista. *Revista Brasileira de Sociologia*, 2022, v. 10, p. 36-62.

CANDIDO, Antonio. Poesia e ficção na autobiografia. In: *A educação pela noite*. Rio de Janeiro: Ouro sobre Azul, 2006. p. 61-86.

MESA MINEIRA

JOSÉ NEWTON MENESES

A MESA DOS MINEIROS NARRA MINAS, vasculha seu quintal e deseja o que ele não tem. Com o fogo da cozinha, sequência complementar das hortas, a comida mineira se constrói e denota, em sua história, a cultura dos mineiros. Exemplar desse aspecto é o poema de Enrique de Resende, "Carta aos residentes na Guanabara", que acompanha incidentalmente este verbete: "Por ser cataguasense, eu não vos falo/ de mexilhões, tainhas ou garoupas,/ de robalos, enchovas ou badejos,/ que do mar provêm;/ mas de bagres, dourados e traíras,/ de ariscos lambaris, ou de piabas,/ que os rios têm".

Práticas, gostos e costumes alimentares erigidos, desde o período colonial, em área de sertão-fronteira e no diálogo entre as culturas originárias dos indígenas, dos povos vindos da África escravizados e seus descendentes nascidos na terra, bem como dos colonizadores chegados das zonas do norte português. Mas, Minas, ainda, se abriu para outros tantos diálogos e sua cozinha cosmopolita se forjou nessa encruzilhada. Sertão-fronteira e passagem de mulheres e de homens da terra *brasilis* por seu território, em seus tempos coloniais, natureza e gentes pactuaram formas e gostos abertos a muitas gentes. O ambiente interiorano forneceu os produtos da terra e da mata, da montanha e dos rios piscosos. A comida aponta as estratégias culturais de domar a natureza e controlar o tempo, no produzir, no transformar e no conservar o alimento da sobrevivência e do gosto, da mantença e do desejo. A mesa mineira apresenta-nos desejos: busca o que as outras naturezas e as outras temporalidades fornecem para além do local, incorporando produtos e diálogos culturais, tornando-os próprios e identitários. O gosto dos mineiros constrói-se atendendo à necessidade e aos desejos.

A comida mineira é linguagem a expressar relações sociais, pertenças, práticas, valores e identidades. E narra Minas. Não fala do mar. Montanhas e sertão são o *locus* de sua narrativa, mas vê o Atlântico à distância e o deseja. "A mesa narra o mundo", nos diz Massimo Montanari e, no nosso caso, a mesa, a cozinha e a comida narram uma MinasMundo.

As estórias sobre a comida e a mesa mineiras leem a cozinha como instrumento narrativo. Aqui se apresentam alguns exemplos de como escritores mineiros utilizaram a alimentação local para caracterizar personagens, situações de vida, relações sociais e memórias e, enfim, como a comida se expressa aos literatos e como eles narram a vida social dos mineiros.

Literatura e história são narrativas compreensivas do real, denotadoras da transmissão de estruturas materiais e mentais no tempo. Ainda que lidem distintamente com a imaginação, a ficção e o enredo narrativo e, ainda, com a veracidade ou a verossimilhança, preocupam-se, enfim, com a possibilidade do real, indagando-o. A literatura como fonte de pesquisa histórica permite-nos muito, se seguirmos o ensinamento de Antonio Candido, para quem a boa crítica é mais derivada da vontade de provocar a compreensão do que de impor um torniquete teórico.

> Nem de polentas, mas do angu mineiro,
> nem de presuntos, mas do bom torresmo
> (ah! Quem não gosta de torresmo, quem?)
> das linguiças tostadas, dos chouriços
> e dos queijos do Serro – o velho Serro
> de Teófilo Ottoni... e de queijeiros também.
> Das travessas de frango, das farofas,
> do feijão tropeiro, e desse lombo

(eu disse lombo: vós ouvistes bem?),
de cujos lanhos, cálidos, se evola
um penetrante aroma – aquele aroma
que lembra Casa-Grande, e vem de longe:
infância vem.

Minas tem na herança de muitos *portugais* um eixo importante, mas não rígido; na raiz das diversas culturas originárias indígenas, um alicerce sustentador aberto às levezas das sazonalidades; nas múltiplas culturas africanas, um baluarte essencial de cerne moldável. Registra, em sua comida, maleabilidades de herdeira de uma tríade colonizadora que precisa ser abordada na multiplicidade de cada uma delas. Sobretudo, em sua cozinha e práticas, apresenta a inter-relação das regiões do Brasil, num processo histórico marcado por ser espaço de trânsito inter-regional, de receptividade fácil e comedida do outro: a cantada Minas muitas, Minas encruzilhada, de Guimarães Rosa.

Milho e mandioca formam a base fundante da mesa mineira. Base porosa à incorporação de muitos ingredientes, múltiplas práticas, inúmeras técnicas, sujeita, como toda comida cosmopolita, a integrar diálogos entre culturas alimentares diversas na dinâmica de trocas com o mundo natural que fornece os produtos. Os diálogos acontecem constantemente, ao longo dos tempos, de forma ampla. O dinamismo desses diálogos exige igual e correspondente agilidade nos processos de compreensão das identidades alimentares. O angu e o pão de queijo, o fubá de milho e o polvilho de mandioca, dão base a misturas que incluem o leite para o queijo e o porco para o torresmo; a galinha para o molho pardo e o quiabo para o cotidiano vindo do quintal. Tudo é simples; nada o é; a simplicidade é sofisticação.

No léxico da cozinha brasileira, o "mineira", o "mineiro" ou o "à mineira" são epítetos frequentes e antigos, documentados nas primeiras edições de livros de cozinha do século XIX, a desmentirem teorias ensaísticas atuais de invenção recente da comida mineira. Ela está documentada no *Cozinheiro Imperial* (1840), o primeiro livro de cozinha impresso em nosso país, e o *Cozinheiro Nacional* (1874-1888). Neste último, Minas Gerais é a regionalidade mais ressaltada nos títulos e nas descrições dos modos de fazer. Historicamente, nossa cultura alimentar se construiu em longevidade secular e em evidente diálogo com interculturalidade, com encontros de valores a lhe conferir riqueza de singular narrativa.

Da pinga sertaneja – a cachacinha,
Que nem parece pinga, de tão pura
(contém pureza: nada mais contém),
e ganha nomes como "talagada",
"cura-gogo", "dengosa", "mata-bicho",
e o mais doce de todos, o mais doce:
que é "meu bem".

"Minha terra tem palmeiras? Não. Minha terra tem engenhocas de rapadura e cachaça e açúcar marrom, tiquinho, para o gasto". É Carlos Drummond de Andrade falando de sua Minas itabirana e do produto das fazendas "em caldo verde-garrafa" da garapa indo para a tacha ou o alambique. A cachaça tempera o gosto e alivia o espírito. Sua produção é arte aprimorada com orgulho de pertencer a uma história de um produto importante para a economia, com papel sociocultural relevante, integrando gostos de homens livres e escravizados, oscilando entre a permissão e a proibição pela *Regalia*, no tempo da Capitania e a tradição produtiva e do gosto no consumo até nossos dias.

Das panelas de pedra, que fumegam
nas velhas trempes dos fogões de lenha,
e à mesa vêm,
para servir o arroz – o arroz do brejo
com banana da terra – uma iguaria,
que é tradição em casa de mineiros:
de mais ninguém.

Minas e sua comida, meio campo e meio cidade, onde a personagem Biela de *Uma vida em segredo*, de Autran Dourado, momentaneamente na cidade, "descobre o caminho da cozinha" para se sentir bem. À mesa com o primo, a esposa e os meninos, não sabia se comportar, em sua caipirice tímida. Já na cozinha, "Joviana tinha sempre torresmo guardado, e vendo os olhos compridos nas trempes do fogão, oferecia-lhe torresmo com um pouco de farinha. Biela comia assentada no cepo do pilão. Era como se estivesse na roça".

Cyro dos Anjos, em *A menina do sobrado*, memorizando sua própria família, relata que "Em torno da mesa de pereio branco, larga e comprida, cabiam os quatorze filhos e os parentes que se criavam na casa". E na sua cozinha, onde reinava Luísa, às vezes vinha acudir "a chancela da sábia Maria Parteira, que fora escrava do meu Avô materno e acompanhava nossa família desde o casamento de meus pais". Respondendo à avó do autor sobre a receita de certo prato elogiado, ela, com a singeleza sábia das cozinheiras, responde: "Sinhá, cozinheira legítima já nasce com o gosto na boca e o prumo na mão!". Fogo, panelas e saberes: arte de mulheres cozinheiras a dar "água na boca" às gentes de Minas.

> Tendes água na boca... E eu vos pergunto:
> – Nesta cidade estranha em que vivemos
> (ou morremos, conforme disse alguém)
> quem nos daria um tico de torresmo,
> ou sequer um martelo de aguardente,
> mas torresmo e aguardente? de verdade:
> quem?

Em 1945, Alceu Amoroso Lima escreveu que "o mineiro come pouco e come da comida mais simples possível". A provocação do Tristão de Athayde levou Eduardo Frieiro a uma tentativa de resposta, em seu "ensaio sobre a comida dos mineiros", intitulado *Feijão, angu e couve*. Frieiro começa por perguntar: "Os Mineiros comem mal?". Com perspicácia, indaga quem é o mineiro e ressalta a dificuldade de se definir a "realidade antropológica" de um "mineiro" ou dos muitos "mineiros". Essa abertura de Frieiro à possibilidade de várias culturas alimentares das Minas é primordial para atentarmos para localismos e suas permutas, para uma porosidade cosmopolita a construir o próprio, o identitário, aberta ao diverso, ao novo.

Oliveira Viana já ensaiara, em 1923, uma tipologia da cultura mineira que, segundo ele, se "reúne em torno da mesa familiar". Diagnosticava a sociedade mineira como uma formação cortês e hospitaleira, marcada pela herança do norte português, associada a uma ruralidade específica. Realmente, há, na urbanidade mineira, uma ruralidade transmutada. Os quintais mantêm essa marca, como busca pela oferta natural de ingredientes, papel atribuído, muitas vezes, à função abastecedora do mundo rural. Quintal e cozinha integrados traduzem hospitalidade, jeito mineiro de acolher "chegados" e estranhos.

A mesa dos mineiros narra Minas. Narra também a construção de um gosto e conduz a inúmeros relatos que buscam a sua compreensão. A obra memorialística de Pedro Nava é primorosa na descrição das cozinhas e das comidas marcantes na vida do autor e de seus antepassados portugueses, italianos, cearenses e mineiros. Denota difusões e diálogos das inúmeras heranças e das casas familiares de Belo Horizonte, de Juiz de Fora e do Rio de Janeiro. Como avalia André Botelho, Nava quer "restituir a vida em sua total significação". A comida lhe serve como uma das tentativas de abarcar essa totalidade. Em *Balão cativo*, descrevendo a cozinha da casa da avó materna, em Juiz de Fora, e os vários cheiros do seu fogão, escreve: "O acídulo do molho pardo dos *judeus* noturnos. (...) *Judeu* em culinária mineira é, em geral nome, da boia de ceia e mais particularmente da cabidela de galinha para depois das procissões e para depois das coroações de Nossa Senhora, nas noites de seu mês de maio". As cozinhas narram e nomeiam as "coisas" da cultura, incluindo pratos e refeições. *Judeu*: significados e sentidos a descobrir nessa expressão ainda presente no leste mineiro...

Galinha ou frango *ao molho pardo* são agora mais usuais na nomeação dos molhos à cabidela. Já os feijões de Pedro Nava (a feijoada, o tropeiro e o tutu) vão obtendo complexidades no decorrer de sua volumosa obra memorialística. Paradoxal e contraditoriamente, Nava afirma em *Baú de ossos* que a "cozinha mineira, pouco abundante nos pratos de sal, que ficam nas variações em torno do porco, do toucinho, da couve, do feijão, do fubá e da farinha — é de uma riqueza extraordinária em matéria de sobrepastos". A descrição que faz dos doces é de sutileza e detalhes. Doces que Sérgio Buarque de Holanda já ressaltava como característica fundamental da conservação das frutas em Minas. A eles, o memorialista Nava ajunta os de origem portuguesa, modificados pela adição do coco. "Viva o coco da Bahia!".

Falemos mais dos quintais, porque na tradição da mesa mineira, com permanências e mudanças, sua importância é marcante. O quintal da Belo Horizonte de 1950 ainda continua como o lugar da socialização infantil, além do abastecimento da cozinha e da mesa. "O ponto de partida" de Fernando Sabino, no *Encontro marcado*, busca caracterizar o menino Eduardo antes que ele diga a Floripes que "tem um osso no meu pipiu"; pequeno, Eduardo é um ser do quintal do "chão remexido com pauzinho, caco de vidro desenterrado, (...). Minhoca partida em duas ainda mexendo (...). Um pé de manga-sapatinho, pé de manga-coração-de-boi. Fruta-de-conde, goiaba, gabiroba. Galinheiro. A galinha branca era sua e atendia pelo nome: – Eduarda!". Mas, um "domingo encontrou Eduarda na mesa do almoço, pernas para o ar, assada. Eduarda foi comida entre lágrimas".

A comida mineira não nasce da carência e da fome, mas da fartura que lhe fornecem os quintais e a natureza. Vasculhar o seu quintal, desejar e ter o que ele não possui é o fazer-criar comida em Minas. Não se pode negar a existência da fome e da carência, vergonha desumana persistente a conviver com a sociedade mundial em pleno século XXI, mas ela não é a origem da comida mineira, como gostam de salientar ensaios sem base em pesquisa documental. A literatura modernista dos mineiros parece ter percebido melhor essa premissa.

A mesa de Minas é variada, múltipla, diversa e sem parcimônia. Narra uma Minas nada ensimesmada. Identifica um mineiro hospitaleiro que convida à sua cozinha. Não é comida comedida e nem contida em si; é escandalosa em abertura ao outro! É comida nossa, feita por nós, parte de nós, que a nós pertence; diz de nós; patrimônio conformado em materialidades e em significados. Narrada em prosa e verso, a mesa mineira é que nos narra com maestria. •

VER VERBETE PEDRO NAVA.

SUGESTÕES DE LEITURA

BOTELHO, André. *Balão cativo*: o aprendizado da memória. In: NAVA, Pedro. *Balão Cativo*. São Paulo: Companhia das Letras, 2012, p. 17-24.

FRIEIRO, Eduardo. *Feijão, angu e couve*. Um ensaio sobre a comida dos mineiros. Belo Horizonte/São Paulo: Editora Itatiaia/Edusp, 1982.

MENESES, José Newton Coelho (org.). *Nossa comida tem história*. Belo Horizonte: Scriptum, 2020.

RESENDE, Enrique. In: ANDRADE, Carlos Drummond (org.). *Brasil, Terra e Alma* – Minas Gerais. Rio de Janeiro: Editora do Autor, 1967. p. 119-120.

MILTON NASCIMENTO

BRUNO VIVEIROS MARTINS

MILTON NASCIMENTO, CONSIDERADO o "mais mineiro de todos os cantores", nasceu no Rio de Janeiro, em 26 de outubro de 1942. Com Lília, sua mãe adotiva, em Três Pontas, cidade onde passou a infância, se afeiçoou ao mundo das canções. É dela a primeira voz que ele se lembra de ter ouvido em sua vida. Durante a juventude, no Rio de Janeiro, Lília havia cantado em um coral regido por Heitor Villa-Lobos. Ela também foi a primeira cantora a ser acompanhada por um instrumento executado por Milton Nascimento: uma sanfoninha de quatro baixos que ele ganhara de presente. Foi Lília quem chamou a atenção do menino Bituca para vozes transmitidas pelo rádio: Sarah Vaughan, Ella Fitzgerald, Billie Holiday, Yma Sumac, Doris Day, Julie London. Sua preferida era, no entanto, Ângela Maria, conhecida carinhosamente como Sapoti.

Talvez seja por esse motivo que a trajetória artística de Milton Nascimento tenha sido perpassada por uma importante presença: as vozes femininas. A primeira grande intérprete a lançar uma canção de Milton Nascimento foi Elis Regina, com "Canção do Sal", em 1966, antes mesmo do sucesso de "Travessia", no ano seguinte. Cidadã honorária do Clube da Esquina e amiga inseparável, a cantora chegou a afirmar que "se Deus cantasse seria com a voz de Milton Nascimento". Depois vieram Nana Caymmi, Mercedes Sosa, Gal Costa, Clementina de Jesus, Alaíde Costa, Quarteto em Cy, Simone, Fafá de Belém, Joyce, Elizeth Cardoso, Maria Bethânia, Björk, a própria Sarah Vaughan, entre várias outras.

Além das vozes femininas, outros sons seduziram os ouvidos de Milton Nascimento, como o barulho do trem, do vento no matagal, dos tambores ancestrais da Minas negra, dos sinos de igrejas, do cinema, do jazz, do rock, da América do Sul, do Sertão, dos bailes da vida que lhe despertaram o desejo de cantar suas próprias canções. A maior parte delas na presença dos amigos, como os do Clube da Esquina, fundado em Belo Horizonte entre os anos 1960 e 1970.

Lugar de encontro, a capital mineira foi o ponto de partida para a criação de uma musicalidade totalmente original e surpreendente. Congregado por Milton Nascimento, em um período de ditadura militar, o grupo de amigos transformou a cidade em uma "esquina sonora", capaz de reinventar o espaço público como lugar propício para o diálogo com o outro, o respeito ao diferente, o livre curso das ideias, a independência do espírito, as opiniões críticas e, fundamentalmente, as amizades. A multiplicidade sonora e a diversidade cultural são resultantes da energia coletiva e do espírito gregário característicos do Clube da Esquina. Devido a sua ousadia musical, variedade rítmica e experimentação criativa, o disco *Clube da Esquina*, lançado em 1972, é tido pela crítica especializada como um dos marcos divisores da indústria fonográfica brasileira do século XX.

No ano seguinte, no auge da repressão e da violação dos direitos humanos, vivido durante o governo do general Médici, o disco *Milagre dos peixes* sofreu vários cortes devido à censura. A prática comum, utilizada pelos compositores da época, era realizar retoques nas letras proibidas, para que as canções fossem liberadas. Milton Nascimento, porém, preferiu gravá-las sem letra alguma. Utilizando-se de um elaborado experimentalismo instrumental, timbrístico e interpretativo, o cantor fez uso incisivo de gritos, suspiros, vocalises e outros efeitos de voz para expor, por meio de uma profusão de sons, aquilo que não podia ser dito por meio de palavras.

Da mesma forma, os instrumentos utilizados na percussão criavam uma sonoridade sombria, estranha e aparentemente desordenada, na qual é perceptível o clima de tensão vivido pelos músicos durante a concepção de um disco fantasmagórico, carregado por uma proposta claramente aguerrida. Em uma atitude de coragem, repúdio e denúncia, o encarte do disco avisava: as canções "Os escravos de Jó", "Hoje é dia de El Rey" e "Cadê" possuíam letras, visto que a ficha técnica trazia o crédito aos respectivos letristas – Fernando Brant, Márcio Borges e Ruy Guerra –, porém suas palavras foram impedidas de serem impressas e cantadas.

A partir daí, a vida de Milton Nascimento foi devassada pela ditadura militar. Em 1977, o Serviço Nacional de Informação (SNI) produziu um dossiê reunindo documentos confidenciais sobre a atividades do artista consideradas subversivas desde 1968: realização de shows promovidos por entidades do movimento estudantil; participação no esvaziamento do VI Festival Internacional da Canção (FIC), de 1971, em protesto contra a interferência dos militares no evento; presença no espetáculo *Banquete dos Mendigos*, organizado por Jards Macalé, em 1973, por ocasião da comemoração dos 25 anos da Declaração dos Universal do Direitos Humanos; assinatura do "Manifesto dos Intelectuais", abaixo-assinado organizado por Lygia Fagundes Telles com mais de mil signatários contra a censura, entregue no Ministério da Justiça em 1977; composição de canções, como "Morro Velho", com forte teor crítico em relação às desigualdades sociais e que, na leitura dos censores, enalteciam a "luta de classes". Segundo documentos encontrados no Arquivo Nacional, Milton Nascimento foi considerado pelo governo dos generais um "cantor engajado no trabalho político-ideológico de descaracterização da música popular brasileira", que disseminava "conteúdo ideológico" por meio da "influência de um proselitismo político subliminar desagregador".

A defesa da liberdade e a luta contra qualquer espécie de racismo e preconceito são valores inegociáveis na obra de Milton Nascimento. Até seu talento ser reconhecido, não foram poucos os lugares onde ele não pôde se apresentar devido à cor de sua pele. Sua música exprimia o valor da cultura negra em diversos aspectos. Em 1970, por exemplo, Milton Nascimento adotou o visual afro, composto por elementos que reafirmavam a importância da cultura negra em sua carreira, em oposição ao "banquinho, *smoking* e violão", próprio do estilo bem-comportado da bossa-nova, evidenciado na capa do disco *Milton Nascimento*, de 1967. Seu figurino utilizado em seus shows incluía: pés descalços, cabelos eriçados, calças amarelas justas, colares de contas e jaqueta de couro com colagens de estrelas prateadas, causando a ira dos setores mais conservadores da crítica musical.

Já a capa do disco *Milton*, criada por Kélio Rodrigues, trazia o cantor em um desenho de contornos bem definidos e cores fortes, que traduzia uma nova guinada na trajetória do artista. Essa capa era tão ousada quanto a nova sonoridade do artista. Em 1970, ele passou a ser acompanhado pela banda de rock Som Imaginário, grupo que formou a base musical na produção do LP que fundia as guitarras distorcidas de Lô Borges com o uso determinante da percussão de Naná Vasconcelos. Até então, a percussão tinha apenas a função de acompanhante rítmico.

Nesse álbum, os elementos percussivos, com um volume maior do que era utilizado até então nas gravações brasileiras, passam a atuar concomitantemente ao vocal e ao violão. O compositor traz consigo uma musicalidade negra herdada de uma origem diferente do samba praticado no Rio de Janeiro ou na Bahia. Em Minas Gerais, a ancestralidade africana misturou-se à cultura dominante, criando assim um catolicismo popular e festeiro, expresso por meio dos congados, candombes, catopés, folias de reis, em que pese toda a discussão em torno do sincretismo religioso no Brasil.

Essas são as Áfricas que Milton Nascimento recolheu pelo interior mineiro e apresentou ao país. Elas podem ser ouvidas, por exemplo, no ritmo e na pulsação de canções como "Pai grande" (1970), "Cravo e canela" (1972), "Circo marimbondo" (1976), "Raça" (1976), "Lágrima do Sul" (1985). Outro exemplo foi a composição e interpretação da trilha sonora do balé *Maria, Maria*, com roteiro de Fernando Brant e coreografia de Oscar Araiz, em 1976, que valoriza a resistência da cultura negra e, principalmente, a força da mulher personificada por todas as Marias apresentadas durante o espetáculo. O balé tornou-se um grande sucesso, revelando o talento do Grupo Corpo para o Brasil e para o mundo.

Por volta de 1981, Milton Nascimento reuniu-se com os amigos Dom Pedro Casaldáliga e Pedro Tierra para colocar em prática uma ideia de Dom Helder Câmara. Naquele ano, foi encenada na Praça do Carmo, em Recife, a Missa dos Quilombos. A celebração que homenageou Zumbi dos Palmares foi vista em várias cidades do mundo, tornando-se uma das mais importantes iniciativas contra todas as formas de racismo e preconceito na época. No ano seguinte, foi lançado o disco *Missa dos Quilombos*, gravado ao vivo na Igreja Nossa Senhora da Mãe dos Homens, no Santuário do Caraça. Ainda seguindo o rastro da africanidade imemoriável presente no território mineiro, o cantor lançou, em

1998, o espetáculo *Tambores de Minas*, com o intuito de ratificar não apenas as suas raízes musicais, mas também parte da história do povo de Minas Gerais e do Brasil.

Em termos de cultura popular, não existem fronteiras capazes de demarcar com exatidão os limites entre uma e outra expressão artística. Ao mesmo tempo que a música de Milton Nascimento faz ressurgir entre acordes e harmonias toda uma herança cultural que reveste as linguagens sonoras do estado de Minas Gerais, ela inaugura novos diálogos, promovendo, por exemplo, um encontro entre a canção brasileira e a musicalidade da América Hispânica. Essa aliança é sacramentada com o disco *Geraes*, de 1976, que contou com a participação do Grupo Água do Chile e de Mercedes Sosa na interpretação de "Volver a los 17", de Violeta Parra. Mais tarde, em 1984, a cantora argentina convidou Milton Nascimento para se apresentarem ao lado do compositor León Gieco em um show no estádio La Bombonera, em Buenos Aires. A gravação resultou no disco *Corazón Americano*, lançado em 1986.

Em 1990, Milton Nascimento recebeu um convite das entidades que formavam a Aliança dos Povos da Floresta e desembarcou no Acre para uma viagem pela Amazônia. Após percorrer milhares de quilômetros pelas águas amazônicas, foi recebido na Terra Indígena Kampa do Rio Amônia, território pouco conhecido, quase sem contato com homens brancos, próximo à fronteira com o Peru. Ao longo do percurso, as pessoas que cruzavam seu caminho se referiam a ele como "txai", termo que, para o povo Kaxinawá, significa "mais que amigo, mais que irmão, a metade de mim que habita em você, a metade de você que habita em mim".

Em seu retorno aos estúdios, essa palavra foi escolhida como título do novo disco, inspirado na viagem pela floresta amazônica. Seu repertório foi composto por canções que apresentam, de um modo geral, a proposta de edificar uma relação ética de equilíbrio entre humanidade e natureza, espaço urbano e meio ambiente. Consciência ecológica construída em torno da busca de "si mesmo" em comunhão com um bem maior que nós mesmos: a Terra, entendida como casa comum de todos os seres viventes que a habitam. O artista assumiu a defesa da causa indígena e da preservação do ecossistema como um organismo vivo do qual também fazemos parte. Perspectiva em que tanto a biosfera quanto os seres humanos possuem origens e destinos comuns.

Em 1968 ele havia gravado *Courage*, seu primeiro disco nos Estados Unidos, com arranjos de Eumir Deodato e Herbie Hancock ao piano – primeiro passo para que sua música alcançasse ressonância mundial. Mas foi entre os anos 1980 e 1990 que sua carreira se internacionalizou ainda mais. Com o passar dos anos, suas composições foram interpretadas por nomes como Wayne Shorter, Ron Carter, Pat Metheny, Cat Stevens, James Taylor, Paul Simon, Sting, entre outros. Durante a caminhada, o artista desafiou os limites da distância e o poder do tempo. Em suas composições, a verdadeira "travessia" torna-se uma experiência de descobertas, aprendizados e da construção de um conhecimento de si mesmo, do outro e do lugar que habitamos, saber poético que se destina a cruzar novas fronteiras e a falar todos os idiomas.

Sua viagem sonora chegou ao fim, em Belo Horizonte, na noite de 13 de novembro de 2022. A data entrou para a história da canção brasileira como "A última sessão de música" de Milton Nascimento, que se despediu dos palcos com um espetáculo para, aproximadamente, sessenta mil pessoas. Não por acaso, a capital mineira, conhecida como a "cidade das esquinas", foi escolhida como parada final da turnê que percorreu diversas cidades do Brasil, Estados Unidos e Europa. Esse foi o retorno ao ponto de partida da carreira. Ao longo de seus oitenta anos de vida e sessenta dedicados à música, Milton Nascimento perdeu a conta do número de shows e apresentações. Uma coisa é certa: ele nunca andou sozinho. Pelo contrário, sempre congregou novos companheiros a compartilhar os caminhos da arte e da amizade sem rotas regulares, diários de bordo e rumos preestabelecidos. Hoje, Milton Nascimento é conhecido, com toda razão, como "um cidadão do mundo". •

VER VERBETES

ERUDITO E POPULAR; PARA LENNON E MCCARTNEY.

SUGESTÕES DE LEITURA

BORGES, Márcio. *Os sonhos não envelhecem*: histórias do Clube da Esquina. São Paulo: Geração Editorial, 1996.

DOLORES, Maria. *Travessia*. A vida de Milton Nascimento. Rio de Janeiro: Record, 2006.

MARTINS, Bruno Viveiros. *Som Imaginário*: a reinvenção da cidade nas canções do Clube da Esquina. Belo Horizonte: Editora UFMG, 2009.

NUHA, Danilo. *Milton Nascimento*. Letras, histórias e canções. São Paulo: Master Books, 2017.

VILELA, Ivan. Nada ficou como antes. *Revista USP*, São Paulo, n. 87, set./nov., 2010.

MODA

ANGÉLICA ADVERSE

A MODA TRAZ EM SEU CERNE A EXPERIÊNCIA TÍPICA da modernidade: o movimento. Analisá-la sob o impacto do movimento modernista, observando a temporalização dos conceitos, é pensar a experiência da história cultural sob a perspectiva da efemeridade/novidade. Essa experiência se constituiria como um tipo de fruição do tempo, dos modos e do processo de subjetivação. O termo moda (sempre declinado no feminino) indicaria a expressão das mudanças em um ritmo teleológico, ativando a nossa percepção da fratura entre o atual e o antigo. Esse entendimento acerca da moda aparece em um poema francês inserido no texto (sem autoria) *Le Discours nouveau sur la mode*, de 1613. A palavra expressa o dinamismo das mudanças, regulando as alternâncias do poder, da visibilidade e da linguagem: "Mãe da mudança e filha da inconstância/ eu faço todos os humanos se enquadrarem sob a minha lei/ (...) primeiramente os franceses que adoram a mudança/ (...) em sua língua comum eles me chamam A Moda:/ Porque, a meu modo, os homens acomodo".

Quando nos referimos à moda, aplicamos um tipo de hipótese a respeito da temporalização das mudanças que se relaciona com o poder e o valor. Barthes entendeu que os movimentos da moda nada mais seriam do que os ritmos narrativos da própria História. Cita Braudel para nos lembrar que "todo ritmo é submetido à história, mas toda história é uma história longa", pressupondo que a moda estaria muito mais relacionada aos fenômenos de longa duração do que suporia o imaginário social.

A imagem estética surge no espaço antes de afirmar-se no tempo, de modo que seria preciso a constituição de relações para que uma narrativa sensível fosse concatenada. Essa experiência da mudança no espaço estaria associada, como sugere Reinhart Koselleck, à rápida elaboração de uma consciência histórica: quando se aborda o tema da moda em termos históricos e, evidentemente, conceituais, se investiga a apreensão do trânsito nos processos que efetivam os discursos e as nossas ações. Isso demonstra que a moda é um fenômeno que ultrapassa a cultura do vestuário, entrelaçando a esfera do espírito à circulação política de ideias. Pensar a moda sob o ponto de vista da atualidade nos dá pistas para compreender a noção filosófica do acontecimento. Esse acontecimento, enquanto objeto de conhecimento, explicita o que dele podemos extrair, em particular, pelo dinamismo criador das novas formas de pensar. O pensamento, em si mesmo, elucidaria as atualizações da moda. Assim, os elementos que mais expressariam a moda seriam justamente o pensamento e o espírito.

Walter Moser acredita que a moda se apresenta especialmente pela ação relacionada à adesão às formas críticas do pensamento a partir das correntes críticas, da partilha de opiniões, pela difusão discursos ou de pontos de vista... Pois a moda não é exterior à história, ela engloba tudo para que torne inteligível a sua temporalidade da duração. Para o autor, o pensamento seria um dos modos de expressão da moda, pois as narrativas representariam o seu ritmo enquanto uma ação da consciência. O modo de pensar seria, sob o ponto de vista do ritmo narrativo, uma expressão da moda. A adesão ao novo e ao prazer de se distanciar do passado ou das tradições favoreceria a elaboração abstrata de ideias, as quais orientariam a transfiguração do espírito na História Moderna.

A narrativa rítmica da moda é, talvez, menos acelerada do que imaginamos porque ela é orquestrada pela organicidade do tempo da história. Ao analisarmos a ação do fenômeno da moda em Minas Gerais, nós nos deparamos com as distensões entre passado e presente; e entre as relações discurso e ação.

A moda expressa como a práxis criativa e o pensamento são impactados pelo dinamismo moderno. Ela seria, a priori, o elemento de indicação do movimento das coisas no tempo. Dentro da dimensão cosmopolita moderna, a moda favorece que artistas e poetas unifiquem o arcaico e o atual. A moda também explicitaria a morfologia dos conceitos e a estratégia das ações, a fim de auxiliar na distinção de políticas éticas do tempo. Os conceitos exporiam os problemas e dúvidas com relação à pluralidade da existência, nos permitindo acessar, por meio das transformações da consciência, o acontecimento como um tipo de produção sensível de saber. A partir de suas mudanças, novas estéticas artísticas se apresentam, novos modos de existência transformam a vida cotidiana, novas linguagens instauram outros processos comunicativos, outras poéticas ou técnicas alteram as estruturas sociais e as ações políticas. A questão essencial para se compreender a moda é, portanto, estabelecer uma relação com a experiência da longa duração na história. É fundamental compreender que a produção do conhecimento traz marcas tanto do eterno quanto do transitório.

Se colocarmos em questão os cem anos do modernismo, nós poderemos verificar o quão absurdo foi o desencontro do novo em relação ao espaço social brasileiro no início do século XX. Talvez tenhamos chegado tarde demais para a modernidade e cedo demais para compreender o que a experiência estética do modernismo brasileiro nos exigia. Vivenciamos o ideário da modernidade sem que, de fato, tenhamos construído um horizonte de expectativas para a modernização social no espaço histórico do presente. Como resultado, o ideário moderno nos foi imposto como produto de duas tensões: o passado colonial *versus* a racionalização republicana do território.

A história da moda em Belo Horizonte reflete esse impacto; ela se confunde com o processo de reurbanização do Curral del Rey. Diante da nova paisagem urbana, a antiga população foi orientada por legislações do Estado que regiam os novos hábitos cotidianos e as práticas sociais no espaço público da nova capital. Era parte do projeto de modernização social impor aos cidadãos novas posturas corporais e vestimentas condizentes com a vida em uma grande cidade. O impacto disso pode ser visto nas crônicas de Carlos Drummond de Andrade sob os pseudônimos Barba Azul e Antônio Crispim. A moda expressou-se pelo agonismo entre tradicionalistas e modernistas, pelo jogo de aproximação e distância das camadas sociais. Drummond escreve em sua coluna que a frivolidade da moda pode ser tão grave quanto as questões do espírito: "Frivolidade, que, às vezes se confunde com Espírito, outras vezes (sem parecer) é mais grave que um tratado de Finanças". Para ele, a Belle Époque caipira exprimia o desejo de parte da elite política de aspirar os ares da vida cosmopolita europeia. Os inúmeros decretos da prefeitura no início do século XX evidenciam como o projeto de modernização social intentou modelar as consciências, os gestos e as ações no espaço público citadino. Em vários decretos, os códigos da aparição pública regulavam a forma como as pessoas deveriam portar os artefatos do vestuário, quais seriam as roupas adequadas para a frequentação dos jardins públicos e até mesmo o tom de voz específico que se deveria utilizar para manter uma conversação nos espaços de convivência.

A imagem da cidade deveria também ilustrar o imaginário asséptico da paisagem, a moda funcionando como um dispositivo técnico a serviço dos interesses do Estado para fabular a experiência da modernidade num país pós-colonial. Vale lembrar o verso de Ricardo Aleixo sobre a história da cidade de Belo Horizonte: "assepsia barroca, tão Bauhaus quanto barroca". O gosto pela limpeza era, de certa maneira, um dispositivo higienista que expulsava da região central as pessoas das classes sociais mais sensíveis. O mecanismo da distância que anteriormente distinguia coronéis, fazendeiros e comerciantes foi gradativamente configurado pela nova cartografia urbana.

Em *Drama social em três atos* (1921), Avelino Fóscolo ironiza como a vida na cidade republicana modificava a aparência e a essência dos cidadãos. Tornava-se moda tanto a forma europeia de se vestir quanto o trato democrático e igualitário entre as diferentes camadas sociais. Uma das personagens, recém-chegada da "cidade grande", tem seu semblante modificado pelo ar moderno de seu vestuário e trata ex-escravizados e coronéis com a mesma polidez, o que gerava estranhamento em seus pares. Em um relato irônico, o texto descreve que o jovem se vestia de acordo com a moda europeia de costume preto, aderindo, igualmente, às fantasias da igualdade francesa. O espaço republicano foi alegorizado pela imagem da moda, representando como os ideais políticos estavam conectados às mudanças do vestuário.

O projeto republicano de criar uma capital para a nova República explicita o desejo de mudar as mentalidades e, consequentemente, o modo de vida. Encontramos em *Beira-mar*, de Pedro Nava, algumas passagens que apontam a importância do movimento modernista para a mudança de mentalidades. Segundo o autor, o ano de 1924 foi importante porque iniciou um forte círculo de debates em Belo Horizonte. Em 1925, foi publicada *A Revista*, que marcou o desejo de renovação intelectual, expressando a adesão ao movimento modernista. Para Nava, ela refletia o desejo de unificar passado e presente, tornando viva a experiência do tempo passado. Os jovens do Grupo do Estrela expressavam a moda a partir da relação com as estéticas das vanguardas artísticas. O memorialismo do texto coloca em contato as transformações da linguagem literária e da vida urbana. Os bares, os cafés, as ativações dos espaços públicos e dos salões literários esboçavam como os modos de se vestir tinham forte relação com a transformação dos costumes. Abgar Renault é descrito por Nava como um dândi, elegantemente espirituoso ao portar ternos pretos impecáveis. Carlos Drummond de Andrade era muito discreto e Godofredo Rangel, blasé. E os demais literatos estavam sempre trajados com os paletós da época, sendo chamados de rapazes de Belo Horizonte porque exprimiam as características de jovens que vivenciam a transformação social da vida na cidade urbana. Nava nos explica que a visita do grupo paulista à capital em 1924 apenas fomentou um impasse comum para a cultura da época: regionalismo *versus* cultura cosmopolita.

Coloco em relevo o pensamento crítico, formulado pelos conceitos, como fundamento da moda, ao reconfigurar continuamente o conhecimento com o objetivo de mantê-lo atual. Não sair-da-moda é um gesto de atualização espiritual; tanto a práxis criativa quanto a atitude meta-discursiva concernem ao fenômeno da moda.

A experiência da mudança como signo dos conceitos adquiridos pelas reflexões modernistas reconfigura a própria história da moda em Minas Gerais, deslocando-a do espaço geográfico para inseri-la numa dimensão moderna, que refuta a inércia de uma tradição e é continuamente ressignificada pelas expressões periféricas. A moda estaria ligada à produção da linguagem vernacular a partir das ocupações e intervenções urbanas. Ainda que a experiência da modernidade tenha articulado tardiamente o diálogo entre o centro e a periferia, hoje, o guarda-roupa modernista não é mais repleto de referências ou de costureiros franceses. Embora a cultura de moda em Minas Gerais tenha, por longas décadas, recebido a influência europeia, a realidade contemporânea implica a coexistência de mundos. As ruas, os bares, as vitrinas e os espaços mais decadentes provocam o cruzamento de poéticas. Pois Minas mudou, o mundo mudou e, no contexto contemporâneo, ser moderno é ser capaz de vivenciar a transformação dos modos de agir e de pensar acolhendo todos os paradoxos da modernidade. Somos tardios, mas, ainda assim, nós somos livres para resistir aos passadismos, às injustiças, pelo nosso vício (como disse o poeta Ricardo Aleixo) em esperarmos por dias menos difíceis. A moda mineira é, igualmente, um elogio à lentidão... Ela nos ensina que nem todos os acontecimentos múltiplos e simultâneos são necessariamente efêmeros. •

VER VERBETE PEDRO NAVA.

SUGESTÕES DE LEITURA

ALEIXO, Ricardo. *Pesado demais para a Ventania*. Antologia Poética. São Paulo: Todavia, 2018.

BARTHES, Roland. *O sistema da moda*. São Paulo: Nacional, 1979.

HAMMEN, Émilie; SIMMENAUER, Benjamin. *Les Grandes textes de la Mode*. Paris: IFM, Regard, 2017.

MOSER, Walter. Mode-Moderne-Postmoderne. *Études Françaises*, Paris, v. 2, n. 20, 1984.

NAVA, Pedro. *Beira-Mar*. São Paulo: Companhia das Letras, 2013.

MULHERES ARTISTAS

RITA LAGES RODRIGUES

NAS ÚLTIMAS DÉCADAS, A ESCRITA SOBRE MULHERES ARTISTAS tornou-se um dos principais temas do mundo das artes. Há mais de 50 anos, em 1972, era publicado o texto "Por que não houve grandes mulheres artistas?", de autoria da historiadora da arte estadunidense Linda Nochlin. Antes desse texto, considerado fundamental por inserir a temática de forma explícita nas pesquisas sobre o campo das artes, o movimento feminista nos anos 1960 clamava por um novo lugar social para as mulheres. Uma revolução, por vezes silenciosa, outras nem tanto, começara já a tomar corpo a partir da presença de mulheres artistas em academias, escolas livres de arte, como amadoras e, principalmente, como profissionais, desde o século XIX. Ana Paula Cavalcanti Simioni, uma das primeiras estudiosas da presença de mulheres no mundo das artes no Brasil, em seu livro *Profissão artista*, abarca a participação das artistas, em fins do século XIX e início do XX, na Academia Nacional de Belas Artes. As mulheres ingressaram no mundo das artes rompendo barreiras de gênero e mostrando que são capazes de produzir a partir dos códigos e formas existentes, mas também trazendo outras formas de existência. Para ampliarmos nosso repertório sobre mulheres artistas e suas produções, é fundamental estudarmos as realidades locais.

Quais seriam as "artistas mineiras"? Aqui, consideram-se as artistas que atuaram por boa parte da existência em Minas Gerais, incluindo, por vezes, artistas estrangeiras ou de outros estados do Brasil, e, claro, naturais do estado. A maior parte das artistas mineiras aqui citadas atuou em Belo Horizonte ao longo do século XX, apontando a necessidade de novos desdobramentos geográficos. As artistas visuais foram e são mediadoras em realidades em que o cosmopolitismo e o localismo se encontram. Suas obras e seus corpos circularam pelo globo, sendo estrangeiras nas Minas Gerais ou mineiras pelo mundo.

Desde o estabelecimento da capitania de Minas Gerais, há mais de três séculos, existiram mulheres que se manifestaram por meio da arte. Devido à escassez de documentos e à própria forma como se organizava a produção artística até o século XIX, informações sobre participação de mulheres artistas nesse período são muito raras ou mesmo inexistentes. No século XX, quando há, no campo das artes visuais, uma mudança na própria definição de arte, novos olhares podem ser lançados ao passado, e produções antes vistas como artesanais passam a ser consideradas artísticas. As relações entre as nomeações do que é artesanal, do que é artístico e do que é arte popular devem ser matéria de reflexão junto ao tema das artistas mineiras, pois as mulheres atuaram muito no universo do que se denominava e ainda hoje denomina-se artesanal.

Podemos iniciar a nossa incompleta lista de artistas mineiras a partir dos nomes da pintora Aurélia Rubião, nascida em Varginha em 1901, e da pintora e escultora Maria Marschner, que nasceu em Pirassununga (SP) em 1898 e estudou na Escola Nacional de Belas Artes no Rio de Janeiro. Marschner atuou em Belo Horizonte a partir dos anos 1930, onde criou a Fundação Mineira de Arte (FUMA). Aurélia Rubião participou da 1ª Bienal de São Paulo em 1951. A esses nomes, acrescentam-se os da escultora belga Jeanne Louise Milde, que se fixou em Belo Horizonte no ano de 1929, e o da artista, pintora e ceramista Zina Aita, nascida na cidade em 1900, mas que realizaria sua formação artística na Europa. A primeira exposição de Zina Aita em Belo Horizonte, em 1920, causou impacto nos visitantes, que, em artigos de jornal, intitularam o uso de cores da artista em suas telas como bizarro. Sua participação na Semana de Arte Moderna, de 1922, não significou a sua consagração, pois a artista, pouco tempo depois, partiu para a Itália. Jeanne Milde frequentou a Academia de Belas Artes de Bruxelas e foi convidada para vir para Belo Horizonte no âmbito da Reforma de Ensino de Francisco Campos. Inicialmente, ministrou aulas para as professoras do interior que vinham se aperfeiçoar na Escola de Aperfeiçoamento na capital e, posteriormente, no Instituto de Educação de Minas Gerais. Além de professora, Jeanne Louise Milde atuou como escultora e teve um papel importante no cenário das artes locais. Não podemos deixar de nomear aqui a escultora e desenhista Maria Martins, associada ao surrealismo. Nascida em Campanha, em 1894, ela viveu e produziu na Europa e nos Estados Unidos, com obras presentes em coleções internacionais, e se vinculou às vanguardas da primeira metade do século XX. A cena da arte moderna encontrava, portanto, suas representantes em Minas Gerais.

Nos anos 1940, como parte do projeto de modernização da cidade de Belo Horizonte, Alberto da Veiga Guignard foi convidado a dirigir uma escola de arte. Desde o início, as mulheres constituíram parte importante do público da escola. Várias artistas lá formadas trabalharam como educadoras, tendo sido, inclusive, diretoras da Escola de Belas Artes da UFMG e da Escola Guignard. Dentre as mulheres artistas que estudaram com Guignard, podemos citar: Ione Fonseca, Laetitia Renault, Leda Gontijo, Lisete Meinberg, Maria Helena Andrés, Marília Giannetti Torres, Mary Vieira, Santa, Sara Ávila, Solange Botelho, Wilma Martins, Yara Tupinambá. A diversidade da produção artística delas na pintura, na escultura e no desenho não nos permite associar suas obras a uma ideia unificadora de arte feminina. Algumas delas irão participar da exposição "Contribuição das Mulheres às Artes Plásticas no País", no Museu de Arte Moderna de São Paulo, com organização do crítico Mário Pedrosa. A exposição abria a década de 1960, momento de instauração da ditadura civil-militar, com a perseguição a movimentos sociais e o silenciamento da oposição. Mesmo com o recrudescimento do regime em 1968, ocorreu em Belo Horizonte, em 1970, a mostra "Do Corpo à Terra", com a presença de ações de artistas nos espaços da cidade inaugurando novas formas de arte. Lótus Lobo, artista reconhecida por sua produção e grande pesquisa sobre a memória gráfica de Minas Gerais, participou, além dessa mostra, de diversos salões e exposições. Teresinha Soares participou da mostra "Objeto de Participação", que ocorreu no Palácio das Artes, no mesmo período, produzindo instalações, pinturas, objetos e performances que enfocavam aspectos políticos e utilizavam o corpo como suporte, incluindo questões relacionadas à condição e ao desejo das mulheres. Artistas como Iole de Freitas, Mary Vieira, Lygia Clark, mesmo não vivendo em Minas Gerais, nasceram no estado e, por meio de instalações, esculturas públicas, performances, objetos sensoriais, deram novas perspectivas ao mundo das artes.

A multiplicidade de existências, individuais e coletivas, a partir dos anos 1960, e o impacto da arte conceitual fizeram-se presentes nas produções mineiras. Videoarte, fotografias, performances, instalações, objetos, livros-objetos, a nova pintura, desenho e gravura foram algumas das formas artísticas daquele momento. Artistas como Terezinha Veloso, Liliane Dardot, Mariza Trancoso, Madu, Ivone Couto, Beatriz Dantas produziram novas perspectivas de arte nos anos 1970. Nas décadas de 1980 e 1990, artistas mineiras apareceram transgredindo formas e existências, algumas permanecendo em Minas Gerais, como Marta Neves que, com seu humor ácido, dialogava com perspectivas contemporâneas da arte, atuando, assim como artistas que a antecederam, na docência. Outras, como Mabe Bethônico, hoje vivem fora de Minas, mas por aqui nasceram e/ou andaram. Rosângela Rennó, Thais Helt, Patrícia Franca Huchet, Mônica Sartori, Maria do Carmo Freitas, Liliane Dardot, Lisette Meimberg, Ana Horta, Rivane Neuenschwander, Shirley Paes Leme, Sonia Labouriau, Liliza Mendes, Selma Weissmann, Patrícia Azevedo, Fátima Pena, Isaura Pena, Patrícia Leite, Andrea Lanna, Claudia Renault, Niura Belavinha, Nydia Negromonte, Solange Pessoa, Daisy Turrer, Giovana Martins, Thereza Portes e Vânia Barbosa são artistas de múltiplas linguagens, e várias delas adentram o século XXI com continuidade de suas produções. Muitos outros nomes não couberam neste texto, mas seguem ocupando espaços em galerias, museus, escolas de arte e ateliês.

Toshiko Ishii, Erli Fantini, Adel Souki, Inês Antonini e Nicia Braga são artistas da cerâmica de diferentes gerações. A este rol acrescentamos Lorena D'Arc e Márcia Norie Seo, que produzem obras contemporâneas de cerâmica entrelaçadas com pesquisas em outras linguagens. Kássia Borges Karajá, artista do povo Karajá, nascida em Goiânia, mudou-se para Uberlândia e une seu trabalho como professora da Universidade Federal de Uberlândia à sua produção visual. A tecelagem, o bordado, a cerâmica, atividades muitas vezes associadas ao feminino em nossa cultura, hoje são importantes produções artísticas, vistas não mais como artesanato. Marlene Trindade, nos anos 1970 e 1980, conjugou os saberes acadêmicos da arte com os saberes tradicionais em seus trabalhos de tecelagem, sendo uma das precursoras nos estudos das artes da fibra em Minas Gerais, aos quais Joice Saturnino deu continuidade. Do Vale do Jequitinhonha, artistas tão fundamentais aparecem, trabalhando com cerâmica, em sua grande maioria, mas também com madeira e tecelagem: Isabel Mendes da Cunha, de Santana do Araçuaí, Noemisa Batista, de Caraí, Lira Marques de Araçuaí, Mestra Zefa, de Araçuaí e as Mestras Geralda, de Tocoiós, Pretinha, de Itaobim, e Aneli, de Chapada do Norte. As Bordadeiras das comunidades do Curtume e da Ponte são representativas de grupos de mulheres, identificadas em um fazer coletivo, que se espalham pelo estado de Minas Gerais.

As artistas aqui citadas são apenas algumas das artistas mineiras que atuaram ao longo do século XX. Várias continuam ativas no XXI. Deve-se ainda remeter a artistas mais contemporâneas, que relacionam o local ao cosmopolita, trazendo novas perspectivas à arte, por meio de instalações e objetos em variados suportes, presentes em vários espaços no Brasil e no exterior, um número tão extenso de mulheres que não cabe em um breve verbete. Pontua-se aqui alguns nomes, como Cinthia Marcelle, belorizontina, formada na Escola de Belas Artes da Universidade Federal de Minas Gerais, e Sonia Gomes, de Caetanópolis, importante artista negra formada na Escola Guignard. Priscila Rezende traz as dimensões do seu corpo negro, por meio da performance e outras linguagens, assim como Massuelen Cristina e Dayane Tropicaos, que trazem suas origens sociais e raciais para seus trabalhos. Dyana Santos produz esculturas em metal e fotoperformances, em um fazer metalúrgico mais vinculado ao universo masculino, por ela ressignificado em sua condição de mulher. Algumas artistas optaram por atuar em coletivos ou em parcerias, como é o caso do Duo Paisagens Móveis, composto por Maria Vaz e Bárbara Lissa. Outras, como Sara Não Tem Nome, Júlia Baumfeld e Carolina Botura são multiartistas, transitando pelas artes visuais e pela música. Por fim, torna-se essencial falar sobre algumas artistas mineiras trans, como Ana Raylander, Efe Godoy e Bárbara Macedo, cujas produções contemporâneas abarcam instalações, performances e objetos. •

VER VERBETE TERESINHA SOARES.

SUGESTÕES DE LEITURA

NOCHLIN, Linda. *Por que não houve grandes mulheres artistas?* São Paulo: Edições Aurora, 2016.

RIBEIRO, Marília Andrés; SILVA, Fernando Pedro da (orgs.). *Um século de História das Artes Plásticas em Belo Horizonte.* Belo Horizonte: C/Arte; Fundação João Pinheiro; Centro de Estudos Históricos e Culturais, 1997.

RODRIGUES, Rita Lages. *Entre Bruxelas e Belo Horizonte*: itinerários da escultora Jeanne Louise Milde. Belo Horizonte: C/Arte, 2003.

RODRIGUES, Rita Lages. Outras Histórias nos Mundos da Arte: Mulheres Artistas, Questões de Gênero e Histórias das Artes em Belo Horizonte dos anos 1940 aos anos 1960. In: CASANOVA, Andrea (org.) *Recortes do feminino.* Cristais de memória e histórias de mulheres nos arquivos do tempo.1 ed. Rio de Janeiro: Telha, 2020. p. 131-152.

SIMIONI, Ana Paula Cavalcanti. *Profissão artista.* Pintoras e escultoras acadêmicas brasileiras. São Paulo: Edusp, 2008.

MURILO MENDES

LUCAS VAN HOMBEECK

EM DETERMINADA ALTURA DE SUA VIDA E POESIA, Murilo Mendes se apresenta num livro que se oferece à leitura como um livro de memórias. O livro é *A idade do serrote* (1968), e realiza de maneira muito particular um processo mais amplo que – entre o final da década de 1960 e o início da década de 1970 – pode ser lido como um balanço do modernismo brasileiro. Esse processo, de que fazem parte autores como Pedro Nava e o Carlos Drummond de Andrade de *Boitempo* (1968) e *Menino Antigo* (1973), realiza no campo das escritas memorialísticas, autoficcionais e poéticas um legado de formas de subjetivação experimentado desde décadas antes pelo movimento modernista. Murilo Mendes, nascido em Juiz de Fora em 1901, compartilhou parte da sua juventude com esses outros escritores com quem Mário de Andrade se correspondeu direta e indiretamente em Minas. E que se tornaram parte de um movimento que transformou aos seus próprios membros e à cultura brasileira, usando como uma de suas práticas a disputa em torno da política de heranças, memórias e esquecimentos em jogo no contexto patriarcal, autoritário e eurocêntrico do qual fizeram parte.

Começo a apresentação do poeta Murilo Mendes assim, recorrendo a um gesto de apresentação do próprio autor, que diz da sua inscrição numa história da poesia brasileira, do memorialismo modernista mineiro e, também, um pouco da relação que observamos, a partir dele, entre vida e obra – ou literatura e ética. Sendo esse gesto de apresentação algo que acontece na maturidade do escritor, no entanto, passo também pela sua poesia de juventude – publicada em 1930 – para uma interpretação mais geral da poética dessa relação entre autoria e nome próprio. O movimento anacrônico, do poeta-narrador experiente que tematiza a infância ao jovem modernista que experimenta vida e escrita, quer desdobrar um princípio estético contido na poesia para, quem sabe, extrair dele um potencial crítico *na* e *contra* a cultura, ontem e hoje.

A capa da primeira edição de *A idade do serrote*, publicada pela editora Sabiá, se baseia na foto de uma escultura de Farnese de Andrade, uma torre de objetos empilhados com uma cabeça de boneca no topo, peças de vidro e madeira arredondadas embaixo, uma delas entre um tinteiro e uma granada. Na base, a placa de vidro que sustenta o mini obelisco é atravessada por pequenos travessões de metal com uma dupla de apoios, na frente da escultura, que se parecem com os de um porta-retratos. Tudo isso embaixo do título, em letras bem grandes: o serrote, uma coisa perigosa, que fere (o que é vivo fere) – esse vai-e-vem. Nesses apoios, na base da escultura, do mini obelisco, da trave, um papelzinho com uma palavra escrita à mão. Em letra arredondada, infantil, se lê: memórias.

Já em sua maturidade, o poeta Murilo Mendes propõe uma escrita muito difícil de classificar em termos de gênero literário – fragmentada, polimórfica, multipolar – com um componente autobiográfico decisivo. Ele apresenta, depois de ter publicado vários livros de poemas, viajado, morado em Roma e num quartinho em Botafogo, um ponto de vista que alia a reflexão madura às primeiras experiências numa Juiz de Fora fantasmagórica, em que os personagens são pessoas da casa e da família do narrador, são situações, temas, ruas, bichos e gente mais ou menos anônima da cidade. Para falar de si, o poeta fala do mundo. E faz isso citando um outro texto que já existia antes dele, o reescrevendo, dando a ele uma nova forma.

Nas primeiras linhas de seu livro de memórias, Murilo Mendes se apresenta assim: "Origem, memória, contacto, iniciação // 1. O dia, a noite". Apesar de, certa vez, um ensaísta ter escrito que o ensaio não começa com Adão e Eva, mas com aquilo de que se quer falar, para falar de si Murilo Mendes escreveu: "Adão e Eva – complementares adversativos. // Meus pais: Onofre e Elisa Valentina, Adão e Eva descendentes".

O dia e a noite também são por onde começa o Gênesis: uma primeira divisão que o criador impõe à natureza como uma maneira de marcar a passagem do tempo. É por causa dela que se pode falar em dias como uma medida da obra – a "obra dos seis dias", a criação do mundo. Gênesis, essa palavra grega, que dá nome ao primeiro livro da Bíblia, quer dizer pelo menos duas coisas: origem e criação. Enquanto a primeira lembra algo que surgiu no passado e continua presente, a segunda parece significar algo no presente que pode, potencialmente, produzir o novo. Mais ou menos como a palavra tradição, que significa o conjunto de práticas e representações de um passado a ser transmitido, assim como o próprio ato da transmissão; tradição, nessa segunda acepção, é sinônimo de entrega, transferência.

A análise desse tipo de procedimento de reescrita normalmente interessa ao entendimento da relação entre autoria e nome próprio, ou vida e obra, porque uma das maneiras que os atores têm de se constituir como sujeitos é pela linguagem – por exemplo, na medida em que a linguagem integra um conjunto de práticas de composição de si da qual a escrita faz parte. Assim, e usando o contexto histórico como parâmetro de controle, podemos posicionar o ato de discurso como dispositivo dentro de um repertório de formas de subjetivação disponíveis na cultura.

Essa cultura, na sua diferença, pode ter princípios mais gerais de organização que produzam estruturalmente tipos de indivíduos. E nisso ela pode ser disputada, porque a cultura nunca é uma coisa só, e frequentemente são muitos os princípios em jogo num processo como o do individualismo, esse fato social. Os textos são feitos pela sociedade, mas também fazem a sociedade. Lendo Murilo, nos relacionamos com as figurações que ele oferece; em perspectiva histórico-processual, entendemos as dinâmicas de individuação da sociedade brasileira no passado e no presente, suas estruturas e oportunidades de transformação. A interpretação situa a ação, sobre si e no mundo.

Em outras palavras, podemos começar do começo de outra pessoa, ou, como escreveu Ana Martins Marques, "é bom portanto usar palavras emprestadas/ nem que seja para lembrar/ que só temos palavras de segunda mão". Assim termina "Origem, memória, contacto, iniciação", primeiro fragmento de *A idade do serrote:* "Passagem do cometa de Halley. A subversão da vista. A primeira ideia do cosmo".

O dia, a noite, é uma forma de começar que retoma uma (cosmo)gênese bíblica de um movimento do todo. A primeira ideia do cosmo, que aparece no final do mesmo fragmento, vem com uma subversão da vista, a passagem do cometa Halley. O dia, a noite, é uma marcação temporal em que se comunica a experiência mais primeira, da linhagem familiar e do cotidiano juiz-forano, provinciano, com uma circulação astral cosmopolítica. Em Murilo, tudo tem a ver com tudo. Enquanto o título "origem, memória, contacto, iniciação" lista substantivos cada vez mais concretos, num movimento progressivo em direção ao corpo, o olhar se volta para o alto e tem a vista subvertida pela passagem de um cometa que pode ser visto de muitos lugares, por muitas pessoas, ao mesmo tempo. Algo que conecta Juiz de Fora e os astros, Minas e o mundo.

"Mapa", poema do primeiro livro do autor, *Poemas* (1930), começa assim: "Me colaram no tempo, me puseram/ uma alma viva e um corpo desconjuntado. Estou/ limitado ao norte pelos sentidos, ao sul pelo medo,/ a leste pelo Apóstolo São Paulo, a oeste pela minha educação". Nesse começo, o eu-lírico se situa ao mesmo tempo que deixa em aberto parâmetros de escala ou referência na cartografia traçada. Seus limites são aquilo que talvez o impeça de atravessar uma fronteira geográfica, mas que também o *coloca* no mapa. Os sentidos, o medo, o Apóstolo São Paulo, a educação: "Me vejo numa nebulosa, rodando, sou um fluido/ Me pregaram numa cruz, numa única vida". "Mapa", um poema normalmente citado por versos como "Almas desesperadas eu vos amo" ou "tudo é ritmo do cérebro do poeta" está entre a desorientação e a situação. Assim, sabemos que há um norte, um sul, um leste e um oeste, pontos cardinais que – nas projeções globais mais recorrentes (em que normalmente as distorções privilegiam a dimensão dos países do norte) – designam regiões próprias; podemos pensar no Brasil e na sua posição naquelas projeções; mas se a terra é redonda e o sujeito também pode rodar sobre o próprio eixo, como saber de que norte o poema fala quando fala a palavra norte?

O apóstolo São Paulo, limite a leste, é uma figura nascida em Tarso da Cilícia, de uma família judaica, sendo, simultaneamente, cidadão romano; foi um perseguidor implacável da jovem Igreja cristã, mas se converteu subitamente após uma aparição de Cristo ressuscitado na estrada para Damasco, que o nomeou então o "apóstolo dos gentios"; transita, na pregação, entre a cultura estoica helênica e o cristianismo revelado pelo contato direto com a palavra de Cristo, e se destaca, no texto bíblico, como um escritor de cartas.

Essas cartas, dirigidas a coletivos visitados pelo escritor em suas muitas viagens de pregação aos gentios, dão conta de uma interpretação segundo a qual o pecado uniria a humanidade. A salvação, segundo ele, estaria na justificação pela fé, e pela intimidade da fé apenas: uma doutrina conhecida como *sola fide*, muito importante para a Reforma Protestante e, em alguns pontos, até contrária à doutrina católica da salvação pela fé e pelas obras. Para Paulo, a humanidade pecadora se salvaria pela conversão íntima, independente de suas obras terrenas, baseando-se, para isso, no trabalho sobre si como sujeito destacado do mundo.

Não é por acaso que Silviano Santiago (cuja autobiografia se intitula *Menino sem passado*), em sua crítica da obra de Murilo Mendes, se debruça sobre sua conversão ao catolicismo e a "fusão do catolicismo primitivo com a mentalidade moderna" que nela se opera, ganhando destaque a "forma inspirada na tradição do penitente medieval e no ideário político-social de São Francisco de Assis".

Para fazer sua interpretação, Silviano resgata uma carta de 1970 de Alceu Amoroso Lima, em que o crítico mais velho escreve que a conversão de Murilo foi informada pela preocupação estética – e não teológica. Alceu lista a cortesia do santo italiano para com os desfavorecidos como um dos móveis da adesão do poeta à Igreja. Mas, mais do que esse aspecto, valorizado sobretudo por seu amigo e conversor Ismael Nery, o que ganha destaque na interpretação muriliana do franciscanismo é a relação com o pecado. A estética mística, que afasta a pureza de uma disciplina exclusivamente repressiva do corpo e seus impulsos em favor de uma relação mais mundana com a experiência e a própria religião, será o fator decisivo para essa poética e sua frustração de uma *Bildung* do autoaperfeiçoamento orientado à transcendência.

Essa estética religiosa se materializa, no discurso apropriado pelo escritor, sobretudo na narrativa de conversão de Santa Ângela de Foligno. Considerada uma das primeiras místicas católicas, a santa teria abandonado uma vida aristocrática para se juntar à Ordem Terceira de São Francisco na Itália do século XIII. As muitas imagens de contraste entre o corpo profano, da outrora vaidosa e pecadora convertida, e a carne dilacerada do Cristo presentes naquele discurso são localizadas pelo crítico na poética de Murilo Mendes: "O *rosto* mundano e maquiado de Ângela, que visava ao favor dos homens, se reflete no rosto santo de Cristo, escarrado, desfigurado e socado pelos homens. Os *olhos* vaidosos de Ângela contrastam com os olhos de Cristo" e assim por diante, anota Silviano.

O surrealismo de Murilo Mendes existe em associação com um catolicismo místico em que a "colaboração do pecado", expressão de Mário de Andrade ao fazer a crítica do poeta, é o ponto de apoio de uma ética que não está voltada para o autoaperfeiçoamento com o objetivo da transcendência, mas para a escavação de um nexo entre presente-passado-futuro, em que o sujeito se encontra com suas feridas e fantasmas sem o propósito da cura. Esse surrealismo, assim como sua adesão ao pecado e o demoníaco como universal humano, nega muito contemporaneamente o pretenso potencial emancipador da racionalidade ocidental, do esclarecimento e das instituições aí fundadas num século em que a Europa colonizaria o mundo e passaria por duas guerras.

Aqui podemos ler uma contradição específica do modernismo e da sociedade brasileira, associada àquilo que o mesmo Mário de Andrade citou como uma das características problemáticas do movimento: o "aristocracismo" de seus atores. A aparente recusa à institucionalidade em Murilo Mendes, ao mesmo tempo que desafia a dimensão racionalizadora e de controle social de experiências como a escolar, deixa o sujeito dependente de relações familiares e locais para subsidiar seu processo de aprendizado, o que reproduz desigualdades baseadas em fatores como seu grupo e socialização de origem.

Em resumo, um dos aspectos comuns e talvez trágicos da cosmopolítica da memória (modernista) mineira legível em Murilo Mendes é que ela parece tornar o indivíduo mais indivíduo. Sua trajetória de conflito e relativa emancipação das estruturas de dominação se faz por um incremento da pressão por singularização; pela aquisição e mobilização de um repertório cosmopolita de práticas e representações de si que o diferenciam cada vez mais em relação ao grupo familiar, religioso e, talvez, até em relação ao próprio movimento cultural. Se, por um lado, isso pode ser lido como uma ação tática, de reenquadramento da arena do conflito para um espaço de agência disponível – num momento de fechamento do horizonte político, ou de determinada configuração do processo de individuação mais geral daquela experiência social –, por outro, é impossível não perguntar quais são as consequências desses modos de singularização para uma noção de solidariedade capaz de coordenar (ou não) a ação dos atores em torno de algo comum. ●

VER VERBETES MEMORIALISMO MODERNISTA E PEDRO NAVA.

SUGESTÕES DE LEITURA

ANDRADE, Mário de. A poesia em 1930. In: *Aspectos da literatura brasileira.* Martins, 1974. p. 26-46.

BOTELHO, André; HOMBEECK, Lucas van. O balão, o serrote e o indivíduo: cosmopolítica do memorialismo modernista. *Revista Brasileira de Sociologia*, v. 10, p.36-62, 2022.

FURTADO, Fernando F. F. Desdobramentos da figura materna na prosa memorialística de Murilo Mendes. *Revista de Ciências Humanas*, v. 1, n. 2, p. 117-124, 2001.

SANTIAGO, Silviano. Murilo Mendes: catolicismo primitivo / mentalidade moderna. In: CALDEIRA, Isabel et al. (org.). *The edge of one of many circles*: homenagem a Irene Ramalho Santos. Vol. I. Coimbra: Imprensa da Universidade de Coimbra, 2017. p. 575-592.

ORSON WELLES

VICTOR DA ROSA

EM 12 DE ABRIL DE 1942, UMA CRÔNICA publicada no periódico carioca *O Jornal* fazia um relato da passagem da "caravana de Orson Welles" pela cidade de Ouro Preto. Entre propagandas do Melhoral e notícias da Segunda Guerra, tal crônica, ainda que breve, detalhava os três dias em que a equipe de Welles esteve na pequena cidade mineira filmando as tradicionais procissões da Semana Santa. Embora não assinado, o relato assumia tom subjetivo, às vezes meio piegas, e procurava reproduzir não só a visão do articulista sobre a cidade, mas também as impressões da própria equipe de filmagem, ao narrar desde a chegada do comboio na praça Tiradentes até os lugares e atos da festa, que seriam transformados em cenários para o filme.

A cidade é descrita como "soturna, semi-adormecida" e "misteriosa"; na sequência, como "suntuosa, heroica", "berço da liberdade e da civilização nacional"; e, finalmente, para completar o conjunto dos chavões mais conhecidos a respeito de Ouro Preto, por ela "percorremos o tempo", diz o relato. "E estamos convencidos de que inegavelmente Ouro Preto é o maior relicário artístico e histórico do Brasil", diz ainda o texto, que é escrito quase inteiramente na primeira pessoa do plural, como se reproduzisse uma visão coletiva da equipe de Welles sobre a cidade.

Apesar dos chavões, o relato tem raro valor de testemunho, por apresentar informações sobre as filmagens confirmadas pela experiência de quem acompanhou a atividade ao longo dos três dias: "À noite de sexta-feira, foram iniciados pelos técnicos de Orson Welles os trabalhos de filmagem dos atos principais da Grande Semana". O ato da descida da cruz, que reproduz a cena da crucificação de Cristo, é narrado como o momento mais tocante das festividades, acompanhado por uma "multidão que se comprimia, num murmúrio surdo". Já no Sábado de Aleluia, as câmeras registraram "uma multidão de garotos [que] acompanha pelas ruas da cidade a figura de Judas", parte que "foi filmada em diferentes pontos". As imagens de multidões, mencionadas em diferentes momentos da crônica, serão significativas para o projeto de Welles. No domingo, finalmente, em "suntuosíssima procissão", sobressaiu "avultado número de crianças travestidas de anjinhos, e a velha prataria das insígnias das Ordens e Congregações religiosas da cidade".

No fim, temos a garantia de que "todos os atos foram perfeitamente filmados, estando os componentes da caravana de Orson Welles otimamente impressionados com tudo que viram e sentiram na velha cidade que a estas horas voltou à sua monotonia".

Sabe-se que em 1942 Welles passou cerca de seis meses no Brasil, sobretudo entre o Rio de Janeiro e Fortaleza, rodando um filme que se tornou lendário e que nunca chegou a ser concluído pelo próprio cineasta. Misto de documentário e ficção, encomendado como parte da política da boa vizinhança que se estabelecia entre os governos Vargas e F. D. Roosevelt, *It's all true* já foi objeto de inúmeras polêmicas, especulações, teses, matérias jornalísticas de diferentes naturezas, e foi tema inclusive de outros filmes, a exemplo da série que Sganzerla realizou a partir dos anos 1980, analisada em detalhes por Samuel Paiva em livro recente.

Apenas em 1993 parte das filmagens feitas por Welles vieram a público, não mais como um projeto do cineasta, e sim depois que copiões foram encontrados nos estúdios da RKO, renovando o interesse em torno dessa história até então muito mal contada. Nessa versão do filme, as filmagens de Welles no Brasil se concentram em duas situações principais: no Carnaval carioca, pelo qual o cineasta ficou fascinado, e em uma célebre jangada com quatro pescadores que saiu do Ceará em direção ao Rio com o objetivo de reivindicar direitos trabalhistas ao presidente Vargas. Até onde se sabe, a ideia de Orson Welles era costurar um roteiro ficcional em torno da viagem dos jangadeiros, que chegariam ao Rio pela praia de Copacabana em pleno período de Carnaval. Tudo isso é bastante conhecido e documentado. O que pouco se sabe até hoje, e quase nada se discutiu, mesmo entre os principais estudiosos do tema, é o que o cineasta pretendia com as filmagens que fez em Ouro Preto nos três dias da Semana Santa daquele ano de 1942.

A crítica de cinema estadunidense Catherine Benamou, autora do livro mais decisivo sobre *It's all true*, argumenta que a Semana Santa talvez entrasse no filme como uma espécie de "contraponto" ao Carnaval. Essa é uma primeira pista valiosa para compreender as filmagens de Ouro Preto, que a própria Benamou confirma estarem ainda conservadas, pelo menos em parte, no arquivo da UCLA. Mas a noção de contraponto deve ser entendida não apenas como mera oposição, até porque Welles parece ter visto profundas semelhanças entre o Carnaval no Rio e as procissões em Minas. O contraponto, além do seu sentido mais comum, é também uma técnica de composição, vinda da estética barroca, sobretudo da música, que combina duas ou mais melodias distintas, executando-as em simultâneo. Entendida dessa maneira, tal técnica se torna também a marca de uma "sensibilidade barroca" de Welles, conforme aponta a própria Benamou, que fala de uma habilidade própria do cineasta para articular "fontes estéticas discrepantes".

Ou seja, há algo de barroco no projeto de *It's all true*, que se reflete também na curiosidade muito singular do cineasta sobre o Brasil, uma vez que procurou inscrever em seu filme uma visão múltipla e mesmo paradoxal do país, não estereotipada. As filmagens do Carnaval, nesse sentido, revelam uma tentativa de justapor diferentes espaços e imaginários da festa: o centro da cidade e a periferia; as favelas e os salões (no caso, o Cassino da Urca e o Theatro Municipal); o novo e o velho; o sagrado e o profano. Nada mais barroco, e nada mais Ouro Preto que isso.

As filmagens da pequena cidade mineira, na versão final de *It's all true* que não houve, poderiam compor uma outra melodia em relação ao Rio de Janeiro e Fortaleza. Com sua arquitetura colonial e tradição altamente religiosa, suas vistas interioranas, ladeiras e linhas montanhosas, em oposição à retidão do horizonte litorâneo, a cidade mineira destoa por tensão e contraste, e se combina com as demais paisagens brasileiras para formar uma espécie de painel mais múltiplo do país. De fato, o que o cineasta parecia querer realizar àquela altura era um filme sobre o Brasil inteiro – e nisso também destoou das demais representações hollywoodianas feitas sobre o país no mesmo período, a exemplo dos filmes da Disney. O próprio Welles, em mais de uma oportunidade, falou de uma técnica de "justaposição" ou de "contrastes" (entre vozes, emoções, *sets*, cidades, abordagens) como alternativa à ideia de segregação.

Daí que o cineasta visse Grande Otelo como ator potencialmente trágico, e não apenas de comédia vaudeville. A procura de Welles por contrastes também se faz ver nos registros das mais variadas locações, com geografias e culturas variadas. Ou ainda misturando gêneros cinematográficos, a começar pelo documentário, que não é exatamente um documentário. "O que eu estou fazendo não é um diário de viagem, nem um documentário, ou um romance de garotos e garotas, nem uma reportagem audiovisual. Quando estiver concluído saberemos", disse Welles a respeito de *It's all true*, em depoimento registrado em uma das suas biografias. Para o cineasta, a ideia de gênero queria dizer estratificação, divisão, fronteira. E seu filme apostava na mobilidade, nas trocas, nos encontros e na possibilidade de formar vínculos entre "diferentes mundos". Pode-se chamar tal política de "boa vizinhança", mas também de experimentação, exercício radical de liberdade – o que, por fim, não agradou nem aos produtores da RKO e muito menos aos responsáveis pelas políticas de cultura no Brasil, que desde o começo enxergaram no filme de Welles, entre outras coisas, uma oportunidade de propaganda do país.

Mas é possível que Orson Welles, além dos contrapontos, tenha também notado semelhanças entre o Carnaval e as procissões da Semana Santa, como se houvesse uma ligação secreta entre as duas festas, que suas filmagens poderiam captar. Em suma, são festas populares da cultura brasileira – "autênticas, genuínas", afinal, "tudo é verdade" – que arrastam multidões às ruas durante certo tempo, mobilizando grandes porções da população negra e pobre do país. Welles parecia se interessar em filmar multidões ou pequenos coletivos (exemplo dos jangadeiros) por se tratar de imagens de cidadania, expressando força política e democrática, sobretudo quando situadas dentro do quadro teórico da "mestiçagem" muito vigente à época, opondo-se aos regimes totalitários do Eixo, contra os quais o filme deveria se colocar. As filmagens de Welles são também cenas da diáspora africana, seja em Ouro Preto, seja em Fortaleza e, sobretudo, no Carnaval carioca. Nesse sentido, trata-se de um filme "sincrético" ou "híbrido". Benamou chega a se referir ao hibridismo como um "princípio estrutural" do filme.

Além disso, as duas festas congregam elementos sagrados e profanos. Embora não se conheçam declarações que Welles possa ter feito sobre a Semana Santa, não é difícil concluir que o cineasta intuiu que as procissões carregavam forte simbologia profana, como é próprio do barroco. A proposta das procissões de circular com imagens santas pelas ruas da cidade, onde as pessoas podem tocá-las, poderia ser pensada como uma espécie de teatro profano.

Já sobre o Carnaval, o cineasta chegou a dizer que via a festa "como um costume não religioso, mas celebrado fundamentalmente por pessoas religiosas". Welles rebate o argumento segundo o qual a festa era "uma desculpa para beber", ao relatar que viu com seus próprios olhos "um milhão de pessoas dançando e cantando nas ruas e ninguém em nenhum momento naquela enorme comemoração parava para pegar um drinque". O cineasta faz ainda uma bela relação entre o Carnaval e aquele que talvez seja um dos grandes temas de seu cinema, o paraíso perdido da infância, quando diz que a alegria da festa – e sua selvageria – "ajuda a esquecer que [se] está envelhecendo"; "Você está muito ocupado lembrando como era [a vida] quando você era jovem".

À diferença do que ocorreu no Rio e em Fortaleza, o próprio cineasta não esteve presente na cidade mineira durante os três dias da Semana Santa. Do que se pode concluir das notícias veiculadas à época, Welles passou uma tarde inteira em Ouro Preto no dia 31 de março de 1942, uma terça-feira, ou seja, três dias antes de sua equipe iniciar as filmagens. Outra pequena crônica, desta vez publicada no *Correio Paulistano* logo depois, dizia que naquela terça o cineasta chegara a Belo Horizonte às 10h da manhã, por um avião de carreira da Panair, para logo dirigir-se a Ouro Preto, na companhia de um representante da Rádio Inconfidência, que também se preparava para transmitir as festividades, como era comum à época.

Chegando à cidade histórica no início da tarde, Welles se reuniu com o prefeito Washington Dias e várias figuras do clero ouro-pretano, com quem passou a combinar uma série de medidas para as filmagens da solenidade. A equipe chegaria em Ouro Preto à noite com todo o equipamento, mas o cineasta, após dar aos técnicos as instruções necessárias, regressou a Belo Horizonte no mesmo dia, onde tomou o avião de volta ao Rio. Diz o texto que Welles teve profunda impressão da beleza de Ouro Preto, não poupando elogios aos seus templos religiosos, assim como expressou grande admiração pela figura de monsenhor João Barbosa, vigário da matriz Nossa Senhora do Pilar, em cuja companhia permaneceu longo tempo e cujo zelo pelo templo e pelas celebrações deixou o cineasta vivamente interessado.

A única fotografia que se conhece de Welles em Minas Gerais foi tirada nessa viagem de carro entre Belo Horizonte e Ouro Preto, em uma parada na cidade de Itabirito. O autor da foto é Alyrio Cavallieri, que viria a se tornar desembargador no Rio de Janeiro décadas depois. Com 21 anos à época, amante do cinema e trabalhando como garçom no misto de bar e mercearia de seu pai, diz que se deparou com Orson Welles provando cocadas e interessado em outros doces. Com seu inglês ruim, mas melhor que o português do cineasta, Cavallieri acompanhou Welles durante quase uma hora pela cidade, onde visitaram o cineminha do lugar, e no fim pediu a foto, feita na ponte sobre o rio Itabira. A imagem mostra Welles sorridente, sem gravata nem paletó, com bigode e cabelos meio desgrenhados. Em uma crônica que escreveu para o pequeno semanário *Cine-Rádio Jornal*, publicada em 22 de abril de 1942, Cavallieri, com pseudônimo Iller Save, relatou a história.

Parece que a ideia de Welles era voltar a Ouro Preto três dias depois para acompanhar as filmagens na Sexta-Feira Santa, mas uma "indisposição súbita" o "reteve ao leito", de acordo com outras notícias veiculadas então. Logo após o fim das festividades, uma pequena nota, distribuída para diferentes jornais, confirmava que as filmagens foram realizadas e reiterava ainda a "admiração que lhe provocara a tradicional cidade mineira, cujos templos o haviam impressionado favoravelmente". Em uma das notas, Welles diz que "a filmagem projetada haveria de constituir um dos seus mais interessantes documentários". Apesar de sua "enfermidade súbita" – provavelmente uma ressaca monumental, se levarmos em conta o histórico boêmio do cineasta na noite carioca –, "pôde Orson Welles realizar o seu desejo de levar para o cinema as cerimônias com que a população de Ouro Preto comemora a Semana Santa".

Tais imagens seguem inéditas, no arquivo da UCLA, compondo talvez a última história mal contada – ou ainda por contar – desse filme cheio de verdades e de mitos. ●

SUGESTÕES DE LEITURA

BENAMOU, Catherine. *It's all true*. Orson Welles's. Pan-American Odyssey. Califórnia/EUA: University of California Press, 2007.

CALLOW, Simon. *Orson Welles*: Hello Americans! Vol. 2. New York/EUA: Penguin, 2006.

PAIVA, Samuel. *A figura de Orson Welles no cinema de Rogério Sganzerla*. São Paulo: Alameda, 2018.

SANTOS, Márcia Juliana. It's all true *e o Brasil de Orson Welles* (1942-1993). São Paulo: Alameda, 2015.

PARA LENNON E MCCARTNEY

MAURÍCIO HOELZ

"SOU DO MUNDO, SOU MINAS GERAIS". O verso, incluído no LP *Milton* de 1970, parece condensar o tema do cosmopolitismo mineiro que está na base do projeto MinasMundo, ao sugerir que tanto a pertinência ao universal se realiza pela afirmação da diferença quanto, nesse caso em particular (com o perdão do jogo de palavras), o próprio particular (Minas) contém o geral, ou os gerais (mundo). Ora, evocando palavras clássicas de Antonio Candido, não é essa "dialética rarefeita" entre local e universal que define a dinâmica específica da experiência cultural em países coloniais como o Brasil? A propósito, quão simbólico (ou sintomático, dependendo da chave de leitura) não é o título da canção "Para Lennon e McCartney"? Uma dedicatória aos dois principais ícones e ídolos de um dos maiores fenômenos – então no seu auge – da história da cultura pop mundial (que, em 1970, chegaria ao fim). Composta por Lô Borges (que teve com Beto Guedes uma banda cover chamada The Beavers), Márcio Borges e Fernando Brant, a música prefiguraria, como um embrião, o disco duplo *Clube da Esquina*, lançado em 1972.

Lembro, aliás, que versos anteriores da mesma música cantam "Eu sou da América do Sul/Eu sei, vocês não vão saber", vocalizando a "assimetria de ignorância" (na expressão lapidar de Dipesh Chakrabarty) – a desigualdade e a invisibilidade – que marca a hierarquia de discursos na geopolítica internacional e, logo, a dependência cultural do Sul global, como se diria hoje – esse lugar subalterno de fala e escuta em que os autores da música fizeram questão de se situar. Mais que isso, os versos imediatamente anteriores dizem "Agora sou *cowboy*/ sou do ouro, sou vocês", como que penetrando surdamente no claro enigma que está ao mesmo tempo entranhado e exposto a céu aberto na sua terra natal: a empresa de exploração mineral intensiva e ostensiva na colônia portuguesa ("sou do ouro") está profunda e subterraneamente – de modo desigual, mas combinado – ligada à máquina do mundo capitalista. O verso revela, ainda, a apropriação algo antropofágica de um tropo do império ("Mas agora sou *cowboy*", que transforma o mineiro não em qualquer vaqueiro) difundido pelo gênero *western* da indústria do cinema de massas norte-americano, capaz de provocar uma identificação reversa entre eu e outro que subverte o olhar eurocêntrico exotizante ("sou vocês"), arrematada por uma pergunta que não quer calar: "por que você não verá meu lado ocidental?". Ou, ainda, "por que vocês não sabem/ do lixo ocidental?", indaga na sequência o eu lírico da canção, a lembrar o outro lado, escuro e recalcado, do processo global da modernidade: a colonialidade.

Tal apoderamento se traduz sonoramente por meio da incorporação do rock e a ressignificação da guitarra elétrica, até então difamado signo da submissão ao imperialismo cultural norte-americano e britânico, como instrumento de empoderamento e contestação. Assim, a dedicatória expressa no título da canção também pode ser lida como um "recado das minas" para o vasto mundo: o de que a influência dos Beatles representa não simplesmente colonização mental, mas também um anseio de igualdade, um desejo de superação da subordinação e de inclusão. Trata-se de uma apropriação da alteridade que visa não a sua assimilação ou negação em prol da identidade do mesmo, mas a autotransformação por meio dela em um eu outro. Não se ver narcisicamente no espelho do outro, mas reconhecer o outro em si como nós, em suma. Um artigo publicado no *New York Times* em 1971 acusava os Beatles de terem roubado e gentrificado a música negra afro-americana; a resposta de John Lennon, que considerava Chuck Berry "a maior influência na Terra", escrita à mão num pedaço de papel enquanto voava rumo à América, colonizada por ingleses, é eloquente sobre a naturalização do privilégio do centro e o apagamento de suas margens: "It wasn't a rip off. It was a love in". Não deixa de ser irônica a equívoca autoria de citação atribuída na internet ao mesmo John Lennon: "Love isn't blind, it's deaf"...

A região de Minas Gerais cifra, em seu nome e sobrenome, por assim dizer, as contradições de uma sociedade formada violentamente a serviço da expansão da modernidade ocidental e que carrega o nome (Brasil) de uma mercadoria de exportação explorada com o trabalho de corpos escravizados: as minas constituem o território de fronteira aberta, alvo da sanha extrativa e acumuladora da mineração capitalista ávida por lucro e cega às suas próprias consequências, além de objeto obscuro do desejo obsessivo de riqueza fácil dos tipos sociais aventureiros, orientado pelo "sentido da colonização", como diria Caio Prado Jr.; os gerais figuram a resistência das comunidades tradicionais e dos povos originários, que historicamente proveram a subsistência da sociedade mineradora, em meio a sua brutal inserção no circuito multiescalar das corporações transnacionais e da mercantilização universal das relações e do meio ambiente, cuja reprodução se baseia em matar e desmatar. Como observa a historiadora Heloisa Starling, "Minas é o rosário das cidades interligadas por caminhos do ouro e dos diamantes, a região em contato constante com o mar, o mundo da ordem por onde a metrópole se transpôs ao interior". O ouro das Minas tanto era contrabandeado pelos sertões direto para Londres quanto afluía à metrópole para pagamento da importação de manufaturas inglesas, financiando indireta e parcialmente a revolução industrial. Minas Gerais jaz em uma encruzilhada – uma esquina – de veredas do mundo moderno. *The long and winding road.* Travessia.

A trajetória e a obra de Milton Nascimento são uma exemplar figuração do cosmopolitismo mineiro na cultura brasileira, que contrasta com o que parece constituir um outro tipo de cosmopolitismo, cujos vetores (e avatares) são os tropicalistas baianos, Caetano Veloso e Gilberto Gil. Cada um a seu modo, esses três artistas incorporaram na linguagem musical elementos do que havia de mais moderno em circulação pelas metrópoles do mundo filtrados à luz das tradições e inovações locais, produzindo uma estética cosmopolita que ganha expressão formal no repertório sonoro; nas letras e títulos das canções; nas capas de discos; nas parcerias, regravações e turnês internacionais; nas performances no palco e na concepção dos espetáculos.

Para ilustrar apenas com o caso do artista mineiro, Milton combina e experimenta com, entre outros elementos, o jazz norte-americano, o samba-jazz, o rock, a bossa nova, os cantos de trabalho dos negros escravizados, a música ritual dos povos indígenas, a herança da arte religiosa barroca e da música sacra das cidades coloniais de Minas, os corais do hinário cristão, os cânticos católicos e os ritmos folclóricos das festas populares, o cancioneiro da América Hispânica e a *nueva trova*. Saído de uma província do interior de uma ex-colônia tropical localizada na periferia do Ocidente, o mineiro realiza a "travessia" do sertão rumo à terra prometida – ou ao paraíso perdido – da celebridade internacional e se proclama "cidadão do mundo". É o próprio Milton quem se declara, em mais de uma ocasião, desterritorializado: "Eu tenho casa em vários lugares do mundo. Eu não pertenço a um país só". Milton escutava o mundo de dentro da sua casa – sua esquina de Três Pontas com ruas desconhecidas: "lá em casa sempre ouvi de tudo" e "gosto de todo tipo de música". O que seriam esse "tudo" e esse "todo"? Márcio Borges se refere a Miles Davis, Yma Sumac, Nina Simone, Tamba Trio, Nelson Gonçalves, hino católico, trilha de faroeste, carro de boi e vento no cafezal. Maria Dolores, biógrafa de Milton, cita Sarah Vaughan, Ella Fitzgerald, Billie Holiday, Doris Day, Julie London e Ângela Maria (a musa de Milton), além das tradições populares: folia de reis, congado, tambores de Minas, forró e baião, misturadas com o rock'n'roll, as bigbands, o tango e toda a rica música latino-americana. Há também preferências manifestas pela música e pelas pesquisas de Heitor Villa-Lobos, que foi professor de piano da mãe adotiva de Milton, e pela obra do maestro Tom Jobim. O site do museu virtual do Clube da Esquina ainda lembra Edu Lobo, Ray Charles, trilhas sonoras de filmes e até mesmo operetas.

A especificidade do cosmopolitismo mineiro, no entanto, talvez possa ser evidenciada a partir de um episódio polêmico, em que os baianos teriam afirmado que os negros e os *Tambores de Minas* (nome de espetáculo de Milton de 1997) foram domesticados pela Igreja Católica. A esse respeito, vale lembrar que Roberto Moura, em seu livro *Tia Ciata e a Pequena África do Rio de Janeiro*, aponta que os negros escravizados que foram para a Bahia eram, em sua maioria, de etnia iorubá, normalmente islamizados, alfabetizados e muito organizados em suas lutas. Eles preservaram mais seus traços de origem que os nagôs, que por sua vez predominaram em Minas Gerais e, para sobreviverem, sincretizaram-se à cultura católica popular dominante. É essa a África que rufa no idioma dos tambores de Minas – a dos congados e moçambiques, catopés e marujadas, caiapós, candombes e vilões. São outros ritmos, cantos de outros cantos: é um pulso que não vem pela via do samba, e que se traduz musicalmente na independência da percussão no evento musical. Prepondera, entre os tropicalistas, uma preocupação com as supostas raízes *autênticas* da cultura e com a sua identidade (e unidade, ainda que uma "geleia geral", no título da canção de Gil). Isso implica um tipo de cosmopolitismo autocentrado nas experiências híbridas de "origem" e que opera como uma espécie de atualização (de acerto dos ponteiros do relógio) e compatibilização da cultura autóctone singular com o moderno (representado pelos países centrais), por meio da importação das inovações internacionais. Basta lembrarmos a junção do ponto de macumba com a guitarra elétrica na música dos tropicalistas. Trata-se, portanto, de um cosmopolitismo mais voltado *para dentro*, cujo sentido é afirmar a originalidade da diferença, ao passo que o mineiro, a meu ver mais centrífugo, estaria mais voltado *para fora* e para a universalidade diferencial, como diria Silviano Santiago. Nessa visão, o cosmopolita não é o polo oposto ao local (ao provinciano) – não há aqui "sentimento dos contrários" (para retomar a expressão do mesmo Antonio Candido) –, e sim um tipo de relação descentrada de convivência com o universal e com as multiplicidades a partir das diferenças, que implica movimento e abertura que irradia em várias direções. Raízes da Bahia, rizomas de Minas. A originalidade aí não vem da procura e da afirmação da origem, da identidade, mas da abertura à multiplicidade. A ênfase é outra porque está no outro. A diferença não é o contrário da identidade, uma outra unidade do diverso; ela recusa a identidade, constituindo-se no múltiplo.

Há um outro aspecto que talvez nos ajude a entender essa "inserção" cosmopolita, para usar os termos do mesmo Silviano Santiago, da música de Milton e do Clube da Esquina na cena contemporânea. A bossa nova, que colocara o Brasil no cenário internacional, ocupou o lugar do samba-canção como padrão sonoro normativo da música popular e passou a figurar como o ápice da linha evolutiva da chamada "música popular brasileira" – sua instrumentação e seu estilo conciso e racional, marcado por um lirismo subjetivista, se tornou referência obrigatória a partir dos anos 1960.

Em 1967, a Tropicália, mobilizando os recursos da alegoria, paródia e deboche, promoveu, lançando novo olhar para a jovem guarda, uma verificação crítica dessa tradição que acabou por implodir inicialmente a já assim chamada MPB e expandir as fronteiras do campo – um *rebranding* do conceito. Graças a esse fenômeno, artistas outrora classificados como regionais ganharam status nacional: eram agora MPB. No momento dessa dissolução, como reivindica Ivan Vilela, quem juntou tudo – o rock, o jazz, a bossa, o clássico, a música regional –, realizando um acerto de contas com essa história autóctone oficial à luz de contribuições estrangeiras decisivas, e elevando-a a um novo patamar ao abri-la para mundos outros, foi o Clube da Esquina. Foi ele que proclamou o real grito de independência em relação ao cânone sonoro da música brasileira. A sugestão de Vilela é que o Clube da Esquina, sim, seria o Machado de Assis na formação da música brasileira – a tal ponto que sua música se consagraria antes pelo seu universalismo do que pelo seu caráter nacional discernível: "O Clube da Esquina traçou um caminho singular com harmonias muito próprias e originais, como se tivesse pegado um atalho e chegado na ponta das conquistas adquiridas ao longo das décadas".

Vilela mostra que o Clube da Esquina inaugura experimentalismos vocais, percussivos, enfim, sonoros, que o alinham com as vanguardas artísticas do mundo ocidental, sobretudo ao rock – que, vale lembrar, no fim dos anos 1960 e início dos 1970, ainda era um campo múltiplo de possibilidades, e não um "gênero", entre outros, com contornos claramente definidos. Não cabe aqui tomar partido nessa disputa de quem foi o Machado da música brasileira, até porque o que temos em vista não é o paradigma (teleológico e normativo) da formação, mas o da inserção. Mas descortina-se aí uma perspectiva de análise interessante, porque transgressora, que não reduz ou disciplina – inclusive a contrapelo dos próprios atores/autores envolvidos no processo – a música de Milton e do Clube da Esquina à chave regional/local da mineiridade, ou ao marco nacionalista consubstanciado no rótulo MPB, mas parte, ao invés disso, do entrelugar ou das esquinas Minas-mundo. Trata-se de uma estética em que a tradução prevalece sobre a tradição e em que a ruptura com o eurocentrismo (ou com seu reverso recalcado que é o nacionalismo, em casos agudos, exotizante) não se dá pela identificação com a particularidade local representada pelo cânone da MPB, mas com o que havia de mais inovador e original na cena da música ocidental contemporânea, de que ela é parte e que ela repete com diferença, por assim dizer. *Here, there, and everywhere*. Tradução, traição. Uma outra conjuração e inconfidência mineira. •

VER VERBETE MILTON NASCIMENTO.

SUGESTÕES DE LEITURA

MELLO, Paulo Thiago de. *Milton Nascimento e Lô Borges*: Clube da Esquina. Rio de Janeiro: Cobogó, 2018. (O livro do disco).

VILELA, Ivan. Nada ficou como antes. *Revista USP*, n. 87, 2010, p. 10-27.

PEDRO NAVA

ANDRÉ BOTELHO

QUANDO CONTAVA QUASE 65 ANOS DE IDADE, em 1968, um médico mineiro, que ia se aposentando meio amargurado de uma bem-sucedida carreira como reumatologista, se pôs a escrever suas memórias dias e, sobretudo, noites adentro em seu apartamento da rua da Glória, no Rio de Janeiro. Tal como um dos célebres narradores de Machado de Assis, também um dia morador da Glória, sua intenção talvez fosse apenas "atar as duas pontas da vida, e restaurar na velhice a adolescência". Como confessa o médico: "quando caio no fundo da fossa, quando entro no deserto e sou despedaçado pelas bestas da desolação, quando fico triste, triste ('...Mas triste de não ter jeito...'), só quero reencontrar o menino que já fui". Se, como admite Dom Casmurro, não terá conseguido "recompor o que foi nem o que fui", não sabemos. Mas, entre os muitos significados da prática memorialística a que se dedicou de corpo e alma entre o dia 1º de fevereiro de 1968, como fez questão de anotar na primeira página dos originais da sua futura obra, e o seu suicídio ocorrido em maio de 1984, atribuiu uma função terapêutica: "escrever memórias é libertar-se, é fugir. Temos dois terrores, a lembrança do passado e o medo do futuro. Pelo menos um, a lembrança do passado, é anulado pela catarse de passá-la para o papel". Função terapêutica, talvez, nem tão longe assim da pretendida por Bento Santiago, de Machado de Assis, e cuja eficiência, dado o desenlace trágico da vida do médico mineiro àquela altura feito memorialista eminente, não se poderá também comprovar.

O médico chegando à velhice com suas lembranças, reais e imaginadas, algumas boas, decerto, mas outras inevitavelmente não, é Pedro Nava (1903-1984). E suas *Memórias* simplesmente recriaram o gênero no Brasil, num estilo narrativo passional marcado pelo excesso, que privilegia um alto grau de percepção sensorial, e já corretamente identificado com o barroco, em tudo, aliás, contrastante ao comedimento do narrador machadiano que tomamos como ponto de partida. Esse médico renomado, descendente de mineiros e também de cearenses, mas que se fez carioca, amigo de alguns dos mais importantes intelectuais e artistas da sua geração, ele próprio poeta, desenhista e pintor bissexto, soube contar, como poucos, sua história, a de sua família e a do seu próprio tempo. Uma história como a de muitos brasileiros e de muitas famílias brasileiras antigas, poder-se-ia dizer, ainda que não muitas dessas famílias tenham podido cultivar seu anedotário próprio e, acima de tudo, transmitir suas histórias e as alheias, e reproduzir seus narradores por meio da escrita. Afinal, como se sabe, em nossa sociedade as letras costumam ser privilégio de classe, para não falar do apreço pela linhagem, quase sempre um recurso de distinção social. Hoje, felizmente, o panorama vem mudando, com a transformação de novos atores sociais propriamente em autores.

É possível entender as *Memórias* de Pedro Nava como a história da sua formação sentimental, moral e intelectual. Todavia, é preciso atentar para as outras dimensões mais complexas que elas também encerram. Mais do que simplesmente conterem a crônica de toda uma época ou de uma classe social, elas desnudam aspectos fundamentais do homem, dos homens e do mundo social por eles formado, bem como dos sentidos intersubjetivos que conferem às suas ações em todos os planos, na esfera pública e na privada, como no mundo do amor, da sexualidade e do corpo, por exemplo. O empenho de Pedro Nava na reconstituição do passado e em sua recuperação por meio do trabalho da escrita acabaria por mudar a feição da memória como prática literária no Brasil, até então considerada menor ou algo subalterna no cânone da literatura. Uma realização, à época, quase inusitada tendo em vista que o grosso do nosso memorialismo era formado até então por narrativas autobiográficas voltadas para a celebração dos feitos dos seus autores, e, por isso, elas próprias, peças retóricas de uma autoconsagração. Pedro Nava, ao contrário, apesar de médico eminente, antes consagra as suas *Memórias* como o seu principal feito.

Lançado em 1972 pela editora Sabiá, o primeiro volume da obra, no qual Nava inicia a narração da sua história como parte da história dos seus antepassados, significativamente intitulado *Baú de ossos*, esgotou rapidamente duas edições, vendendo cerca de 20 mil exemplares em menos de dois anos. *A Baú de ossos* se seguiram, num intervalo de pouco mais de dez anos, *Balão cativo* (1973), *Chão de ferro* (1976), *Beira-mar* (1978), *Galo-das-Trevas* (1981) e *O círio perfeito* (1983), além de *Cera das almas*, o livro que daria continuidade à série, mas que foi interrompido pelo suicídio do autor. Tomando como eixo apenas uma das dimensões das *Memórias*, a da história da formação de Pedro Nava, a partir da qual as muitas outras histórias que contém vão ganhando a narrativa e sentido, pode-se dividir os volumes da seguinte forma: os dois primeiros tratam dos antepassados, da sua família e da sua infância; o terceiro e o quarto volumes abordam sua formação educacional, são os livros da sua adolescência e juventude; o quinto e sexto volumes tratam da sua atuação profissional como médico, são os livros da sua chegada à maturidade, o mesmo tema sobre o qual estava escrevendo em *Cera das almas*.

Esse esquema progressivo entre vida doméstica, escola e trabalho, porém, não deve levar o leitor a imaginar que a narrativa das *Memórias* seja simplesmente linear. Na verdade, ela é marcada por recorrentes suspensões do eixo temático e cronológico principal, a partir das quais histórias variadas ganham o primeiro plano da narrativa, e vão se intercalando na central. Justamente por isso sente-se a mão do narrador das *Memórias* e sua maestria, que consegue conduzir o leitor com segurança, ainda que sem privá-lo de momentos de vertigem pelo emaranhado da memória. Aliás, narrador*es*, já que nos quatro primeiros volumes, de *Baú de ossos* a *Beira-mar*, a narração se dá por meio de um narrador em primeira pessoa; ao passo que, ao se aproximar do tempo presente da escritura das suas memórias, Nava opta por um narrador em terceira pessoa para contar, a partir de *Galo-das-Trevas*, publicado em 1981, a sua vida profissional.

Embora elas sejam monumentais, nossa identificação com as *Memórias* parece favorecida mais no detalhe do que no eixo central da narrativa; o detalhe, esse recurso fundamental na ficção para enfocar, registrar uma impressão, fazer lembrar. E nas *Memórias* de Pedro Nava a maioria desses detalhes parece, aliás, ligada muito diretamente aos sentidos. Memórias sensoriais – olhos, ouvidos, olfato, tato – percorrendo por dentro as histórias que o narrador quer nos dar a conhecer sobre ele e os seus, de tal modo que, apesar das diferenças evidentes, o sabor da feijoada descrita já é o sabor da feijoada que nós efetivamente comemos um dia, por exemplo. E assim, não raro, num fascinante jogo de estranhamentos e reconhecimentos, o(s) narrador(es) das memórias de Pedro Nava como que nos surpreendem em pleno ato de leitura, recuperando voluntária ou involuntariamente nossas próprias lembranças. Afinal, não são os sentidos justamente os meios através dos quais percebemos e reconhecemos os outros, o ambiente em que nos encontramos e, assim, a nós mesmos?

O impacto das *Memórias* de Pedro Nava foi e continua sendo extremamente significativo também em suas consequências para a literatura brasileira em geral, afinal, elas não apenas contribuíram para recolocar o gênero como referência para o conhecimento da história, da política e da cultura do século XIX e do século XX, como levaram a crítica especializada a rediscutir, entre outros aspectos, as próprias relações entre história e ficção que nele se entrelaçam. Do ponto de vista temático, de fato, são muitos os assuntos tratados nas *Memórias* e que podem servir de "fontes" de conhecimento: as vidas patriarcal e pequeno-burguesa brasileiras do século XIX ao XX; as cidades como entidades político-culturais referidas à totalidade de uma experiência social e sentimental, especialmente Rio de Janeiro e Belo Horizonte; a fisionomia dos ambientes privados, como a cultura visual dos espaços domésticos, seus ritos e sociabilidades; os colégios, como o Pedro II, e as faculdades de medicina; as ruas e a vida cultural e boêmia; a prática da medicina em diferentes níveis e lugares; acontecimentos políticos e culturais decisivos; inúmeros retratos e biografias etc. Além de uma sofisticada reflexão sobre a memória e sobre o gênero narrativo memorialístico, que pratica e a que vai dando vida por meio da escrita.

Memória ou imaginação? Documento ou ficção? No lugar de uma resposta disjuntiva, a força e o alcance próprios das *Memórias* parecem estar antes na ambiguidade que lhes é constitutiva. Sua capacidade de interpelação está, assim, no jogo entre documento e ficção que provoca e que faz da memória um campo plástico e do passado, gestos revividos postos em ação pela narração. Método que exigiu de Nava – em medidas semelhantes, na verdade, praticamente indistinguíveis – a pesquisa, a inventividade e a longa meditação, e as decisões de ordem estética envolvidas no árduo trabalho da escrita. O êxito de Pedro Nava como escritor talvez se deva, acima de tudo, ao fato de ter conseguido, como poucos, se fazer narrador. Afinal, o narrador é justamente aquele que consegue trocar por palavras as experiências vividas, na conhecida definição dada por Walter Benjamin à antiga arte de narrar desaparecida no mundo moderno após o surgimento do romance. No caso das *Memórias* de Pedro Nava, a recriação dessa arte complexa exigiu antes de tudo a recusa de uma visão disjuntiva de temporalidades, de procedimentos textuais e de regimes de memórias e de culturas. Recusa que, ao fim e ao cabo, logrou manter viva a tensão entre passado e presente, mortos e vivos, subjetivo e objetivo, individual e coletivo, particular e geral, o Brasil e o mundo. ●

VER VERBETES

CORRESPONDÊNCIA MODERNISTA E MEMORIALISMO MODERNISTA.

SUGESTÕES DE LEITURA

BITTENCOURT, Andre; BOTELHO, André. Entre bruxos e doutores: medicina e modernismo em Pedro Nava. In: *A sociedade dos textos*. Belo Horizonte: Relicário, 2022.

BOTELHO, André. As memórias de Pedro Nava: autorretrato e interpretação do Brasil. In: NAVA, Pedro. *Baú de ossos*. São Paulo: Companhia das Letras, 2012. p. 7-23.

FOUCAULT, Michel. *A hermenêutica do sujeito*. Curso dado no Collège de France, 1981-1982. São Paulo: Martins Fontes, 2006.

SOUZA, Eneida Maria de. *Pedro Nava, o risco da memória*. Juiz de Fora: Funalfa, 2004.

YATES, Frances. *A arte da memória*. Campinas: Editora Unicamp, 2007.

POESIA NA PEQUENA CIDADE

EDUARDO COELHO

O PROVINCIANISMO FOI UMA TENDÊNCIA ressaltada por alguns escritores modernistas, tornando-se um índice frequente de brasilidade. Mesmo em livros produzidos nos anos 1920 mais relacionados às novidades dos centros urbanos, há versos que retratam a vida cotidiana na cidade pequena, como em *Alguma poesia* (1930), de Carlos Drummond de Andrade. Nessa obra, poemas como "Lanterna mágica" comprovam que, no período de renovação das artes nacionais, existia uma lírica dedicada a pequenas cidades. Há perfis interioranos do Brasil em que o humor não raro se revela na construção do poema-piada, característico dos modernismos, como em "Cidadezinha qualquer", do mesmo livro de Carlos Drummond de Andrade:

> Casas entre bananeiras
> mulheres entre laranjeiras
> pomar amor cantar.
>
> Um homem vai devagar.
> Um cachorro vai devagar.
> Um burro vai devagar.
>
> Devagar... as janelas olham.
>
> Eta vida besta, meu Deus.

É igualmente notável uma série de poemas modernistas em que cenas sobre pequenas cidades surgem pontualmente, fazendo parte de um contexto mais amplo: é o caso de "Limites da razão" e "Vertigem", publicados em *Poemas* (1930), de Murilo Mendes. Em seus versos, imagens e referências acerca da pequena cidade se apresentam de modo realista, mas dentro de um repertório que, por outro lado, é surrealizante, firmando no poema oscilações entre o cotidiano e o extraordinário, a memória e a imaginação, o fato e o sonho, identificados no segmento 2 de "Limites da razão":

> O manequim vermelho do espaço
> que de noite eu levanto a mão para tocar
> chega perto de mim
> tem um ritmo próprio
> um andar quase humano.
> Já vi há muitos anos numa cidade do interior
> uma professora inglesa que andava assim.
> (...)

Tanto em Carlos Drummond de Andrade quanto em Murilo Mendes a poesia de cidade pequena está frequentemente atrelada ao memorialismo, às vezes recuperando o passado colonial que, pouco a pouco, é invadido ou consumido pelo presente. A poesia se manifesta, ainda, como uma estratégia de registro de duas temporalidades, em que aparecem transformações em andamento, conservando algo do que a urbanização, a industrialização e a exploração mecanizada da terra começavam a arruinar.

Não à toa, em alguns desses poemas surgem hábitos tradicionais, casas velhas, igrejas antigas, bem como o cinema e o trem, tópicos da modernidade referidos na segunda seção de "Lanterna mágica", que trata de Sabará. A pequena cidade, personificada, vai sendo descrita em seu processo de manutenção e, ao mesmo tempo, de transformações destrutivas:

> A dois passos da cidade importante
> a cidadezinha está calada, entrevada.
> (Atrás daquele morro, com vergonha do trem.)

Só as igrejas
só as torres pontudas das igrejas
não brincam de esconder.

(...)

Eu fico cá embaixo
maginando na ponte moderna – moderna por quê?
A água que corre
já viu o Borba.
Não a que corre,
mas a que não para nunca
de correr.

Ai tempo!
Nem é bom pensar nessas coisas mortas, muito mortas.
Os séculos cheiram a mofo
e a história é cheia de teias de aranha.
Na água suja, barrenta, a canoa deixa um sulco longo apagado.
Quede os bandeirantes?
O Borba sumiu,
Dona Maria Pimenta morreu.

Mas tudo tudo é inexoravelmente colonial:
bancos janelas fechaduras lampiões.
O casario alastra-se na cacunda dos morros,
rebanho dócil pastoreado por igrejas:
a do Carmo – que é toda de pedra,
a Matriz – que é toda de ouro.
Sabará veste com orgulho seus andrajos...
Faz muito bem, cidade teimosa!

Nem Siderúrgica nem Central nem roda manhosa de forde
sacode a modorra de Sabará-buçu.

(...)

O presente vem de mansinho
de repente dá um salto:
cartaz de cinema com fita americana.

E o trem bufando na ponte preta
é um bicho comendo as casas velhas.

Assim, ora na reunião dos poemas de um livro, ora num mesmo poema, revelam-se não apenas duas temporalidades, mas dois ritmos: de um lado, o ritmo lento, entrevado, enquanto, de outro, desponta a aceleração característica da vida moderna, devoradora do idílio, do contexto pacato, que vai sendo substituído pela condição de ruína.

Em outros poemas modernistas referentes às pequenas cidades, constata-se a perspectiva realista mapeando a cultura brasileira. É o caso da lírica bissexta de Pedro Nava, evidente sobretudo em um dos segmentos de "Tejuco", intitulado "Música", publicado em julho de 1925 n'*A Revista*:

Violão e sons oblongos no dia longo.
Os minuetos de Vercélhes,
têm outro som dançados na corte do Tejuco.

O violão põe ritmos mestiços,
põe coleios longos,
requebros bruscos e
sinuosidades pérfidas
no minueto de Chica da Silva.

O minueto é lundum,
é jongo, é cateretê,
na corte mulata do Tejuco.

Em seus versos, há o "violão", o "som dançado na corte do Tejuco", com seus "ritmos mestiços", "lundum", "jongo" e "cateretê". Encontra-se ainda uma menção ao passado colonial ("Chica da Silva"). A brasilidade se apresenta, consequentemente, relacionada a aspectos musicais – com os minuetos, uma música de origem francesa, em compasso ternário, que na "corte do Tejuco" tem "outro som". Manifesta-se também o abrasileiramento do logradouro "Versalhes", grafado "Vercélhes". Através de pequenas cidades, uma parte do Brasil é retratada pela poesia modernista, valendo-se geralmente de versos livres, mais compactos, com linguagem prosaica. Trata-se de uma realidade trabalhada, em alguns casos, sob a técnica de kodac, ou seja, de maneira fotográfica, ágil, pouco descritiva, organizando poeticamente um modo de ser ao mesmo tempo provinciano e moderno.

Esse tipo de poesia foi sendo produzido dos centros para o interior e, depois, do interior para os centros urbanos, num movimento que Mário de Andrade caracterizou como "uma circulação mais legítima das literaturas provincianas, com enfraquecimento visível do poder central da Corte", conforme trecho inicial da crônica "Cataguazes", publicada no *Diário Nacional*, em 10 de julho de 1932. Nesse texto, Mário de Andrade discutia o surgimento de novos grupos: "De princípio, se algumas figuras isoladas vivendo na província conseguiam se impor ao conhecimento geral dos brasileiros, isso não apenas era muito raro, como derivava dum consentimento da Corte. Essas figuras alcançavam a benevolência do Rio de Janeiro; e do Rio de Janeiro é que irradiavam pro país todo".

O grupo que se formou em torno da revista *Verde* de Cataguases talvez apresente a maior produção de poesia modernista na pequena cidade. Em seu primeiro número, no texto "A cidade e alguns poetas", Henrique de Resende destacou que "aqui, nesta pequenina cidade de algumas milalmas, cresce a flor maravilhosa do espírito moderno". Em seguida, apontou a missão da nova revista: "VERDE, a mostrar à intelectualidade do Brasil que também em Cataguazes, pequenina cidade do interior de Minas, o espírito moderno içou a bandeira verdamarela do reacionismo, formando ao lado daqueles que se esforçam pelo triunfo da mais linda cruzada intelectual de nossa terra".

Num total de seis números, na revista *Verde* há poemas que contemplam a pequena cidade. A base mais frequente dessa poesia se relaciona ao campo afetivo, de notável ternura. Revela-se uma frequência poética à surdina, talvez resultante de um penumbrismo tardio, localizado, entre outros, no "Poema do meu primeiro amor", de Oswaldo Abrita:

> Há um sussurro vago dentro da tarde vaga.
> Um sussurro leve como um sonho
> e breve como a felicidade...
>
> Ao longe
> Vai se acendendo aos poucos a cidade...
> a cidade pequenina do meu sonho,
> do meu sonho de Poeta...
>
> A cidade pequenina onde ela vive...
>
> (...)
>
> Ao longe
> Vai se acendendo aos poucos a cidade...
> e ela está tão distante! tão distante!...

Contudo, mais do que uma poesia da pequena cidade, nessa revista se apresentaram versos em torno do ambiente rural e seu cotidiano. Alguns deles recorreram a fatos que também apontam um processo de modernização, como em "O agrônomo", de Wellington Brandão, publicado no terceiro número de *Verde*:

> Apareceu um doutor em Capivaras
> ensinando a agricultura pelos processos
> modernos.
> Reuniu fazendeiros na sala do Paço,
> mas antes de pedir a palavra
> foi lá fora pitar um cigarro goiano.

A poesia modernista na pequena cidade consistiu, de maneira geral, na problematização entre o antigo e o novo – e como ambos podiam ser mobilizados em busca da construção de imagens, situações e emoções relacionadas à brasilidade. Na maior parte dos poemas desse tipo, mostram-se versos referentes a uma modernidade em processo. Na composição do Brasil moderno através da poesia, o interior e suas tradições se fazem presentes, havendo, ao mesmo tempo, os ensinamentos da agricultura moderna e o pito no cigarro goiano. No entanto, a coexistência de dois tempos, dois ritmos, duas realidades etc. parece ter seus dias contados, e há versos que nesse sentido projetam a sobreposição a caminho de uma força sobre a outra, que não à toa se envergonha. Há uma divisão entre dois mundos que se queria na construção dessa brasilidade, e não por acaso em "Explicação", de *Alguma poesia*, Carlos Drummond de Andrade costurou tal dicotomia recorrendo ao "elevador" e à "roça". ●

SUGESTÕES DE LEITURA

PUNTONI, Pedro; TITAN Jr., Samuel (orgs.). *A REVISTA* – edição fac-similar. Introdução de Ivan Marques. São Paulo: Imprensa Oficial do Estado de São Paulo, Biblioteca Brasiliana Guita e José Mindlin, 2014.

ANDRADE, Carlos Drummond de. *Poesia 1930-62:* de *Alguma poesia* a *Lição de coisas*. Edição crítica preparada por Júlio Castañon Guimarães. São Paulo: Cosac Naify, 2012.

ANDRADE, Mário de. Cataguazes. In: *Táxi e crônicas no Diário Nacional*. São Paulo: Duas Cidades, 1976. p. 549-550.

MENDES, Murilo. *Poesia completa e prosa*. Organização, preparação do texto e notas de Luciana Stegagno Picchio. Rio de Janeiro: Nova Aguilar, 1994.

VERDE. Organização de Pedro Puntoni e Samuel Titan Jr. Introdução de Júlio Castañon Guimarães. São Paulo: Imprensa Oficial do Estado de São Paulo, Biblioteca Brasiliana Guita e José Mindlin, 2014.

REINADOS E CONGADOS

JOANA RAMALHO ORTIGÃO CORRÊA

EM MINAS GERAIS, OS REINADOS E CONGADOS – eventualmente também chamados de Congos e Congadas – conformam sistemas sociais, cosmológicos e rituais complexos que envolvem fundamentos religiosos católicos e afro-brasileiros de longa permanência histórica, articulados em torno da devoção à Nossa Senhora do Rosário e aos santos negros. Seus percursos remetem à entrada do catolicismo nas regiões africanas de colonização portuguesa no século XV e à formação das irmandades negras no Brasil a partir dos séculos XVII e XVIII. Essas irmandades, espaços de representação e participação socialmente demarcados, constituem uma face importante da formação da sociedade colonial. A Irmandade de Nossa Senhora do Rosário de Ouro Preto, datada de 1711, é provavelmente a mais antiga do território mineiro. Em torno da formação pioneira de Ouro Preto, circulam em território mineiro narrativas sobre a figura lendária de Chico Rei, personagem ambíguo, meio histórico, meio mítico, que teria sido Rei do Congo antes de ser trazido como escravo ao Brasil e fundado o primeiro Reinado congadeiro na diáspora.

Um levantamento preliminar das "Congadas de Minas" promovido pelo IPHAN, entre 2014 e 2015, registrou cerca de 700 festas em devoção à Nossa Senhora do Rosário e aos Santos Pretos, como São Benedito, Santa Efigênia e Nossa Senhora das Mercês. Realizam-se anualmente em 332 municípios mineiros, muitas vezes em mais de uma localidade no mesmo município. Foram identificados 1.174 grupos, guardas e ternos de músicos e dançantes em todo o estado, concentrando-se especialmente nas regiões históricas de garimpo e mineração e de rotas de escoamento de minérios para os portos litorâneos.

Embora por vezes usados indistintamente, os termos reinado e congado guardam algumas nuances em seus significados e simbologias. Reinado pode ser adotado tanto em relação aos festeiros coroados anualmente ou em caráter perpétuo quanto de forma mais abrangente em referência à comunidade religiosa abarcada pela coroa de Nossa Senhora do Rosário e outros santos que reinam com seus devotos, especialmente com os negros. Congado tem uso mais restrito, associado aos grupos de dançantes, músicos e cantadores, e também pode ser usado de forma mais ampla para se referir à manifestação cultural.

Os congadeiros, que também se reconhecem como dançantes ou tamborzeiros, a depender da região de Minas Gerais, desenvolvem seu compromisso com santos e entidades por meio de performances corporais, músicas e cantos em cortejo pelo espaço urbano que celebram e confirmam sua devoção. Durante os períodos festivos, instauram-se dinâmicas de espaço-tempo que suspendem o cotidiano e acentuam a interação entre pessoas vivas, pessoas mortas, santos, espíritos, almas e objetos rituais.

As obrigações e performances rituais do congado se fundamentam em narrativas míticas acerca da aparição de Nossa Senhora do Rosário – nas águas do mar ou de um rio, em alguma fonte ou lapa. Mobilizados, diferentes grupos tentam conduzi-la à terra ou a algum espaço dedicado especialmente à Santa, por meio de seus cantos e toques. Muitas vezes são os brancos que tentam primeiramente retirá-la das águas e abrigá-la em uma capela. Contudo, na medida em que a imagem da Santa rejeita a tutela dos brancos, retornando às águas, são os homens pretos que conseguem conduzi-la definitivamente, por meio de cantos e danças, para seu culto. Há outros sistemas narrativos em que as diferenças entre os grupos não são étnicas e sociais, mas geracionais. Nesse caso, os grupos geracionais são de homens negros, com diferentes bagagens ancestrais. Eles tentam remover a Santa e Ela segue com os mais velhos.

As narrativas míticas, em suas variadas versões, são fundadoras dos grupos, também conhecidos como guardas e ternos, que desfilam em cortejo nos dias festivos, estruturando um sistema de hierarquias rituais que os posiciona em diferentes funções, como, por exemplo, a mais prestigiosa, de conduzir o Reinado e a imagem da Santa, ou a de abrir caminhos para o conjunto principal. Conduzir e resguardar o Reinado e a imagem da Santa nos percursos festivos é, em geral, função dos grupos que nas narrativas conseguem conduzi-la a um novo espaço e fazê-la permanecer sob seus cuidados.

Em cada localidade, formações diversas especificam tipos de guardas, com indumentária, formação sonora, cantos e obrigações rituais específicas. Na literatura de estudiosos de folclore que floresceram em Minas Gerais a partir da formação da Comissão Mineira de Folclore em 1948, consagrou-se a ideia de que o congado mineiro seria uma família formada por sete irmãos: Candombe, Congo, Moçambique, Catopê ou Catupé, Marujos ou Marujada, Caboclos ou Caboclada, Vilão e Cavaleiros de Jorge. Contudo, estudos mais recentes demonstram que a variedade é ainda mais ampla, e inclui formações como os tamborzeiros do norte de Minas e grupos de pífanos, chamados de Pipiruí, Caixa de Assovio e Canudeiros. Ao desfilarem em cortejo em rituais festivos, cada qual se mantém em seu próprio ritmo e canto, formando um conjunto sonoro e visual complementar e integrado.

Internamente, os grupos também conservam hierarquias e funções. Os chefes ou capitães conduzem o grupo e orientam as práticas rituais, resguardando a sabedoria sobre as danças, toques, cantos e sobre os momentos certos de sua execução nas performances e rituais. Para se tornar um capitão, são necessários anos de dedicação e reconhecimento entre as comunidades reinadeiras.

O sentido de pertencimento comum a esse sistema devocional e ritual se torna ainda mais evidente em meio a uma prática de circulação entre grupos nos períodos festivos das diversas comunidades reinadeiras. Na região centro-mineira essa prática é considerada uma troca prestigiosa, e os grupos se dedicam a cumprir um intenso calendário de compromissos festivos, retribuído com a presença dos grupos das comunidades visitadas nas festas de seu próprio Reinado.

As celebrações e festividades envolvem também a escolha e a coroação de reis e rainhas, entre outros festeiros que compõem os Reinados. Em época de festa, o Reinado desfila em cortejo, conduzido pelos dançantes, com indumentária própria para a ocasião. Há Reis, Rainhas e outros postos cujos festeiros são selecionados anualmente, seja por votação ou indicação, e que implicam responsabilidade por uma ou mais refeições coletivas durante os períodos festivos. E há os Reis e Rainhas perpétuos, Rei Congo e Rainha Conga, ou relacionados a algum santo de devoção, que são ocupados por pessoas que exercem liderança e influência espiritual nas comunidades. As coroas passam a pertencer-lhes até seu falecimento, quando retornam ao patrimônio religioso da comunidade, aguardando que outra pessoa receba "o chamado" da coroa; ou eventualmente passam por sucessão geracional entre membros de uma mesma família cuja importância é reconhecida.

Os Reinados são festas fixas de calendário, muito embora a fixação do ápice festivo de cada comunidade seja diferente em cada caso. A Festa do Rosário Conceição do Mato acompanha a passagem de ano; o Reinado de Treze de Maio, no bairro da Concórdia, em Belo Horizonte, festeja em maio; a festa de Montes Claros acontece em agosto; no Serro, as festas do Rosário ocorrem em julho, na sede municipal, e em setembro e outubro, nos distritos. Grande parte dos Reinados se celebra ao longo do mês de outubro, mês em que a Igreja Católica dedica dias santos a Nossa Senhora do Rosário (dia 7) e a São Benedito (dia 5).

As Irmandades de Nossa Senhora do Rosário, em geral, figuram como principais responsáveis pela organização do ciclo festivo, desde a preparação de novos devotos que querem se associar até a definição do calendário, a organização das candidaturas para o Reinado, a arrecadação de recursos e a mediação das relações entre Igreja, capitães de guarda ou chefes dançantes, prefeitura, demais festeiros etc. Na região centro-mineira, em comunidades como Arturos, Jatobá, Justinópolis, entre outras, as Irmandades estão profundamente articuladas aos grupos de dançantes do congado, havendo uma linearidade entre as diretorias e os chefes e capitães de guarda. Em outras localidades, como no Serro, embora a Irmandade acolha todos os irmãos e irmãs do Rosário, envolvendo inclusive chefes das danças e dançantes dos grupos locais, a atuação da diretoria é independente, havendo divisão de funções mais demarcadas entre a organização do calendário festivo de forma mais ampla e organização dos congadeiros.

Há também muitas articulações locais, municipais e regionais entre grupos de congadeiros em todo o território mineiro, a exemplo da pioneira Associação dos Congados e Marujos de Minas Gerais, fundada na mesma época que a Comissão Mineira de Folclore, ao final dos anos 1940. Por meio dessa Associação, mais tarde conhecida também como Federação dos Congados de Minas Gerais, articulou-se nos anos 1960 um Reinado representativo do estado. Desde então, uma guarda com capitães e chefes congadeiros passou a representar Minas Gerais em festividades pelo Brasil. Essas articulações acompanham o crescente interesse pelos reinados e congados como tema dos estudos de folclore.

A partir dos anos 1980, o interesse pelos reinados e congados ganhou mais espaço em pesquisas acadêmicas interessadas nas expressões, celebrações e religiosidades de matrizes africanas no Brasil. Os estudos também começam a se debruçar sobre memórias, saberes e performances rituais articuladas por comunidades reinadeiras e grupos de congado em várias regiões de Minas, considerando suas especificidades, trajetórias e lideranças.

A partir dos anos 2000, com a criação e implementação de políticas patrimoniais voltadas para a proteção de bens culturais de natureza imaterial, comunidades mineiras tiveram suas celebrações inventariadas em âmbito estadual e municipal para registro e salvaguarda. O Instituto Estadual do Patrimônio Histórico e Artístico de Minas Gerais registrou, em 2013, a Festa de Nossa Senhora do Rosário dos Homens Pretos de Chapada do Norte e, em 2014, a Comunidade dos Arturos, no município de Contagem, na região central. O inventário das Congadas em Minas Gerais, São Paulo e Goiás está em curso pelo IPHAN, com etapas regionais, desde 2014.

Mestras e mestres de Reinado também têm recebido reconhecimento e títulos de notório saber por universidades federais e estaduais sediadas em Minas Gerais. A Universidade Federal de Minas Gerais concedeu a Dirceu Ferreira Sérgio, capitão regente da Guarda de Moçambique da Irmandade do Quilombo Nossa Senhora do Rosário de Justinópolis, em Ribeirão das Neves, o título de Doutor em Estudos do Lazer, em 2019; Mestra Pedrina de Lourdes da Guarda de Massambique de Nossa Senhora das Mercês, do município de Oliveira, recebeu o título de Doutora em Comunicação Social, em 2022. Muitas comunidades de Reinado têm obtido titulação como quilombolas pela Fundação Cultural Palmares e participado de programas voltados para povos e comunidades tradicionais. A produção literária e audiovisual sobre grupos e festas de Reinado em Minas Gerais tem ganhado ano a ano novos registros e títulos, muitas vezes produzidos pelas próprias comunidades e seus parceiros.

Alguns Reinados mineiros resguardam, em seus cantos rituais, palavras originárias do tronco linguístico Banto, que têm também sido tema de investigação por pesquisadores das áreas de etnomusicologia, antropologia e letras, e ainda formado redes de salvaguarda entre lideranças e congadeiras. •

VER VERBETES TRIUNFO EUCARÍSTICO E VISSUNGOS.

SUGESTÕES DE LEITURA

CORRÊA, Joana R. Ortigão. *No Rosário tem cuenda*: concepções de vida e morte nos reinados em Minas Gerais. Tese de Doutorado – PPGSA/Universidade Federal do Rio de Janeiro, Rio de Janeiro, 2018.

GOMES, Núbia Pereira de Magalhães; PEREIRA, Edimilson de Almeida. *Negras raízes mineiras*: os Arturos. Belo Horizonte: Mazza, 2000.

LUCAS, Glaura. *Os sons do rosário*: o congado mineiro dos Arturos e Jatobá. Belo Horizonte: Editora UFMG, 2002.

MARTINS, Leda Maria. *Afrografias da memória*: o reinado no Jatobá. São Paulo; Belo Horizonte: Perspectiva; Mazza, 1997.

UNIVERSIDADE Católica de Minas Gerais (org.). *Introdução ao estudo do congado*. Belo Horizonte, 1974.

REVISTA BARROCO

CRISTINA ÁVILA E MYRIAM ÁVILA

A REVISTA *BARROCO*, CRIADA PELO POETA E ENSAÍSTA Affonso Ávila, foi publicada pela primeira vez em 1969, com o objetivo de explorar "a atração que o tema (...) exerce sobre a inteligência contemporânea" e, portanto, de expandir os limites históricos desse "estilo de época", como era entendido tradicionalmente, reconfigurando seu significado, para além da questão temporal, como visão do mundo e mentalidade capaz de aproximar "duas épocas aparentemente distanciadas entre si", mas ambas caracterizadas por "idêntica perplexidade existencial", como propõe o seu idealizador nas páginas de abertura do primeiro número.

A mais cosmopolita de todas as revistas mineiras na época de lançamento de seus primeiros números (década de 1970), *Barroco* conta com contribuições de estudiosos de toda a Europa e das três Américas, em cinco idiomas além do português. Com visão inclusiva, a revista publicou e publica desde os mais renomados especialistas estrangeiros, com destaque para Germain Bazin e Michel Serres, até jovens pesquisadores brasileiros. Entre os autores encontram-se filósofos, historiadores, arquitetos, poetas, músicos, críticos de arte, restauradores e religiosos.

Entre os brasileiros, *Barroco* inclui artigos de Mário Barata, Silviano Santiago, Francisco Iglésias, Benedito Nunes, Rubens Borba de Morais, Haroldo de Campos e José Mindlin, para citar apenas uns poucos. Ali se encontram ainda importantes ensaios e poemas de Affonso Ávila. A revista tornou-se também um espaço de contato e mediação entre pesquisadores brasileiros e portugueses, e fomentou a criação de um núcleo importante de pesquisa histórica e estética em Belo Horizonte, formado por jovens arquitetos e historiadores com atuação no IPHAN de Minas Gerais. O já lendário bibliotecário Hélio Gravatá foi, até sua morte, secretário da revista, responsável por pesquisas bibliográficas precursoras.

Pode-se dividir em três fases a existência da revista: a primeira, quando era impressa na Gráfica da Universidade Federal de Minas Gerais como parte do programa de extensão da UFMG e veiculada através do Centro de Estudos Mineiros da universidade. Essa parceria foi até o número 13. A segunda, em que passa a ser produzida pelo Centro de Pesquisas do Barroco Mineiro, com patrocínios e apoios diversos (Secretaria de Cultura de Minas Gerais, Assembleia de Minas, Instituto Cultural Amílcar Martins, Instituto Cultural Flávio Gutierrez). O falecimento de Affonso Ávila ocorreu durante o preparo do número 20, que foi levado a cabo pela historiadora Cristina Ávila. Esse número teve imenso sucesso editorial, com três edições alcançando 5.000 exemplares e 30.000 visualizações quando disponibilizada na internet. A terceira fase é aquela em que a revista passa a ter formato digital, em 2021, inaugurando nova numeração.

Um dos aspectos distintivos da revista é sua programação gráfica, inicialmente a cargo do artista plástico Eduardo de Paula, pintor de feição concretista conhecido pela exploração das formas geométricas, responsável pela opção pelo formato quadrado e pela criação da capa com a palavra "BARROCO" em diagonal tomando toda a sua extensão, sempre em cores fortes que variavam a cada edição. Essa concepção vanguardista dava a exata medida da retomada do conceito histórico do barroco não como pesquisa filológica, mas como toda uma percepção estética que atravessa a história da arte e da literatura, reinventando-se como vanguarda do pensamento e da cultura, em diversas configurações espaço-temporais. Se, em 1924, a redescoberta do barroco mineiro foi um gatilho para a criação modernista, também o movimento concretista buscou nesse momento do passado a essência de uma postura de invenção e ruptura. No âmbito europeu, a reflexão crítica sobre o barroco foi o trampolim para uma compreensão profunda da contemporaneidade, com Walter Benjamin, Gilles Deleuze, Omar Calabrese e muitos outros.

Outra característica da publicação eram as páginas amarelas inseridas no miolo, dando destaque a um artigo ou contribuição de outra ordem. Figuraram nas páginas amarelas, entre outros, Francisco Curt Lange, com um estudo sobre danças do período colonial, Hélio Gravatá, com uma extensa bibliografia sobre Aleijadinho, Affonso Ávila, com um estudo precursor sobre igrejas e capelas de Sabará, e Willy Corrêa de Oliveira, com um estudo sobre o músico mineiro Manoel Dias de Oliveira, este último polêmico pela inserção de biografemas ficcionais na análise formal de partituras. Cada número da revista trazia nas últimas páginas resenhas e registros, sendo que o número 10 trazia ainda um índice geral de autores, títulos e assuntos da primeira década de existência da revista (1969-79), preparado pelo bibliotecário e pesquisador Hélio Gravatá.

Sob a égide da revista, foram organizados três encontros de pesquisadores: o primeiro, em 1981, de 3 a 7 de setembro, intitulado "Congresso do Barroco no Brasil – Arquitetura e Artes Plásticas", realizado em Ouro Preto, com participação de estudiosos da Suíça, França, Portugal, Itália, Bolívia e México, além de brasileiros de sete estados da federação, entre os quais Mário Barata e Benedito Nunes. O evento contou com programação cultural incluindo concertos de música barroca, apresentações de bandas e projeção de filme e terminou com uma roda de samba oferecida à população pela Prefeitura de Ouro Preto. Envolveu, portanto, toda a cidade em um festival inédito que unia a erudição à inclusão.

O II Congresso do Barroco no Brasil, também sediado em Ouro Preto, entre 25 e 29 de setembro de 1989, foi maior do que o primeiro e teve como patrono e palestrante o historiador francês Germain Bazin, que falou do barroco como "estado de consciência". Participantes vieram da França, Peru, México, Argentina, Espanha, Inglaterra, Portugal, Canadá, Suíça e de cinco estados brasileiros.

O congresso "O Território do Barroco no Século XXI", programado para 2000, não pôde ser realizado presencialmente, pela dificuldade de levantar recursos para trazer convidados a Minas. Transformado em "número-simpósio", esse encontro virtual comemorou os 500 anos do Brasil. Trouxe ainda uma discussão premente sobre novas tecnologias e conservação da memória material do barroco. Contou com a participação de Ana Hatherly (Portugal), Omar Calabrese (Itália), Walter Moser (Suíça), Pierre Catel (França), Carmen Bustillo (Venezuela) e dos brasileiros Haroldo de Campos e Augusto Carlos da Silva Telles, entre vários outros estudiosos renomados do exterior e do Brasil.

Todas as palestras e comunicações dos congressos foram publicadas em números da revista. Com eles, o periódico ultrapassa o âmbito da divulgação impressa e impõe-se como fomentador de discussões interdisciplinares e transdisciplinares, sempre dentro de uma compreensão igualitária e multidirecional dos lugares de produção dos discursos, incorporando o conceito aviliano de "circularidade cultural".

Números digitalizados e números em formato digital da nova fase encontram-se no endereço https://www.revistabarroco.com.br/. ●

SÁBATO MAGALDI

ELEN DE MEDEIROS

NASCIDO EM BELO HORIZONTE em 9 de maio de 1927, Sábato Antônio Magaldi concluiu seus estudos formais na capital mineira, bacharelando-se em Direito pela UFMG em 1949. Foram seus companheiros de geração Fernando Sabino, Autran Dourado, Paulo Mendes Campos, Otto Lara Resende, Hélio Pellegrino (seu primo em primeiro grau), dentre outros nomes conhecidos da literatura mineira – a denominada Geração Edifício, responsável pela edição da revista homônima. Sábato Magaldi, como se consagrou na crítica teatral brasileira, iniciou suas atividades críticas no final da década de 1940, momento em que o teatro brasileiro passava por transformações significativas para o que se almejava como moderno, após um amplo e importante movimento de teatro amador. Magaldi teve uma breve incursão profissional no *Diário Carioca*, periódico do Rio de Janeiro, mas em seguida mudou-se para Paris, em 1952, a fim de estudar Estética na Université Sorbonne, onde permaneceu por um ano para aprimorar seu repertório teórico. Ao retornar ao Brasil, mudou-se para São Paulo, lugar onde despontavam os principais movimentos experimentais da cena brasileira daquele período. Ao se tornar professor da Escola de Arte Dramática (EAD), a convite de Alfredo Mesquita, em 1953, deu início a uma longa jornada na formação de inúmeros grupos teatrais, dramaturgos, atores, encenadores, quando também atuava como crítico n'*O Estado de São Paulo* e no *Jornal da Tarde*. Por meio de sua importante atuação como crítico e como professor – em 1967 tornou-

-se docente de História do Teatro Universal na recém-criada Escola de Comunicações Culturais da USP, hoje Escola de Comunicação e Artes (ECA) –, amparada em uma perspectiva universalizada, ajudou a fomentar no cenário teatral brasileiro uma ideia de modernidade alinhada às principais correntes ocidentais.

Seu trânsito nos diversos meios de veiculação do pensamento (jornais, teses acadêmicas, programas televisivos e a sala de aula), bem como a colaboração com universidades estrangeiras – atuou como professor convidado nas universidades francesas Sorbonne Nouvelle e Aix-Marseille –, alicerçaram sua visão cosmopolita de teatro, registrada na fluidez com que trata, em seus textos, de teatro europeu, brasileiro, norte-americano, dentre outros. Em 1994 foi eleito para a Academia Brasileira de Letras, cadeira nº 24, sucedendo o mineiro Cyro dos Anjos. Seguiu também uma breve carreira na administração pública, tornando-se secretário municipal de Cultura na Prefeitura de São Paulo, de 1975 a 1979, na gestão de Olavo Egydio Setúbal. Sábato Magaldi faleceu em 14 de julho de 2016 em São Paulo. Em 2017 seu acervo foi incorporado ao Centro de Estudos Literários e Culturais do Acervo de Escritores Mineiros da UFMG.

Toda a trajetória intelectual de Magaldi acompanha um período intenso e prolífico do teatro brasileiro, com a expansão de suas perspectivas a partir de uma ampla investigação de linguagens do drama e da cena, que alcança autores, grupos, encenadores e manifestações em diversas regiões do país. Assim, ao longo de sua atuação, ocorreu a consolidação de diferentes correntes e estéticas teatrais que formariam nosso teatro moderno. Paralelamente, Sábato Magaldi também se estabelece como baluarte da crítica teatral moderna, ao lado de Décio de Almeida Prado, entre outros nomes. *Panorama do teatro brasileiro*, de 1962, é talvez seu livro de historiografia teatral mais conhecido, tendo provocado certa reação por causa de ausências que o próprio autor reconhece: "o tumulto em que o compus explica muitas de suas lacunas e insuficiências". Vieram, na esteira de seu trabalho como crítico e professor, *Introdução ao teatro* (1965), *Nelson Rodrigues: dramaturgias e encenações* (1987), *O texto no teatro* (1989), *Moderna dra-*

maturgia brasileira (1998), *Cem anos de teatro em São Paulo* (2000) – em parceria com Maria Thereza Vargas –, *Teatro da ruptura: Oswald de Andrade* (2004), *Teatro sempre* (2006), dentre outros.

Além dessas obras, Sábato Magaldi foi o responsável pela organização e apresentação do teatro completo de Nelson Rodrigues, a pedido do próprio autor, publicado de 1981 a 1984, em quatro volumes, pela Nova Fronteira. Dividiu as 17 peças do dramaturgo e as dimensionou conforme eixos interpretativos: peças psicológicas, peças míticas e tragédias cariocas (vol. I e II). Esse modo de organização, ao partir de uma leitura do país para as problemáticas do ser humano em geral, consolidou uma interpretação da obra teatral rodriguiana, ainda hoje largamente utilizada, que dá ênfase ao seu estatuto universal, equiparando-o a nomes como Eugene O'Neill, Dostoiévski, Georg Kaiser, entre outros. A demanda da compilação do teatro completo surgiu quando Magaldi preparava sua livre-docência, justamente sobre a obra rodriguiana, o que o fez alterar sua tese para que os prefácios não interferissem no ineditismo exigido. Em 2004 o estudo introdutório foi publicado em edição à parte, tornando-se o livro *Teatro da obsessão: Nelson Rodrigues*.

Panorama do teatro brasileiro foi publicado inicialmente em 1962, pela Difusão Europeia do Livro, a Difel; a segunda edição foi publicada pelo Serviço Nacional do Teatro, ligado à Funarte e ao MEC, em 1977; e, posteriormente, teve outras edições pela Global, editora que ainda hoje detém os direitos do título. Esse percurso de publicação ajuda a compreender alguns dos pressupostos contidos no volume. Em nota introdutória à 3ª edição, publicada pela Global em 1977, por exemplo, o crítico observa que o ideal seria poder incorporar as pesquisas mais recentes que enriqueceram a historiografia teatral, mas que isso significaria escrever um novo livro. E a manutenção de sua versão original, portanto, serviria mais como "documento, que guarda unidade, exprimindo uma perspectiva cara ao autor e partilhada por companheiros do mesmo trajeto". Ainda assim, a nova edição possui dois capítulos novos, um sobre a dramaturgia moderna e outro sobre as tendências contemporâneas. Isso posto, podemos compreender que a obra foi escrita sob uma perspectiva histórica, buscando organizar um percurso teatral brasileiro, mas com restritas pesquisas historiográficas, uma vez que ainda não havia na década de 1960 a visão ampla que posteriormente se consolidou nos estudos teatrais, com variadas investigações sobre os teatros de cada região do país e suas manifestações de teatralidade viva e pulsante em diversos momentos de nossa história.

Em seu memorial de concurso para professor titular, escrito em 1987, o crítico observou que pesquisas daquela época estavam suprindo as lacunas da obra e, em razão de novas teses, ele decidira em definitivo sepultar o livro. Por esse motivo, talvez se possa compreender o capítulo "O vazio de dois séculos" referindo-se ao período da decadência do teatro jesuítico ao início do romantismo no Brasil, após a Proclamação da Independência. É nesse polêmico capítulo que Magaldi reconhece a importância das Casas de Ópera surgidas no século XVIII, em que vê "um progresso essencial da atividade cênica", embora, "sob o prisma da dramaturgia, persiste o vazio, porque só nos chegou o texto de *O parnaso obsequioso*, de Cláudio Manuel da Costa". Ademais, *Panorama do teatro brasileiro* é aquilo a que se propõe: uma perspectiva panorâmica da atividade teatral brasileira, desde o teatro jesuítico, iniciado em meados do século XVI, até aquela contemporaneidade, ainda da década de 1990.

Nelson Rodrigues: dramaturgias e encenações é a versão em livro da tese de livre-docência que Magaldi apresentou na Escola de Comunicação e Artes da USP. O livro busca explorar o caminho seguido pelo dramaturgo, da primeira peça, *A mulher sem pecado* (1942), até *A serpente* (1978), passando pelas polêmicas incitadas pelo ciclo de suas peças míticas – todas elas alvos de censura. Nesse livro, o crítico mineiro encara Nelson Rodrigues como aquele que construía conscientemente o teatro moderno brasileiro. A tese se debruça sobre as 17 peças do dramaturgo e as investiga conforme eixos analíticos: além do percurso, detém-se sobre as personagens, os procedimentos, o pensamento e as encenações. Esta última parte, que ocupa metade da obra, percorre cronologicamente as peças, ressaltando fichas técnicas de diferentes montagens e recepção crítica destacada. Destaca-se, ao final, a detida análise de *Nelson Rodrigues o eterno retorno*, espetáculo de Antunes Filho de 1981 que compilava quatro peças: *Álbum de família*, *Os sete gatinhos*, *Beijo no asfalto* e *Toda nudez será castigada*. Posteriormente, Antunes Filho suprimiu *Os sete gatinhos* e *O beijo no asfalto* para a nova montagem denominada *Nelson 2 Rodrigues*. Magaldi considera a leitura de Antunes a maior encenação da obra rodriguiana, embora ressalte que não tenha assistido à montagem original de *Vestido de noiva*, de 1943.

Exemplifica a diversidade do trabalho de Sábato Magaldi como crítico, historiador e professor o livro *Cem anos de teatro* em São Paulo, elaborado a convite de *O Estado de S. Paulo*, com Maria Thereza Vargas, sua colega de crítica teatral desde a década de 1950. Os cem anos contemplam, em perspectiva historiográfica, a produção teatral de 1875 a 1974, período que vai desde uma insípida movimentação de uma única sala de espetáculos, com apenas três sessões semanais, até o teatro produzido no período mais duro da ditadura militar, na falta de liberdade de expressão. A primeira versão desse amplo e rico material foi publicada no Suplemento do Centenário do jornal *O Estado de S. Paulo*, entre dezembro de 1975 e janeiro de 1976, e ganhou versão em livro em 2000 pela Editora Senac. Essa tarefa de compilação de informações sobre a atividade teatral em São Paulo ao longo de cem anos, organizando fatos e eventos, aliada à análise crítica dos dois pesquisadores, mostra inicialmente uma província ainda muito dependente do teatro estrangeiro e do circuito teatral carioca, onde despontavam os grupos e os atores-empresários, para depois se consolidar como lugar de um experimentalismo teatral, seja com o Teatro da Experiência, de Flávio de Carvalho, seja com os grupos amadores GUT e GTE, iniciativas de Alfredo Mesquita e de Décio de Almeida Prado. Foi em terras paulistas, também, que a EAD foi fundada por Alfredo Mesquita, tendo permanecido independente por vinte anos até ser incorporada à USP; que o Teatro Brasileiro de Comédia (TBC) consolidou, com os encenadores italianos e como empresa, a cena teatral moderna; e onde surgiram importantes iniciativas de teatro de grupo, como o Teatro de Arena e o Teatro Oficina.

Além dos livros acima descritos, que trazem um pouco da amplitude de ação e da trajetória do crítico mineiro, outros consolidam sua atividade para o teatro moderno brasileiro, a exemplo de *O texto no teatro* e *Moderna dramaturgia brasileira*, ambos compostos de uma compilação de textos escritos para a crítica jornalística. Nota-se, no percurso intelectual de Magaldi, ser ele um crítico que acompanhou a profunda transformação pela qual passou nosso teatro, da década de 1940 aos anos 2000, sempre buscando tecer relações entre a produção nacional e o que havia de vanguarda no teatro estrangeiro.

Ciente de sua tarefa na formação do público e dos estudantes, sua obra manifesta as mudanças de perspectiva pelas quais sua visão teatral também passou, já que "a História ensina que os supostos conceitos definitivos se substituem, pacífica ou violentamente, a cada geração". Essa geração da crítica teatral de que Magaldi fez parte foi responsável por fixar balizas de percepção do espetáculo e do texto teatral, que resultaram na consolidação de nosso cânone, bem como pela elaboração de um discurso historiográfico, sempre passível de revisão: "Militante da crítica de espetáculo, acostumei-me a beber aqui e ali, de acordo com a natureza da encenação oferecida. Pertenço a uma geração que procurou afastar-se dos comentários impressionistas, na busca de critérios objetivos, senão científicos". O moderno a que se refere tantas vezes, e que se desenvolveu ao longo do século XX, é alicerçado na ideia de universalidade de seus temas, na forma em transformação e no reconhecimento da autonomia da cena diante do texto. Também em razão disso, deve-se compreender o crítico pelo seu tempo, pelos valores sustentados por uma geração que desbravava o processo da crítica e da história do teatro brasileiros. •

SUGESTÕES DE LEITURA

ASSUNÇÃO, Maria de Fátima da Silva. *Sábato Magaldi e as heresias do teatro.* São Paulo: Perspectiva, 2012.

MAGALDI, Sábato. *Panorama do teatro brasileiro.* 3. ed. São Paulo: Global, 1997.

MAGALDI, Sábato. *Memorial apresentado ao concurso para provimento do cargo de Professor Titular.* Departamento de Artes Cênicas, ECA/USP, 1987. Disponível em http://www2.eca.usp.br/memorias/sites/default/files/memoriais/M123%20SÁBATO%20ANTÔNIO%20MAGALDI%2C%201987.pdf. Acesso em: 31 maio 2023.

MAGALDI, Sábato. *Nelson Rodrigues*: dramaturgias e encenações. 2ª. ed. São Paulo: Perspectiva, 1992.

MAGALDI, Sábato; VARGAS, Maria Thereza. *Cem anos de teatro em São Paulo.* 2. ed. São Paulo: Editora Senac, 2001.

SILVIANO SANTIAGO, CRÍTICO

ANDRÉ BOTELHO
E MAURÍCIO HOELZ

PENSAR A CONTRIBUIÇÃO DA CRÍTICA DE Silviano Santiago não é tarefa fácil. Sua obra é original, desafiadora e vasta. Mas não apenas isso. Tem um sentido aberto, dialógico e está em movimento permanente. Além de tudo, é parte de uma obra maior que envolve a ficção e a autoficção. Sabemos que essa estranha combinação entre as atividades do romancista e as do crítico literário não é trivial, sobretudo quando ela é reflexiva e os percursos bem-sucedidos, como ocorre com o agraciado pelo Prêmio Camões em 2022. No fio da navalha, estende e perscruta os códigos de uma em relação à outra, explorando as comunicações entre o ficcional, o histórico e o crítico. Contudo, a relevância e o sentido das realizações de Silviano não se fecham neles nem se extinguem neles. Sendo realizações rigorosas em seus respectivos campos, o interesse que elas despertam ultrapassa-os. Pensando agora apenas na sua crítica, o papel que ele confere aos seus objetos de estudo, as abordagens inovadoras forjadas e as análises desenvolvidas têm interesse muito mais amplo. Suas realizações de crítica literária são simultaneamente realizações de crítica estética (da ordem da concepção e fatura das obras), de crítica da cultura (do lugar dessas obras num sistema cognitivo ou simbólico mais amplo) e também política (pois lhe interessa o sentido assumido pelas obras na tradição literária, para os seus leitores e noutros contextos), e alcançam em cheio o debate público na sociedade contemporânea (mesmo quando escreve sobre o passado). Silviano tem uma presença decisiva ainda tanto na vida universitária carioca, após carreira em universidades norte-americanas, como especialista rigoroso, professor e orientador, quanto na vida cultural, como intelectual público sempre presente através de jornais e suplementos culturais.

É diverso ainda o arco temático abordado nos diferentes estudos de crítica de Silviano, que atravessa desde grandes temas e autores da crítica literária especializada e os romances ícones do século XIX até o caminho das micropolíticas da identidade e da sexualidade, passando pelos índices contidos nas práticas de transgressão e marginalidade na contracultura, na música, na poesia, no corpo. Além disso, Silviano tem forjado – e tem papel pioneiro – nos estudos de literatura comparada no Brasil, sempre questionando a tendência recorrente de pesquisa das "fontes" ou das "influências" que, segundo ele, reproduziriam o discurso neocolonialista e policialesco das origens, e, portanto, da pureza pretensamente capaz de iluminar o resto. Ao contrário, o que lhe interessa são os deslocamentos, os tensionamentos das visões estáveis e polarizadas de identidade, as múltiplas variações de significado a partir de um mesmo e aparente cristalizado significante. Numa aula inaugural proferida na Universidade Federal de Minas Gerais (UFMG), em março de 2015, Silviano retoma as palavras de Hélio Oiticica no texto "Brasil diarreia" para propor uma "inserção da linguagem-Brasil em contexto universal", movimento que se coaduna, de maneira incisiva, com o debate sobre dependência, lançando o Brasil no universal, se forçando a "situar um problema que se alienaria fosse ele local". As questões insuladas na periferia do mundo se tornam irrelevantes se enclausuradas no particularismo das margens, mas ganham estatuto crítico – e cosmopolita – se inseridas no debate mundial. Invertendo a ordem da dependência, como o fez Jorge Luis Borges, lembrado também por Silviano, no seu "Pierre Menard, autor del Quijote", elas fazem com que o texto cosmopolita seja reescrito, repetindo-o em diferença. Vê-se aqui a importância da discussão sobre a *escritura* em Jacques Derrida, sobre a qual Silviano deu contribuição pioneira no Brasil com a publicação, em 1976, de *Glossário de Derrida*.

Assim, é possível sustentar que um ponto de fuga teórico na obra crítica em movimento de Silviano é o cosmopolitismo. Mais do que tema recorrente, mesmo obsessivo, o cosmopolitismo é antes um campo problemático crucial em sua trajetória. Dentre as suas contribuições nessa direção, é mandatório destacar o seu conceito de "entre-lugar" formulado no ensaio "O entre-lugar do discursolatino-americano", de 1971, e sete anos depois recolhido no clássico *Uma literatura nos trópicos*. Conceito hoje célebre e amplamente empregado – nem sempre, talvez, de modos suficientemente consequentes – no vasto campo dos chamados estudos culturais em escala internacional. O que confere densidade histórica e geográfica ao conceito de "entrelugar" de Silviano é o empreendimento colonial, construído sob o signo da homogeneidade e pelo apagamento sistemático da diferença, afinal, "na álgebra do conquistador a unidade é a única medida que conta", como diz Silviano. Todavia, se o colonialismo procurava a todo custo apagar as diferenças, sua própria dinâmica fez com que novas relações, imagens e sons aparecessem – pouco identificáveis aos olhos e ouvidos talvez insensíveis do colonizador.

"Apesar de dependente, universal", reunido em *Vale quanto pesa*, de 1982, pode ser lido quase como um díptico ou um "gêmeo não univitelino" de "O entre-lugar do discurso latino-americano". Esses ensaios formam uma espécie de "protótipo do gesto pós-colonial" e se insurgem contra o silenciamento etnocêntrico, no repertório das ciências sociais e humanas e nas histórias literárias e culturais do Brasil, da alteridade e da diferença das culturas que se defrontaram com a violência do processo colonial e expansionista europeu. Os dois ensaios, se lidos juntos e em sequência, fornecem uma espécie de quadro geral para o debate sobre dependência cultural no campo das artes, localizando Silviano Santiago dentro desse complexo arranjo. Além do mais, eles rompem precoce e polemicamente com o espectro do nacionalismo metodológico que rondava as letras, as ciências sociais e as humanidades em geral e afirmam a especificidade da periferia – "apesar de dependente, universal" – como lugar de enunciação, ponto de vista e modo de ler o mundo em que o conflito e a diferença, que o centro apaga no outro e em si mesmo, se tornam *visíveis*.

A reflexão crítica sobre o legado do modernismo constitui uma mediação muito importante nessa interpretação original que Silviano Santiago vem desenvolvendo sobre o Brasil e também a partir dele, principalmente se entendermos o modernismo como uma pergunta sobre como ler a diferença cultural brasileira. As interpretações modernistas do Brasil e as linhagens intelectuais que elas criaram se organizam centralmente em torno da polêmica sobre a originalidade e a cópia da cultura brasileira que vem sendo formalizada, na fortuna crítica, sobretudo pela ideia de síntese – dialética ou não – entre nacional e mundial ou local e cosmopolita. Duas coletâneas são significativamente importantes nesse trajeto: *Ora (direis) puxar conversa!* e *O cosmopolitismo do pobre*, ambos de 2006.

Quando se pensa a "inserção" ao invés da "formação", a agenda brasileira de pesquisa muda, se abre e se torna mais complexa e contemporânea. Silviano contrapõe conceitualmente a primeira à segunda, defendendo que o estudo (no seu caso) das "letras nacionais" não mais se dê sob a perspectiva de seu "desenvolvimento", mas do ponto de vista de sua "inserção" no panorama internacional. Em "Anatomia da formação: a literatura brasileira à luz do pós-colonialismo" (2014), observa o crítico que se o "problema do desenvolvimento nacional nunca deixará de ser alicerce e impulso para a reflexão", o discurso da formação já se mostraria agônico numa indicação de que o paradigma que o informava estaria "a perder a condição de prioritário. A exaustão deriva de transformações significativas na definição de prioridades nacionais, das prioridades materiais no novo milênio que exigem outro feixe de discursos afins e complementares, que constituirão novo paradigma". O momento presente, que seria o da "iminência do corte epistemológico", já deixaria à mostra, assim, por exemplo, um ideal normativo eurocêntrico que fez com que o discurso da formação permanecesse alheio a novas questões e a novos objetos, isolando a literatura brasileira da revisão pós-colonialista.

Um momento particularmente interessante nessa trajetória está no estudo introdutório à obra *Intérpretes do Brasil*, que, sob a coordenação de Silviano, reuniu, em três volumes, alguns dos estudos clássicos da formação da sociedade, do Estado e da cultura brasileiros, no contexto das comemorações dos 500 anos do dito descobrimento do Brasil, em 2000. No projeto editorial, testa o seu programa de abertura, se não do cânone, do modo como pensamos esses intérpretes e o Brasil a partir da categoria de inserção. Alguns dos livros que, provoca Silviano já de saída, "temos e que envolvem, de maneira descritiva, ensaística ou ficcional, o território chamado Brasil e o povo chamado brasileiro sempre serviram a nós de farol (e não de *espelho*, como quer uma teoria mimética apegada à relação estreita entre realidade e discurso)". Mostra o autor como em diferentes interpretações recolocam-se em questão "identidade", "hierarquia" e "liderança" na sociedade que se veio formando no contexto do império colonial português na América, e como a palavra escrita sempre constituiu um mecanismo de abordagem dos problemas e de estabelecimento dos valores sociais, políticos, econômicos e estéticos da nova terra e da sua gente. Assim se forma uma tradição intelectual entre a metrópole e a colônia, não raro, porém, respondendo "às próprias perguntas que colocam, umas atrás das outras, em termos de violentas afirmações europeocêntricas".

A economia interna – política, conceitual, estética – de sua obra em curso acaba de ganhar um aporte fundamental com *Fisiologia da composição*, publicado em 2020. Trata-se de reflexão densa sobre a importância do corpo na relação homológica entre "grafia-de-vida" e "composição literária". O verbo *hospedar*, tomado por Silviano de textos variados – da ficção machadiana de *Esaú e Jacó* a *Da hospitalidade*, de Jacques Derrida, ou de João Cabral de Mello Neto ao ensaio homônimo de Edgar Allan Poe –, por certo ganha sentido urgente no contexto de escritura e de nossa leitura (ainda vivemos na Tebas da peste e da tirania). Seu alcance, porém, não resta dúvida, é amplíssimo, vai muito além do contexto imediato. Hospedando-se naqueles e noutros textos, Silviano acaba por realizar uma espécie de *autopoiese* em relação ao percurso da sua obra realizada até o momento, projetando-a contra novos limites e ampliando o seu campo próprio. Afinal, é pela perspectiva do corpo que vai rever o processo de composição das *Memórias do cárcere*, de Graciliano Ramos, mas também do seu próprio romance *Em liberdade* – textos "gêmeos não univitelinos" –; das *Memórias póstumas de Brás Cubas* e de *Esaú e Jacó*, mas também do seu próprio romance *Machado*. *Fisiologia da composição* acrescenta uma peça conceitual à obra de Silviano Santiago como um todo: a ideia de "hospedagem".

A obra de Silviano Santiago está inteira na questão da repetição com diferença. Nela, teoria e ação só existem em referência a uma ontologia da diferença e da relação, que se contrapõe a outras de caráter sintético e substancialista. "Hospedagem" vem modificar esse espaço complexo, entre a assimilação a um modelo original e a necessidade constante, e incansável (e quem sabe inalcançável), de reescritura. Acrescenta, adensa e afeta o que sabíamos até aqui da obra de Silviano a partir das categorias "entrelugar" (como contraposição às diferentes sínteses entre "original" e "cópia"), "inserção" (em contraposição à "formação") e "cosmopolitismo" (em contraposição ao autocentramento eurocêntrico). Repetição com diferença ela mesma, "hospedagem" permitirá a irritação mútua entre essas categorias ao mesmo tempo que exigirá repensar a autodiferenciação da obra de Silviano em relação ao seu "ambiente" (a estética – ação/reflexão) e a modificação que acarreta aos ambientes como um todo, já que poderá gerar ressonâncias (em particular sobre a questão da diferença cultural na sociedade brasileira).

Pelo núcleo crucial da sua crítica, a violência simbólica do discurso eurocêntrico e a geopolítica do conhecimento a que ele dá lastro são atingidos tanto de modo pioneiro quanto certeiro. As culturas (e as identidades) não são unidades expressivas e homogêneas, campo do consenso e da reconciliação, mas sempre abstrações reificadas da história das misturas em que se formaram e dos conflitos que as construíram e negociaram. Os permanentes fluxos e trocas que as constituem não acarretam integração ou fusão harmoniosa, mas contradições e, sobretudo, assimetrias. Economia política e cultura articulam-se — não é como se as desigualdades socioeconômicas fossem não simbólicas ou as diferenças culturais fossem imateriais ou apolíticas. No processo histórico, as diferenças culturais sempre assumem significado dentro de contextos de aguda desigualdade social e econômica e podem, na prática, ser tão hierarquizadas quanto riqueza, poder e prestígio. Isso implica reconhecer que a aspiração à cópia dos padrões universais imaginados pode representar não simplesmente colonização mental ou capitulação diante do imperialismo cultural, mas também um anseio de igualdade, uma surda reivindicação por condições de vida melhores, um desejo recalcado de superação da subordinação. Se a cópia é inadequada, mas inevitável, é justamente no seu deslocamento, na *repetição com diferença* – e na reescritura suscitada pelas contradições locais do processo histórico –, em suma, em sua *tradução*, que se deixa ver e ouvir a mensagem outra do mesmo significante. Porém, como a dinâmica cultural e social não são linhas retas, nas espirais ou dobras do contemporâneo, aqueles ideais de unidade e pureza voltam à cena bélica identitária contemporânea, às vezes compartilhados em lados diferentes do front.

No grande relógio do mundo, o tempo não para Silviano. No momento em que fechamos este verbete, o público leitor abre um novo livro de ensaios de Silviano Santiago: *Grafias da vida – a morte*. Na apresentação, o crítico afirma – para si mesmo? para o leitor? – que "a velhice não bate mais à porta. Vai entrando, sem pedir licença". Quem olha para a penca de bananas sobre a mesa e vê nela expressão de um "sentimento da iminência da morte e, ao mesmo tempo e contraditoriamente, certa indisfarçável alegria"? Silviano e seus narradores experimentam a "sobrevivência", a sentem e grafam como uma difícil reflexão sobre viver intensivamente em toda a sua extensão: "Ela se deixa manifestar por um excesso inesperado de tempo, que é negado à maioria". Uma forma nova para autores velhos – longevos, sobreviventes. Não casualmente, Silviano lembra e cita a ideia de "estilo tardio" do crítico palestino Edward Said: "Esta é a prerrogativa do estilo tardio: dar voz ao desencanto e ao prazer, sem ter que resolver a contradição entre um e outro. O que os mantém em tensão, como forças de sentido oposto e força igual, é a subjetividade madura do poeta, despida de hybris e de pompa, que não se envergonha nem de sua falibilidade, nem da modesta desenvoltura que adquiriu por obra do tempo e do exílio". Mas, nesse mesmo ano de 2023, o velho escritor encontrou, entre outros, novos e novas leitores e leitoras na "Hospedagem Vale Quanto Pesa" que a Biblioteca Virtual do Pensamento Social promoveu em seu blog: https://blogbvps.com/. Autores e autoras de 40 anos ou menos se "hospedaram" em *Vale quanto pesa* de 40 anos ou mais atrás, performando um experimento intelectual e estético de suplementação dos 18 textos "originais" que evidencia a vitalidade de seu "pensamentear", para glosar Mário de Andrade, mestre modernista a quem Silviano dedicou seu Prêmio Camões. Vemos aí a feição de uma crítica que não se deixa levar pelo domesticado, mas que implica coragem para enfrentar o estabelecido e o familiar. O novo não existe como um gradiente do velho. Só a ruptura estabelece o novo. Só a ruptura liberta o velho. Entrelugar: Em liberdade, nas malhas da letra. •

VER VERBETE SILVIANO SANTIAGO, FICCIONISTA.

SUGESTÕES DE LEITURA

SANTIAGO, Silviano. *Vale quanto pesa*: ensaios sobre questões político-culturais. Rio de Janeiro: Paz e Terra, 1982.

SANTIAGO, Silviano. *O cosmopolitismo do pobre*: crítica literária e crítica cultural. Belo Horizonte: Editora UFMG, 2004.

SANTIAGO, Silviano. *Ora (direis) puxar conversa!*: ensaios literários. Belo Horizonte: Editora UFMG, 2006.

SANTIAGO, Silviano. *Uma literatura nos trópicos*: ensaios sobre dependência cultural. Recife: Cepe, 2019.

SANTIAGO, Silviano. *Grafias de vida – a morte*. São Paulo: Companhia das Letras, 2023.

SILVIANO SANTIAGO, FICCIONISTA

WANDER MELO MIRANDA

SILVIANO SANTIAGO (FORMIGA, MG – 1936) estreia em livro, como poeta e ficcionista, ainda em Belo Horizonte, onde fundou com um grupo de amigos a revista *Complemento* (1956-1958). Em 1959, publica alguns poemas em *Quatro poetas* e, em 1961, os contos "Pai e filho" e "Olívia", no volume *Duas faces,* compartilhado com Ivan Ângelo. Seguem-se os contos de *O banquete* (1970), os poemas de *Salto* (1971) e o romance *O olhar* (1974).

Nessa primeira etapa diversificada da sua produção literária já se encontram presentes ou em esboço as questões que irão daí por diante marcar a trajetória do escritor: as "grafias-de-vida", a apropriação do texto alheio por meio da paródia e do pastiche, a cerrada reflexão crítica sobre o papel do intelectual e do artista na sociedade contemporânea, a abordagem dos conflitos familiares como forma de dramatização dos embates e valores sociais, a travada modernidade nos países periféricos e pós-coloniais.

O banquete, seu mais bem realizado livro desse primeiro conjunto de obras, constitui-se pela encenação do drama familiar e social através da reiteração da metáfora da boca e seus desdobramentos. A transgressão ao interdito da fala, operada mediante inversões, deslocamentos e condensações de linguagem, não se limita apenas a elucidar os mecanismos de repressão vigentes à época – em casa e na rua. Como no conto-título, com o qual o livro termina, propõe-se, via André Gide, o texto como um jogo de máscaras que esconde, revela, esconde de novo e pode levar o leitor menos avisado a "comer gato por lebre", diz o narrador.

A multiplicidade de questões levantadas encontra sua *forma* adequada mediante uma ética literária que supõe simultâneas escrita e leitura, abertas, portanto, à participação ativa do leitor. Nas palavras do personagem Graciliano Ramos, no livro *Em liberdade* (1981): "A verdadeira leitura é uma luta de subjetividades que afirmam e não abrem mão do que afirmam, sem as cores da intransigência. O conflito romanesco é, em forma de intriga, uma cópia do conflito da leitura". Leitura e escrita perfazem, portanto, uma via de atuação *democrática* específica, da qual Silviano Santiago fez sua profissão de fé, ao entregar-se ao trabalho rigoroso de *desconstrução* dos lugares-comuns literários, artísticos e ideológicos.

Democracia e desconstrução como *entrelugar* – tomo livremente o conceito de sua autoria – do intelectual brasileiro e latino-americano em vista da sua inserção internacional: entrelugar de fala, pois o intelectual é a um só tempo explicado e destruído pelo discurso histórico, na medida em que este ressalta o fato de vivermos "uma ficção desde que fizeram da história europeia a nossa história"; resgatado e constituído, embora não explicado, pela antropologia, "já que é o que é superstição para a História constitui a realidade concreta do nosso passado".

Nessa perspectiva escreve *Em liberdade* (1981), diálogo com os jovens ex-exilados da ditadura militar de 1964 e com a experiência de um perseguido, e preso político ilustre: Graciliano Ramos. Incorpora o autor de *Memórias do cárcere* para homenagear o notável precursor, por meio do pastiche de seu estilo. Escreve ou reescreve o diário que Graciliano teria escrito após deixar a prisão em 1937 e, ao fazê-lo, o personagem incorpora, por sua vez, o poeta inconfidente Cláudio Manuel da Costa, morto na prisão em 4 de julho de 1789. Reúne, assim, três períodos de tempo distintos em que o intelectual e o escritor foram postos à prova e sofreram a mão pesada da repressão, traçando um painel pormenorizado das nossas desilusões históricas, num livro que mescla ficção, biografia e ensaio – "Fora de mim e para o outro. Para isso sempre foi preciso 'fazer ficção' das minhas palavras. Ou não".

Em liberdade é o primeiro livro de uma trilogia que se completa com *Viagem ao México* (1995) e *Machado* (2016). Biografias de artista sem dúvida, mas limitadas propositalmente a "curtíssimo transcurso de tempo vivido pelo protagonista", como diz Silviano Santiago no alentado depoimento que dá sobre os três romances. São vozes interpostas, modo oblíquo de falar da sua condição de escritor por meio de outras experiências de escrita. No livro sofisticado que é *Viagem ao México*, assume a forma monstruosa do anfíbio, de "uma só cabeça e vários tentáculos, várias pernas – tentáculos que se assentam em terras diversas e variados mares", superpondo o ano de seu nascimento, 1936, ao da partida de Antonin Artaud para o México, coincidência ressaltada textualmente e ampla de significados. Parte em busca de seu protagonista, como se fosse um seu heterônimo pessoano – e nesse *como se* o autor já se apresenta irrevogavelmente ficcionalizado: "Vou à procura de Artaud num oriente ao oriente do oriente, numa terra tão à leste que já é oeste", diz. Assume, então, a forma da máscara (como no teatro) ou da assinatura (falsa), e confunde uma e outra até o limite da despersonalização, ou seja, da afirmação da verdade do discurso biográfico pela sua impossibilidade narrativa, como em outro sentido fizera em *O falso mentiroso* (2004). Assim, o livro implode as fronteiras da representação e seu duplo, da tradição em que paradoxalmente se insere.

O deslocamento espacial de Antonin Artaud/Silviano Santiago é também deslocamento da escrita para a pintura, como indica a reprodução de *Loth et ses filles*, do pintor Lucas van Leyden, reproduzido na contracapa do livro como índice marcante de seu significado, assim como quadrinhos e fotos pessoais estarão presentes nas páginas de *Menino sem passado* (2021). A viagem da escrita repõe em cena pela ficção, como antes o autor fizera teoricamente, o confronto entre o Velho e o Novo Mundo, realçando o europeísmo dos intelectuais mexicanos, para decepção de Artaud (o francês os chama de *pompom grená*), que busca na "antiga cultura Solar" dos astecas outra possibilidade de vida e civilização que não a europeia, algo que o exceda e se dê pelo excesso.

No romance *Machado*, os últimos anos de vida do escritor são tratados pelo viés da doença que o acomete e recrudesce violentamente à mesma época em que Pereira Passos bota abaixo o Rio de Janeiro, em mais uma etapa da nossa desajeitada modernização. Morte e destruição unidas e iluminadas pela *Transfiguração*, de Rafael, cuja reprodução, de forma magnífica e inesperada, abre o livro, e cujo requintado comentário o encerra. No meio, as inesperadas crises epiléticas na rua, o tratamento com o dr. Miguel Couto, a amizade com Mário de Alencar, cúmplice na mesma doença, a escrita dos últimos livros: uma sorte de leitura profana do quadro, que o reveste e ao livro que o inclui de uma atualidade impressionante.

Para dar conta do difícil palimpsesto que o livro vai se tornando, o narrador-escritor de *Machado* há de se transformar em personagem oblíquo da trama que também o enreda, fazendo do romance o espaço conflagrado da multiplicação e da disseminação de relatos que se entrelaçam e se rasuram. A vida de Machado de Assis pode ser a de Mário de Alencar, que pode ser a de Joaquim Nabuco, que pode ser a de Miguel Couto, e assim por diante.

A contemporaneidade de Machado – o escritor, o livro – resulta de uma prestação de contas escatológica da história social e literária: "de considerar as coisas, uma suspeita diante dos acontecimentos, uma dúvida diante da felicidade aparente", no dizer de Guy de Maupassant sobre Gustave Flaubert, nos informa o romance.

Nessa obra-prima das muitas que escreveu, Silviano Santiago traça, numa linguagem *convulsiva*, uma história das mentalidades entre dois séculos, para a qual contribuem as várias fotos, imagens documentais e epígrafes que compõem o romance, história que se condensa no corpo alquebrado do escritor que é, afinal, matéria principal do livro e signo determinante da sua feição *biopolítica*, como os versos de Baudelaire, traduzidos pelo narrador, sinalizam: "Eu sou a faca e o talho atroz!/ Eu sou o rosto e a bofetada!/ Eu sou a roda e a mão crispada,/ Eu sou a vítima e o algoz!".

Os versos baudelairianos poderiam servir de epígrafe para as demais obras do autor, desdobrados com diferentes inflexões: os contos de *Keith Jarrett no Blue Note* (1996), *Histórias mal contadas* (2005) e *Anônimos* (2010); os romances *Stella Manhattan* (1985), *Uma história de família* (1992), *De cócoras* (1999), *O falso mentiroso* (2004), *Heranças* (2008) e *Mil rosas roubadas* (2014); os poemas de *Crescendo durante a guerra numa província ultramarina* (1978), *Cheiro forte* (1995) e *Paisagem* (2022), relativizando as determinações de gênero e *gender*.

Tome-se como exemplo Stella Manhattan e seus personagens-dobradiça. Inspirado em *La Poupée*, de Hans Bellmer, e nos bichos, de Lygia Clark, o romance narra, por meio da experiência de travestimento de Eduardo/Stella, a experiência de jovens brasileiros exilados em Nova York pós-1964. A dimensão *política* do narrado se amplia ao tomar o corpo do/a protagonista como fonte de energia e sensualidade desconstrutora da santíssima trindade da repressão, o Pai, o Papa e o Rei em tudo que significam. Por isso mesmo, ele é a vítima e o bode expiatório preferenciais do sistema, que o/a mantém em constante perspectiva de extermínio. Coloca-se assim em questão o modo como a acumulação capitalista enforma a produção artística e cultural do Ocidente, sua compulsão usurária de controle da força libidinal dos indivíduos e, por ricochete, da sociedade.

Contra o pragmatismo interessado da *contenção*, a arte, em especial a literatura, é um desperdício proposital de energia, como as metáforas do leite que transborda da xícara e do cavalo a galope sugerem no texto. Ou como diz o narrador trilíngue ao apropriar-se do verso famoso de Fernando Pessoa, deslocando seu significado: "El poeta qua-quaquaqua-quá es um jodedor, eso si. A fucker. A motherfucker. Fode tão somente pelo prazer de foder. Por isso é tão fodido. The novelist is a fucker who fucks only to be fucked. El novelista es um jodedor que fode só pelo prazer de escrever".

Embora diferente em nível temático e formal, *Crescendo durante a guerra numa província ultramarina*, obra em que retorna aos anos 1940, articula-se, pela dimensão cosmopolita do seu ponto de vista, ao romance. Através de segmentos discursivos provenientes dos mais diversos registros linguísticos, textuais e imagéticos, a então emergente classe média brasileira e o espaço neocolonial em que se acha inserida são objeto de cortante ironia, como o poema "Comunhão" indica: "Em 1948 ingeria finalmente/ nas Lojas Americanas/ a Coca-cola da tela:/ era negra e amarga./ Puseram sorvete branco dentro/ e virou vaca preta" – signo de desajeitada aclimatação modernizante.

No poema que encerra o livro, "Esses textos", o poeta passa em revista o que foi feito e compara a escrita/leitura a um corpo a corpo entre o texto e o autor/leitor: "É preciso saber vestir/ o texto,/ como tatuagem na própria/ pele". Uma forma de (não) saber que se constitui pela entrega à "bruta realidade", forma violenta de "forçar a barra" do sentido e fazê-lo atuar pela sua disseminação inestancável. Poesia liberdade, diria Murilo Mendes, cujos versos são apropriados em poema do mesmo título, no qual se diz que o poeta já nasce "com as cicatrizes da liberdade".

No recente *Menino sem passado* (2021), história familiar e história literária e social se revezam e se compactam novamente, como de resto no conjunto da obra do escritor, agora com nítida intenção memorialística. Um olho lá, outro cá, dentro e fora, o estrabismo corrige a miopia do menino e amplia o campo de visão do adulto escritor. Tudo se torna "emaranhado" na vertigem das relações e analogias textuais, propícias ao ilimitado da reminiscência – "todos os seres humanos e todas as coisas são afins", diz o narrador.

A enxertia textual do memorialista, herança incontornável do pai, por sua vez, é como um vitral em que a unidade se desconstrói e forma corpos descontínuos, a um só tempo perdidos e recuperados pela escrita. Em relevo, destaca-se o corpo dolorido do menino arredio e inquieto, um composto híbrido de dor e alegria – "a própria dor é uma felicidade", repete o narrador, tomando de empréstimo palavras de Mário de Andrade, afins à situação do tio louco, também ele de nome Mário, personagem de *Uma história de família* (1992), com os quais o memorialista se identifica.

À semelhança de *O olhar*, as cenas de exclusão do *romance familiar* – e são muitas no livro – aguçam a sensibilidade do menino a crescer livre, portanto, do "patriarcado ítalo-mineiro", tornando-o mais apto a reportar – de dentro e de fora – suas idiossincrasias e, por tabela, as da cidade, da região, do país, às quais o segundo conflito mundial confere dimensão abrangente.

Em seus mais de trinta livros, entre ficção, poesia, memória e ensaio, Silviano Santiago traça um retrato do Brasil cujo foco multifacetado amplia o ângulo de visão do leitor, então parceiro na tarefa de desvendar o "nervo exposto" da nossa difícil contemporaneidade. •

VER VERBETE SILVIANO SANTIAGO, CRÍTICO.

SUGESTÕES DE LEITURA

GIDE, André. *Diário dos moedeiros falsos*. Tradução Mário Laranjeira. São Paulo: Estação Liberdade, 2009.

ARTAUD, Antonin. *O teatro e seu duplo*. São Paulo: Martins Fontes, 2006.

RAMOS, Graciliano. *Memórias do cárcere*. Rio de Janeiro: José Olympio, 1953.

ASSIS, Machado de. *Memorial de Aires*. São Paulo: Penguin; Companhia das Letras, 2022.

BORGES, Jorge Luís. *Ficções*. São Paulo: Companhia das Letras, 2007.

SINOS[2]

JOSÉ MIGUEL WISNIK

NASCIDO EM 1902, DRUMMOND VIVEU pouco tempo em Itabira – os períodos da infância e da puberdade, mais o breve momento em que, já casado e sem rumo profissional definido, lecionou geografia e português no Ginásio Sul-Americano, por alguns meses, em 1926. Mas os ecos da cidade retornam em sua obra inteira, e permanecem nela qual uma inscrição latejante, sem correspondente cronológico contabilizável – como a tal "fotografia na parede", que dói, ou como um sino repercutindo traumas e avivando o vivido.

Chegar a Itabira é sentir, de fato, o impacto da geologia e da história, acopladas. Algo de alucinado se passou e se passa naquele sítio, implicando uma torção desmedida entre a paisagem e a máquina mineradora, com quantidades monstruosas de ferro envolvidas. Paira no ar a sensação de que um crime não nomeado, ligado à fatalidade de um "destino mineral", foi cometido a céu aberto. De imediato, impressiona a força do que terá sido a visão do pico do Cauê para o "menino antigo" que o avistava bem em frente das janelas do "casão

---

2. Este verbete foi composto por Maurício Hoelz a partir de trechos do livro *A maquinação do mundo: Drummond e a mineração* (Companhia das Letras, 2018) e da conversa musical realizada no lançamento do projeto Minasmundo, disponível em seu canal do YouTube.

senhorial" onde viveu a infância, desde os dois anos de idade ("pedra luzente/ pedra empinada/ pedra pontuda/ pedra falante/ pedra pesante/ por toda a vida"). O pico se notabilizava por sua dimensão sóbria e não portentosa no tamanho – ele mesmo mineral e mineiro –, embora perturbadoramente próximo e compacto, com seu alto teor de ferro concentrado.

Se a frente da casa dava para o pico, o fundo dava, "a dez passos do sobrado", para a Matriz do Rosário, com seu poderoso "sino Elias" e seu relógio, cuja hora ressoava "grave/ como a consciência" e cujo som é "para ser ouvido no longilonge/ do tempo da vida", "som profundo no ar,/ (...) que liga o passado/ ao futuro, ao mais que o tempo,/ e no entardecer escuro/ abre um clarão".

Situado por imposição ancestral no centro de uma topografia política, o sobrado familiar "*há de dar* para a Câmara" (como diz outro poema de *Boitempo*), *há de ter*, "no flanco, a Matriz" e *há de* "*ter* vista para a serra". *Há de ter*: a palavra da ordem e da autoridade, que estrutura o poema, é o timbre e o registro de uma linhagem de oligarcas, de coronéis latifundiários donos do poder que ordena o espaço, envolvendo a residência dos Andrade, que pertenceu ao bisavô, numa rede de instâncias públicas e privadas que liga o urbano e o tectônico, os dispositivos civis, a igreja principal e a massa do pico do Cauê emergindo entre ladeiras tortas.

Constatamos, portanto, que não é sem motivação biográfica que sinos ressoam pela obra poética de Drummond, quando entendemos que o da Matriz do Rosário ficava tão rente à casa familiar que suas batidas deviam reverberar nos alicerces e nos gonzos da vigília e do sono. A poesia tardia de Drummond realçará a ressonância infindável dessa badalada: "Impossível dormir, se não a escuto", impossível "ficar acordado, sem sua batida", e "existir, se ela emudece": "Cada hora é fixada no ar, na alma,/ continua sonhando na surdez./ (...) Imenso/ no pulso/ este relógio vai comigo". Numa crônica de 1970, ele avalia o poder encantatório da combinação fusional de sino com relógio que se projetava da torre esquerda da Matriz, e que dava ao tempo cronológico uma dimensão reverberante, expandida, entranhada: "era um sino que soava longe, como o relógio da fachada era um relógio que dominava todas as horas: no friozinho do amanhecer, na preguiça da tarde, no tecido confuso da noite. Horas especiais saíam dele, nítidas, severas, ordenando o trabalho de cada um, a reza de cada um. No silêncio absoluto, quando pessoas e animais pareciam mortos, tinha-se consciência da vida, porque o relógio avisava e repetia o aviso".

Sons de sinos – que não deixam de ser, afinal, a emanação aérea do ferro – vão comparecer, mesmo ausentes, como disparadores do tempo perdido e desencontrado na grande cidade, em poemas escritos no Rio de Janeiro, como "Anoitecer" ("é a hora em que o sino toca,/ mas aqui não há sinos"), "Fraga e sombra" ("um sino toca, e não saber quem tange/ é como se este som nascesse do ar"), "Reportagem matinal" ("Eis que ouço a batida nítida/ no azul rasgado ao meio/ perto/ longe/ no tempo/ em mim.// Quando a palavra já não vale/ e os encantos se perderam,/ resta um sino").

Os grandes saltos metafísicos da poesia de Drummond são disparados pela memória do som crepuscular e "rouco" desse signo-sino, que dá a ver a face do enigma ("[n']A máquina do mundo") e precipita o mergulho no "âmago de tudo", na dor universal, no "choro pânico do mundo" (em "Relógio do Rosário"). Como os demais signos do lugar, porém mais profundamente do que eles, o "sino Elias" entranha-se na dimensão mais íntima, independentemente de sua propagação pública, como um grande relógio de pulso interior (ressoando, na trama fusional "de poder a poder" que atravessa tudo, o nome do profeta bíblico e o nome do avô de Carlos, o capitão-mor Elias de Paula Andrade). Um ensaio de fenomenologia do lugar diz que um sino, quando "toca ao anoitecer, ouvido em toda parte, (...) torna o 'lado de dentro', o 'privado', parte de uma totalidade 'pública' abrangente". Na Itabira drummondiana, mais que isso, é como se o sino pendulasse do familiar ao público e do público ao familiar mais íntimo, numa reverberação ostensiva da fusão entre essas esferas.

Ao lado de constituir-se numa referência filosófica sobre a experiência do tempo livre da mensuração, o sino em Drummond é também um elemento concreto da história material rente ao corpo: é o próprio objeto sonante que está ali, contíguo e associado à casa da infância remota, inscrito na memória mais recôndita como um vizinho portentoso badalando dentro, ao infinito, as ressonâncias daquilo que *não cessa*.

Não à toa, Walter Benjamin comenta que a experiência da *durée* bergsoniana é mais própria dos poetas que dos filósofos (somos levados a pensar que "somente o poeta pode ser o sujeito adequado de uma experiência similar"), e que foi um romancista-poeta, Marcel Proust, que a levou a suas consequências maiores, na busca da produção artificial (isto é, literária) da "memória involuntária" como via régia de acesso à experiência do tempo perdido e redescoberto, em condições sociais modernas, nas quais não se pode mais contar "com a sua gênese espontânea" (bombardeados que somos por uma bateria de estímulos e choques que nos induzem a desenvolver uma espécie de couraça psíquica). Quando atravessam a camada anestesiada que resiste a eles, no entanto, os sinais (ou os sinos) da memória involuntária repercutem em conteúdos difusos, intensos, inconscientes, mais além da vivência factual e da recordação datada, chamando à tona, inteira, a aura não verbal do vivido, com todas as refrações que a compõem.

O sino faz parte da paisagem interior e exterior do poeta, e não para de tocar em sua poesia. Ele constitui-se numa espécie de síntese da relação Minas-mundo, pois conduz a uma experiência inteiramente universal que, no entanto, nasce de um sentimento ancestral, primeiro. Lembro que é um "sino rouco" o disparador do processo que conduz à visão da "máquina do mundo", e que é associado explicitamente, na seção final de *Claro enigma*, ao relógio da Matriz do Rosário em Itabira. Além de conectar o acontecimento narrado ao *espírito do lugar*, com a carga de lembranças e de vínculos pessoais e históricos que ressoa nele — o que não chega a ser novidade, embora nem sempre receba a ênfase devida —, o som do sino remete à *durée* bergsoniana como alteração qualitativa do tempo.

No poema, a ação, já longamente continuada, de uma busca sem objeto que não seja a própria resistência da matéria pétrea, sofre o efeito do som esgarçado de um sino que, fundido ao dos passos secos na estrada, concorre para a manifestação de certa entidade inefável que se nomeia "máquina do mundo". Pode-se creditar esse poder instaurador ao impacto no sujeito, por meio do sino, de uma experiência não verbal que carrega consigo, de maneira intensa e difusa, todo um mundo de associações individuais e coletivas ligadas ao lugar, ao passado, à infância, à empatia e à compaixão mineiras, dobrando o tempo sobre o tempo e convertendo-o numa espécie de ondulação ressonante que transporta em si um agudo *sentimento do mundo*.

Segundo um historiador da cultura, o tempo alveolar dos sinos – cíclico, ritualizado, e como que imóvel – foi sendo substituído, não sem conflitos, pela escansão numérica e progressiva dos relógios e pela sirene das fábricas, que implantam o "tempo civil" da época moderna. Para efeitos da poesia drummondiana, no entanto, é de assinalar que a torre esquerda da Matriz do Rosário em Itabira conjugava sino com relógio, chegando a confundi-los na mesma nomeação (note-se que "Relógio do Rosário", título do poema final de *Claro enigma*, refere-se ao som do sino), fazendo com que o ritmo da vida coletiva ganhasse projeção numa espécie de temporalidade fusional. Enquanto "o relógio da fachada (...) dominava todas as horas", lembra ele, "ordenando o trabalho de cada um, a reza de cada um", tendo seu valor de face visível, o sino "soava longe" como a dimensão recôndita da duração, entranhada "no friozinho do amanhecer, na preguiça da tarde, no tecido confuso da noite", martelando gravemente o recesso do "silêncio absoluto, quando pessoas e animais pareciam mortos".

É algo da mesma natureza, a meu ver, que acontece no início do poema "A máquina do mundo": os passos escandidos se convertem em ressonâncias, os conteúdos da memória involuntária e do tempo perdido afloram e tocam o limiar de "uma emoção que", como disse um intérprete de Bergson, "está ligada", mais do que a seus conteúdos, "à passagem do tempo propriamente dita", quando sentimos "o tempo fluindo em nós e 'vibrando interiormente'", e quando "é a própria duração que, em nós, é emoção". Esse acontecimento é contaminante: não se reduz ao sonoro, embora disparado por ele, e se dissolve na continuidade sujeita a infinitas gradações da passagem do claro ao escuro. Enquanto o som dos sapatos se funde ao do sino, é de notar que o pretume *visível* das aves ("suas formas pretas" pairando no céu de chumbo) se confunde com o pretume do *não visível* (a "escuridão maior" que vai chegando com a noite). Nas palavras de Silviano Santiago, "aves lançadas contra o céu de chumbo (...) perdem contorno à medida que o chumbo se derrete em negro". A escuridão noturna, por sua vez, vem a um só tempo de fora ("dos montes") e de dentro ("de meu próprio ser desenganado"). No lusco-fusco em que o negror visível das aves se confunde com o negror do invisível (a noite interior e exterior) – no limiar em que não sabemos distinguir o que *ainda* estamos vendo do que *já* estamos *não vendo* –, ou seja, no umbral, ou na penumbra, em que somos levados a *ver o não ver*, é que se entreabre a *visão*. Em outros termos, não se trata propriamente de a máquina aparecer *no* mundo, mas de *o mundo aparecer como máquina.*

O grande buraco geral que a mineração cavou no território de Minas, multiplicado por outras tantas Itabiras e Itabiritos, e que em Belo Horizonte fez da serra do Curral uma paisagem de fachada que esconde uma ruína mineral, está exposto em Itabira de maneira exemplar e obscena, de tão real e tão próximo. Em outras palavras, se o horizonte de Belo Horizonte é sustentado hoje por uma espécie de telão montanhoso, mera película residual preservada por conveniência – afinal, é dele que a capital do estado extrai seu nome –, em Itabira a exploração mineradora sentiu-se à vontade para abolir a serra e anular o horizonte sem maior necessidade de manter as aparências. Se o pico do Cauê foi avassalado e enfim extirpado no processo de uma gigantesca cirurgia siderúrgica, o sino Elias tombou, por sua vez, na sequência dos acontecimentos que envolvem o desabamento parcial das torres e do telhado da Matriz do Rosário, em novembro de 1970. Consta que, no mesmo dia da queda, o que restava da igreja foi sumariamente demolido por um grupo em que se confundiam bombeiros com técnicos e dirigentes da Companhia Vale do Rio Doce, munidos de cabos de aço, tratores, guindastes e marretas, precipitando o despencar estrondoso do sino sobre os escombros, sem que se considerasse a necessidade de um laudo geotécnico prévio ou se contemplasse a hipótese de restauração do edifício semidestruído (no lugar da antiga Matriz do Rosário, foi construída outra igreja, modernosa e feia).

Contra a hipótese de mera casualidade produzida pelos efeitos do tempo, a crônica local chama a atenção para o provável papel desempenhado, no desabamento, pelos "reflexos sísmicos causados pelas constantes explosões na mina do Cauê". Se a hipótese vale, tem-se um efeito cascata em que a mesma dinamitação que liquidava o pico derrubava, àquela altura, a igreja e o sino. Para completar o quadro, a Fazenda do Pontal, muito possivelmente a referência para o poema em que o "menino entre mangueiras/ lia a história de Robinson Crusoé,/ comprida história que não acaba mais", foi convertida pela atual companhia Vale num depósito de rejeitos da mineração, que só se pode avistar à distância, do alto de um morro para onde a antiga casa-sede foi transposta, numa manobra mirabolante de compensação museológica que é ao mesmo tempo um feito de engenharia e o belvedere da ruína, pretendendo apresentar-se como aprazível ponto turístico-literário no museu do mundo. Tudo somado, o conjunto formado por pico, matriz, sino e fazenda, espectros em torno de um casarão estranhamente incólume e crivado de lembranças, acaba por compor um cenário de devastação em escala de *land art*, alegórico malgrado ele mesmo, com a montanha virada do avesso na forma de um sino descomunal, arruinado e de ponta-cabeça. Impossível não associar tal visão à catástrofe de Mariana e do rio Doce, desencadeada em 5 de novembro de 2015, desvelando uma nova dimensão desse todo. •

VER VERBETE

CARLOS DRUMMOND DE ANDRADE E MEIO AMBIENTE.

SUGESTÕES DE LEITURA

WISNIK, José Miguel. *A maquinação do mundo*: Drummond e a mineração. São Paulo: Companhia das Letras, 2018.

SANTIAGO, Silviano. Camões e Drummond: A máquina do mundo. In: WALTY, Iveta Lara Camargos; CURY, Maria Zilda Ferreira (orgs.). *Drummond*: poesia e experiência. Belo Horizonte: Autêntica, 2002.

SUPLEMENTO LITERÁRIO DE MINAS GERAIS

JOÃO POMBO BARILE

A HISTÓRIA DO SUPLEMENTO LITERÁRIO DO *MINAS GERAIS*, como também era conhecido o *Diário Oficia*l do Estado de Minas Gerais, começa no governo de Israel Pinheiro, em meados dos anos 1960. Israel notou que cerca de 200 cidades do norte de Minas viviam isoladas, sem receber jornais ou informações de espécie alguma do resto do país. Por lá, só chegava mesmo o *Diário Oficial*, obrigatório em repartições públicas, mas levando apenas leis, decretos e atos administrativos. Preocupado com esse isolamento, o governador recomendou ao diretor da Imprensa Oficial, Raul Bernardo Nelson de Senna, que preparasse uma página de Literatura, revivendo uma antiga tradição do *Minas Gerais*, dos anos 1920-30, em que trabalhava o poeta Carlos Drummond e que, por algum motivo, fora interrompida. Raul Bernardo tinha, nessa época, alguns escritores lotados na redação do jornal: Murilo Rubião, Aires da Mata Machado Filho e Bueno de Rivera. Chamou a turma e recomendou a página de Literatura.

Foi então que o contista Murilo Rubião sugeriu que se fizesse um suplemento literário em vez de uma simples página. Aceita a sugestão, Murilo colocou a mão na massa e assumiu então o cargo de secretário da publicação (compondo com os dois colegas a comissão de redação). E assim, no dia 3 de setembro de 1966, com Paulo Campos Guimarães na direção da Imprensa Oficial, surgia o primeiro número do Suplemento Literário do *Minas Gerais*.

Vivíamos o início da ditadura e apenas dois suplementos literários sobreviviam no Brasil: o do *Correio do Povo*, de Porto Alegre, e o d'*O*

Estado de São Paulo. Alguns meses antes, um suplemento que era publicado pelo jornal *Estado de Minas* fora extinto, deixando com seu editor, o poeta Affonso Ávila, muitas matérias e colaborações inéditas. Murilo não pensou duas vezes e pediu a ajuda do amigo e de sua mulher, Laís Corrêa de Araújo.

O trabalho de Murilo rendeu frutos, e desde a primeira página, em que vinha estampado um poema de Bueno de Rivera ilustrado por Álvaro Apocalypse, pôde contar com nomes como Fábio Lucas, João Camilo de Oliveira Torres, Zilah Correa de Araújo, Ildeu Brandão, Márcio Sampaio, Libério Neves, Flávio Márcio e Luis Gonzaga Vieira, além de desenhos de Chanina. Para fazer parte da redação, foram convocados alguns jovens que começavam a escrever: Humberto Werneck, Carlos Roberto Pellegrino, José Márcio Penido, Adão Ventura, João Paulo Gonçalves da Costa e Márcio Sampaio. Com diagramação de Lucas Raposo, as ilustrações ficaram por conta de Álvaro Apocalypse, Chanina, Jarbas Juarez, Eduardo de Paula, Pompéia Britto da Rocha, Liliane Dardot, José Alberto Nemer, Carlos Wolney e José Márcio Brandão.

A primeira versão do Suplemento Literário tinha oito páginas, que podiam passar a dezesseis em certas edições especiais, como, por exemplo, a que comemorou o primeiro aniversário do jornal. O número reuniu nomes como Carlos Drummond de Andrade, Libério Neves, Samuel Rawet, Haroldo de Campos, Benedito Nunes, Frederico Morais, Francisco Iglésias, Emílio Moura, Nélida Piñon, Dalton Trevisan e Henriqueta Lisboa. Mais tarde, o suplemento se manteve com as doze páginas que o caracterizaram até a década de 1980. Nos seus primeiros 20 anos, a periodicidade oscilou entre semanal e quinzenal.

"O SLMG sempre teve a colaboração dos maiores nomes da nossa literatura", conta o atual editor do jornal, Jaime Prado Gouvêa. Ele se lembra bem do dia em que uma carta, enviada por ninguém menos que João Guimarães Rosa, chegou à redação. Endereçada a Murilo Rubião, nela escrevia o autor de *Sagarana*: "O contentamento e o interesse que tenho, de receber o Suplemento, são para mim de verdade. Acho-o sem falhas. Digo que está redondamente – esplendidamente –

expressando a literatura de Minas, a cultura. Pode alguém, sem susto e protesto imaginar que acaso ele viesse, por infortúnio, a desaparecer? Nem mesmo compreendo que não tivesse havido antes esse mensageiro da altura. Parabéns, pois, aos brados. Deus o mantenha sempre! – para alegrar-nos e orgulhar-nos e nos enriquecer".

Engana-se quem pensa que só a literatura mineira ou tupiniquim era publicada no SLMG daqueles anos. Pouca gente sabe, mas a tradução de autores estrangeiros também era um dos pontos fortes da publicação nos seus primeiros tempos. Exemplos: três poemas de William Carlos Williams traduzidos por João Cabral de Melo Neto, Haroldo de Campos e Joaquim Cardozo. Ou Julio Cortázar, que teve seu conto "Todos os fogos o fogo" traduzido por Laís Corrêa. O saudoso Sérgio Sant'Anna traduziria "A banda policial", de Donald Barthelme, lançando o escritor norte-americano no Brasil.

Em janeiro de 1968, Murilo decidiu deixar o cargo de diretor e convocou então o escritor Rui Mourão, que, porém, não renderia muito no cargo: eram os anos de chumbo, e sombrias alegações políticas viriam impedir sua posse. O poeta Libério Neves secretariou, interinamente, até maio, quando Ildeu Brandão foi nomeado para dirigir o jornal, já contando com o escritor Garcia de Paiva para auxiliá-lo. O Suplemento, mesmo com a ditadura comendo solta, não parava.

Em maio de 1971, Angelo Oswaldo foi empossado como secretário. O jornal ganharia então outra cara. Música, cinema e artes plásticas ganharam espaço. Novos artistas, como Marcos Coelho, Benjamin, Rosa Maria, Roberto Moreno, Luiz Maia, Humberto Guimarães passaram a colaborar no periódico. O ciclo de Angelo Oswaldo terminaria em setembro de 1973, quando foi convidado para uma temporada de estudos em Paris. Mário Garcia de Paiva o substituiu e chamou Maria Luiza Ramos para compor a comissão.

Estávamos no auge da ditadura. E as pressões para tentar censurar o jornal aumentaram. Um suplemento especial, em novembro de 1973, que pretendia ser uma amostra do "Conto Brasileiro Atual" (24 textos de ficção), é mutilado pela censura. Seriam dois números, cada um com dezesseis páginas. O primeiro saiu perfeito, mas o segundo teve apenas oito páginas. A imprensa nacional começou a dar atenção a esses fatos, num apoio à resistência.

"O clima político que vivíamos, a pressão cada vez maior gerada pelo choque entre o que tentava ser um movimento cultural e o fato de ser o veículo um órgão oficial acabaram por forçar uma queda da qualidade, um certo desânimo, um marasmo que só viria a ser sacudido com a nomeação do Wander Piroli para a secretaria do jornal, em janeiro de 1975", conta Gouvea. Piroli trouxe o dinamismo do jornal diário a que estava acostumado, inovou na parte gráfica, publicou cordel, abriu espaço aos escritores que quisessem desabafar, agilizou o setor editorial e irritou os conservadores em geral. Durante alguns meses, a independência do Suplemento entusiasmou seus colaboradores. E escritores de renome quiseram participar da festa. A qualidade cresceu. E, com ela, o perigo.

Os bons ventos trazidos por Piroli não durariam muito. Em maio de 1975, sem que seu secretário fosse sequer avisado, o *Minas Gerais* publicou um editorial informando que haveria uma reformulação no Suplemento. Piroli demitiu-se imediatamente e, com ele, a grande maioria dos colaboradores, fato que repercutiu, em tom de lamento e revolta, na grande imprensa nacional. O ciclo parecia fechado. A partir do número 454, de 17 de maio, a circulação do jornal foi interrompida – fato até então inédito –, só voltando em meados de junho, depois da nomeação de um novo secretário, Wilson Castelo Branco, que o dirigiu durante quase oito anos.

A vitória de Tancredo Neves nas eleições de 1982 trouxe esperanças de mudanças profundas, em particular no mundo artístico. Para o Suplemento, não foi diferente. Murilo Rubião, seu criador, foi novamente convocado e se tornou então diretor da Imprensa Oficial. Entre suas metas, estava a renovação do Suplemento, para que ele voltasse a ter a importância que tivera em outros tempos, quando chegou a ser reconhecido internacionalmente como um dos mais importantes veículos de informação cultural da Língua Portuguesa. Murilo queria que fosse varrido todo o anacronismo e provincianismo por onde o jornal havia se enveredado, uma mudança que fosse até física.

Montou, então, uma equipe que conhecia bem, e que era encabeçada pela autoridade intelectual do professor Aires da Mata Machado Filho, seu Chefe de Gabinete. Como secretário, designou Duílio Gomes. A comissão de redação passou a ser composta por Wander Piroli e Paulinho Assunção. A equipe de redação contava com Manoel Lobato, Jaime Prado Gouvêa e Adão Ventura. E, para dar uma nova feição gráfica ao jornal, foi chamado o poeta Sebastião Nunes. Até o logotipo foi mudado, e, em junho de 1983, começava a nova fase. Os tempos eram outros. Números especiais voltaram a ser programados.

A partir daí, o Suplemento entrou na maturidade, seguindo sua vida até que, coincidentemente com a doença e a morte de Murilo Rubião, começou a sentir o efeito do tempo, foi envelhecendo, fechando-se sobre si próprio como uma publicação de paróquia, até quase não sair mais à rua, como qualquer idoso que não tem mais o que dizer. Até que, no final de 1994, a então Secretária de Estado da Cultura de Minas, Celina Albano, conseguiu passar o jornal para sua pasta. O Suplemento deixava de ser "do" *Minas Gerais* para ser "de" Minas Gerais.

Nos últimos 25 anos, nomes importantes da nossa cultura continuam a escrever para a publicação. Em 2024, todo o acervo estará disponível para ser consultado on-line. ●

TEMPO COLONIAL

JOSÉ NEWTON MENESES

MINAS FOI PORTUGUESA, MAS NÃO FOI PORTUGAL. A diversidade é a marca do tempo colonial em Minas Gerais. Não há unidade conformadora nessa zona de fronteira da colonização portuguesa, do final do século XVII ao início do XIX. A construção de uma Minas colonial tem cariz luso e marcas da encruzilhada de culturas, em sua gama múltipla de relações socioeconômicas-ambientais.

Minas do cataguás foi um dos epítetos de batismo de Minas Gerais. Esse espaço, ao tornar-se uma fronteira de exploração colonial, não era um vazio demográfico. Era povoado por gentes de culturas milenares em etnias múltiplas e diversas. Povos nativos, originários do território "desbravado" colonialmente: "Botocudos" (Boruns), Puris, Coroados, Caiapós, Pataxós, Malalis, Maxacalis, Krenaks, Xacriabás, Panhames, Aranãs, Pankararus, Xukuru-Kariri, Mocuriñ, e Pataxó Hã Hã Hãe, dentre tantos outros. Povos em movimento em território transformado com a colonização.

Minas foi nomeada como diversos sertões míticos na perspectiva colonizadora: "do Leste", no vale da bacia do Doce; dos "arrepiados", a nordeste; "da farinha podre", a oeste; do "Alto dos bois", na confluência dos rios Doce, Mucuri e Jequitinhonha; "do Cuieté", junto aos afluentes do Doce. Sertões de continuidades do sertão baiano "da ressaca", a seguir caminhos de outros rios em direção ao Jequitinhonha. Os colonizadores, de fato, despovoaram esses sertões, afugentando, exterminando e escravizando o que para eles eram "feras bravias".

Mais tarde, ainda no período colonial, sertões repovoados pelas descobertas auríferas e pelas atividades econômicas diversas legitimadoras – com violências e "conquistas" – dos limites da Capitania e da Província de Minas Gerais.

As políticas indigenistas implantadas na Regência de D. João VI, a partir de 1808, são demonstrações inequívocas da forte presença indígena em Minas, o que as narrativas dos viajantes estrangeiros vindos ao Brasil no século XIX corroboram. Eles relatam formas de viver e de organizar os processos da vivência dos indígenas; narram devastações de paisagens florestais e o domínio do "capim gordura" nas terras "esgotadas" ocupadas pela pecuária.

Uma multiplicidade de povos africanos forçosamente migrados e escravizados chegou a Minas e aí viveu, constituindo identidades diversas em encontros e diálogos culturais riquíssimos. O controle intensivo do poder colonial nomeou a seu critério as "nações" dos escravizados, remetendo a uma origem e a um passado nem sempre real. Chegaram da África com conhecimentos e saberes acerca dos processos de mineração e da ação na agricultura e em suas diásporas ajudaram a formar um cosmopolitismo vigoroso, em relações sociais desiguais e violentas.

Indivíduos caracterizados como Minas, Angolas, Benguelas, Congos, Monjolos, Massanganos, Ganguelas, Timbús, Xambás, Ladanos, Courás, Sabarús, Fons, Cassanges, Fulas, Aladás e tantas outras nações, nomeados com nomes cristãos, denotavam a presença de inúmeras Áfricas, de reinos antigos e novos em um cadinho étnico de complexidade e riqueza. Nos fazeres e no gosto, nas formas de ver a natureza e de tratá-la como riqueza, nas manifestações laicas e religiosas, urdiam um tecido social de múltiplas fibras em encontros violentos ou pacificados por uma força de poder colonizador que os submeteu ao trabalho compulsório, à violência cotidiana, contingenciando formas de sobreviver, resistir, se aquilombar, virar fugido, "viver como se livre fosse" no comércio ambulante, sob os jornais do senhor proprietário, ou se coartar e conquistar a alforria e ser mais um forro a tentar ter seu próprio "fogo", a forjar a existência, formalmente liberto e subjugado pelas forças sociais repressoras.

Homens e mulheres escravizados, vindos da África ou afrodescendentes nascidos e criados nas Minas, criaram relações com os iguais e com os outros, indígenas, portugueses, forasteiros de tantas origens que passavam ou se fixavam conforme as oportunidades econômicas. Sociedade múltipla de muitos povos indígenas originários e de muitas Áfricas sob o poder de muitos brancos vindos de partes de Portugal, sobretudo o centro-norte, mais ainda do Minho. Forasteiros também de outras partes da Europa e do império luso pelo mundo; de outros cantos da América portuguesa a se aventurar pela fronteira aurífera. Encontros, desencontros e reencontros; muita desigualdade nas relações.

As Minas Gerais coloniais foram terras onde se lavrava e semeava, onde se minerava e se transitava por rede de caminhos cada vez mais complexa. A compreensão acerca da economia de Minas Gerais no tempo de sua colonização portuguesa, a partir dos estudos historiográficos dos anos 1980 até os nossos dias, foi enriquecida. Neles, a leitura documental de fontes mais aderidas à realidade das diversas regiões aponta a mineração como uma das atividades econômicas importantes, embora dividindo espaços com uma diversidade de atividades geradoras de riquezas. Dentre elas, destacam-se manufaturas (de ferro, madeira e algodão), comércio, construção civil e, sobretudo, uma agropecuária para abastecimento de alimentos. Vigorosa, esta última respondeu pela riqueza de muitos senhores e senhoras da elite colonial que, como enunciou Sérgio Buarque de Holanda, lavravam ouro sem ter lavras, por via da produção e do comércio de alimentos.

Pesquisas acerca da produção e abastecimento alimentar nas Minas Gerais setecentistas e oitocentistas mostram o vigor do setor e o estímulo dado por ele àquilo que foi a mais evidente característica da economia mineira colonial: o desenvolvimento de um mercado interno pujante, estimulador do consumo e da riqueza da região. Para o período setecentista, estudos mais gerais e mais específicos fazem contundente crítica acerca dos equívocos de se pensar a queda da mineração aurífera como decadência econômica. Demonstram a riqueza da produção e da preocupação, e eficiência administrativa com o abastecimento alimentar. Houve uma estabilidade do abastecimento e de preços de produtos alimentícios, com estruturação dos setores produtivos locais e abundância de alimentos.

A economia colonial mineira foi mista e diversa: a mineração disputou espaço fundiário com a produção agropecuária. Produtores conciliaram a produção de suas datas auríferas com a agrária, atentos a um mercado consumidor crescente, urbanizado e monetizado pela circulação do ouro. Assim, fizeram riquezas e expandiram seus negócios em direção ao comércio fixo e de tropas, e a outros setores da economia. Manufaturas fundamentais para a construção civil, bem como de edifícios eclesiásticos e administrativos, desenvolveram-se, valeram-se do comércio vigoroso, estimulando, ainda, uma tecelagem de algodão consistente, uma fundição de ferragens úteis e necessárias, artes e ofícios múltiplos a atender a população crescente. Nessa economia colonial, o rural se integrou ao urbano, distinguindo-se pouco seus limites; uma ruralidade que não abandonou a rua, onde estava a irmandade e os cultos religiosos, as sociabilidades mundanas e o contato com as redes de compadrio e de parentela.

Nas localidades urbanas, tudo se amalgamou: lavra, roça, urbe e mundo. Arraiais e vilas se apresentaram como os nós das redes de relações complexas e cotidianas, encruzilhadas de gentes e de culturas. Minas voltou-se para si aberta ao mundo; criou fronteiras permeáveis, pontos de contato e não de limites, fundamentando uma cultura mais tarde caracterizada assim por Guimarães Rosa: "seu orbe é uma encruzilhada". As gentes desses lugares eram, como as definiu Saint-Hilaire, de "uma polidez simples e afetuosa" em sua hospitalidade, em um proverbial cosmopolitismo "mineiro".

Relações sociais nada simples motivaram caracterizações historiográficas que vão de caótica e movediça a estruturada em pilares rígidos da escravidão, da religião e da administração colonial. Em uma sociedade de Antigo Regime – já distinto dos primeiros anos da modernidade –, a desigualdade foi fundamento basilar não rompido nas Minas colonial, permitindo excepcionalmente a incorporação de novos grupos sociais aos centros de poder local. Desde a ocupação territorial pelos paulistas, em duas frentes, pelo sul e pelo norte, o povoamento se expandiu do centro das primeiras descobertas auríferas para suas bordas, em disputas de jurisdição com as Capitanias limítrofes.

O fluxo de populações portuguesas, formado por filhos segundos e terceiros de agricultores, sem oportunidades na partilha das heranças, agenciou comércios e se envolveu em uma economia diversa. Os processos de escravização e de urbanização foram marcantes. Nas primeiras décadas da ocupação, a população de escravizados chegou a compor 80% dos habitantes e, ao final do século XVIII, representou cerca de 50% do contingente populacional de mais de 350 mil pessoas. Os caminhos

"Velho", "da Bahia" ou "dos currais do sertão", e o "Novo" ou do "Garcia", foram artérias que não impediram os inúmeros caminhos secundários ou mesmo "os descaminhos" de causar preocupação na administração colonial, aumentando sua sanha por tributos, forma essencial de controle social pela metrópole.

A proibição da entrada das ordens religiosas regulares forjou uma sociedade laicizada, praticante de um catolicismo instruído pela ação do clero secular rareado e pela atividade de muitas irmandades leigas, a reproduzir hierarquias sociais e funcionar como formas de expressão religiosa e de manifestações de uma cultura lusa mesclada de manifestações próprias, vindas das franjas distintas de afrodescendentes e de povos originários. As Irmandades contribuíram com o controle do trabalho mecânico e hierarquizaram os trâmites do culto católico, teatralizaram as festas, os ritos do nascer e do morrer e, enfim, marcaram a sociabilidade dos aglomerados urbanos.

As bases rigidamente hierárquicas da sociedade permitiram, excepcionalmente, certa permeabilidade e o exercício de mecanismos de ascensão econômica. Eles ocasionaram o surgimento de camadas médias de homens e de mulheres que, mesmo não sendo parte da elite colonial, construíram formas de branqueamento de suas origens para obterem uma inserção mais fácil na vivência social. Práticas de faiscação, pequenos comércios e o instrumento da coartação permitiram uma estabilidade econômica de grupos de forros no vigoroso mercado interno de consumos de produtos variados. Mas um liberto não se igualava a um livre nessa sociedade de desiguais.

As redes clientelares forjaram as relações administrativas, entre o centro e a periferia da colonização, bem como, internamente, conformaram relações de compadrio e de parentesco importantes no contexto da ordenação social e das inserções dos indivíduos no cenário social. As elites sociais, no entanto, mantiveram seu papel preponderante nas negociações com o centro do poder. Não podemos caracterizar essa sociedade de Antigo Regime como permeável, mesmo que, excepcionalmente, ela permitisse alguns "perdões" *de genere* e branqueamentos forjados.

Uma produção artística desafiadora da compreensão de historiadores da arte, de críticos literários e de estudiosos, o "barroco mineiro" acumula análises atestadoras de sua diversidade e complexidade dialogantes. Distinto do modelo europeu e, ao mesmo tempo, derivado de algumas formas coetâneas de pintura, escultura, arquitetura e música do Velho Mundo, suas distintas manifestações, à luz de nossos critérios contemporâneos (e dos modernistas paulistas e mineiros do século XX), apontam para formas originais e genuínas de arte. Tais critérios, obviamente sem sentido para seus artistas setecentistas, mas de certo anacronismo útil em nosso tempo, demonstram um sertão das Minas colonial aberto e atento às manifestações do mundo; olhando para si e para as outras margens que ultrapassam as do Atlântico, incluindo aquelas dos confins orientais do mundo luso, exemplificado em tantas "chinesices". Há, nessa arte colonial mineira, barrocos, rococós e neoclassicismos, e há artistas atentos ao local e ao universal, a vivências reais e a imaginários do outro. Arte interessada em um decoro, um engenho e uma formosura adequados e com comodidades da vida, em perfeições e sutilezas condizentes com a realidade mestiça onde ela se construiu. As cidades coloniais mineiras (mesmo que, de fato, e, oficialmente, fosse Mariana a única), em seus arruamentos e edificações, apontam para lógicas construtivas portuguesas e artes edificantes múltiplas. Em suas construções, conjugaram funcionalidades ambientais, ao respeitarem as curvas de nível naturais, por exemplo, e administrativas, ao seguirem regras da adequação e do asseio do colonizador. Edificaram-se, ainda, reprimindo, classificando e ordenando suas gentes, incluindo-as ou excluindo-as de sociabilidades, bem ou mal, aceitas.

Nas letras, uma tradição no pleno sentido de *tradere* (transmissão) se encontrou com a experiência de viver nas Minas e legou uma cultura letrada que, na Capitania setecentista de um sertão rústico, reconfigurou a cultura clássica, aderindo-a ao real de uma paisagem natural distinta, de uma sociabilidade diferente e difícil, de uma ordem tumultuosa, mas funcional. Contrastes aparentes e imaginários entre naturezas e sociedades, entre uma tópica clássica – como o amor à pátria e o exílio – e problemas reais, produziram uma literatura, em seus vários gêneros, dentro de uma historicidade viva, ultrapassando os limites dos modelos letrados. Nas artes e nas letras, há um barroco e um classicismo arcádico sendo consubstanciados por cores, paisagens, naturezas, maravilhas e aptidões locais. Comodidades da vida de uma Minas portuguesa que se distanciou de Portugal.

Minas colonial de múltiplas compreensões; de complexidade evidente; orbe e encruzilhada de muitos sertões, povos e culturas. ●

VER VERBETE BARROCO.

SUGESTÕES DE LEITURA

ALMEIDA, Carla Maria Carvalho de. *Ricos e Pobres em Minas Gerais*. Produção e hierarquização social no mundo colonial, 1750-1822. Belo Horizonte: Argumentum, 2010.

ANDRADE, Francisco Eduardo de. *A invenção das Minas Gerais* – Empresas, descobrimentos e entradas nos sertões do ouro da América portuguesa. Belo Horizonte: Autêntica, 2008.

CARRARA, Ângelo Alves. *Minas e Currai*s – Produção Rural e Mercado Interno de Minas Gerais, 1674-1807. Juiz de Fora: Editora UFJF, 2007.

MENESES, José Newton Coelho. *O Continente Rústico*. Abastecimento alimentar nas Minas Gerais setecentistas. Diamantina: Maria Fumaça Editora, 2000.

SOUZA, Laura de Mello e. *O Sol e a Sombra*. Política e administração na América portuguesa no século XVIII. São Paulo: Companhia das Letras, 2006.

TERESINHA SOARES[3]

LILIA MORITZ SCHWARCZ

É DIFÍCIL ESTABELECER UMA MARCAÇÃO HISTÓRICA ou um cânone artístico que dê conta de determinar com rigor limites precisos que definam a obra de Teresinha Soares. Nascida em 1927, na pacata cidade de Araxá, no interior das Minas Gerais, a artista nunca estabeleceu pacto com a temporalidade linear, fazendo uma obra que desafia qualquer tentativa de enquadramento fácil. A ousadia está presente nas temáticas feministas e femininas que aborda, na denúncia à violência da sociedade patriarcal brasileira que escancara, nas cores *pop* que explora e no diálogo original que estabelece com as correntes artísticas de seu tempo – sem aceitar filiar-se a nenhuma delas –, na corporalidade sensual e erotizada que suas formas definem.

Teresinha Soares apareceu na cena artística de Minas como um furacão. Além de artista multimídia, foi ativista da causa dos direitos feministas, escritora, atuou nas artes cênicas, na educação e na política. Era também uma *persona* artística e política, no sentido de fazer de seu corpo uma forma de contestação. Entretanto, assim como surgiu na década de 1960, retirou-se abruptamente de cena em 1976, quando, segundo o crítico Rodrigo Moura, nunca mais apresentou qualquer

3. Uma primeira versão deste texto foi escrita para a exposição *Um alegre teatro sério*, aberta na Galeria Gomide&Co, em São Paulo, em maio de 2023.

trabalho e interrompeu definitivamente sua carreira artística profissional, tomando outros rumos por questões ligadas a seu casamento.

Nesse curto espaço de tempo, porém, Teresinha se multiplicou, mostrando como seu mundo se encontrava, pleno, em Minas; levando a periferia para o centro do sistema. Primeira vereadora eleita em sua cidade natal, pelo poderoso PSD (Partido Socialista Democrático), foi também Miss Araxá, funcionária pública e professora do Grupo Escolar Dr. Eduardo Montandon. Casou-se com o jornalista Britaldo Soares, diretor dos *Diários Associados* em Minas Gerais, que fez com que se mudasse para Belo Horizonte e constituísse uma família com 5 filhos.

Foi nesse meio tempo que Teresinha iniciou sua formação em letras na PUC de Minas Gerais. Enquanto estudava na Universidade Mineira de Arte, conheceu o crítico Frederico Morais, que a acompanhou durante a carreira, assim como realizou a curadoria de sua primeira exposição individual. Abriu então exposições em Ouro Preto, Brasília, São Paulo (onde participou da IX e XI Bienais) e Rio de Janeiro, quando estabeleceu contato com artistas que também exploravam uma linguagem mais *pop* e crítica à sociedade brasileira, como Rubens Gerchman, Anna Maiolino e Nelson Leirner.

Eram tempos de contracultura, e Teresinha desenvolveu uma arte em que o cotidiano e o exotismo femininos estão por toda parte, bem como a contestação aos costumes de época, o ativismo e as questões políticas que estouravam no contexto da ditadura militar, quando sua obra começa a ganhar a atenção da crítica. Essa era, igualmente, e na via oposta à censura imposta pelo autoritarismo, a época do surgimento dos movimentos sociais; dentre eles, o feminismo, que questionava os limites dessa sociedade patriarcal. Teresinha se nutria ainda de um diálogo geracional, que se dava com o *nouveau réalisme* e a "nova objetividade brasileira", numa releitura crítica, social e figurativa, herdeira do movimento alemão dos anos 1920.

Personagem conhecida nas rodas mineiras, a artista explodiu, por dentro, com o bom-mocismo dessa sociedade – a partir da inserção social de quem frequentava e conhecia de perto esses ambientes, mas não se limitava ou acomodava a eles. Mas Teresinha sumiu de cena.

Segundo Frederico Morais, foram 12 anos, bem contados, cuja interrupção ninguém acaba de entender, e talvez pouco importe explicar.

O certo é que Teresinha Soares só voltou a ser mais reconhecida a partir de duas exposições coletivas mais recentes – *The World Goes Pop*, na Tate Modern (Londres 2015), com curadoria de Jessica Morgan, e *Radical Women: Latin American Art* (1960-1985), curada pela crítica e estudiosa Cecilia Fajardo-Hill, no Hammer Museum (Los Angeles, 2017) e na Pinacoteca de São Paulo (2018) –, e da individual aberta em 2017, no Museu de Arte de São Paulo (Masp), com curadoria de Rodrigo Moura e Camila Bechelany.

A projeção talvez se associe ao fortalecimento dos feminismos no mundo, e no Brasil, quando a obra de Teresinha encontrou nova vida, aliada a uma agenda de contestações acerca do espaço das mulheres na vida política, na realidade profissional e cultural; num tempo que demandava a emancipação diante das amarras estruturais do machismo. A artista que escandalizou seus meios culturais, que quebrou o "tabu sexual", segundo a jornalista Denise Morais, que foi saudada já em sua época como "A moça da arte erótica" e que trabalhava "como um vulcão de Eros" virou, então, uma intérprete contemporânea. Para tanto, basta olhar com mais cuidado algumas de suas obras.

A série chamada *Mulheres* traz trabalhos em nanquim e guache, com a artista se experimentando na lógica estética do branco e preto. O conjunto destaca a qualidade da produção de Teresinha, que explora de maneira expressiva e sintética o corpo feminino. Elas aparecem plenas, erotizadas, de lado e de frente, a partir de traços em geral simétricos, mas que não perdem a expressividade, num diálogo inesperado entre forma, conteúdo e ativismo.

Dentre as obras mais reconhecidas da artista estão aquelas em que Teresinha explora a técnica da colagem, combinando uma paleta de cores sensível – que alterna contornos pretos, com massas brancas, vermelhas e verdes –, com frases soltas retiradas de seus poemas e artigos de jornal. As sentenças certeiras da poeta repassam a condição feminina e denunciam a violência cotidiana contra as mulheres.

"Coração mata", "eles guardarão as portas", "Deus criou o homem e... SOS" são muito mais que sentenças decorativas incluídas em várias direções nas telas. Elas ganham outras interpretações quando acompanhadas das imagens de mulheres plenas, livres, que parecem, por vezes, tolhidas por figuras masculinas. Permitem vislumbrar, ainda, o papel de Teresinha como escritora que rompe com os limites entre o narrado e o pintado; entre o documento escrito e a obra visual.

No trabalho *Casa suspeita* (1967), da série Acontecências, por exemplo, a artista inclui uma frase na vertical – "fazemos qualquer negócio" –, ao mesmo tempo que introduz um corpo nu feminino, bem como uma série de rostos de mulheres. No canto esquerdo, vemos uma figura que entra pela porta, sinuosamente. A ideia do corpo feminino sendo oferecido como objeto do desejo dialoga com a plenitude e a comunhão tácita entre mulheres. Em "Um alegre teatro sério", o corpo feminino aparece duplicado – ora mais curvado e talvez reprimido, ora expansivo e sem amarras. Frases como "de luz apagada", que aparece logo abaixo de um abajur iluminado, ou "há os outros naturalmente", "recebe até na cama e o governado" contracenam com rostos que se beijam e o que parece ser uma máscara de teatro. A obra incita a pensar no teatro da corporalidade feminina, sujeita a tantas proibições, mas igualmente a jogos de simulação. Permite introduzir ainda o imaginário erotizado dessa artista, que faz performance dentro e fora das telas.

Teresinha realizou uma série de instalações-performances. Em 1971, no III Salão Nacional de Arte, no Museu de Arte da Pampulha, apresentou *Um-dois feijão com arroz, três-quatro farinha no prato, cinco-seis sal, sol e areia*, feito por uma ninhada de pintinhos ciscando fubá de milho, e seis bandejas com recortes de formas femininas, circundados por textos – todas carregadas por garçons que serviam essas "mulheres-objetos", junto com porções de amendoim. As fotos do evento mostram o contraste entre os pobres pintinhos, expostos num lugar a eles artificial, e os convidados da alta sociedade mineira; entre eles, o próprio marido da artista. Entre 1972 e 1973, ela realizou a trilogia *Túmulos*, apresentada simultaneamente na Pampulha, no IV Salão de Arte Moderna do Rio e na Pré-Bienal de São Paulo. No terceiro módulo, a própria artista aparecia vestida de negro, com asas de anjo, oferecendo queijo de Minas e linguiças da região, banalizando hábitos da burguesia local.

Talvez um trabalho-síntese seja o álbum *Eurótica*, exposto pela primeira vez em 1971, na Petite Galerie, no Rio de Janeiro. Os vários desenhos são montados em módulos, distribuídos em níveis diferentes. Eles trazem formas fálicas e silhuetas nuas, numa rara economia de traços. Os visitantes eram convidados a, sem sapatos, percorrer a estrutura labiríntica da instalação e, assim, entrar em contato com essas formas orgânicas, que poderiam prever múltiplos encontros, desencontros e leituras. Nessa obra, Teresinha apresenta também seu verso livre. Eles se referem à união, mas também à destruição; temas, como vimos, fortes no imaginário da autora.

O assunto ressurge em *Eles guardarão as portas*, quando a tópica das portas fechadas, e por vezes entreabertas, evoca limites e barreiras impostos às mulheres. A porta surge como alegoria do que é proibido ou do lugar de encontros fortuitos.

A prostituição, a venda do corpo feminino, é outro tema constante. Em *Casa suspeita*, rostos e corpos femininos, partidos pelo branco e o vermelho, dividem espaço com frases da artista. "Fazemos qualquer negócio" é provocação suficiente para refletir sobre a objetificação do corpo da mulher. Nesse conjunto de trabalhos, fica evidente a ambiguidade e as tensões presentes na condição feminina: o prazer e o sofrimento; o corpo que se liberta e a violência de quem sofre com processos contínuos de tentativa de subordinação.

Teresinha também se experimentou nos objetos tridimensionais. Na obra *O jogo do desencontro*, por exemplo, ela entabula um diálogo com Rubens Gerchman, artista que também utilizou o formato caixa e contrastou imagens com palavras – numa espécie de poesia expandida, que fazia tanto sucesso no contexto latino-americano. Nessa obra, ela aborda as dificuldades presentes nas relações amorosas. Os corpos não surgem representados em sua inteireza; fragmentos do corpo – ancas, coxas, seios, barrigas, lábios, mãos – definem a arte erótica do "deixar-se ver", apenas por partes. São formas fálicas, que delineiam a imaginação do espectador que é convidado a completar a tela. Os corpos são engrenagens, máquinas de fazer amor. Ao mesmo tempo, o jogo de cores fortes destaca um casal que parece unido num abraço, mas está preso a estruturas que lhes tolhem a liberdade. Corpos femininos e masculinos se complementam, sem que a distância seja rompida.

O conjunto da produção de Teresinha Soares configura-se como uma homenagem às mulheres, às redes de solidariedade por elas criadas, ao feminismo e à liberação sexual; mas também como alerta acerca da violência e da misoginia brasileiras. Essa é uma obra que atravessava os limites porosos entre arte e política, tudo isso num contexto de grande repressão, advinda do regime militar, que impunha a censura aos jornais e nos meios artísticos, e a tortura em seus porões – nos espaços das portas entreabertas tão significativos nos trabalhos de Teresinha.

A produção artística de Teresinha Soares permaneceu, durante muito tempo, bastante desconhecida; a exemplo de outras mulheres que atuaram no cenário dos anos 1960 e 1970 – época de muitas interdições e tantos jogos de liberdade. Mas foram poucas aquelas que viraram intérpretes/artistas para além de seu próprio contexto. Aliás, a obra tem ganhado força renovada neste momento em que temas como democracia, inclusão social, feminismo, e também a denúncia ao feminicídio, estão fortemente instalados no coração da república brasileira.

Essa é uma artista que fez da sua beleza pessoal uma *persona* política e contestatória; e da sua obra, que misturava forma *pop* com versos de efeito e corpos femininos expressivos, um manifesto da liberdade. É como se as frases e as formas criadas por Teresinha Soares ainda sussurrassem que o corpo é político; é nosso último e derradeiro território. •

VER VERBETE MULHERES ARTISTAS.

SUGESTÕES DE LEITURA

BACHELANY, Camila; MOURA, Rodrigo. *Quem tem medo de Teresinha Soares?* São Paulo: MASP, 2017.

THEOTONIO DOS SANTOS

KARIM HELAYEL

THEOTONIO DOS SANTOS NASCEU EM 1936, em Minas Gerais, no município de Carangola, tendo se graduado, no ano de 1961, no curso de Sociologia e Política e Administração Pública da Faculdade de Economia da Universidade Federal de Minas Gerais (UFMG). Posteriormente, ingressou na recém-fundada Universidade de Brasília (UnB) para cursar o mestrado em ciência política, concluído em 1964, sob a orientação de Ruy Mauro Marini, participando, ainda, durante o período no qual esteve na então nova capital do país, de um seminário de leitura sobre *O capital*, de Karl Marx. Como relata em seu Memorial preparado para o concurso de titularidade prestado em 1994, na Universidade Federal Fluminense (UFF), ao finalizar os cursos de graduação e mestrado, o economista mineiro já se considerava efetivamente identificado com o marxismo.

De acordo com Theotonio dos Santos, foi no período de realização de seu mestrado na UnB que ele se tornaria, paralela e definitivamente, especialista nas obras de Marx e Engels, estendendo suas leituras aos trabalhos de Lenin, Kautsky, Rosa Luxemburgo, Bukharin e Trotsky. No entanto, ressalta que sua formação marxista não teria se confinado somente a um exercício exegético, uma vez que se combinou ao estudo da formação social brasileira, sendo decisivas as leituras das obras de Celso Furtado, Roberto Simonsen, Caio Prado Júnior e Nelson Werneck Sodré. Além disso, foi na UnB que o economista mineiro teve a oportunidade de cursar uma disciplina oferecida em parceria com a Comissão Econômica para a América Latina e o Caribe (CEPAL), que lhe proporcionou conhecer Maria da Conceição Tavares, Aníbal Pinto, Carlos Lessa e Antônio Barros de Castro. Ou seja, a experiência de Theotonio dos Santos na UnB é tratada por ele como crucial, posto que nela conheceu André Gunder Frank, iniciando ainda, junto à sua esposa, Vânia Bambirra, sua sistemática colaboração de décadas com Ruy Mauro Marini.

No entanto, o golpe civil-militar de 1964 interrompeu sua trajetória na UnB, levando o jovem intelectual a viver na clandestinidade entre os anos 1964-1966, como dirigente nacional da Organização Revolucionária Marxista - Política Operária, antes de se exilar no Chile e ser incorporado ao Centro de Estudos Socioeconômicos da Faculdade de Economia da Universidade do Chile. É no país andino que Theotonio dos Santos delineia suas formulações sobre o caráter dependente das economias latino-americanas, lapidando uma espécie de "cosmopolitismo provincializado", para usar uma categoria de Gurminder Bhambra.

Essa perspectiva foi forjada com base em um intenso diálogo com o repertório marxista, tendo sido incorporada, inclusive, pelo debate contemporâneo sobre a geopolítica do conhecimento, interpelando por exemplo a noção de dependência acadêmica forjada pelo sociólogo malaio Syed Farid Alatas, que discute as assimetrias da divisão internacional do trabalho nas ciências sociais entre países produtores de teorias – no caso, os países centrais – e aqueles que seriam os países consumidores – mais especificamente, os periféricos.

Para qualificar essa perspectiva cosmopolita, é fundamental a leitura do livro *Socialismo ou fascismo: o novo caráter da dependência e o dilema latino-americano*, publicado originalmente em 1972. Essa edição reúne dois importantes livros de Theotonio dos Santos em seu exílio chileno, *O novo caráter da dependência*, publicado pela primeira vez em 1967, no Centro de Estudos Socioeconômicos (CESO) da Faculdade de Economia da Universidade do Chile, do qual foi diretor, e *Socialismo ou fascismo: o dilema da América Latina*, de 1969, cuja publicação foi levada a cabo pela editora chilena PLA.

Podemos sugerir que, ao forjar o construto da "dependência", Theotonio dos Santos constrói, assim como outros teóricos que se debruçaram sobre a questão, uma percepção que contribui para o descentramento, opondo-se contra certo eurocentrismo, da análise sobre o processo de mudança social no Brasil e na América Latina. Ao investigar a inscrição do Brasil na economia mundial do pós-guerra, o autor chama a atenção para o aumento dos investimentos estrangeiros na América Latina entre os anos 1950-1960, destacando que a dependência das economias periféricas vinha assumindo um "novo caráter". Ou seja, Theotonio dos Santos vinha identificando uma íntima associação entre industrialização e capital estrangeiro na região, que seria marcada por um tipo de desenvolvimento que teria como base a superexploração da força de trabalho, culminando, desse modo, em seu caráter eminentemente excludente.

Nesse sentido, a articulação com o plano externo pode ser entendida como uma vinculação descentrada com o interno, uma vez que a análise da dinâmica específica do conflito de classes no Brasil deveria ser levada ao primeiro plano da análise, sem tomar mecanicamente como contraponto os casos dos países de capitalismo originário. O autor sustenta o argumento de que a burguesia industrial brasileira teria um caráter "capitulacionista", não possuindo nem interesse, nem muito menos condições para empreender um projeto autônomo capaz de lograr hegemonia no processo de controle da mudança social, contrariando as expectativas do Partido Comunista Brasileiro (PCB), que apostava no suposto caráter tanto nacional-democrático quanto revolucionário daquele grupo.

O imperialismo se vincularia às forças dominantes internas, penetrando nos setores econômicos mais lucrativos dos países periféricos. As economias centrais teriam contribuído, desse modo, para a inviabilização da montagem de uma indústria pesada na periferia, posto que sua criação conferiria "grande independência econômica aos países em desenvolvimento", o que "restringiria o mercado imperialista e seus produtos passariam a competir com produtos das potências imperialistas nos mercados dos países que se industrializaram". Portanto, as diferentes burguesias nacionais das economias periféricas tenderiam ao capitulacionismo pelo receio de acionar forças sociais que não pudessem controlar na tentativa de se autonomizarem no processo econômico, resignando-se ao sacrifício do "desenvolvimento nacional e sua libertação econômica e política em troca do apoio econômico e da segurança interna que o imperialismo lhe promete". Assim, ao forjar a categoria "dependência" para lidar com a não linearidade da matéria social brasileira, Theotonio dos Santos aponta para o caráter específico do processo de desenvolvimento na periferia.

Isso posto, talvez seja possível dizer que a mobilização do repertório marxista, por parte de Theotonio dos Santos, o aproxima do que Dipesh Chakrabarty qualifica como um movimento de "provincialização da Europa", uma vez que, para ambos, o pensamento europeu seria tanto indispensável quanto inadequado para uma reflexão em torno da modernidade política em formações sociais não ocidentais. Tal pensamento, que continua a nos interpelar, seria passível de ser renovado a partir das e pelas margens. Assim, esse "cosmopolitismo provincializado" seria crítico de um outro tipo de cosmopolitismo eurocêntrico, que tenderia a obnubilar as desigualdades oriundas do imperialismo europeu e da escravidão, ignorando a construção histórica do mundo.

Podemos sugerir ainda a proximidade da perspectiva de Theotonio dos Santos em relação ao tipo de "cosmopolitismo sociológico" que André Botelho e Antonio Brasil Jr. identificam em Florestan Fernandes. De certo modo, não constitui exagero dizer que, assim como Florestan, o economista mineiro não parece se limitar a discutir um caso distinto dos modelos tomados como paradigmáticos de mudança social, fazendo a particularidade da modernização brasileira interpelar a própria teoria sociológica. Ao se debruçar sobre as particularidades da dinâmica interna das classes sociais no Brasil, Theotonio dos Santos também mobiliza com desenvoltura e criativamente o repertório europeu, de modo a compreender e explicar uma matéria social sinuosa e um tanto arredia, como a brasileira e, também, latino-americana.

Portanto, Theotonio dos Santos se vale da categoria "dependência" como recurso teórico heurístico para dar conta da dinâmica própria do processo de desenvolvimento das economias latino-americanas, bem como de provincializar o cosmopolitismo. A dependência seria, em suas palavras, "o modo específico da produção capitalista em nossos países", condicionando e conferindo "ao nosso desenvolvimento uma forma específica no contexto mundial: a de um capitalismo dependente". Theotonio dos Santos procura extrair proposições teóricas mais gerais para interpelar a análise de outros contextos periféricos, no intuito de construir uma perspectiva descentrada, mas com alcance universal, a partir da periferia do capitalismo. •

SUGESTÕES DE LEITURA

BHAMBRA, Gurminder. Cosmopolitanism and Postcolonial Critique. In: ROVISCO, Maria; NOWICKA, Magdalena (orgs.). *The Ashgate Research Companion to Cosmopolitanism*. Londres: Ashgate, 2011.

BOTELHO, André; BRASIL, Jr. Antonio. A revolução burguesa no Brasil: cosmopolitismo sociológico e autocracia burguesa. In: FERNANDES, Florestan. *A revolução burguesa no Brasil:* ensaio de interpretação sociológica. Curitiba: Kotter Editorial; São Paulo: Contracorrente, 2020.

CHAKRABARTY, Dipesh. *Provincializing Europe*. Princeton: Princeton University Press, 2000.

SANTOS, Theotonio dos. *Memorial*. Apresentado para o concurso de titularidade da Universidade Federal Fluminense (UFF), 1994.

SANTOS, Theotonio dos. *Memorial. Socialismo ou fascismo*: o novo caráter da dependência e o dilema latino-americano. Florianópolis: Insular, 2018.

TOSTÃO

LUCAS CARVALHO

EDUARDO GONÇALVES DE ANDRADE, conhecido como Tostão, nasceu em 25 de janeiro de 1947 em um conjunto habitacional de Belo Horizonte (MG). Ainda criança, por conta da baixa estatura, ganhou o apelido pelo qual ficaria conhecido no mundo do futebol. Tostão iniciou sua carreira no futebol de salão do Cruzeiro em 1961. Em 1962, com 15 anos, foi para a equipe júnior de futebol de campo. No mesmo ano, o América Mineiro o contratou, mas, depois de um ano, em 1963, voltou ao Cruzeiro, que formaria uma equipe de jogadores jovens e talentosos, entre eles Dirceu Lopes, Wilson Piazza e Raul Plassmann. De acordo com o tricampeão mundial, tudo ocorreu de forma muito repentina, e ele passou a ver "na carreira de jogador não uma profissão, mas um lazer responsável, lucrativo, temporário, que eu não poderia desperdiçar".

Em 1966, essa geração viveria o seu maior triunfo, ganhando a final da Taça Brasil contra o Santos de Pelé, bicampeão da Copa Libertadores e do Mundo (1962-1963). O Cruzeiro se consagrava campeão brasileiro vencendo os dois jogos da final, e com atuação de destaque de Tostão, que, no mesmo ano de 1966, com apenas 19 anos, seria convocado pela primeira vez para a seleção brasileira. Fato nada desprezível para época, em se tratando de um jovem jogador fora do eixo Rio-São Paulo. A sequência de boas atuações fez com que figurasse na lista de 22 jogadores convocados pelo técnico Vicente Feola para participar da Copa do Mundo da Inglaterra, em 1966. Bicampeã mundial em 1958 e 1962, a seleção foi eliminada ainda na primeira fase com uma vitória sobre a Bulgária e duas derrotas para Hungria e Portugal.

Tostão participou somente de uma partida naquele mundial, mas, desde então, não deixou de estar presente nas convocações. Um episódio, no entanto, marcaria para sempre sua carreira. Em 24 de setembro de 1969, em jogo válido pelo Torneio Roberto Gomes Pedrosa entre Corinthians e Cruzeiro, Tostão, ainda deitado no gramado após uma falta, recebeu o impacto de uma bola chutada pelo zagueiro Ditão no olho esquerdo e sofreu descolamento de retina. Em 2 de outubro de 1969, Tostão foi submetido a uma cirurgia em Houston, nos Estados Unidos, pelo médico mineiro Roberto Abdalla Moura. A recuperação demoraria ao menos seis meses, estendendo-se até às vésperas da Copa do Mundo de 1970. A convocação de Tostão gerou dúvidas na comissão técnica, agora comandada por Zagallo, substituto de João Saldanha. O talento do jogador, a preferência dos colegas de seleção e a experiência do técnico Zagallo, bicampeão mundial como jogador em 1958 e 1962, provavelmente pesaram para que Tostão fosse convocado para a Copa do México.

Sob a liderança de Pelé no campo, a seleção brasileira de 1970, que contava ainda com craques como Dirceu, Rivellino, Gérson, Carlos Alberto e Jairzinho, se sagraria campeã, encantando o mundo pela habilidade, talento e criatividade. O jogador mineiro despontava definitivamente para o mundo como um dos principais jogadores daquela equipe. De volta ao Brasil, a situação seria diferente. Depois de uma série de conquistas importantes, o Cruzeiro estava em descenso e perdeu o título do campeonato mineiro de 1971. Direção e torcida acusavam os jogadores de "fazer corpo mole". Descontente, Tostão se transferiu para o Vasco, clube em que jogou somente por um ano, entre 1972 e 1973, quando uma inflamação na retina comprometeu parte da sua visão, levando-o a encerrar a carreira precocemente, com apenas 26 anos.

Tostão se dedicou, então, aos estudos e ingressou em 1975 no curso de Medicina da Universidade Federal de Minas Gerais. A Medicina foi a oportunidade de realizar o sonho de ser um profissional liberal e de viver a vida como um cidadão comum, dedicando-se ao ensino e aos seus pacientes. Em 1994, porém, foi convidado a trabalhar como comentarista de televisão durante a Copa do Mundo dos Estados Unidos. O aceite marcou sua volta ao mundo do futebol e à vida pública, interrompendo o anonimato que tanto desejava após o término da carreira de futebolista. Em 1995, passou a escrever crônicas em jornais de grande circulação, atividade a que se dedica até hoje. Embora preferisse a vida reclusa e pacata, não refutava o reconhecimento e o elogio. A curta trajetória no futebol, os ascensos e descensos na carreira, as reconversões a novos ofícios o levaram a experimentar as ambivalências dos acasos e das escolhas que fez. Afinal, é "como se a vida se passasse nos extremos (...). O corpo deseja uma coisa, e a alma, outra".

Ainda durante o curso de Medicina, Tostão teve o primeiro contato com a psicanálise a partir de uma especialização, que quase lhe fez – novamente – mudar de ofício. Embora isso não tenha ocorrido, é notório em suas crônicas a influência da psicanálise no modo como observa e analisa o futebol e os fatos de sua vida, tornando-se um recurso de que se vale para pinçar nos acontecimentos a trama complexa das pulsões e paixões humanas, e, sobretudo, de religar o racional e o irracional, o individual e o coletivo, o particular e o universal.

Podemos destacar três grandes temas em suas crônicas em que esses polos aparecem conjugados e tensionados: o perfil do grande jogador ("craque"), a crescente racionalização do futebol e a função do acaso. Temas que se interligam em uma perspectiva mais ampla sobre o futebol. Para Tostão, os grandes jogadores reúnem, em proporções variadas, a "técnica" (os fundamentos básicos como passe, drible e finalização), a "habilidade" (o efeito especial de uma jogada, a destreza diante de um obstáculo) e a "criatividade" (a capacidade de antever, imaginar e improvisar). Dessas características, a técnica pode ser aprendida e desenvolvida, mas a habilidade e a criatividade não, no máximo aprimoradas. Fazem parte de um conhecimento tácito, em geral adquirido durante o brincar na infância. Além disso, os craques devem ter especial preparação física e mental, ser obstinados e perfeccionistas ("garra"). A maioria dos jogadores é dotado ou desenvolve uma ou outra dessas condições, às vezes mais de uma, mas nem sempre as congregam, por isso, "são divididos, esquizofrênicos do ponto de vista futebolístico". Os craques são aqueles que reúnem todas essas condições de forma única, "conseguem juntar as partes, formar um todo, uma personalidade".

O que se passa ao nível individual, quando analisamos a "alma" do jogador, como prefere Tostão, entra em conflito com algumas das características priorizadas no estilo moderno do futebol. Aqui cabe uma ponderação: para o tricampeão mundial, esse estilo é uma tendência de desenvolvimento de uma concepção sobre a tática e a técnica no futebol impulsionada pela globalização e pelo avanço infrene do capitalismo sobre o esporte. Não se trata de um processo inexorável. O estilo moderno se traduz na obsessão pela troca de passes curtos e lineares combinada com lançamentos longos (em detrimento dos passes de efeito e em curva ou dos dribles), na redução máxima dos erros individuais através do encurtamento dos espaços, e na criação de ataques rápidos e objetivos ("estocadas"). A racionalização crescente revelada pela criação de mecanismos táticos e técnicos de disciplina total sobre os jogadores e sobre o andamento das partidas tem seu efeito mais perverso na "neurose" coletiva, espécie de compulsão à repetição. Cria-se a ilusão de uma superpotência, em geral creditada aos técnicos, de que todos os aspectos que envolvem uma partida (lógicos e intuitivos) pudessem ser controlados. Não à toa, as análises, tanto por quem pratica quanto por quem comenta os jogos, enfatizam a distância do planejado e do executado. O imponderável – fundamentos da criatividade e da mudança de rumos de uma partida – aparece, sob esse ponto de vista, como erro. Para Tostão, "grande parte da vida se passa nas entrelinhas, na subjetividade e no que não foi ou que não pode ser dito". A imagem de entrelinhas é formidável. Termo recorrente nas análises táticas, ela descreve o encurtamento das linhas de defesa (zagueiros e volantes), entre as quais os jogadores de ataque devem criar meios de espaçá-las, como se o próprio espaço se tornasse relativo a partir dos lances de criatividade e habilidade. Diante da neurose da cientifização e tecnificação do futebol, as entrelinhas se tornam, para Tostão, o espaço-tempo do não planejado, e "que pode mudar nossa vida, a história de uma partida de futebol, de um país e até o destino da humanidade".

Em crônica intitulada "As origens", publicada na *Folha de São Paulo* em 6 de junho de 2010, Tostão glosa sobre o surgimento do futebol. O texto se inicia de forma indeterminada, gerando o efeito de imprecisão quanto à geografia e história oficial do esporte: "Dizem que o futebol começou na China, há mais ou menos dois mil anos". O leitor é levado a viajar pela Inglaterra do século XIX, tida como inventora do esporte, e pelo primeiro jogo internacional de seleções entre Inglaterra e Escócia em 1872, cujo placar de 0 a 0 teria inaugurado a "retranca". Tostão apresenta uma versão jocosa e irônica dos primórdios do futebol no Brasil. Cabral, ao aportar no Brasil, estava "doido para jogar uma partida e já sabia que os índios eram bons de bola", pois o futebol teria chegado no país "muito tempo antes, trazido pelos fenícios". O estranhamento se acentua quando o texto versa sobre a busca por simetria que existe no futebol. O sentido de simetria com que trabalha Tostão vai além da propriedade geométrica de transformar uma figura sem alterar sua forma original, e abarca também o que denomina "atração pelo duplo", inerente a todas as atividades humanas. O texto opera um deslocamento da dualidade presente no senso comum das análises futebolísticas entre a "volta às origens" e a adesão irrestrita à propalada modernização técnica, necessária em decorrência do diagnóstico de atraso do futebol brasileiro. Como, para Tostão, não existe um marco original, a questão deve se ater menos em investigar como alterar a forma do futebol, mantendo as marcas nacionais de origem, e mais como, em cada momento histórico e em cada sociedade, o futebol lidou com as assimetrias e as dualidades que lhe constituem.

Esse aspecto se revela quando Tostão esquadrinha as transações e transições técnicas e táticas do futebol mundial e chama a atenção para a ausência de revelação de meio campistas armadores, uma das marcas do futebol brasileiro. As variações técnicas que atingiram distintamente a Europa e o Brasil fizeram com que, paradoxalmente, jogadores com esse perfil sejam mais comuns nos certames do velho continente do que nos brasileiros. Tostão, então, adverte que "a chamada escola brasileira de futebol, que não sei se ainda existe, está confusa, esquizofrênica, por não saber o que quer, dividida entre a alma e o corpo, entre o individual e o coletivo, entre o passado e o presente, entre o planejado e o imprevisto. Não tem de ser uma coisa ou outra".

Contrário à ideia de volta às origens, Tostão compreende a história do futebol a partir de seu cosmopolitismo. Em perspectiva diacrônica, o futebol demonstraria que "times revolucionários" surgiram em diversas partes do mundo e que a originalidade tem menos a ver com a força da continuidade das origens e mais com as reelaborações criativas a que estão sujeitas. A cópia de esquemas táticos e de formação dos jogadores, ao contrário do que advogam os defensores da modernização, não deve ser feita sem mediações. "A solução não é seguir a racionalidade e a técnica europeia nem a paixão e a improvisação sul-americana, mas sim unir o passe com o drible, a técnica com a habilidade e a realidade com a utopia", adverte mais uma vez. A síntese talvez nunca seja possível, mas as dualidades que compõem o futebol, com e contra seus aspectos padronizados e "neuróticos", são potencialidades que podem levar a novos e insuspeitados caminhos. ●

VER VERBETE FUTEBOL.

SUGESTÕES DE LEITURA

TOSTÃO. *Lembranças, opiniões, reflexões sobre o futebol.* São Paulo: Dórea Books and Arts, 1997.

TOSTÃO. *A perfeição não existe*: paixão do futebol por um craque da crônica. São Paulo: Três Estrelas, 2012.

TOSTÃO. *Tempos vividos, sonhados e perdidos*: um olhar sobre o futebol. São Paulo: Companhia das Letras, 2016.

TOSTÃO. Escola brasileira de futebol. *Folha de São Paulo* [online], São Paulo, 22 dez. 2022. Disponível em: https://www1.folha.uol.com.br/colunas/tostao/2022/12/escola-brasileira-de-futebol.shtml. Acesso em: 25 jul. 2023.

TRIUNFO EUCARÍSTICO

PAULO MACIEL

COMO GÊNERO FESTIVO OU RITUAL cívico-religioso público, o Triunfo remonta à Roma antiga. Em linhas gerais, era uma cerimônia civil e, ao mesmo tempo, um rito religioso que reunia em sua formulação política o paganismo da civilização romana. De acordo com algumas interpretações mais antigas, tratar-se-ia originariamente de um ritual de purificação destinado à integração do corpo militar à vida civil. Estabelecendo um sentido mais amplo, pode-se dizer que se trata da celebração da vitória de Roma na figura de seus generais, na qual os festejados eram denominados triunfadores (*triumphatores*). Os aspectos centrais que definem o gênero são: transformação do espaço em função da construção de arcos; procissão pela rua com músicos e figuras até o templo; figuras de destaque no triunfo; animais para sacrifício; carros e alegorias. No Renascimento seriam somados a esses aspectos: apresentação de peças de teatro que estendem o triunfo; fusão de elementos cristãos e pagãos; e uso de maquinários elaborados e fogos de artifício. As origens do gênero do triunfo em Vila Rica (atual cidade de Ouro Preto), segundo Affonso Ávila, remeteriam ainda à vida de corte francesa, às procissões, autos e ritos católicos ibéricos.

Triunfo Eucarístico foi o nome dado à festa de translação do corpo eucarístico, ocorrida em 24 de maio de 1733 em Vila Rica, partindo da Igreja de Nossa Senhora do Rosário até a recém-inaugurada matriz do Pilar. Capitaneada pela Irmandade do Divino Sacramento, a festa, que teve como atração principal o faustoso cortejo público cívico-religioso, contou também com atividades como missas, recitais, cavalhadas, touradas e representação de comédias. Nesse sentido, o Triunfo de Vila Rica não foi muito diferente de outras festividades organizadas na colônia, embora o caráter culto de sua programação o distinguisse das demais.

Em 1733, Vila Rica passava por um processo acelerado de crescimento em razão da migração e da escravidão atreladas à mineração. Não apenas a população aumentava vertiginosamente, como também a área ocupada por moradia, plantação, criação e exploração do ouro. Nela residiam os mais ricos comerciantes do Império ultramarino português, os principais homens das letras, seculares e eclesiásticos, a nobreza e a força da milícia, sendo a localidade conhecida como "cabeça de toda a América".

O principal registro histórico do evento festivo é, até hoje, o detalhado relato de Simão Ferreira Machado. Publicado em Lisboa às expensas da Irmandade de Nossa Senhora do Rosário dos Homens Pretos, no ano seguinte à realização do evento, o texto consiste numa "prévia alocutória", na descrição pormenorizada do cortejo, incluídas as atividades que o antecederam e a ele se seguiram, e, ao final, numa espécie de conclusão, na refutação por parte do autor de certos boatos a respeito de Vila Rica e de seus moradores.

Segundo o relato, o Triunfo era um meio de restituir ao novo tempo o Divino Sacramento, animando, assim, os "irmãos e moradores da paróquia" a fazerem "o maior empenho da opulência, a maior demonstração da cristandade". Do fim de abril até 3 de maio de 1733, bandos de mascarados anunciaram o evento pelas ruas, ora de maneira solene, ora de maneira jocosa. Pelas ruas saíram ainda duas bandeiras: uma delas contendo numa face a Senhora do Rosário e na outra a custódia do Sacramento; e na outra a custódia do Sacramento e a imagem da Senhora do Pilar, uma em cada face. Ambas foram depositadas por gente ricamente vestida diante dos dois templos, demarcando os limites da translação.

Até a data da translação, precedida por seis dias de luminárias entre os moradores de Ouro Preto por ordem do senado da câmara, a festividade foi marcada por muitas danças, máscaras e ricas vestimentas. A procissão da translação foi precedida por três danças: uma de turcos e cristãos, outra de romeiros, e mais uma composta de músicos que seguiam em dois carros de madeira de tamanhos diferentes. O menor levava uma serpente e o maior, um artifício elevado em abóbada que ocultava uma figura; ao se abrir, a abóbada revelava um cavaleiro montado na cabeça da serpente. Após as danças vinham quatro figuras a cavalo, vestidas à trágica, representando os quatro ventos - Norte, Sul, Leste e Oeste -, precedidos pela Fama, que carregava numa das mãos uma custódia que dizia: *Eucharistia in Translatine victrix*. Pelos lados, seguiam dois pajens com duas asas nos chapéus, representando o deus romano Mercúrio, após os quais aparecia a figura do Ouro Preto em companhia de outras figuras. Duas delas carregavam um morro na cabeça significando Ouro Preto e Ouro Fino.

Depois vinham os sete planetas precedidos pela lua, e esta, por duas ninfas e mais dois pajens. Marte aparecia empunhando uma espada e um escudo de prata, precedido por três figuras com toucas mouriscas - que traziam nas mãos uma caixa de guerra, um pífano e uma trombeta - e seguido de dois pajens que levavam duas escopetas de prata. Três passos depois, despontavam mais duas figuras semelhantes com dois clarins e um caduceu dourado. Então surgia o Sol, portando uma harpa de pintura em campo de ouro, precedido de duas figuras - a estrela d'alva e a da tarde. A ele se seguiam seis pajens, três em cada lado, "mulatinhos de gentil disposição", segundo Machado. Mercúrio vinha precedido de duas figuras com ornato semelhante ao dos pajens das estribeiras e clarins em mãos, portando na mão direita um caduceu dourado. Era seguido de Júpiter carregando um cetro na mão direita e um escudo dourado no braço esquerdo, no interior de um carro triunfante guarnecido de galões de prata, puxado por duas águias coroadas de ouro e com pajens dos dois lados representando satélites.

Em seguida desfilou Vênus num carro em feitio de concha acompanhada, pelos lados, por dois pajens representando dois cupidos, que nas mãos levavam arcos e setas. Saturno, que representava o homem velho de fúnebre aspecto, com barba e cabelos naturais, levava na mão esquerda um pequeno escudo dourado com o caráter astronômico e na direita uma foice de prata, e era precedido por duas estrelas "vestidas como soldados romanos". As majestosas figuras da "antiga idolatria" eram incorporadas ao glorioso Triunfo do Eucarístico Sacramento, transfigurando a semântica antiga do gênero. Após a "antiga idolatria", vinha uma figura representando a nova Matriz seguida das irmandades, que por sua vez eram precedidas por um gaiteiro vestido à castelhana seguido por um moleque tocando tambor e acompanhado, à distância de dois passos, de quatro negros cobertos de chapéus agaloados de prata com plumas brancas. As irmandades conduziam os andores dos seus santos padroeiros.

A ordem do desfile foi: Irmandade do Santíssimo Sacramento; Irmandade dos Pardos da capela do senhor São José; Irmandade da Senhora do Rosário dos Pretos com os andores de Santo Antonio, Calatagirona, São Benedito e Senhora do Rosário; Irmandade de Santo Antonio de Lisboa, que trazia consigo os andores de Santo Antonio, São Vicente Ferreira e São Gonçalo do Amarante; Irmandade das Almas que levava o andor de São Miguel; todas acompanhadas de um numeroso séquito de nobres, que moravam em Vila Rica e seu distrito, seguido ainda de perto pela Irmandade da Senhora do Rosário, intitulada a do Terço dos Brancos, levando o andor da Senhora; pela Irmandade da Senhora da Conceição; pela Irmandade da Senhora do Pilar; e, por último, pela Irmandade do Divino Sacramento, considerada a mais opulenta de todas. Logo aparecia o clero das duas paróquias da Vila e suas anexas e, atrás dele, o Divino Sacramento nas mãos do reverendo da Matriz. O desfile fechava com o Conde de Gouvêia, governador das Minas, a nobreza militar e literária da Vila e outras partes, mais o nobre senado da câmara.

Após o nobre senado, vinha a companhia de Dragões, governada pelo seu tenente, e os soldados das duas tropas ordenados, que, uma vez terminada a procissão, deram três cargas de mosquetaria. O cortejo se encerrava com uma missa cantada na Matriz do Pilar em louvor ao Santíssimo Sacramento na presença do governador geral, nobres e do senado da câmara.

No século XX, por meio dos estudos de Affonso Ávila a respeito do barroco mineiro e de sua importância na constituição da cultura nacional, o Triunfo Eucarístico voltou a ser objeto de pesquisas mais sistemáticas. Ávila via o Triunfo Eucarístico como a principal expressão nas Américas de uma ancestralidade barroca e uma premonição da nacionalidade. Evento sem distinção de estamentos ou classes, era considerado por ele um encontro mais democrático, ao mesmo tempo alegre e lúdico. Essa visão difere de outras que conceberam o barroco latino-americano como a representação do poder do absolutismo e da contrarreforma.

Ainda de acordo com Affonso Ávila, as características do barroco enquanto estilo artístico, sintetizadas no Triunfo Eucarístico, se confundem com as da psicologia do ser montanhês e até mesmo com a paisagem natural transformada em alegoria. Assim, os elementos heterogêneos estariam em perfeita sinergia. Afinal, se havia excesso de luxo e pompa em confronto com extrema pobreza e carências, a "circularidade cultural" própria do barroco teria promovido a sua conciliação. Por esse prisma, o Triunfo de Vila Rica, enquanto símbolo da conciliação montanhesa da "identidade brasileira", conciliaria luxo e pobreza, cristianismo e paganismo, branco e preto, senhor e escravo, fome e banquete, destruição e mitificação da natureza, paisagem natural e humana, extrema hierarquia social e liberalidade cultural.

Um campo de tensões circunscreve as funções miméticas do Triunfo na colônia, em especial nas Minas do século XVIII. Assim, à imagem de Vila Rica de Simão Ferreira Machado, em parte acatada por Affonso Ávila, podemos contrapor a de Otto Maria Carpeaux, para quem ela parecia, de 1711 até 1750, um acampamento de *gold diggers* combinando aventureiros, escravos, criminosos, frades, militares portugueses, "orgias de dimensões modestas e procissões de pompa exagerada e tudo em torno do ouro". A depender do que era Vila Rica em 1733, a função mimética do triunfo ganha contorno distinto e, portanto, a comunidade que desfila surge conciliada como artifício. ●

VER VERBETE BARROCO.

SUGESTÕES DE LEITURA

ÁVILA, Affonso. *Circularidade da ilusão*. São Paulo: Perspectiva, 2004.

ÁVILA, Affonso. Festa barroca: ideologia e estrutura. In: PIZARRO, Ana. *América Latina*: palavra, literatura e cultura. Vol. 1. A situação colonial. Campinas: Editora Unicamp, 1993. p. 235-263.

CARPEAUX, Otto Maria. *Ouro Preto*. Belo Horizonte; Rio de Janeiro: Itatiaia, 2000.

MACHADO, Simão Ferreira. *Triunfo Eucarístico*. Curitiba: Antonio Fontoura, 2019.

MAYOR, Mariana França Soutto. *Triunfo eucarístico como forma de teatralidade no Brasil colônia*. Dissertação de mestrado – Escola de Comunicação e Artes, Universidade de São Paulo, São Paulo, 2014.

VIAJANTES EUROPEUS DO SÉCULO XIX

TALLES DE FARIA E SALLES

COM A TRANSFERÊNCIA DA CORTE PORTUGUESA para o Rio de Janeiro em 1808, fugindo das invasões napoleônicas na Europa, e a abertura dos portos brasileiros às embarcações estrangeiras por D. João VI nesse mesmo ano, o isolamento protecionista no qual Portugal sempre mantivera sua colônia sul-americana se atenuou. Uma miríade de viajantes foi, assim, estimulada a visitar e pesquisar a região que inundou os mercados europeus de metais e pedras preciosas, ao ponto de, anos mais tarde, em decorrência da balança comercial entre portugueses e ingleses e do Tratado de Methuen (1703), constituir substancial aporte financeiro que viria a custear a revolução industrial inglesa. Repetindo, em maior escala, o efeito suscitado à curiosidade e à imaginação europeias pelos relatos que Hans Staden, Jean de Léry ou Anthony Knivet produziram nos séculos XVI e XVII – acompanhados por gravuras que, como as de Theodor de Bry, aguçaram ainda mais o exotismo dos ritos antropofágicos e de outros elementos das culturas indígenas, domesticando as diferenças que o eurocentrismo não raro concebia em termos demonológicos –, os viajantes que percorreram o território da então colônia portuguesa e, nele, Minas Gerais, fizeram com que o século XIX representasse, para o olhar europeu e mesmo para o dos brasileiros restritos ao litoral, um período de redescoberta do Brasil interior.

Comerciantes, exploradores/aventureiros, naturalistas – isto é, homens dedicados às ciências naturais que começavam a se especializar no que seriam as suas áreas modernas – e artistas que acompanhavam as expedições para ilustrá-las constituíam muitos daqueles que visitaram ou mesmo se estabeleceram no território mineiro. Estavam interessados em dar notícia das riquezas minerais e dos métodos de extração, mas também em realizar pesquisa em áreas nascentes como a botânica, a zoologia, a paleontologia, sem descurar de notações que hoje seriam classificadas como antropológicas ou etnográficas, especialmente aquelas vinculadas às culturas indígenas, que estimulavam o apetite do mercado editorial europeu por atender à curiosidade do público não especializado, garantindo não apenas a publicação e a divulgação mais ampla das pesquisas profissionais, mas também granjeando alguma fama entre a comunidade intelectual e científica europeia.

Classificados de acordo com o período no qual visitaram ou permaneceram em Minas Gerais, numa listagem que não tem a pretensão de ser exaustiva, numerosos viajantes conheceram o estado: logo no fim da primeira década do século XIX, o mineralogista inglês John Mawe e o também mineralogista, geólogo, metalurgista e arquiteto alemão von Eschwege, que permanece no Brasil até 1821 a serviço da corte portuguesa como "Intendente das Minas de Ouro", morando durante a maior parte desse período na então Vila Rica de Ouro Preto, sendo o principal anfitrião e informante dos demais viajantes naturalistas interessados pelo território mineiro. Na década seguinte, na esteira das primeiras notícias e sob a intensa influência das publicações de Alexander von Humboldt, a propósito de suas viagens pela América Latina, se verifica um maior trânsito desses viajantes, dentre os quais estão: o comerciante inglês John Luccock; o médico e naturalista nascido na Alemanha e naturalizado russo, von Langsdorff, que faz sua primeira viagem na companhia do botânico francês August de Saint-Hilaire, retornando mais tarde em expedição própria em 1824; o príncipe alemão Maximiliano von Wied-Neuwied, interessado em pesquisar as línguas indígenas e também em colecionar objetos e espécimes da natureza brasileira, acompanhado pelo ornitólogo Freyreiss e pelo botânico Sellow, que morreria afogado na correnteza do rio Doce, ambos também alemães; os integrantes da Missão Artística Austro-Alemã, promovida em decorrência do casamento da arquiduquesa austríaca Maria Leopoldina com D. Pedro I e que contava com, dentre outros, o botânico von Martius, o zoólogo von Spix, o médico, geólogo e botânico Emanuel Pohl, e o zoólogo Johann Natterer – que, apesar de não ter publicado suas anotações, destruídas por um incêndio na capital austríaca, enviou dezenas de milhares de insetos e animais empalhados para o Museu de História Natural de Viena que, em 2023, organizou uma exposição dedicada ao bicentenário dessa expedição e às relações entre Áustria e Brasil. Do fim desse período data, ainda, o início da estadia do mineralogista inglês Alexander Caldcleugh. Na década de 1820, tem lugar a segunda viagem do Barão de Langsdorff a Minas, em longa e trágica expedição por ele liderada até o Amazonas, com o apoio do Czar Alexandre I, a qual terminaria com o afogamento do pintor francês Aimé-Adrien Taunay no rio Guaporé, nas proximidades de Vila Bela da Santíssima Trindade, no atual estado de Mato Grosso. O colapso teria levado o próprio Langsdorff à beira da loucura e adoecido vários dos integrantes da expedição, que contava também, na fase inicial da viagem e durante o percurso por Minas, com o pintor alemão Johann Moritz Rugendas – que a abandonou por desentender-se com Langsdorff –, e, até o seu trágico fim, com o desenhista francês e pioneiro da fotografia Hercules Florence, o astrônomo da Marinha Russa Nester Gavrilovitch Rubtsov, o botânico alemão Ludwig Riedel, dentre outros. Ainda em 1826 foi o início da viagem do naturalista francês Alcide Dessalines d'Orbigny; e em 1828 a do médico e capelão inglês Robert Walsh. Na década seguinte, em 1833, chegaram o naturalista inglês Charles Bunbury e o dinamarquês Peter Lund, que optou por viver definitivamente em Minas Gerais, falecendo em 1880 em Lagoa Santa, onde produziu trabalhos de grande relevância para a paleontologia moderna, tendo também viajado com o mesmo Riedel que compusera antes a expedição Langsdorff. No fim dessa década, foi a vez do comerciante alemão Ernst Hasenclever, interessado pela mineração do ouro. Nos anos 1840, chegaram Johannes Theodor Reinhardt, zoólogo e herpetólogo dinamarquês, que trabalhou como assistente de Lund até o início da década seguinte, o médico e botânico britânico George Gardner, o Conde de Suzannet, francês, e o naturalista inglês, a serviço do governo da França, Conde de Castelnau. Em 1850, visitaram-nos apenas o naturalista alemão Hermann Burmeister e o suíço von

Tschudi, este último retornando ao Brasil, como embaixador de seu país, nos anos de 1860-1861. Na década de 1860, o dinamarquês Eugenius Warming, discípulo de von Martius e um dos fundadores da ecologia moderna ao lado de Ernst Haeckel, assessorou Peter Lund em Lagoa Santa entre 1863 e 1866, dedicando-se a pesquisar o cerrado mineiro; em 1865 passou por Minas a Expedição Thayer, liderada pelo suíço Louis Agassiz, acompanhado da esposa, Elizabeth, e de outros naturalistas norte-americanos, bem como do filósofo William James, dentre outros. Em 1867, tivemos a visita do aventureiro e explorador inglês Richard Francis Burton. Na década de 1870, vieram a Minas o barão belga Walthère Selys-Longchamps, para uma estadia curta de apenas três semanas, e o engenheiro inglês James Wells, que aqui permaneceu entre 1873-1875. Em 1886, finalmente, o visconde francês Ernest de Courcy passou seis semanas conhecendo as famosas minas de ouro do Brasil, esgotando-se tamanho interesse estrangeiro pela novidade no qual consistia.

Praticamente todos os viajantes mencionados tiveram publicados os seus relatos, em vida ou postumamente, e a maior parte deles encontra-se traduzida. Esses relatos foram e continuam a ser ricos objetos de estudo, seja como fonte de informações acerca da vida cotidiana de nosso passado e da história da pesquisa científica, seja pelas suas diferenças culturais, que permitem entrever os preconceitos da época, seja ainda como exemplares do copioso gênero literário das narrativas de viagem. Permitem também visualizar as redes de ligação e os cruzamentos entre a comunidade científica europeia e o surgimento de muitas de suas áreas de especialização, correlatos aos interesses comerciais e industriais que paramentavam as disputas entre os imperialismos europeus e demandavam o arquivo e a catalogação de tudo quanto fosse possível no "Novo Mundo". Não é raro que procurem justificar a importância e a utilidade econômica de seus saberes – como o faz Saint-Hilaire em relação à botânica – e insiram dados, medições barométricas, médias de temperatura, descrições de formações rochosas e do solo e tabelas, sobre os quais se ancorava o discurso científico moderno, de acordo com os protocolos de escrita preconizados pelas emergentes academias científicas. As descrições que fazem das populações e dos tipos sociais que encontram, ainda que eivadas de um impregnado eurocentrismo, antecipam a atenção que viria a ser característica da antropologia e da etnografia modernas, intensificando uma curiosidade que já estava presente nos primeiros cronistas do século XVI, mas também reiterando, no interior da América do Sul, o interesse de Herder, filósofo alemão, pelas tradições populares como origem da identidade cultural de seu país.

Ao mesmo tempo, as descrições paisagísticas são abundantes, e em Minas se tornam especialmente exuberantes quando têm em vista os cimos das montanhas, pedregosas ou cobertas pela espessa mata atlântica, ou a imensidão dos campos gerais e do horizonte das planuras sertanejas recortado pelos chapadões. Cenas diante das quais o especialista, com alguma frequência, se deixa contagiar pela disposição de alma de um esteta, e se vê integrado como minúscula partícula do imenso cosmos que se propõe a estudar e explicar. Revela-se, assim, que os viajantes traziam em suas bagagens não apenas os seus instrumentos científicos, mas também o ideário romântico de sua época, profundamente marcada pelo gênio de Goethe – que também registrou seu próprio diário de viagem à Itália, entre 1786 e 1788 –, empenhado em alcançar um conhecimento universal capaz de integrar as ciências da natureza à obra de arte.

As tentativas de descrever as paisagens para o público europeu levaram recorrentemente os viajantes a estabelecerem paralelos com seus próprios exemplos domésticos, o que chega a ser sistemático, por exemplo, no caso das paisagens montanhosas: Mawe comparou as montanhas de Catas Altas às de Westmorland, no noroeste da Inglaterra; Luccock comparou o terreno ondulado e verdejante da região próxima à atual Conselheiro Lafaiete à paisagem de Sheffield, também na Inglaterra, tendo ainda considerado "arrogante" o Itacolomi; Martius e Spix, posteriormente acompanhados por Rugendas, sugerem paralelos entre a Mantiqueira e os Alpes; Gardner aproximou as montanhas de Diamantina ao aspecto árido e rochoso das terras altas da Escócia; Francis Burton recorreu a exemplos literários, indo buscar no Chateaubriand de *Atala*, novela publicada em 1801 e ambientada na América do Norte, a força retórica exigida para a descrição, sem deixar de confessar-se farto das montanhas imponentes e dos infindáveis campos ondulados; o belga Selys-Longchamps viu semelhanças entre o relevo de Minas e os de Ardenas e Condroz, ressalvando na comparação, porém, a escala gigantesca do primeiro.

O ímpeto descritivo dos viajantes europeus, principalmente o dos naturalistas, influiria em nosso Romantismo e teria importantes efeitos na formação do narrador de ficção brasileiro. Mesmo quando não o repete simplesmente, é possível a um leitor atento e iniciado nessa profusão de relatos auscultar diálogos em surdina entre tais viajantes e os escritores brasileiros. Trata-se, portanto, de fecundo material sobre nosso passado, a emergência das ciências modernas, as disputas entre os imperialismos europeus, bem como para o estudo dos discursos estrangeiros produzidos a propósito da convenção de estabelecimento de um "caráter" ou de uma "identidade" nacional, de particular interesse da imagologia no campo da literatura comparada. •

VER VERBETE TEMPO COLONIAL.

SUGESTÕES DE LEITURA

ÁVILA, Myriam. O sertanejo de Wells em Euclides da Cunha. *O Eixo e a Roda: Revista de Literatura Brasileira*, v. 8, 2002, p. 17-23.

SÜSSEKIND, Flora. *O Brasil não é longe daqui*: o narrador, a viagem. São Paulo: Companhia das Letras, 1990.

THOMPSON, Carl. *Travel Writing*. London; New York: Routledge, 2011.

VISSUNGOS

OSWALDO GIOVANNINI JUNIOR

VISSUNGOS SÃO CANTOS RITUAIS RESPONSORIAIS compostos por versos curtos em língua de origem africana, do grande grupo linguístico banto, misturada com o português falado no Brasil. Foram registrados de forma escrita em letra, partitura e significado pela primeira vez em 1928 por Aires da Mata Machado Filho em São João da Chapada, Diamantina, Minas Gerais. Eram cantados por remanescentes de escravizados geralmente no trabalho do garimpo de diamantes, mas também em momentos religiosos, festivos, cotidianos e em ritos fúnebres. As letras dos cantos eram a expressão de uma "língua secreta" utilizada para uma comunicação discreta, conhecida por escravizados e seus descendentes, que também poderia conter efeitos mágicos, ou seja, um canto com segredo.

Esses cantos se tornaram conhecidos dentro do Movimento Folclórico Brasileiro e, posteriormente, tornaram-se emblemáticos da cultura afro-brasileira. Saindo de sua condição primeira de oralidade para a forma escrita e gravada, registrada através da ação de pesquisadores e artistas, estenderam-se no tempo e no espaço para além do contexto em que foram originalmente criados. Ao longo dessa história, em que os cantos passaram da oralidade para a escrita e ressoaram pela cultura brasileira entre artistas de vários campos, ganharam novos contornos e performances, com novas camadas de significado.

Os cantos vissungos foram criados dentro do processo de travessia de cantadores escravizados que vieram da África para o trabalho forçado no garimpo de diamante em Minas Gerais. Na região de Diamantina e Serro, a grande maioria dos escravizados chegou da região central do continente africano, nos séculos XVIII e XIX. Pertencentes a diversas etnias que compõem o grande tronco etnolinguístico banto, teriam como línguas predominantes o umbundo, o quimbundo e o quicongo.

São João da Chapada foi explorada com minas de diamante pela Coroa portuguesa no século XVIII, mas o povoado se formou nas primeiras décadas do século XIX, já em um período de desimpedimento das minas. Com a descoberta das minas da Pratinha em 1833, houve um afluxo de pessoas interessadas na exploração; entre elas, encontravam-se garimpeiros, faiscadores, muitos homens brancos e negros livres, além de donos de escravaria. A população da região do entorno também era composta por quilombolas, agrupados em pelo menos seis quilombos conhecidos. Os trabalhadores e moradores formavam uma população complexa e diversa e, entre eles, circulava um modo de falar próprio que percorria desde o trabalho no garimpo até as festas religiosas e não religiosas, uma língua que foi chamada de "língua banguela". Dessa língua e dessa população derivam os cantos vissungos.

Os cantos e a língua seriam fragmentos de uma cultura africana transportada para o Brasil, ganhando novos significados dentro do contexto de uma sociedade marcada pelo garimpo. Era uma língua esotérica de domínio negro, que limitava a compreensão dos homens brancos; uma "língua" com "segredo", que servia para a comunicação discreta. Na comunidade quilombola do Baú, Milho Verde, distrito de Serro, onde reside hoje seu Ivo Silvério – considerado o último cantador de vissungo –, a língua também foi bastante difundida até a década de 1930.

O interesse de Aires da Mata pelos cantos vissungos logo se transformou em uma "coleta", ou seja, um registro escrito. Esse seria um trabalho urgente, pois eles estariam acabando e já não eram mais lembrados como antes: com a modernização da sociedade e com o declínio dos garimpos, os cantos estavam perdendo sua função e caindo no esquecimento. Nesse contexto, o registro de 65 cantos em letra e partitura representava o "salvamento" dos vissungos. O resultado da pesquisa foi inicialmente publicado na *Revista do Arquivo Municipal de São Paulo* em 1938, que reunia importantes pesquisadores da sociedade e cultura brasileiras.

O livro *O negro e o garimpo em Minas Gerais*, no qual se encontra o resultado dessa pesquisa, confirma a importância da contribuição de Minas para a dialetologia brasileira e etnografia nacional. Minas Gerais teria grande importância na formação nacional: "Nada definitivo, portanto, poderá dizer-se acerca da influência negra no Brasil, antes de ser apurada a contribuição de Minas. E as culturas negras nos terrenos diamantinos dão matéria considerável a pesquisas etnográficas, linguísticas e ainda sociológicas". Insere-se, então, dentro de uma inquietação própria da primeira metade do século XX, que pretendia responder ao problema da influência do africano e do indígena no falar do português no Brasil e na sua definição como língua nacional.

A identidade nacional, a modernização da sociedade, a compreensão do Brasil e a formação de uma arte, literatura, música, língua etc. eram questões presentes no movimento modernista. Por um lado, o registro etnográfico de cantos de origem africana no interior de Minas Gerais estava alinhado à vontade de conhecimento do "ser nacional", estratégia para conhecer e construir a identidade da nação e inseri-la em um todo mundial. Por outro lado, o registro não teria um objetivo apenas sociológico, mas visava guardar também o sentido estético de fruição dos aspectos poéticos e o conteúdo artístico das expressões populares.

Os vissungos, então, saíram de São João da Chapada, dos garimpos de diamante, das vozes de descendentes de escravizados, para compor publicação numa revista importante para as ciências humanas de São Paulo, centro da produção intelectual brasileira. De cantos com segredo entoados por escravizados, garimpeiros e faiscadores, os vissungos passariam a revelar uma parte do Brasil desconhecida por intelectuais e artistas modernos, fazendo emergir uma cultura afro-brasileira de origem banto, através de palavras, cantos, rituais, magias.

O trabalho de Aires da Mata ganhou repercussão no meio intelectual da época e no Movimento Folclórico Brasileiro, encabeçado pela Comissão Nacional de Folclore, criada em 1947. Aires foi o primeiro presidente da Comissão Mineira, a primeira estadual a ser criada no país, e muito de seu prestígio no meio se deve ao livro, premiado pela Academia Brasileira de Letras em 1945.

Em 1944, Luiz Heitor Correia de Azevedo, por meio de um convênio com a Biblioteca do Congresso Norte-Americano, viajou até a região de Diamantina e gravou alguns vissungos diretamente de cantadores. Os cantos passaram a ser alvo de interesse de outros pesquisadores, sendo agora conhecidos também pelo registro sonoro. Nos estudos musicológicos e de folclore, passaram a ser classificados como "cantos de trabalho", um canto popular que teria como função aliviar o sofrimento e o cansaço.

Por algumas décadas, os vissungos deixaram de receber a atenção dos pesquisadores em Minas Gerais, que se voltaram principalmente para pesquisas sobre os congados, especialmente em Belo Horizonte. Só voltariam a ser tema de pesquisas a partir da década de 1980, estudados por profissionais das áreas de música, linguística e história.

No mesmo compasso da busca por uma literatura e uma língua brasileiras, Aires da Mata, antenado com as tendências modernistas, tinha também uma preocupação com a formação de uma música autenticamente nacional. A coleta dos cantos era, para ele, a oportunidade de fornecer rico material para músicos brasileiros. Em 1982, Clementina de Jesus, Geraldo Filme e Doca da Portela gravaram o álbum *O canto dos escravos*, com repertório baseado nessa pesquisa. No período, consolidava-se o movimento negro e, com ele, o debate em torno das questões políticas e raciais que acompanhavam os brasileiros descendentes de africanos. A "voz negra" ganhava lugar nas rádios e nas gravadoras, e a voz de Clementina trazia o sentido de ancestralidade negra. Os vissungos ampliaram seu deslocamento, tornaram-se mais conhecidos, e sobre eles acumulou-se nova camada de significado: a dor dos escravizados. Passaram, então, a ser "o canto dos escravos", lamentos e expressão de sofrimento, assim como ícones da luta pela liberdade.

A questão do sofrimento, da resistência e da inserção do negro na sociedade brasileira também foi para o cinema e a televisão. O filme de Walter Lima Junior, *Chico Rei*, de 1986, traz uma trilha musical que conta com Clementina cantando vissungos e arranjos do grupo musical Vissungos (criado em 1975), dentre outros artistas. Em 1996, a história de Xica da Silva foi tema de novela da TV Manchete. Na pesquisa musical, lá estava a procura não só pelas músicas barrocas e seus compositores locais, mas também pela música negra do século XVIII a servir de tema para a protagonista. A equipe da televisão foi até

Milho Verde, onde encontraram com seu Ivo Silvério, cantador de vissungo e líder de Catopê. Numa situação controversa, gravaram a música Kuenda. Esta canção, em "língua africana", é cantada ainda nos dias de hoje no apogeu da festa de Nossa Senhora do Rosário, quando os Catopês cantam para retirar da igreja e transportar a imagem da santa de devoção no dia da festa religiosa. Esse canto do Catopê foi transformado em tema da personagem da novela pelo músico Marcus Viana, com seus arranjos para violino e orquestra, e espalhou-se pelo Brasil. Gravados e reinterpretados com novos arranjos e instrumentos, muitos vissungos ressoaram em trabalhos de outros artistas como Mônica Salmaso, Milton Nascimento e Naná Vasconcelos.

No início do século XXI, a pesquisadora Lúcia Nascimento, na esteira do pensamento de Aires da Mata, constata a "morte da língua" e a "morte dos vissungos". Apenas alguns cantos de trabalho e de carregar defunto para o cemitério ainda eram lembrados por quatro cantadores vivos, dois de Milho Verde – seu Ivo e seu Crispim – e dois de São João da Chapada/Quartel do Indaiá – seu Paulo e seu Pedro. Os vissungos passariam a ser conhecidos como cantos fúnebres ou cantos de "transporte", ou seja, usados no trajeto que iniciava na casa onde se realizava o velório e ia até o cemitério da comunidade. Nos rituais, os falecidos eram deitados em redes ou lençóis amarrados em varas, chamados banguê, e carregados nos ombros de amigos ou parentes, os quais caminhavam cantando vissungos. Por vezes, quando o corpo do defunto pesava muito, os carregadores paravam e lhe davam uma surra de vara, o que serviria para "maneirar o defunto", ou seja, fazê-lo ficar mais leve. O peso poderia ser decorrente de seus pecados em vida ou de sua recusa em partir deste mundo. A morte também precisava ser controlada, e acreditava-se que se os vissungos não fossem cantados alguém morreria na vila antes do cortejo chegar ao cemitério, recomeçando o ciclo de mortes.

Muito se fez para a revitalização dos cantos e das palavras em "língua africana" no começo do século XXI, sob inspiração da noção de patrimônio cultural imaterial e da valorização da cultura popular: pesquisa, oficinas, espetáculos, textos, filmes e reportagens com os cantadores ainda vivos. Destacam-se as oficinas e espetáculos promovidos pela UFMG durante os Festivais de Inverno em Diamantina. A precariedade dos cantos deu-lhes novo valor e novos significados em uma sociedade contemporânea ávida pelos sentidos do patrimônio e da "cultura popular tradicional". Os vissungos transmutaram-se em arte e em patrimônio cultural, acumulando nova camada de significado.

Pouco tempo depois, faleceram dois cantadores, um de cada distrito, e a voz do cantador tradicional de vissungo foi calada mais uma vez. Quando seu Crispim foi velado e levado de sua casa ao cemitério, acompanhado desta vez também por pesquisadores, produtores culturais, artistas e amigos, seu Ivo, parceiro de canto, puxou novamente um vissungo. Naquele momento, a morte de um cantador foi o renascimento do canto em seu estado ritual.

Nessa movimentação, o livro de Aires também retornou à região e foi parar nas mãos dos cantadores. Se a oralidade circulou para a escrita, a escrita retorna à oralidade. Seu Ivo Silvério gravou um CD, *Contos e Cantos Vissungos*, com sua própria direção artística, apoiado pelo pesquisador Rudá K. Andrade, e publicou um livro autoral: *Memórias de um Catopê*. Nesse processo de valorização dos saberes tradicionais, o cantador não apenas teve sua voz registrada, mas assumiu o protagonismo como "mestre da cultura popular".

Recentemente, os vissungos ocorrem de forma pontual em seus locais de origem, em alguns momentos rituais na festa de Nossa Senhora do Rosário ou na memória das pessoas. Por outro lado, participantes das comunidades de congado ou reinado em outras cidades de Minas têm utilizado esse termo para designar certas cantigas em "língua africana". Já em processo de recriação, artistas negros retomam os cantos e pesquisas musicais, léxicas e fonológicas com novos arranjos. Destacam-se, na nova cena, Mestre Negoativo, Sérgio Pererê, Luciano Mendes, Juçara Marçal, Graciela Soares. Sob a inspiração de noções como afrobrasilidade, afromineiridade ou tradição afrodiaspórica, renovam a ideia de continuidade entre a África e o Brasil. Em consonância, os vissungos passaram a fazer parte da constituição das identidades de negras e negros das grandes cidades, revigorando a luta antirracista. Concebidos como legado ancestral, são reavivados e se expressam em novas vozes e corpos, fazendo emergir um sentido de reconexão, como "elos perdidos" de uma África outrora existente no Brasil.

Muitos viajam para a África ou procuram relações com outras formas culturais e musicais negras em outros países das Américas, mais preocupados com uma cultura africana no Brasil do que com a formação de uma cultura, língua e música brasileiras, como reverberava entre os modernistas no início do século passado. As gravações de Luiz Heitor Corrêa de Azevedo também voltam à cena; Spirito Santo retoma o repertório gravado por ele com novos arranjos, instrumentos e articulações fonéticas inspirados em pesquisas na África; e a americana Victoria Broadus volta a investigar o acervo na Biblioteca do Congresso.

Ao longo de sua história, os vissungos formaram uma grande "rede vocal" pela qual passaram vários cantadores, receptores e novos intérpretes, que vieram ao longo dos anos recriando os cantos. Deslocando-se no fluxo das trocas, inspirações e ressonâncias, foram inseridos em diferentes tipos de ritualização, comunicando valores, transformando, criando e recriando pessoas, relações e eventos. Nesse percurso, revelaram-se símbolos rituais eficazes e comunicativos, expressão de cosmologias a circular por lugares sociais e culturais diferenciados, participando criativamente da formação da música e da cultura brasileiras. •

VER VERBETE REINADOS E CONGADOS.

SUGESTÕES DE LEITURA

GIOVANNINI JUNIOR, Oswaldo. *Sortilégios do registro*: Aires da Mata Machado, os vissungos e os negros do garimpo em Minas Gerais. Tese de Doutorado – Museu Nacional, Universidade Federal do Rio de Janeiro, Rio de Janeiro, 2012.

MACHADO FILHO, Aires da Mata. O negro e o garimpo em Minas Gerais. *Revista do Arquivo Municipal*, São Paulo: v. 60, ago. 1969 [1943].

ZIRALDO

ANDREA BORGES LEÃO

ZIRALDO ALVES PINTO NASCEU na cidade mineira de Caratinga, no dia 24 de outubro de 1932. Seus pais, Zizinha e Geraldo, juntaram parte dos nomes para formar o do filho primogênito. Geraldo era comerciante e Zizinha costurava roupas em casa. Na família, havia mais seis crianças: Ziralzi, Zélio, Maria Elisa, Maria Helena, Maria Elizabete e Geraldo. Ziraldo cresceu lendo os livros do pai. As aventuras dos heróis de Monteiro Lobato, o *Cazuza*, de Viriato Correia, e o *Mágico*, de Clemente Luz, eram seus preferidos. Com eles, ia tomando gosto pela escrita. Desde cedo, rabiscava os papéis e as paredes de casa, ilustrava os livros costurados por dona Zizinha. Em 1939, publicou seu primeiro desenho no jornal *Folha de Minas*. A formação do gosto das imagens que acompanham o texto se devia à leitura da revista *Tico-Tico*, primeiro passo para a descoberta dos gibis. Imaginava viagens distantes ao espaço sideral, personagens astronautas e heróis de histórias em quadrinhos. Era apaixonado pelos quadrinhos de Alex Raymond, o *Flash Gordon*, de Hal Foster, o *Tarzan*, de V. T Hamlin, o *Brucutu*, e de R.B. Fuller, *Sr. Tererê*. Imagens, cores e palavras formavam seus pontos de atração e curiosidade infantis. Deixariam marcas de originalidade na criação do trabalho adulto.

Em 1949, com 16 anos, Ziraldo partiu, na companhia do avô, para o Rio de Janeiro, onde cursou dois anos no MABE (Moderna Associação de Ensino). Retornou a Minas Gerais em 1950 e se matriculou na Faculdade de Direito de Belo Horizonte. Por essa época, iniciou o trabalho profissional na revista *Coração*. Em seguida, fez ilustrações para as revistas *Sesinho*, *Vida Infantil* e *Vida Juvenil*. Publicou charges no último número do famoso periódico carioca *O Malho* e colaborou com a revista *Era uma vez*. Em 1954, começou uma página de humor semanal na *Folha de Minas*.

Três anos depois, bacharel em Direito, voltou ao Rio de Janeiro e publicou charges e caricaturas na revista *A Cigarra* e na versão em espanhol de *O Cruzeiro*. De 1960 a 1964, publicou as histórias em quadrinhos da série *O Pererê*, na editora de *O Cruzeiro*. Foi a primeira revista em quadrinhos (HQ) em cores feita no Brasil, com a criação de personagens e enredos que buscavam expressar a identidade nacional. Pererê é um menino preto de uma perna só que habita uma floresta chamada Matas do Fundão. Seus companheiros de aventura são o Jabuti Moacir, o Coelho Geraldinho, a Onça Galileu, o Tatu Pedro Vieira, Macaco Alan e uma Coruja Professor Nogueira. Uma menina indígena, uma boneca e um bravo guerreiro completam o elenco de personagens. Nesse trabalho, a imaginação literária e visual se misturavam com os símbolos e motivos nacionais. Em 2002 e 2003, os personagens reapareceram em publicações da Editora Moderna como *A turma do Pererê*. O livro foi adaptado para a televisão entre 2002 e 2004.

O ano de 1969 é marcante na trajetória de Ziraldo. No mês de julho, ele lançou, pela editora Expressão e Cultura, o seu primeiro livro infantil, *Flicts*, o mais traduzido entre todos. Esse livro foi aclamado pela crítica nas colunas de literatura e artes plásticas como uma inovação na literatura infantil e no mercado editorial brasileiro. Poema feito de cores e formas visuais, *Flicts* conta a história de exclusão de uma cor rara e indefinida face às demais. Fora do espectro das cores que nosso olho capta (azul, amarelo e vermelho), a cor *Flicts* realiza uma conjunção entre literatura e artes gráficas. Sobreposto ao branco, foi recebido como personagem de um poema concreto. Logo o livro correu o mundo. Os editores Fernando de Castro Ferro e Inácio Irarte negociaram suas traduções na Feira Internacional do Livro de Frankfurt. Em 1970, recebeu o prêmio Santa Rosa do Instituto Nacional do Livro. Em 1976, foi relançado pela editora Primor e, em 1984, passou a ser publicado pela Editora Melhoramentos. As edições sucessivas apresentaram mudanças no formato do livro. Desde 1969, *Flicts* vem encantando gerações de crianças e adultos.

A versatilidade artística de Ziraldo em produções que transitam por diversas linguagens é um dos traços de distinção em sua carreira de sucesso de crítica e público. Para além das influências, o reconhecimento internacional veio com publicações de seus cartazes de humor em importantes revistas internacionais. Na década de 1960, publicou na Suíça *Graphis* e, em seguida, vieram as revistas *Penthouse* e *Private Eye*, da Inglaterra, *Plexus* e *Planète*, da França, e *Mad*, dos Estados Unidos. Em 1969, Ziraldo conquistou o Oscar Internacional do Humor, prêmio concedido no 32° Salão de Humor Internacional de Caricaturas de Bruxelas. Seu trabalho se tornou conhecido com uma matéria de oito páginas na *Graphis*.

Para Ziraldo, os anos foram passando pelo humor e as charges políticas em várias redações e, em especial, no semanário alternativo *O Pasquim*. Desde os anos 1960, os leitores conheciam seus cartuns e charges de humor político publicados em *O Cruzeiro* e no *Jornal do Brasil*. De 1969 a 1991, na companhia de Jaguar, dos jornalistas Tarso de Castro e Sérgio Cabral, de Millôr Fernandes, Miguel Paiva, Henfil, entre outros artistas, Ziraldo colaborou na redação de *O Pasquim*. Nas páginas do veículo porta-voz da contracultura, fez a luta política contra a ditadura militar, enfrentou as autoridades do regime com sátiras revolucionárias em matéria de costumes, correu riscos, e por isso foi preso quatro vezes. Sua primeira prisão foi em dezembro de 1968, após a promulgação do Ato Institucional nº 5. Em 1970, saiu uma charge de Ziraldo no *Jornal do Brasil*, onde também trabalhava, de um mapa do mundo com um homem olhando para o céu, apontando para o Brasil e dizendo "Jesus Cristo, eu estou aqui", em alusão a uma famosa canção da época. Essa charge deu no que falar e provocou as autoridades como uma expressão de quem ousava falar sobre o que se queria esconder. Vale lembrar que *O Pasquim* era um verdadeiro fenômeno editorial, atingindo um público sedento por novidades e resistências, em tiragens de até 100 mil exemplares, no ano de 1970.

Na década de 1980, a literatura infantil se inscreveu no desenvolvimento de uma indústria do livro produtora de padrões universais que justificavam a sua exportação mundial – antes mesmo da telenovela. A indústria cultural trouxe com ela uma nova geração de escritoras e escritores, José Mauro de Vasconcelos, Ana Maria Machado, Ruth Rocha e Ziraldo. Face à interdição dos espaços de produção intelectual pela censura, esse grupo passou a discutir o país, a política e a cultura no livro infantil. Nesse espaço que se renova, Ziraldo mudou o conceito usual de livro de ficção. Pelas suas mãos, a linguagem encontrou o espaço gráfico e o livro-palavra-objeto é definido assim: "O livro é um objeto maravilhoso, perfeito, ele tem vida. Você tem a página: é o espaço. Onde as coisas acontecem. Ao virar a página, temos o tempo: a sequência dos fatos. E podemos caminhar folheando espaço-tempo-espaço-tempo ... tudo na mão da gente".

O livro *O menino maluquinho*, que já vendeu mais de 4,1 milhões de exemplares, representou o movimento de renovação na literatura infantil brasileira. Não por acaso, o escritor diz ter feito do desenho narrativo arte aplicada, ligando a ponta da feitura à do entendimento. Publicado em 1980, no dia do aniversário de 48 anos de Ziraldo, foi agraciado com o Prêmio Jabuti de Literatura, em 1981, e ganhou versões estrangeiras em variados idiomas, entre eles inglês, espanhol, francês e italiano. O personagem é um menino de 10 anos, travesso e criativo quando o assunto é arrumar problemas no mundo dos adultos. Suas aventuras marcam o exercício da autonomia da infância. Representado com uma panela na cabeça no lugar de chapéu ou boné, o desejo do autor era fazer das aventuras do pequeno herói um livro-objeto com que as crianças pudessem interagir, pintar, escrever e brincar. Ziraldo viajou pelo Brasil visitando escolas e conversando com leitores. *O menino maluquinho* fez grande sucesso nas telas de cinema. O livro hoje é um clássico da literatura infantil, virou história em quadrinhos e, entre os anos 1990 e 2000, apareceu como desenho animado.

O universo d'*O menino maluquinho* inaugurou uma constelação de livros infantis que nasceram clássicos e cujos títulos vão de A a Z. As histórias são vividas por personagens crianças às voltas com dificuldades, conquistas e perguntas que podem ser comuns às crianças de várias partes do mundo, o que explica as identificações que provocam nos leitores. Sem incorrer em moralismos ou didatismo. Outro grande sucesso de Ziraldo é a coleção de livros, organizada pela Editora Melhoramentos, que se dedica ao sistema solar. A Coleção Os meninos dos planetas é composta dos títulos *O menino da Lua*; *O menino da*

Terra; *O menino que veio de Vênus*; *Nino, o menino de Saturno*; *Os meninos de Marte*; *Ju, o menino de Júpiter: o maior menino do mundo*; entre outros. *O Planeta Lilás*, de 1979, *O menino marrom*, de 1986, *Uma professora muito maluquinha*, de 1994, *Menina Nina*, de 2002, *Vovó Delícia*, de 2006 e *Uma menina chamada Julieta*, de 2009, são os maiores sucessos dentre os mais de 200 títulos de autoria do artista visual e escritor Ziraldo Alves Pinto.

Desenhista, cartunista, chargista, jornalista, humorista, pintor, escritor e algo mais, Ziraldo foi por duas vezes candidato a uma cadeira na Academia Brasileira de Letras. Mas não conseguiu ser eleito em nenhuma delas. De mãos dadas com as crianças, Ziraldo atravessou fronteiras nacionais, temporalidades e, até hoje, aos 90 anos, segue encantando gerações.

O desenho narrativo de Ziraldo Alves Pinto pode mostrar a intenção original de seu trabalho sendo refeita em universos estéticos de recepção. Assim como nas escolas, gosta bastante de autografar seus livros em Bienais e Feiras, cativando ainda mais seu público de crianças, jovens e adultos. Cabe saber de que modo a cultura visual de Ziraldo imaginada em um país de língua portuguesa, periférico e historicamente importador favorece a ampliação internacional do leitorado, alterando os sentidos dos textos. •

SUGESTÕES DE LEITURA

RESENDE, Vânia Maria. *Ziraldo e o livro para crianças e jovens no Brasil*: revelações poéticas sob o signo de Flicts. São Paulo: Paulinas, 2013.

CAMPEDELLI, Samira; ABDALA Jr. Benjamin (org.). *Ziraldo. Literatura comentada*. São Paulo: Abril Educação, 1982.

ZIRALDO. *Flicts*. Edição comemorativa dos 50 anos. São Paulo: Melhoramentos, 2019.

POSFÁCIO

COSMOPOLITIZAR O BRASIL

ANDRÉ BOTELHO E MAURÍCIO HOELZ

Minha terra tem macieiras da Califórnia
onde cantam gaturamos de Veneza
Murilo Mendes, "Canção do exílio", 1930

POUCAS VEZES SE ENCONTRARÁ NA HISTÓRIA cultural brasileira um momento como o movimento cultural modernista em 1924, quando projetos de identidades coletivas não pareciam necessariamente excluir, mas, antes, poder compor com sentidos cosmopolitas. Como se sabe, a valorização do primitivismo estético aprendida pelos brasileiros com as vanguardas artísticas europeias ao mesmo tempo que lhes conferia certa contemporaneidade, digamos, "externamente", também parecia começar a fazer um novo sentido "internamente". Viajar pelas Minas Gerais e nelas encontrar formas e sensibilidades artísticas e culturais vivas desde um passado colonial remoto abriu aos modernistas novas possibilidades de compreensão da cultura brasileira em perspectivas estética e histórico-comparada. Foi uma grande descoberta a de que, em nosso caso, aquilo que o europeu então considerava, ambiguamente, positivo encontrava-se não em lugares distantes e exóticos, mas entranhado em nossa própria experiência social e sensibilidade. Também aqui sempre ambígua essa valorização acabou favorecendo uma nova percepção sobre o "popular". E é essa nova percepção que se coloca na base do projeto coletivo modernista de desrecalque da cultura brasileira e de reconhecimento da dignidade de formas culturais não eurocêntricas que a formam. Formas e manifestações estéticas e sociais forjadas nesse encontro são o tema dos verbetes que compõem este Glossário MinasMundo. Trata-se, portanto, de um *deslocamento por Minas*, essa geografia de falsa obediência, teria dito o historiador Francisco Iglésias, *e entre* Minas-mundo, capaz de descentrar o modernismo brasileiro, ao questionar seus pressupostos de unidade e origem, e desrecalcar a dimensão utópica de seu cosmopolitismo – não apenas uma cópia subalterna dos padrões metropolitanos, mas um desejo de inclusão e igualdade.

DESRECALQUE COSMOPOLITA

Enquanto movimento cultural, o modernismo assume um ou mais projetos não só localistas ou nacionalistas, como se tem repetido, mas com sentido potencialmente cosmopolita pelo tipo de relação um pouco mais descentrada de convivência com o mundial a partir da diferença local, e que trazia também aberturas potenciais em várias direções. Ainda, a descoberta modernista prometia, se não a superação, uma problematização muito potente da imemorial dialética entre "interno" e "externo", do balanceio caprichoso entre um "dentro" e um "fora" da cultura brasileira e da própria ideia de cópia que a tem perseguido obsessivamente.

Cem anos depois, tendo passado pelas comemorações do centenário da Semana de Arte Moderna de São Paulo de 1922, seu marco simbólico maior, somos forçados a constatar não apenas um aparente fracasso da empreitada cosmopolita do modernismo, como também o retorno de um nacionalismo programático autoritário em correntes de opinião, políticas governamentais e manifestações públicas no Brasil. Mais ainda, vivemos um momento global de recrudescimento e guerras dos nacionalismos e das fronteiras nacionais que deixa poucas ilusões sobre a chamada mundialização da cultura. Esta não parece estar, de fato, gerando relações exatamente multicêntricas ou mais equitativas, apesar da intensificação de trocas de todos os tipos garantidas pelos desenvolvimentos tecnológicos. Também na cultura persiste uma geopolítica com relações e trocas assimétricas que recria hierarquias de vários tipos. O que teria dado errado?

Foram muitos os modernistas e são muitos os modernismos. E isso, mesmo considerando apenas a sua matriz paulista, que, apesar de sua diversidade interna, acabou conseguindo impor, em grande medida, uma representação hegemônica unitária sobre o seu papel na renovação cultural. O que, porém, está longe de qualquer consenso, se lembramos da importância dos grupos modernistas do Rio de Janeiro, Pernambuco e Minas Gerais, por exemplo. Que o modernismo como um todo operou uma democratização da cultura parece claro, bastando verificar o que se considera "cultura" e "cultura brasileira" antes e depois dele. Mas como conviveu pouco com a democratização social – por conta da persistência e recriação das desigualdades sociais (fenômenos diferentes, mas correlatos e implicados um no outro entre nós) e com a própria democracia enquanto forma de exercício do poder político e institucional –, a força crítica que o movia parece ter perdido alcance e mesmo fôlego. No meio do caminho do modernismo tinha uma ditadura, a do chamado Estado Novo (1937-1945). Na verdade, ao menos duas. Se considerarmos os últimos 100 anos, há ainda a ditadura civil-militar (1964-1985), para não falar de outros momentos autocráticos, como o que vivemos recentemente após o *impeachment* da Presidenta Dilma Rousseff e sob o governo Bolsonaro, especialmente.

Mesmo considerando as realizações ambivalentes do Estado Novo em várias áreas, e o fato de que não foi uma instituição monolítica, mas um campo de forças complexo, ainda assim ele foi uma tragédia para o modernismo. Tudo começou justamente ao se dar vazão institucional aos anseios de mudança cultural, social e política presentes na sociedade. A seu modo autoritário, centralizado e populista, o Estado Novo trouxe para a esfera pública a questão da cultura brasileira pela qual os modernistas de diferentes orientações político-ideológicas vinham batalhando – *pari passu* a sua apropriação e transformação em clichês de brasilidade na então nascente indústria cultural. No contexto de exceção, de restrição às liberdades civis e políticas, de repressão policial da ditadura Vargas, porém, foram muitos os limites impostos tanto para a democratização dos bens culturais quanto para a afirmação da cultura como parte de um processo de democratização da sociedade e do Estado.

UM APRENDIZADO SOCIAL

O que teremos aprendido com a tragédia da busca da brasilidade modernista que, sem uma sociedade civil robusta para lhe dar sustentação política, acabou desembocando no autoritarismo do Estado Novo sem deixar de ser requentada pela ditadura civil-militar de 1964? O Brasil se vê novamente diante de um conflito agudo pelo controle político da mudança cultural, já que mudanças na sociedade e na política nunca se realizam desacompanhadas de processos culturais que lhes dão significados. O que fazer com o legado modernista de empatia pelo outro, de curiosidade pelo Brasil e de reflexão crítica e desabusada nesse novo contexto de luta pelo controle da mudança cultural que estamos novamente vivendo?

Quando avaliamos as discussões do ano de 2022 em torno do centenário da Semana de Arte Moderna, marco simbólico mais consagrado do modernismo – num momento em que confluíram o bicentenário da Independência política do Brasil e eleições nacionais que ameaçavam ser um ponto de não retorno para a democracia brasileira –, chama a atenção uma espécie de *sonegação* do legado modernista por seu suposto elitismo eurocêntrico. Ninguém negará a essa altura que a Semana foi um evento da alta sociedade, restrito a vips, e que projetos outros de modernidade vogavam nas margens das ruas, fora dos salões. Na contramão dessa tendência revisionista – e, em certo sentido, negacionista – do fenômeno, gostaríamos aqui não de apontar seus eloquentes silêncios e tudo o que ele certamente deixou de fora, mas sobretudo os conflitos e contradições históricas que o movimento modernista, especialmente sob a liderança de Mário de Andrade, carregou para dentro da arena pública, alargando a estrutura de oportunidades políticas, expandindo suas fronteiras e redefinindo sua agenda – em suma, o *aprendizado social* que ele ensejou.

Como assinala o sociólogo Klaus Eder, aprendizado não é sinônimo de evolução cultural, não é intrinsecamente virtuoso e não necessariamente muda o mundo, mas fornece os elementos para mudá-lo; promove um incremento de variação, aumentando o escopo de possibilidades de mudança – "Por que, a despeito de todos os aprendizados, é tão difícil mudar o mundo?". E por que nem sempre as sociedades fazem uso do que elas aprenderam? O conceito de aprendizado social, a nosso ver, contribui para neutralizar a carga voluntarista e normativa (idealizada sempre para melhor) da noção convencional de mudança social com que as ciências sociais tradicionalmente operam, conferindo centralidade à reflexividade (outra categoria-chave) da cultura nas ambiguidades e contradições da vida social. Adaptando a máxima de Marx no seu livro menos voluntarista, mas também menos determinista, poderíamos dizer que as sociedades mudam, mas não como querem – dada a alta improbabilidade e contingência da comunicação nas relações sociais. Citando novamente Klaus Eder, "o que importa não é o que as pessoas têm em mente, mas o que elas compartilham". Assim talvez consigamos perceber que o modernismo, ao desrecalcar e ressignificar a *diferença* e postular o seu reconhecimento social (não sozinho, obviamente), propiciou um aprendizado social que ampliou o repertório de reivindicações sobre as identidades e suas representatividades, o que permitiu no longo prazo – temporalidade em que, aliás, a aposta do movimento sempre se fez – questionar os seus próprios limites nesses termos – foi isso que deu o tom da efeméride no ano de 2022.

A vasta fortuna crítica do modernismo o tem tratado, principalmente, como um movimento artístico de vanguarda voltado para o combate da estética parnasiana, então hegemônica, e para a renovação da poesia, da literatura e das artes plásticas brasileiras, especialmente. Essa massa crítica produziu um verdadeiro "consenso ortodoxo" que domesticou o debate a partir de paradigmas hoje teoricamente quase obsoletos como identidade nacional, nacionalismo e brasilidade. Não estamos negando que em grande medida o modernismo foi isso mesmo. Mas, articulando ideais de cultura, modernidade e sociedade mais amplos implicados nas suas propostas vanguardistas de ruptura com a tradição, o modernismo se constituiu, sociologicamente, como um *movimento cultural*, ou seja, uma forma de *ação coletiva intergeracional* – da ordem do processo e não do evento – de luta permanente pela mudança cultural da sociedade brasileira, que se projetava utopicamente para o futuro. Seu projeto para o Brasil era o de combater as duradouras desigualdades sociais através da *cultura*, agenciada não como recurso de conciliação e consenso, mas como um campo aberto de conflito democrático pelo controle dos significados e afetos a partir dos quais a sociedade se pensa, se organiza, se (re)produz e modifica suas práticas de sentido. O que está em jogo, lembrando Max Weber, é criar condições para que valores e comportamentos novos possam adquirir legitimidade e persistência ao longo do tempo, tornando-se princípios de orientação

– capazes de ditar a iniciativa, conduzir a vida e dotá-la de sentido – para o maior número de pessoas e grupos sociais.

Como qualquer movimento com grupos em competição, porém, é quase um clichê dizer que o modernismo foi plural, e isso mesmo entre os paulistas, que venceram o jogo das narrativas sobre o próprio movimento até aqui. No entanto, é curioso (e talvez um sintoma social a ser analisado) que as reivindicações por modernismos plurais em torno da efeméride tenham feito tabula rasa justamente da pluralidade do modernismo no seu próprio contexto, aplainado como um bloco homogêneo quase estamental. Quando pensamos nesses 100 anos que, nessa viagem de volta para o futuro, nos separam e também nos aproximam da Semana de Arte Moderna ocorrida em São Paulo, não sem a participação decisiva de artistas e intelectuais estabelecidos no Rio de Janeiro (que era então a capital federal), duas vertentes concorrem pelo monopólio da nossa economia simbólica. De um lado, os nativistas do Movimento Verde-Amarelo – útero do nosso fascismo à brasileira, o integralismo – parecem talhados para contar a história autoritária que acabamos por viver em boa parte do século XX no Brasil e que há poucos meses estava literalmente marchando em transe nas ruas (e porventura numa realidade paralela) e bloqueando caminhos, pronta a golpear a democracia. De outro lado, está a antropofagia de Oswald de Andrade, cujo discurso triunfalista de *inversão* da colonialidade prosperou entre as vanguardas que se sucederam no Brasil, do concretismo ao tropicalismo, passando pelo Teatro Oficina.

Nesse senso comum do modernismo – totalmente rotinizado em currículos escolares e universitários, vale notar –, seu líder Mário de Andrade acabou equivocadamente *sintetizado* – ai dele, que via na síntese sociológica uma tentativa tola de salvar rapidamente o Brasil – nessas duas outras vertentes paulistas que acabaram por se impor ao conjunto do imaginário modernista. Assim, as tensões e ambiguidades constitutivas de suas ideias e seu sentido crítico e subversivo em relação aos temas dominantes de seu tempo foram fiscalizadas e apagadas nos últimos cem anos, de modo que o líder modernista pôde, então, ser canonizado como uma matriz oficial ou um patriarca mítico da cultura brasileira (cuja autoridade não se pode questionar, daí mesmo os silêncios e tabus que o cercam). Por esse mesmo motivo, ele vem sofrendo com uma espécie de palmatória, sendo-lhe anacronicamente cobradas, no banco dos réus antepassados, violências simbólicas que seriam sociologicamente inverossímeis numa sociedade conservadora e hierárquica como a brasileira dos anos 1920-30. Ora, se houvesse espaço para uma participação direta mais plural em termos de classes sociais, raça e gênero na Semana de 1922, será que precisaríamos ainda hoje lutar por direitos civis básicos dessa agenda? O risco maior desse tipo de anacronismo é o de perdermos os significados daquilo que de fato nossos "ancestrais" *fizeram* no seu contexto próprio, e o sentido contingente que essas suas ações, prenhes de consequências impremeditadas, realizaram no processo histórico para o presente que hoje habitamos, como se a vida social recomeçasse sempre do zero, a cada nova geração.

Recorrendo ao sociólogo Jeffrey Alexander, podemos dizer que o sucesso das performances sociais é contingente, pois não está garantido de antemão pelo mero compartilhamento de estruturas simbólicas. Como movimento cultural de longa duração, nos parece, o modernismo conseguiu encenar com êxito um *script* diante de suas variadas audiências, transmitindo-lhes a impressão de "verossimilhança" e "autenticidade" e gerando, ao mesmo tempo, extensão cultural e identificação psicológica. Assim, logrou inverter, não sem se haver com muitas contraperformances, a posição ocupada pelo "popular" na sociedade – de inimigo a ser segregado a cidadão a ser incluído (façanha inclusive consumada pelo Estado Novo) – ao codificar as práticas discriminatórias e estigmatizantes como profanas nos termos da metalinguagem civil. E a criação dessa nova narrativa cultural possibilitou uma profunda ligação emocional e simbólica com amplas audiências, para além do contexto temporal de suas lutas. Essa relativa "fusão" dos elementos da performance alcançada pelo movimento cultural pode ser considerada explicativa de sua força – mais simbólica que material ou institucional – nos últimos cem anos. O modernismo pelo qual Mário de Andrade lutou, portanto, ampliou o campo do conflito social democrático e alterou as formas básicas por meio das quais a sociedade brasileira se auto-observa. Isso é aprendizado social.

COMO LER A DIFERENÇA CULTURAL?

As interpretações modernistas do Brasil e as linhagens intelectuais que elas criaram se organizam centralmente em torno da polêmica sobre a originalidade e a cópia da cultura brasileira que vem sendo formalizada, na fortuna crítica, sobretudo pela ideia de síntese – dialética ou não – entre nacional e mundial ou local e cosmopolita.

Certamente, o campo problemático formado por esses pares é bem mais amplo do que o modernismo, pois diz respeito à experiência social brasileira como um todo. Mais ainda, diz respeito a qualquer sociedade, embora seja particularmente sensível naquelas que décadas atrás ainda chamávamos de "sociedades dependentes". Não importa agora se "dependência cultural" ainda é a melhor categoria ou não para dar conta do problema, e mesmo que os fenômenos envolvidos não sejam hoje exatamente os mesmos do passado recente. Mas continua sim a existir uma geopolítica mundial da cultura com relações e trocas assimétricas e recriação de hierarquias de vários tipos. O importante aqui é reconhecer que o modernismo e as teorias sobre o modernismo estão justamente disputando o sentido desse processo de dependência cultural mais amplo. Em jogo, não apenas o passado, mas também, no presente, as possibilidades de futuro da cultura brasileira.

Nossa proposta de uma incitação cosmopolita à diferença cultural pretende, então, provocar e colaborar para que se chegue a uma nova interpretação do sentido do modernismo na cultura brasileira que seja capaz de fugir das disjuntivas que dividem a sua imensa, prolixa e rotinizada fortuna. O problema não comporta resposta unívoca. Enfrentá-lo requer muitas cabeças diferentes e um gesto não disjuntivo de pensamento, que, ao invés de repor polaridades e binarismos, favoreça uma perspectiva mais complexa capaz de não apenas nuançar, mas colocar em xeque dualismos assentados. Quem sabe permita, assim, surpreender uma nova rearticulação tensionada entre "localismo" e "cosmopolitismo" *em processo*.

São três, nesse sentido, as principais vertentes contemporâneas sobre o problema da originalidade e dependência da cultura brasileira que acionam, e atualizam com sentidos variados, o repertório e o legado do modernismo. A saber:

1. a vertente que se poderia chamar de "funcional-dialética", que enfatiza certo "balanceio" entre localismo e cosmopolitismo na cultura brasileira, e pode ser representada pela obra de Antonio Candido – ainda que com variações relevantes, de *Formação da literatura brasileira*, de 1959, à "Dialética da malandragem", de 1970;

2. a vertente que poderíamos chamar de "dialética negativa", que enfatiza a cópia e o uso provinciano dos modelos europeus/das sociedades centrais, representada por Roberto Schwarz, sobretudo, por seus estudos sobre Machado de Assis, dos quais é mais do que emblemático o ensaio "As ideias fora do lugar" (1973), recolhido posteriormente em *Ao vencedor as batatas*, de 1977;
3. e, por fim, a vertente que enfatiza o "entre-lugar" da cultura brasileira e a repetição com diferença como dinâmica cultural das sociedades dependentes, representada pela obra de Silviano Santiago, desde o ensaio seminal "O entre-lugar da literatura latino-americana", publicado originalmente em 1971 e recolhido em *Uma literatura nos trópicos: ensaios sobre dependência cultural*, de 1978, até *O cosmopolitismo do pobre*, de 2008. Percurso no qual podemos surpreender a formulação de outras categorias cruciais, como "inserção" – em contraposição a "formação" – e "cosmopolitismo".

A tendência até aqui tem sido a de tratar essas vertentes quase como unidades fechadas em si mesmas. E muitas vezes como se não constituíssem perspectivas diferentes sobre um mesmo fenômeno, justamente o da dependência cultural brasileira. Não à toa a reflexão sobre a cópia vem se mostrando a um só tempo indispensável e inadequada, dada a domesticação que vem ensejando, para nos ajudar a entender o Brasil. Ao confrontar essas três perspectivas, esperamos provocar uma espécie de irritação mútua entre elas e, desse modo, colaborar para a renovação da compreensão do modernismo.

Livremente inspirado em ideias sobre a dinâmica da diferenciação funcional da sociologia de Niklas Luhmann, o recurso à irritação mútua permitirá, ainda, pensar a complexidade e a autodiferenciação no âmbito da crescente fortuna crítica do modernismo. Quase parafraseando o autor alemão, poderíamos dizer que as três vertentes teóricas apontadas nos permitem assinalar o movimento simultâneo de diferenciação que o modernismo assume em relação ao seu "ambiente" (a questão da diferença cultural na sociedade brasileira), como uma especialidade entre outras, e de modificação que acarreta aos ambientes como um todo, já que o modernismo tem gerado ressonâncias em outras especialidades sobre a cultura brasileira. Aliás, a perspectiva luhmanniana parece ser heuristicamente inspiradora e apropriada em mais um sentido: nela, a teoria só existe em referência a uma ontologia da diferença e da relação, que se contrapõe a uma ontologia mais tradicional, de caráter substancialista.

Temos aprendido muito, como dissemos antes, com o pensamento de Mário de Andrade, e também com o de Silviano Santiago. Neste, especialmente, o cosmopolitismo deixa de ser um tema para se constituir em uma abordagem teórica. E assim o é porque o escritor e o intelectual em contextos pós-coloniais – tema candente na obra de Silviano – situam-se nesse espaço complexo, entre a assimilação a um modelo original e a necessidade constante e incansável (e talvez inalcançável) de reescritura. A posição quase marginal leva a uma percepção *desde* as fronteiras – entre popular e erudito, local e mundial etc. – e, por isso mesmo, conscientemente contingente e refratária a essencialismos. Para nós, a identidade em Mário de Andrade assume um caráter inacabado e um sentido de busca permanentemente em aberto que temos relacionado às suas visões estéticas, intelectuais e políticas potencialmente democráticas. Nesse sentido, a própria valorização da cultura popular tão emblemática em sua obra e trajetória pode ser revista menos nas chaves usuais de um colecionismo romântico ou de uma experiência precursora da etnografia brasileira, presentes no movimento folclórico dos anos 1930-1960, e mais como política cultural de reconhecimento. Se Mário valorizou a cultura popular ou buscou problematizar as fronteiras entre erudito e popular, seu interesse não se extingue nas manifestações que colheu, mas antes no reconhecimento social e político que provocou delas, e na dignidade e visibilidade que procurou conferir a seus portadores sociais.

Identidades (no plural) *e* diferença, abertura ao conflito e à contingência. Substrato democrático do pensamento crítico de Mário de Andrade que desconfia das sínteses apressadas, porque sabe que os elementos díspares podem estar em condição de escandalosa assimetria social. E sem deixar de colocar criticamente as relações coloniais, atenta para o localismo do universal e o alcance universalista do próprio local. Isto é, sem reificar nem localismos em seu particularismo nem o universalismo em sua abstração, coloca pelo avesso a perspectiva colonial num esforço notável de pôr local e universal não apenas em relação (o que já traz uma nota crítica), mas efetivamente em diálogo. Mesmo sabendo que o processo social possa continuar reiteradamente repondo divisões estanques entre classes, nações, cultura erudita e popular, não há por que ter medo da utopia. Já não precisamos mais recomeçar do zero, Mário de Andrade, nosso irmão. •

SUGESTÕES DE LEITURA

ALEXANDER, Jeffrey. *Performance and power.* Cambridge: Polity Press, 2011.

BOTELHO, André; HOELZ, Maurício. *O modernismo como movimento cultural*: Mário de Andrade, um aprendizado. Petrópolis: Vozes, 2022.

EDER, Klaus. As sociedades aprendem, mas o mundo é difícil de mudar. *Lua Nova*, n. 53, 2001, p. 5-29.

SANTIAGO, Silviano. *Uma literatura nos trópicos*: ensaios sobre dependência cultural. Recife: Cepe, 2019.

INFORMAÇÕES SOBRE OS AUTORES

Anderson Ricardo Trevisan é professor da Faculdade de Educação da Unicamp.

André Botelho é professor do Departamento de Sociologia da UFRJ.

Andre Veiga Bittencourt é professor do Departamento de Sociologia da UFRJ.

Andréa Borges Leão é professora de Sociologia da UFC.

Angélica Adverse é professora da Escola de Belas Artes da UFMG.

Angelo Oswaldo de Araújo é escritor, curador, jornalista, advogado e gestor público.

Antonio Brasil Jr. é professor do Departamento de Sociologia da UFRJ.

Bruno P. W. Reis é professor do Departamento de Ciência Política da UFMG.

Bruno Viveiros Martins é professor do Centro Universitário Estácio de Belo Horizonte.

Carmen Felgueiras é professora do Departamento de Sociologia da UFF.

Celi Scalon é professora do Departamento de Sociologia da UFRJ.

Clara Rowland é professora da Universidade Nova de Lisboa.

Cláudia M. R. Viscardi é professora do Departamento de História da UFJF.

Daniela Giovana Siqueira é professora da UFMS.

Dylan Blau Edelstein é estudante do Departamento de Espanhol e Português da Princeton University.

Eduardo Coelho é professor da Faculdade de Letras da UFRJ.

Eduardo Dimitrov é professor do Departamento de Sociologia da UnB.

Elen de Medeiros é professora da Faculdade de Letras da UFMG.

Elide Rugai Bastos é professora da Unicamp.

Eneida Maria de Souza foi professora da Faculdade de Letras da UFMG.

Enio Passiani é professor de Departamento de Sociologia da UFRGS.

Fernando Tavares Jr. é professor do Departamento de Ciências Sociais da UFJF.

Flávio Gomes é professor do Departamento de História da UFRJ.

Helena Bomeny é professora de Sociologia da UERJ.

Helga Gahyva é professora do Departamento de Sociologia da UFRJ.

Heloisa Murgel Starling é professora do Departamento de História da UFMG.

Joana Lavôr é tradutora e artista residente do MinasMundo.

Joana Ramalho Ortigão Corrêa é professora do IFNMG Diamantina.

Joana Tavares é professora da Escola de Teatro da UNIRIO.

João Mello é mestrando em Sociologia do PPGSA/UFRJ.

João Pombo Barile é jornalista do *Suplemento Literário de Minas Gerais.*

José Miguel Wisnik é professor da USP.

José Newton Meneses é professor do Departamento de História da UFMG.

Karim Helayël é doutor em Sociologia pelo PPGSA/UFRJ.

Leonardo Belinelli é professor do CPDA/UFRRJ.

Lilia Moritz Schwarcz é professora do Departamento de Antropologia da USP e membra da Academia Brasileira de Letras.

Lorena Cândido Fleury é professora do Departamento de Sociologia da UFRGS.

Lucas Carvalho é professor do Departamento de Sociologia da UFF.

Lucas van Hombeeck é doutorando em Sociologia do PPGSA/UFRJ.

Luis Felipe Kojima Hirano é professor de Antropologia da UFG.

Marcelino Rodrigues da Silva é professor da Faculdade de Letras da UFMG.

Marco Antonio Gonçalves é professor do Departamento de Antropologia Cultural da UFRJ.

Marcos Alexandre é professor da Faculdade de Letras da UFMG.

Maria Laura Cavalcanti é professora da UFRJ.

Mariana Miggiolaro Chaguri é professora do Departamento de Sociologia da Unicamp.

Marília Librandi é pesquisadora associada ao Brasil Lab da Princeton University.

Mário Medeiros é professor do Departamento de Sociologia da Unicamp.

Maurício Ayer lecionou literatura francesa no Departamento de Letras Modernas da USP.

Maurício Hoelz é professor do Departamento de Ciências Sociais da UFRRJ.

Myriam Ávila é professora da UFMG.

Oswaldo Giovannini Jr. é professor do Departamento de Ciências Sociais da UFPB.

Paulo Maciel é professor do Departamento de Artes Cênicas da UFOP.

Pedro Meira Monteiro é professor do Departamento de Espanhol e Português da Princeton University.

Rafael Lovisi é professor da CEFET-MG.

Raul Antelo é professor da UFSC.

Reinaldo Marques é professor da Faculdade de Letras da UFMG.

Rennan Pimentel é mestrando em Sociologia do PPGSA/UFRJ.

Rita Lages Rodrigues é professora da Escola de Belas Artes da UFMG.

Roberto Said é professor da Faculdade de Letras da UFMG.

Rodrigo Jorge Ribeiro Neves é professor de Literatura Brasileira da UERJ.

Roniere Menezes é professor do CEFET-MG.

Sabrina Parracho Sant'Anna é professora do Departamento de Ciências Sociais da UFRRJ.

Sérgio Alcides é professor da Faculdade de Letras da UFMG.

Sérgio Bairon é professor da Escola de Comunicação e Artes da USP.

Silviano Santiago é professor emérito da UFF e membro da Academia Mineira de Letras.

Talles Luiz de Faria e Sales é doutor em Modernidades Comparadas pela Escola de Letras e Ciências Humanas da Universidade do Minho.

Victor da Rosa é professor da UFOP.

Victória Bárbara dos Santos é estudante da Princeton University.

Wander Melo Miranda é professor da Faculdade de Letras da UFMG.

1ª EDIÇÃO [2024]

Esta obra foi composta em Absra TF, Gotham
e Migra e impressa sobre papel Offset 75 g/m²
para a Relicário Edições.